国家社科基金
后期资助项目
GUOJIA SHEKE JIJIN HOUQI ZIZHU XIANGMU

金融统制与战时大后方经济

以四联总处为中心的考察

Financial Command and Economy of the Rear Area in the Period of Anti-Japanese War

A Case Study of the Joint Office of the Four Governmental Banks

易棉阳 著

北京大学出版社
PEKING UNIVERSITY PRESS

图书在版编目（CIP）数据

金融统制与战时大后方经济：以四联总处为中心的考察/易棉阳著.—北京：北京大学出版社，2016.5
（国家社科基金后期资助项目）
ISBN 978 - 7 - 301 - 26634 - 2

Ⅰ.①金… Ⅱ.①易… Ⅲ.①金融—经济史—研究—中国—1937～1945
Ⅳ.①F832.96

中国版本图书馆 CIP 数据核字（2015）第 305783 号

书　　　名	金融统制与战时大后方经济：以四联总处为中心的考察	
	JINRONG TONGZHI YU ZHANSHI DAHOUFANG JINGJI：	
	YI SILIANZONGCHU WEI ZHONGXIN DE KAOCHA	
著作责任者	易棉阳　著	
责 任 编 辑	李笑男	
标 准 书 号	ISBN 978 - 7 - 301 - 26634 - 2	
出 版 发 行	北京大学出版社	
地　　　址	北京市海淀区成府路 205 号　　100871	
网　　　址	http://www.pup.cn	
电 子 信 箱	em@ pup.cn　　　　QQ:552063295	
新 浪 微 博	@北京大学出版社　@北京大学出版社经管图书	
电　　　话	邮购部 62752015　发行部 62750672　编辑部 62752926	
印 刷 者	北京宏伟双华印刷有限公司	
经 销 者	新华书店	
	730 毫米×1020 毫米　16 开本　17 印张　291 千字	
	2016 年 5 月第 1 版　2016 年 5 月第 1 次印刷	
印　　　数	0001—2000 册	
定　　　价	58.00 元	

前　　言

　　四联总处是抗战时期国民政府设立的"中央银行、中国银行、交通银行、中国农民银行联合办事总处"的简称,1937年8月在上海成立,同年11月迁至武汉,随后又迁至重庆。1939年9月,南京国民政府对四联总处进行第一次改组;1940年,邮政储金汇业局和中央信托局先后加入四联总处,改组之后的四联总处地位大为提升,由一个只具有联络和协调作用的办事机构演变成为抗战时期最高财政金融决策机构,四联总处进入其鼎盛时期。1942年9月,国民政府对四联总处进行第二次改组,四联总处进入由盛转衰时期。1945年12月,国民政府对其进行第三次改组,四联总处进入衰亡时期。1948年10月,四联总处被撤销。四联总处共存在11年,在支持抗战、完善中国金融制度、支持战时经济建设等方面起到了很大的作用。本书以金融、军事经济理论为指导,以四联总处史料和抗战时期的经济史料为依据,把四联总处放置在战时经济的大背景下,主要研究抗战时期四联总处的贴放政策与抗日战争时期大后方经济开发、四联总处对战时金融业的管理状况、四联总处的历史地位等专题。

　　抗日战争进入相持阶段后,经济实力成为决定战争胜负的关键因素。正如蒋介石所言:"今后抗战之成败,全在于经济与金融之成效如何""但是经济方面,最重要的为金融,这是我们今后所应该努力筹划的"。蒋介石希望四联总处能拟订一个战时经济金融计划,"决定四行业务方针及各行业务发展的方向,来逐步发展经济,增加生产,安定金融,以奠定国家经济基础"。1940年四联总处先后制订了《金融三年计划》和《金融三年计划二十九年度实施计划》。这两个计划规定了国统区1940—1942年金融建设的大政方针,是四联总处尔后开展金融活动的基本依据。具体而言,这两个计划主要包括五项内容:敷设西南西北金融网、平抑物价、领导经济金融战、推进节约建国储蓄运动、监管战时金融。四联总处在西南西北地区敷设金融网络在一定程度上改变了近代以来金融机构布局严重失衡的状况,但又引起了新的不平衡,即重西南而轻西北;四行(指当时的中央银行、中国银行、交通银行和中国农民银行四家银行)在西南、西北地区设立的分支行处，积极地发放工贷、农贷，在一定程度上促进了大后方的经济建设，有力地支持了抗战。本研究以抗战时期历年货币发行量为解释变量，以物价指数为被解释变量，利用回归模型对两者的相关系数进行计量分析，得出如下结论：作为解释变量的货币发行量与被解释变量物价指数之间的相关系数为1.4127，即货币发行量增长1%，物价指数上涨1.4127%。物价上涨的幅度大于货币发行量增长的幅度，这表明引起物价上涨的因素除了货币因素外还有其他原因，但货币因素是最主要的原因。四联总处从物资的供需和通货两个角度积极采取措施企图控制通货膨胀，但收效甚微。推行强制储蓄是一项重要的战时经济措施，四联总处作为节约建国储蓄运动的设计者和推行者，采取了九大措施来推行节储运动：第一，发行节约建国储金；第二，发行节约建国储蓄券；第三，设立简易储蓄处，吸收农工商贩小额存款；第四，提高存款利率，刺激储蓄；第五，开展节储竞赛；第六，举办有奖储蓄；第七，举办美金节约建国储蓄；第八，推行乡镇公益储蓄；第九，实行强制储蓄。通过节约建国储蓄运动，巨额货币回笼，这对于缓减抗战时期的通货膨胀压力和发展战时经济起到了一定的作用。

抗战进入相持阶段之后，日本采取"以战养战"新战略，即掠取中国之人力、物力、财力与中国作战，以灭亡中国。为此，日本侵略者发动金融货币战，想方设法破坏法币信用，掠夺国统区物资。在此情况下，金融经济战关系到中国的生死存亡。四联总处是"经济作战之大本营"，它领导了金融货币战，协助进行物资战，妥善处理了1941年"沪上中国银行血案"。

四联总处作为战时最高财政金融机构，监管战时金融是其一项重要职责，四联总处对战时金融业的监管主要表现为两个方面：一是对国家行局、商业行庄、地方银行等银行机构的监管；二是对外汇市场、内汇市场、货币市场等金融市场的监管。四联总处的金融监管基本达到了维护金融安全和提高金融效率的目的。抗战爆发之后，国家急需进口大量军用及战略物资，使外汇需求骤增，而出口贸易却因战争而急剧减少，使外汇供给日益紧张。为缓减外汇供需的严重失衡，四联总处采取了积极的措施管理侨汇，并取得了显著成效。四联总处所吸纳的巨额侨汇，弥补了抗战时期国际收支的逆差，对于维持法币币值稳定、发展后方生产也起了一定的作用。

本书通过透析第一次世界大战、第二次世界大战时期各主要参战国军事经济历史，归纳出战时国民经济建设的军事化原则与现代化原则。战时国民经济建设军事化主要包括优先发展军事工业及与战争有关的民用工业、对国民经济实施全面而严厉的管制、压缩个人消费以满足政府消费等内容。战时国民经济建设现代化的内涵既包括经济制度现代化，也包括部门经济建设现代化。军事化与现代化原则,既是抗战时期国民经济建设的指导思想也是最高准绳,任何经济机构所进行的活动都必须服从于这两个原则。如果经济机构的活动有利于推动战时国民经济建设的军事化与现代化,那么这些活动就是维护了民族利益和国家利益,是符合历史潮流的,应该予以充分的肯定,尽管这些活动可能在战时造成一些负面影响。本文以战时国民经济建设的两个原则为评价标准,探讨四联总处在战时经济中的历史地位。第一,四联总处对战时国民经济建设军事化的历史贡献突出体现在:首先,在筹措军费上,四联总处做出了任何一个经济机构所无法比拟的历史贡献;其次,维护了战时金融体系稳定。第二,四联总处对战时国民经济建设现代化的贡献突出体现在:首先,推动了经济制度的现代化;其次,四联总处在西南、西北地区大力敷设金融网络,推动了中国西部金融的现代化;最后,四联总处的诸项贴放政策与金融管理措施有力地促进了大后方经济现代化。然而,四联总处所建立起来的政府垄断型金融体系遏制了中国金融业的活力,也遏制了战时经济的活力。

目　　录

导　论

一、选题意义与创新之处

（一）选题意义

四联总处是抗战时期南京国民政府设立的"中央银行、中国银行、交通银行、中国农民银行联合办事总处"的简称，1937 年 8 月在上海成立，同年 11 月迁至武汉，随后又迁至重庆。1939 年 9 月，国民政府根据《战时健全中央金融机构办法纲要》对四联总处进行第一次改组，1940 年，邮政储金汇业局和中央信托局先后加入四联总处。改组成立后的四联总处地位大为提升，由一个只具有联络和协调作用的办事机构演变成为抗战时期最高财政金融决策机构，四联总处进入其鼎盛时期。1942 年 9 月，国民政府对四联总处进行第二次改组，四联总处度过了全盛时期。1945 年 12 月，国民政府第三次改组四联总处，四联总处进入衰亡时期。1948 年 10 月，四联总处被撤销。四联总处共存在 11 年，在支持抗战、完善中国金融制度、发展战时经济等方面起到了很大的作用。这个重要机构，迄今尚未引起国内外经济史学界和历史学界的应有重视。就笔者管见所及，专门研究四联总处的专题论文目前只有 30 篇左右，专著 1 部。可以说，关于四联总处的研究还是一块只种上了零星作物的学术荒地，对这块学术荒地进行大规模的开垦有三个方面的学术价值和现实意义：① 全方位、多视角深入研究四联总处，可以深化对中国近代经济史、金融史、军事经济史的认识；② 有助于抗战史、抗战经济史研究的深入，特别是研究抗战时期四联总处与日本的经济金融战，以确凿有据的事实和数据揭示抗战时期日本对中国的经济金融侵略与掠夺，以驳斥目前日本右翼分子否定其侵华罪行的谬论；③ 为今天金融体制改革提供历史借鉴。目前，我国正处在金融体制改革的攻坚阶段，顺利推进金融体制改革不仅要吸收外国经验，也要借鉴本国的历史经验，如改革中央银行体制、完善金融监管制度、推进农村金融体制改革等都可从抗战时期四联总处的历史活动中吸取经验教训。

（二）创新之处

严中平先生1986年在中国经济史学会成立大会上指出"我们要努力做出贡献：或者提出新的问题，或者提出新的观点，或者提出新的材料，或者运用新的方法"①，这就是著名的经济史学研究"四新"论。严中平先生的"四新"论既是经济史学研究的最基本要求，也是经济史学研究者所追求的最高境界，其核心就在于"创新"。当然，要在新问题、新观点、新材料、新方法上都做出突破与创新固然最好，但这是十分困难的。一篇经济史论文，至少可以争取在一两点上有所创新。本书的创新表现在如下方面：

第一，开辟新视角。本书的内在逻辑是：点面结合，从面看点，以点带面，即把战时经济作为面，四联总处作为点，从战时经济的视角下透视四联总处，以四联总处为载体探究战时经济。从面上看点，可以避免坐井观天，从点上看面，可以避免因大失小。从这样的视角研究四联总处、探讨四联总处的内部运作及其对战时经济的影响，可以兼收身在庐山看庐山和跳出庐山看庐山之效。

第二，发掘新材料。本书所引材料90%以上来自档案与文献资料、时人论著及当时的重要报纸杂志，并且对各种资料进行了系统的梳理、比较和甄别，尽量还原历史真相。本文所利用的档案与文献资料主要有：《四联总处史料》（上、中、下三册，共170余万字）、《四联总处会议录》（第1—64册，共2000余万字）、《中华民国实录——文献统计》（50余万字）、《四联总处重要文献汇编》（50万字）、《中华民国史档案资料汇编——金融卷》（50余万字）、《中华民国史资料丛稿——中国农民银行》（20万字）等。时人论著主要包括：谭熙鸿主编的《十年来之中国经济》（上、中、下）、姜庆湘著《中国战时经济教程》、粟寄沧著《中国战时经济问题研究》、张锡昌等著《战时的中国经济》等十余种。此外，还包括《财政评论》《中央银行月报》《战时经济》等当时颇具影响的报刊。

第三，运用新方法。史无定法，"经济史研究可以根据问题的性质和资料的可能，采用不同的经济学（以及其他学科）的方法来分析和论证"②，"什么样的问题用什么样的方法，不能因为熟悉传统的研究方法而不支持

---

① 严中平：《在"中国经济史学会"成立大会上的开幕词》，载严中平：《严中平集》，中国社会科学出版社，1996年，第60页。

② 吴承明：《近代中国价格结构研究——序言》，载王玉茹：《近代中国价格结构研究》，陕西人民出版社，1997年，第1页。

运用新方法,也不能热衷新方法而抛弃行之有效的传统方法"。①本书除运用实证研究、比较研究等传统经济史研究方法外,还运用了回归分析法对历史数据进行计量分析。

第四,提出新观点。本书描述与分析并重,通过解读档案与文献资料,理清了经济史学界尚未理清或未完全理清的一些问题,主要有:① 抗战时期四联总处贴放政策的演变过程。② 抗战时期四联总处农贷政策的演进过程及运作机制。③ 抗战时期四联总处工矿业贴放政策演进过程及运作机制。④ 抗战时期四联总处交通、商贸贴放情况。⑤ 四联总处与抗战时期经济金融战的整体情况。⑥ 抗战时期四联总处实施金融监管的内容与战时金融监管模式。⑦ 抗战时期的节约建国储蓄运动。⑧ 四联总处在治理战时通货膨胀上的努力。本书通过史实分析得出了以下具有创新性的观点:① 战时后方经济"三性"论。抗战时期,大后方经济由平时经济全面转轨为战时经济,战时经济具有三大特征,即不平衡性、统制性和矛盾性。② 四联总处"农贷悖论"论。抗战时期四联总处的农贷促进了大后方农业生产的发展,但广大贫苦农民却获益甚微。③ 抗战时期通货膨胀主要是"货币现象"论。通过精确的计量分析,发现造成抗战时期物价上涨的因素尽管众多,但最主要的因素是货币发行过多,所以,抗战时期通货膨胀主要是一种货币现象。④ 抗战时期四联总处金融管制的"成本-收益"论。运用芝加哥学派所建立的金融监管成本-收益分析模型分析战时金融管制,发现战时四联总处的金融管制一方面导致了寻租与腐败成本,但另一方面维护了战时金融体系的安全,在战争状态下,金融体系的安全是保证战时经济稳定的最关键因素。所以,四联总处的金融管制所带来的收益大于所导致的成本。⑤ 战时国民经济建设"两化"论。认为军事化和现代化是战时国民经济建设的两大基本原则,也是衡量战时经济机构经济活动的准绳。

二、文 献 综 述

(一) 研究现状

1. 史料整理出版

重庆市档案馆、中国人民银行重庆市分行金融研究所编的《四联总处

---

① 严中平:《在"中国经济史学会"成立大会上的开幕词》,载严中平:《严中平集》,中国社会科学出版社,1996 年,第 58 页。

史料》(上、中、下三册)(档案出版社1993年版)是目前出版较早、较权威且引用频率较高的一部专题史料集。中国第二历史档案馆编的《四联总处会议录》(广西师范大学出版社2003年版)记录了四联总处379次理事会会议的全部内容，提供了研究四联总处最重要的第一手材料。另外，四联总处秘书处所编《四联总处重要文献汇编》(学海出版社1970年版)辑录了四联总处大部分文献资料，是研究四联总处的最早文献集。相关资料还有：《中华民国史档案资料汇编(第五辑第三编)》(三、四)(江苏古籍出版社1997年版)、《中华民国史资料丛稿——中国农民银行》(中国财政经济出版社1980年版)、《中华民国金融法规档案资料选编》(档案出版社1989年版)、《中华民国货币史资料(第二辑)》(上海人民出版社1991年版)、《抗战时期国民政府经济法规》(档案出版社1992年版)等。

2. 史料评论文章和回忆录

在史料评介论文中，魏宏运的《重视抗战时期金融史的研究——读〈四联总处史料〉》[①]指出了四联总处在民国经济史特别是抗战经济史研究中具有重要地位，并说明了四联总处在抗战时期的双重性，即它既有强化官僚资本对中国金融垄断的一面，也有促进中国金融业现代化的一面。塞光平的《抗战时期经济、金融史研究的史料基础，当代中国经济、金融改革的历史借鉴——简评〈四联总处史料〉》[②]，对抗战时期四联总处有关贴放业务、金融管理的史料进行了简单评价，并指出四联总处所积累的经验教训对当今经济、金融改革有借鉴意义。钱大章的《回忆四联总处的十年》作为回忆录回顾了四联总处在其存在的十年中所开展的活动。[③]

3. 现有主要研究成果

著作方面，研究四联总处的专著仅有1部，即使涉及四联总处的著作也为数不多。通史类著作如白寿彝主编的《中国通史(第十二卷)》(上海人民出版社2000年版)、赵德馨主编、王方中所著的《中国经济通史(第九卷)》(湖南人民出版社2002年版)、孙健所著的《中国经济通史(下册)》(中国人民大学出版社2003年版)、李新、陈铁健主编的《中国新民主革命通史(第八卷)》(上海人民出版社2001年版)、魏宏运主编的《民国史纪事本末》(辽宁人民出版社1999年版)、虞宝棠的《国民政府与民国经济》(华

---

① 魏宏运：《重视抗战时期金融史的研究——读〈四联总处史料〉》，《抗日战争研究》1994年第3期。

② 塞光平：《抗战时期经济、金融研究的史料基础，当代中国经济、金融改革的历史借鉴——简评〈四联总处史料〉》，《重庆社会科学》1994年第2期。

③ 钱大章：《回忆四联总处的十年》，载寿充一、寿乐英：《中央银行史话》，中国文史出版社，1987年。

东师范大学出版社 1998 年版)、张宪文主编的《中华民国史纲》(河南人民出版社 1985 年版)及董长芝、李帆所著《中国现代经济史》(东北师范大学出版社 1988 年版)对四联总处的设立、性质、职能和任务做了简要述评。

金融史和战时经济史著作相对较多地涉及了四联总处,姚会元所著《中国货币银行(1840—1952 年)》(武汉测绘科技大学出版社 1993 年版)把四联总处的主要活动概述为四个方面:一是推行四行专业化、控制地方银行和商业银行;二是进行联合贴放和发放农贷;三是搜刮民间金银;四是实行通货膨胀政策。该书对四联总处进行了历史评价,认为四联总处的活动在强化了官僚资本对金融的垄断的同时,对支撑国统区经济与金融、推动中国西部地区经济开发与建设起到了重大作用。李平生所著《烽火映方舟——抗战时期大后方经济》(广西师范大学出版社 1996 年版)对四联总处在抗战中的业务活动做了较为详细的叙述。石毓符所著《中国货币金融史略》(天津人民出版社 1984 年版)叙述了四联总处的设立及其垄断全国金融业的过程,并指出四联总处设立后,采取专业分工、推行集中准备金等制度,加强了中央银行在全国金融业中的核心地位。杜恂诚主编的《上海金融的制度、功能与变迁》(上海人民出版社 2002 年版)从制度层面对近代金融史上的四联总处进行了深入分析,认为第一次改组后的四联总处与四行一起构成了复合型的中央银行,至抗战中后期,四联总处大力扶植中央银行,促成了单一集中制中央银行制度的最后确立。詹玉荣编著的《中国农村金融史》(北京农业大学出版社 1991 年版)对四联总处的成立、改组、机构设置和职权划分做了介绍,并重点介绍了四联总处抗战期间的农贷。盛慕杰、于滔等组织编写的《中国近代金融史》(中国金融出版社 1985 年版)对四联总处的成立、四行专业化、四行贴放活动等做了简明概括。刘光第所著《中国的银行》(北京出版社 1984 年版)也简述了国民政府如何通过设立四联总处来强化中央银行权力的过程。另外,中国人民银行总行金融研究所金融历史研究室编《近代中国金融业管理》(人民出版社 1990 年版)分阶段对四联总处的组织、业务管理进行了考察。在承认四联总处是国民党政府最高金融垄断机关的同时,该书还认为四联总处的成立适应金融管理的要求,既有历史形成的条件,又有战时紧迫的要求。中国人民银行总行金融研究所金融历史研究室编《近代中国金融市场》(中国金融出版社 1989 年版)对四联总处的机构设置、统制贴放、钞券发行、内外汇管理、扶植中央银行等方面进行了梳理,并认为四联总处的产生适应了战时金融经济管理的需要,有其存在的必要。

论文方面,在 1986 年于南京召开的"民国档案与民国史"国际学术研讨会上,重庆市档案馆研究员黄立人提交了《论抗战时期的四联总处》一文,利用重庆市档案馆的馆藏资料对四联总处 11 年历史活动进行了系统梳理,受到与会者的关注。之后,作者将该文进行了修改、扩充,撰写了《四联总处的产生、发展和衰亡》①,这可能是新中国成立后大陆学术界系统研究四联总处的第一篇文章,该文分阶段叙述了四联总处在抗战时期的业务及金融管理活动、组织机构和职能的演变过程,对四联总处的历史地位给予了较高的评价,认为四联总处是战时国统区"金融和经济的结合点",同时也是"宏观金融、经济和微观金融、经济的结合点"。俞容志的《四行联合办事总处概述》②也对四联总处的成立、改组及其活动进行了概述。理事会是四联总处最高权力机构,而身为理事会主席的蒋介石在四联总处中所处的地位尤为重要,研究蒋介石与四联总处二者关系的文章有伍野春、阮荣的《蒋介石与四联总处》③,通过解读四联总处和财政部档案中蒋介石的手令、面谕和电报,对蒋介石如何掌控四联总处,又如何通过四联总处实现金融管制做了述评。

　　研究四联总处金融政策、金融管理方面的文章有杨菁的《四联总处与战时金融》④,该文认为在战时特定的历史条件下,四联总处以其复杂的活动,对国民党统治区金融、经济史的演变产生过重大的影响,作为国民政府抗战时期的一个中枢金融机构,四联总处之所以能在国民党统治区的金融、经济领域发挥特殊作用,产生正面与负面的效应,其原因是多方面的,有主观因素,也有客观因素,这是考察抗战时期四联总处的作用时必须加以考虑的。姜宏业的《四联总处与金融管理》⑤对四联总处的成立、机构设置、业务范围及其战时金融政策、金融管理进行了论述。董长芝的《论国民政府抗战时期的金融体制》⑥对抗战时期国民政府高度垄断的货币金融体制进行了较为深入的研究,该文认为在四联总处的作用下中国的货币金融制度基本实现了现代化。缪明杨的《抗战时期四联总处对法币流通的调控》⑦对抗战时期四联总处在调剂法币供应、打击敌伪破坏法币行为、阻止游资冲击后方货币市场等活动做了阐述,肯定了四联总处在调控法币流通

---

　　① 黄立人:《四联总处的产生、发展和衰亡》,《中国经济史研究》1991 年第 2 期。
　　② 俞容志:《四行联合办事总处概述》,载中国人民政治协商会议西南地区文史资料协作会议:《抗战时期西南的金融》,西南师范大学出版社,1994 年,第 28—33 页。
　　③ 伍野春、阮荣:《蒋介石与四联总处》,《民国档案》2001 年第 4 期。
　　④ 杨菁:《四联总处与战时金融》,《浙江大学学报》2000 年第 3 期。
　　⑤ 姜宏业:《四联总处与金融管理》,《中国经济史研究》1989 年第 2 期。
　　⑥ 董长芝:《论国民政府抗战时期的金融体制》,《抗日战争研究》1997 年第 4 期。
　　⑦ 缪明杨:《抗战时期四联总处对法币流通的调控》,《档案史料与研究》1994 年第 2 期。

中所起的作用。杨斌、张士杰的《试论抗战时期西部地区金融业的发展》①
对四联总处在西部地区进行金融网的敷设与加强金融管理做了初步探讨，
并充分肯定了四联总处在开发西部金融事业中所起的作用。王红曼所著
《四联总处与战时西南地区经济》，探讨了四联总处与战时其西南地区金
融业的发展、战时西南地区工业开发和西南地区农业生产等问题，该书还
分析了四联总处的反通货膨胀政策及其绩效，对四联总处在西南地区的工
农业投资效率进行了分析。② 王红曼的《四联总处与西南区域金融网
络》③借鉴了施坚雅的区域体系理论，并运用新制度经济学和新经济社会
学的理论和方法，对抗日战争时期四联总处与西南区域金融网络做了简要
的分析，集中描述西南区域金融网络形成过程、空间结构及其特征等。作
者的另一篇论文《四联总处与战时西南地区的金融业》④则重点叙述了抗
战时期四联总处在西南地区敷设金融网的过程及其对西南地区金融业管
理的概况，认为四联总处在西南地区的金融活动促进了该地区金融业的发
展。华侨汇款是抗战时期外汇的主要来源之一，王红曼的《战时四联总处
侨汇经营管理政策分析》⑤介绍了抗战时期四联总处的侨汇经营管理政
策，认为四联总处的侨汇政策对于吸收外汇及利用外汇促进国内生产建设
发挥了积极作用。

农贷、工贷、盐贷是四联总处贴放政策的最主要内容，就四联总处贴放
政策进行研究所取得的成果主要有黄立人的《论抗战时期国统区的农
贷》⑥，该文在对抗战时期农贷进行分阶段考察的基础上，将战时农贷与战
前农贷以及欧洲国家农贷进行比较研究，揭示了战时农贷的若干特征，
评价了其在中国近代农贷史上的地位，并指出战时四联总处的农贷政策，
对于救济国统区农村金融枯竭，发展大后方农业生产曾起过暂时而有限的
作用。易棉阳的《抗战时期四联总处农贷研究》，详细地缕述了抗战时期
四联总处农贷政策的演变，探究了四联总处的农贷运作机制及其监管机
制，比较了战时农贷与中国古代国家农贷的异同，从四联总处农贷得失中
概括出"农贷悖论"命题，即四联总处的农贷促进了大后方农业开发，但广
大贫苦农民却从农业发展中得利甚微，某些时候甚至受到农贷之困扰。⑦

① 杨斌、张士杰：《试论抗战时期西部地区金融业的发展》，《民国档案》2003 年第 4 期。
② 王红曼：《四联总处与战时西南地区经济》，复旦大学出版社，2011 年。
③ 王红曼：《四联总处与西南区域金融网络》，《中国社会经济史研究》2004 年第 4 期。
④ 王红曼：《四联总处与战时西南地区的金融业》，《贵州社会科学》2005 年第 3 期。
⑤ 王红曼：《战时四联总处侨汇经营管理政策分析》，《贵州工业大学学报》2004 年第 1 期。
⑥ 黄立人：《论抗战时期国统区的农贷》，《近代史研究》1997 年第 6 期。
⑦ 易棉阳：《抗战时期四联总处农贷研究》，《中国农史》2010 年第 4 期。

刘祯贵的《对抗日战争时期四联总处农贷政策的几点思考》[①]，也认为抗战时期四联总处所实行的农贷政策，无论对直接促进农业生产，还是间接遏制高利贷的横行，都未能完全达到预期目的，且不健全的农业放款还助长了大后方农村的变相高利贷的猖獗。但是，四联总处的农贷在融通资金方面，应该说对大后方农业的发展也起到过一些有益但有限的作用。刘祯贵的另一篇论文《试论抗日战争时期四联总处的工矿贴放政策》[②]，叙述了抗战时期四联总处工矿业贴放政策的内容，认为四联总处积极推行战时工矿贴放政策，利用国家行局的资金来配合国民政府工矿战略重心的转移和推动西部地区工矿业的发展，对增加战时经济力量起到了一定的作用。王红曼的《抗战时期四联总处在西南地区的工农业经济投资》概述了四联总处在西南四省的工业投资与农业投资，认为四联总处在西南地区的投资一方面改变了西南地区的市场结构，促进了西南地区工农业的发展，另一方面加强了国家资本在西南地区的垄断地位。[③] 王红曼在另一篇论文《四联总处与战时西南地区的农业》中指出，四联总处在西南地区的农业投资活动促进了战时西南地区农业金融网的形成，以及农贷事业的发展，对战时农业生产也有一定的促进，但也有若干负面作用。[④]盐业贴放是四联总处的一项重要业务，刘祯贵在《浅论抗战时期四联总处的盐贷政策》中指出，四联总处集中国家行局资金支持大后方盐业生产和运输，对满足战时工业和老百姓对食盐的需要产生了积极的作用，同时也有利于增加国家盐税收入，进而有益于争取长期抗战的胜利。[⑤]

管制战时金融是四联总处的一项重要职能，易棉阳的《抗战时期的金融监管》首先探讨了四联总处对国家银行、商业行庄、地方银行等金融机构的监管，然后分析了四联总处对外汇市场、内汇市场、黄金市场、证券市场等金融市场的监管行为，运用芝加哥学派金融监管的成本-收益模式分析四联总处对战时金融监管的得失，认为四联总处对战时金融的严厉监管，尽管引起较高的寻租成本，但获得了维护战时金融体系稳定的最大收益。

---

① 刘祯贵：《对抗日战争时期四联总处农贷政策的几点思考》，《四川师范大学学报》1998 年第 2 期。

② 刘祯贵：《试论抗日战争时期四联总处的工矿贴放政策》，《四川师范大学学报》1997 年第 2 期。

③ 王红曼：《抗战时期四联总处在西南地区的工农业经济投资》，《贵州民族学院学报》2007 年第 1 期。

④ 王红曼：《四联总处与战时西南地区的农业》，《贵州社会科学》2008 年第 8 期。

⑤ 刘祯贵：《浅论抗战时期四联总处的盐贷政策》，《盐业史研究》2012 年第 4 期。

总体而言,得大于失。① 王红曼的《四联总处对战时货币发行的法律监管》阐述了抗战时期四联总处监管货币发行的法律行为,指出四联总处对战时货币发行的法律监管体现在三个层次:加强中央银行统一发行监管、加强省地方银行发行钞券的监管、加强各地各行局发行本票的监管。四联总处对发行的监管,对于维持战时金融稳定,强化中央银行职能,起到了积极的作用,但由于监管不力,以至于出现发行与支出结构不合理、货币信用缺失等问题。② 国内汇兑是抗战时期各商业银行的主要业务,也是银行的主要收入来源,四联总处对银行国内汇兑实施严厉监管,王红曼的《四联总处对战时银行内汇业务的法律监管》就四联总处的内汇审核办法、汇率市场变动及改善内汇条件等方面的监管进行了专门研究。③ 作为四联总处重要组成部分的四行二局,当然也就成了学者的主要研究对象,其中研究得最多的是中央银行。吴秀霞的《抗战时期国民政府中央银行体制的确立》④阐述了四联总处如何扶植中央银行成为"国家的银行,银行的银行,发行的银行"的过程,概括指出了四联总处在我国金融体制近代化过程中所起的进步作用。刘慧宇的《论抗战时期国民政府中央银行金融监管职能》⑤阐述了四联总处在中央银行制度走向完善过程中所起的扶持作用。刘慧宇的另一篇文章《国民政府中央银行宏观调控论》⑥阐述了四联总处的中心任务与历史地位。另外,张秀莉的《抗战时期中国银行改组述评》⑦概述了四联总处的职能范围。

就笔者管见所及,台湾地区也没有出现专门研究四联总处的论著,只在一些与此相关的著作中论及了四联总处,这些著作主要是:朱斯煌主编的《民国经济史》(台湾文海出版社 1985 年版)、陈禾章、沈雷春、张韶华编著的《中国战时经济志》(文海出版社 1973 年版)、周开庆主编的《近代中国经济丛编》(台湾华文书局 1982 年版)等。国外学者尚没有关于四联总处的专题研究,迄今没有发现有关四联总处的专著和论文,只有在少数以抗战时期经济史和中国金融史为研究主题的著作中提及了四联总处。这

---

① 易棉阳:《抗战时期的金融监管》,《中国经济史研究》2009 年第 4 期。
② 王红曼:《四联总处对战时货币发行的法律监管》,《中国社会经济史研究》2008 年第 3 期。
③ 王红曼:《四联总处对战时银行内汇业务的法律监管》,《兰州学刊》2012 年第 4 期。
④ 吴秀霞:《抗战时期国民政府中央银行体制的确立》,《山东师范大学学报》2000 年第 4 期。
⑤ 刘慧宇:《论抗战时期国民政府中央银行金融监管职能》,《南开经济研究》2001 年第 3 期。
⑥ 刘慧宇:《国民政府中央银行宏观调控论》,《江西社会科学》2002 年 3 月。
⑦ 张秀莉:《抗战时期中国银行改组述评》,《抗日战争研究》2001 年第 3 期。

些论著主要有:张公权的《中国通货膨胀史(1937—1949)》(文史资料出版社 1986 年版)、杨格的《中国与外援:1937—1945 年》(哈佛大学出版社 1963 年版)及日本学者浅田桥二等著的《1937—1945 年日本在中国沦陷区的经济掠夺》(复旦大学出版社 1997 年版)等。

(二) 现有研究的评价

概观四联总处研究成果,我们总结出两个显著特点:

第一,研究向纵深发展成为总体趋势。就深度而言,20 世纪 80 年代的四联总处研究成果大多是陈述性的。到了 90 年代,随着《四联总处史料》的出版,四联总处研究开始向纵深发展。值得强调的是,运用经济理论和金融理论研究四联总处已经成为总体趋势。产生这个转变的原因大概有两个:一是研究队伍的多元化。20 世纪 80 年代,研究四联总处的学者以史学工作者为主,90 年代以后,许多经济学学者也加入了四联总处研究队伍,同时,出身于史学界的研究者也自觉地加强了经济学训练。可以说,研究者自身理论修养的加强是四联总处研究向纵深发展的首要原因。二是金融改革现实的需要。国家深化银行体制改革需要历史经验作为指导,客观上要求银行史研究深入总结近代银行发展的规律。

第二,现有四联总处研究成果中,既有描述性成果又有分析性成果,但以前者为主。如果从经济史研究的方法论来区分经济史著作的话,经济史著作可以分为两类:描述性经济史和分析性经济史。描述性经济史着重对经济发展的历史进程进行客观描述,以回答"是什么"的问题,其学术价值也主要体现在其对经济发展历史进程描述的客观性与全面性上;分析性经济史主要依据某种具体的经济学理论对经济史发展进程中的某些重大问题进行具体的分析,以探求经济史上的经济规律。就两者的关系而言,描述性经济史是任何经济史研究的基础,也是任何严肃认真的经济分析的出发点,不进行扎实的描述性经济史研究,就不可能产生真正的分析性经济史。不过,以叙述经济历史为己任的描述性经济史著作,只能被看作研究过程中的一个阶段性成果,而非研究成果的最终形态,最终形态应该是分析性经济史成果。纵观四联总处研究成果,描述性的占绝大多数,分析性的只是少部分。

四联总处研究虽然取得了许多值得称道的成果,但毋庸讳言,还存在若干不足之处,应该引起重视并在今后的研究中加以克服。

一是有关四联总处的资料较为缺乏,特别是档案史料的整理和出版明显滞后。尽管已经出版了《四联总处文献汇编》《四联总处史料》和《四联总处会议录》等弥足珍贵的档案史料,但这些仅仅是四联总处史料的一部分,相当多的四联总处史料至今仍然尘封在中国第二历史档案馆、重庆市档案馆和台湾"国史馆"内,亟待整理、出版。

二是不注意了解学术动态,造成某些研究的低水平重复。笔者在研读有关四联总处的论文和著作时发现,某些学者总是"游离在外线作战"而没有触及问题的实质,更没有下工夫发掘、甄别有关四联总处的各种史料,甚至根本就没有系统利用有关四联总处的第一手资料,这直接造成研究的重复,例如,叙述四联总处演变过程的论著不下十篇,且存在以讹传讹的现象。

三是理论、方法创新不够。研究经济史既要有经济学的功底,又要有历史学的基础。这就要求在经济史研究中,综合运用经济学和历史学的理论与方法。目前,有一部分出身于史学界的银行史研究者不注意运用经济学理论与方法,使得其研究成果缺乏理论深度,给人以堆砌史料、简单问题复杂化的感觉;而出身于经济学界的银行史研究者则不进行艰辛的史料搜集与考证,不重视近代中国的历史事实,生硬地用经济学、金融学理论来进行研究,这样就使得他们的研究结论可能符合经济学的一般规律,但却与中国的历史事实相悖,这样的研究成果难免有牵强之嫌。就研究方法而言,现有成果一般是从历史学的角度、用历史学的方法来研究,计量少,定性分析多,实证多,理论分析少。研究四联总处的业务活动和管理活动,没有扎实的金融理论功底就无法弄清其运作规则,如果从战时经济的大背景下考察四联总处,必须要有扎实的军事经济学理论功底。打破学科壁垒,综合运用经济学、金融学、历史学的理论与方法,四联总处研究才有望登上一个新的台阶。

四是研究领域有限,许多领域几乎还是一片空白,无人涉足。抗战时期的四联总处既是一个业务机构又是一个管理机构,因此,其职责主要体现在两个方面:(1) 办理贴放业务以促进后方经济发展;(2) 管理战时经济与金融以保证战时国民经济的正常运转。现有研究成果仅涉及了四联总处的农贷、工贷、战时金融管理等领域,其他如交通贴放、商贸贴放、战时储蓄运动、经济金融战等尚未进入学者们的视野。即便是已经涉猎的领域,由于资料原因,在论述深度尚有欠缺,为后来研究者留下了较大的研究空间。

本书在充分吸收现有研究成果的基础上,力图克服现有研究的不足,把四联总处研究向纵深领域推进。

三、研究方法、表达形式与逻辑结构

(一) 研究方法与表达形式

经济史是介于经济学与历史学之间的交叉学科,在经济学领域它属于理论经济学,在历史学领域它又属于专门史。由于经济史的这一特点,在目前的中国经济史学界,经济史研究分为三大学派:一派偏重从历史本身探讨经济的发展,并重视典章制度的演变;一派偏重从经济理论来阐释经济的发展,有的力求做出计量分析;一派兼顾社会和思想变迁,可称为社会经济史学派。①就中国的经济史学范式而言,"基本上还是以史学范式为主导,目前的经济史学家大多还没有习惯于经济学的研究方法"②。历史研究并无定法,即治史不必拘泥于某种特定的方法,不同的问题可用不同的方法,同样的问题也可以用多种方法来论证。正如吴承明先生所言:"就方法论而言,有新、老学派之分,但很难说有高下、优劣之别;在方法论上不应有倾向性,而是根据所论问题的需要和资料等条件的可能,做出选择。"③研究经济史,唯一的根据就是史料,其他的都是方法论问题(史料考证也是方法论问题)。所以,相关学科的理论和方法都可以作为经济史研究的方法。本书主要运用了三大方法:

1. 历史学方法

经济史研究必须一切从史料出发,探求历史的真相,这样才能写出信史,这就决定了经济史研究首要任务是求实。实证主义是研究经济史的首要原则和基本方法,须臾不可或离。实证研究法是本书最基本、最重要的方法,本书所引史料范围比较广泛,包括档案、报刊、地方志、回忆录等,在征引史料时,本书注重史料的校勘与辩伪,力求考而后信,去伪存真。例如对四联总处的农贷流向,各方记载存在出入,通过对比《四联总处史料》《四联总处会议录》及当时的重要报刊上的报道,甄别了真与伪。历史比较法也称比较史学、史学比较法(comparison study of history),也是最基本的历史学研究方法。历史研究主要是纵向研究和横向研究,纵向研究是上下古今的研究,横向研究是一个朝代、一个国家或地域之间的研究。因之

---

① 吴承明:《经济发展、制度变迁和社会与文化思想变迁的关系》,载吴承明:《吴承明集》,中国社会科学出版社,2002年,第71页。
② 高德步:《世界经济史》,中国人民大学出版社,2002年,第8页。
③ 吴承明:《中国经济史研究的方法论问题》,《中国经济史研究》1992年第1期。

纵向比较研究和横向比较研究也就成为比较史学研究的两个方面。本书既有纵向比较也有横向比较,如将抗战时期的农贷与中国古、近代农贷及外国农贷进行比较。

2. 经济学方法

史料本身不是史学,仅仅依靠史料做不出真正的历史研究。经济史研究的任务不是简单地叙述史实,重要的是如何利用史料,对经济历史的过程进行分析和解释,历史学方法的缺陷在于难以从复杂的史料中抽象出经济历史规律。经济学方法对于经济史研究的作用,就在于它决定着用什么观点考察经济的历史,用什么方法理解和阐释经济的历史。本书主要属于部门经济史范畴,即金融史范畴。不过,由于本书是在战时经济的大背景下来考察四联总处的,故而也带有国民经济史性质。无论归入到哪个范畴,本研究都离不开经济理论与方法。如果完全避开经济理论,光是通过解读史料不可能得出有关金融学、军事经济学结论,所以,本书在坚持"论从史出"的同时也坚持"以论带史"。①本书所运用的经济学方法主要包括:

(1) 引入经济学理论来研究经济史

凯恩斯曾指出:"经济学与其说是一种学说,不如说是一种方法,一种思维工具,一种构想技术。"②熊彼特更是把他的经济学说史著作定名为《经济分析史》,因为在他看来,任何伟大的经济学说,在历史的长河中都会成为一种分析经济的方法。这就是说,在经济史研究中,一切经济学理论都应被视为方法论。事实上,在西方经济学界"应用经济理论研究经济发展的历史过程已是当前经济史研究的主流"③,西方经济学理论繁多,即使对西方社会,不同的流派就有不同的解释,所以,我们不能不加甄别地全盘照搬他们的理论来套用于中国社会,而只能借鉴他们的某些原理、概念和分析问题的思维与方法来创造性地运用于我们的经济史研究中。本书主要运用了以下理论:第一,金融学理论。如运用金融监管学理论研究抗战时期四联总处对金融业的监管,运用芝加哥学派的关于监管的成本-收益模型分析抗战时期金融监管的成本与收益。第二,新制度学派的新制度经济学理论。由于新制度经济理论本身就是通过对近代欧洲经济的重新解释而建立起来的理论体系,这就使得制度经济理论与经济史的关系异常

---

① 在经济史研究中,如果完全奉"论从史出"为圭臬,一般只能得出诸如原因、特点、后果之类的结论,而这类结论只是事实性结论并非理论性结论,并具有较大的随意性。

② 《现代外国经济学论文选》,第八辑,商务印书馆,1984 年,第 4 页,转引自吴承明《经济学理论与经济史研究》,《经济研究》1995 年第 1 期。

③ 〔英〕M. M. 波斯坦:《剑桥欧洲经济史》,第六卷,王春法主译,经济科学出版社,2002 年,第 4 页。

密切,目前国内已经有很多学者运用制度经济学理论来指导经济史研究,本书运用新制度经济学理论分析四联总处的历史地位。第三,军事经济学理论。本书的研究对象是战时经济状态下的一个非常机构,其活动与战时经济密切相关,所以,军事经济学理论成为本书研究的一个重要分析工具。本书运用军事经济学理论归纳了抗战时期国民经济建设的基本原则,并以此为准则评价四联总处的功过得失。

（2）实证研究法

实证方法是历史学科和经济学科最基本的研究方法,按照西方经济学者自己的说法,其实证研究法的思想基础在 19 世纪是所谓的逻辑实证主义,而在 20 世纪则是证伪主义。①一般而言,西方经济学研究的实证方法可分为两大部分,即理论实证部分和经验实证部分。理论实证是指从现象中抽象出所研究对象的基本关系,然后对其进行逻辑演绎并得出假设结论;经验实证则是指用实践来证明理论,即对理论实证中所得出的理论假说及其结论进行经验检验。其中,经验实证部分已成为现代西方经济学实证研究方法迅速发展的一个主要方面,其突出的标志表现为计量经济学的迅速发展。②经济学中的实证研究就是拿证据对某种经济理论进行证真或证伪。本书以抗战时期物价指数和货币发行量的历史数据为时间序列,进行回归分析,所得出的结论进一步证真了抗战时期的通货膨胀主要是一种货币现象的论点。

3. 经济计量学方法

经济史研究的最终目的是探询经济规律,所反映的现象应该是大量而普遍的,因此,计量的问题就十分突出,关系到研究成果的学术价值。吴承明先生指出:"凡能定量者,必须定量,这就可以破许多假说,立论才有根据。"③刘佛丁先生也曾强调:"对经济发展的历史,如果不能用明确的数字序列来加以表示和衡量,而只能用一些、较多、很多、几乎等不确切的概念来描述,那只能说明我们对它的了解是肤浅的,也就是说还没有进入科学的阶段。"④20 世纪 60 年代,西方经济史学界兴起的计量经济史学,为经济史研究开辟了新的学术领域,因为它能够检验以往历史研究中那些未经计量的定性判断,使那些符合或基本符合实际情况的结论得到验证,将错

---

① 〔英〕马克·布劳格:《经济学方法论》,石士钧译,商务印书馆,1992 年,第107—166 页。

② 陈璋:《再论实证研究方法》,载陈璋:《西方经济学方法论研究》,中国统计出版社,2003 年,第103—126 页。

③ 吴承明:《关于研究中国近代经济史的意见》,《晋阳学刊》1982 年第 1 期。

④ 刘佛丁:《新时期中国经济史学理论的探索》,《经济研究》1997 年第 5 期。

误的结论加以纠正,并做出科学的结论,计量史学的这个优势是其他经济学方法所不能替代的。计量方法需要大量、系统的统计资料为基础,时间序列越长,自由度越高,计量分析结果越准确,近代经济史已经沉淀了半个多世纪,大量的数据已经整理出版,为计量分析方法的运用提供了良好的资料基础。不过,计量方法一般只反映量变而不反映质变,因而影响经济发展的制度因素难以成为计量模型的参数,并且在定量分析之前首先要有定性分析,否则就有可能得出符合计量模型的参数估计但结论与历史事实完全相反。

　　计量分析方法主要是回归分析法。"回归"一词来源于生物学界,英国生物学家加尔顿发现子女的平均身高有朝着人类平均身高移动的趋势,他把这种统计现象称为普遍回归定律。经济变量之间的关系,大致可以分为两类:一类是确定的函数关系,如某种产品的销售收入 Y 与价格 P、销售量 Q 之间的关系 $Y = QP$;另一类是非确定的相关关系,如研究通货膨胀率与货币供应量的关系时发现,两者之间存在极其密切的关系,但货币供应并不是决定通货膨胀率的唯一因素,通货膨胀率还受到诸如物资供需的失衡、人们心理预期、国际市场传导等因素的影响。所以,变量之间的非确定性关系不同于函数关系,无法用函数关系精确地表示所要研究现象的变化,在计量经济学研究中,变量之间的非确定性因果关系就是回归关系,回归分析就是对具有因果关系的变量之间的相关系数做出计量判定。[①]本书在研究抗战时期通货膨胀的成因时,以货币发行量为解释变量,以物价指数为被解释变量,做了一元非线性回归分析,得出了符合历史事实的科学结论。

　　经济史学科的特点决定经济史论文在表达形式上存在历史学范式和经济学范式的分野,本书兼顾两者,运用了文字叙述与图形设计相结合的方式。

　　首先,经济史论文的历史特性决定了"文字经济学"[②](相对于数理经济学)的表达方式更加切合实际。全面而深刻地描述四联总处在抗战时期的金融经济活动,需要发掘大量历史文献资料,高度抽象的"数理经济学"是无法胜任这一工作的。但我们绝不能因之而排斥"数理经济学",因为数理表达可以使文字论证更加准确而严密。所以,对任何经济问题的研究而言,数理表达与文字表述应该是互补的,"最佳的理论体系是一定程度的

---

　　① 〔美〕古扎拉缔:《计量经济学》第三版,上,林少宫译,中国人民大学出版社,2002 年,第7—8 页。
　　② 胡汝银:《竞争与垄断:社会主义微观经济分析》,上海三联书店,1988 年,第32—36 页。

数量分析和某种程度的文字形式的分析二者之间的适当的组合"[1]。

其次,图形设计作为描述各种经济变量关系的一种方法,它可以用来描述"用文字来表述是复杂的,而用代数来表示又过于简单化"的各种经济现象,而且,制图的过程也可以帮助思考,使描述更加清晰。[2] 所以,运用图形设计来阐明和勾勒问题的脉络不失为一种很好的经济史学表达方式。

(二) 逻辑结构

四联总处是抗战时期国民政府最高财政金融机构,其职能主要有二:一是业务职能,即集中中央银行、中国银行、交通银行、中国农民银行四大国家银行资金进行统一贴放以发展战时大后方经济;二是金融管制职能,统制战时金融经济。本成果以金融、军事经济理论为指导,以四联总处史料和抗战时期经济史料为基础,把四联总处放置在战时经济的大背景下,主要研究抗战时期四联总处的贴放政策与战时大后方经济开发、四联总处对战时金融的管制、四联总处的历史地位等专题。本成果的主要内容如下:

导论:共四节,第一节说明了本文研究的选题意义及创新之处;第二节首先回顾了国内外学术界研究四联总处的现状,总结了研究成果的特点并指出了不足;第三节介绍了本文所运用的主要研究方法,包括历史学方法(主要是实证方法和历史比较法)、经济学方法(主要是引入经济学理论来研究经济史和经济学意义上的实证研究法)、经济计量学方法(主要是回归分析法);第四节对战时经济、战时经济战和大后方等几个主要概念进行了界定。

第一章:抗战时期四联总处的设立、演变与特点。第一节交代了四联总处设立的两大历史背景;第二节分四个阶段介绍了 1937 年 8 月至 1948年 10 月四联总处的演变过程,按阶段分别介绍了四联总处的业务状况;第三节归纳了四联总处的四个特点。

第二章:抗战时期的经济政策与特点。第一节缕析了抗战时期国民政府的四大经济政策,即战时生产政策、战时财政政策、战时经济统制政策和战时对敌经济政策;第二节归纳了抗战时期大后方经济的三个特点,即不平衡性、统制性和矛盾性。

---

① 胡汝银:《竞争与垄断:社会主义微观经济分析》,上海三联书店,1988 年,第 34 页。
② 〔英〕琼·罗宾逊等:《现代经济学导论》,陈彪如译,商务印书馆,1982 年中译本,第 100页,转引自张杰:《中国金融成长的经济分析》,中国经济出版社,1995 年,第 11 页。

　　第三章：四联总处的贴放政策与大后方经济开发。四联总处的第一项职能是集中国家银行资金进行统一贴放以发展战时经济，本章按总分逻辑研究四联总处的贴放政策与战时后方经济开发，共五节：第一节从总体视角考察抗战时期四联总处投资贴放方针政策的演进，并总括抗战时期四联总处的贴放状况；第二节研究四联总处农贷与战时后方农业开发，首先分时段考察了抗战时期四联总处农贷政策的演变过程，分析了战时农贷的运作方式和特点，最后讨论了抗战时期四联总处农贷政策之得失；第三节研究四联总处工矿业贴放与后方工矿业发展，首先按时序叙述了抗战时期四联总处工矿业贷款政策的演变，然后探讨了四联总处对贷款对象的监管方式，最后讨论了四联总处工矿业贷款政策的得失；第四节在探讨抗战时期四联总处交通贴放状况的基础上，检视交通贴放对战时后方交通开拓的贡献；第五节叙述抗战时期四联总处的贸易、盐务、粮食贴放状况。

　　第四章：四联总处与抗战时期经济金融管理。四联总处的第二项职能是管制战时经济金融，本章共六节。第一节研究四联总处与战时大后方金融网的敷设，首先叙述抗战时期四联总处的后方金融网敷设计划，在此基础上详细地分析四联总处在后方金融网敷设过程中的作为与缺陷；第二节研究四联总处与战时通货膨胀治理，首先以货币发行量为解释变量，以物价指数为被解释变量，利用回归模型对两者的相关系数进行计量分析，得出货币因素是造成战时通货膨胀最主要因素的结论，然后分析了四联总处治理通货膨胀的措施，最后讨论四联总处治理通货膨胀失败的原因；第三节研究四联总处与战时节约建国储蓄运动，首先探讨节约建国储蓄运动的发起原因，重点阐述四联总处推进节约建国储蓄运动的措施，比较战时中日储蓄运动的异同，分析四联总处节储措施的成效得失；第四节研究四联总处与战时对敌经济金融战，四联总处在领导金融货币战、协助物质战、妥善处理1941年沪上中国银行血案中做出了巨大贡献，本节分三个专题进行研究；第五节研究四联总处与战时金融管制，详细地分析了四联总处对战时金融机构和金融市场的监管，并建立成本-收益分析模式讨论战时金融管制的得失；第六节研究四联总处战时侨汇管理，分时段探讨了抗战时期四联总处的侨汇管理政策及其成效。

　　第五章：四联总处在战时经济中的历史地位。第一节以军事经济学理论为指导，在总结第一次世界大战、第二次世界大战时期各主要参战国军事经济历史的基础上，总结出战时国民经济建设的两个基本原则：即军事化原则与现代化原则；第二节以战时国民经济建设的两个原则为评价标准来探讨四联总处在战时经济中的历史地位，认为四联总处对促进抗战时期后方经济的军事化和现代化做出了不可磨灭的历史贡献；第三节讨论了四联总处在战时经济中的过失，指出这种政府垄断型金融体系遏制战时经济的活力，加重了人民的生活负担。

四、几个概念界定

（一）战时经济

战时经济有两种含义，第一种是军事经济学上的战时经济，它是与平时经济相对应的一种经济形态，即"国家在战争时期建立的经济体制、经济结构以及所采取的相应的经济政策和措施的总称。其基本任务是动员和利用一切可能的资源，保障军队作战和扩大军需品生产，保证社会居民的基本生活的需要"[①]。其主要内容包括：第一，实行战时经济管理体制，建立和健全高度集中统一的战时经济管理机构，强化战时经济管理，维护正常的经济秩序，保证战时经济的稳定发展；第二，组织实施战时经济动员计划，调整国民经济结构，扩大军需生产，多渠道筹措战费，最大限度地满足战争需要；第三，加强对重要经济目标的防护，组织受到战争威胁的重要企业向战略后方搬迁，努力减少战争造成的经济损失；第四，对交通和邮电通信部门进行重点保护，确保战时交通和通信的畅通；第五，对社会居民的基本生活资料实行战时统制，确保居民的基本生活需要。要达到这些目标，必须实行战时经济建设，而搞好战时经济建设则要遵循战时经济建设的两个基本原则——国民经济建设的军事化与现代化。战时经济的第二种含义专指抗战时期的中国经济。这里，需要明确两点：第一，抗战时期的"中国"一般特指国民政府的控制区，即通常所说的国统区或大后方，国统区以外的地区称为沦陷区或日控区，如朱斯煌主编的《民国经济史》把抗战时期大后方经济称为"战时经济"；1937 年创刊的《战时经济》也以大后方经济为研究对象；陈禾章、沈雷春、张韶华编著的《中国战时经济志》就是一部研究抗战时期大后方经济的著作。第二，"经济"不仅包括抗战时期大后方各部门经济状况，而且还包括国民政府所颁布的经济法令、经济政策等。

（二）战时经济战

是指战争期间交战双方为实现一定战略目的而实行的经济斗争。由

[①] 刘化绵：《军事经济学辞典》，中国经济出版社，1993 年，第 306 页。

于经济是战争赖以进行和取胜的物质基础,因此,实施战时经济战历来为战争指导者所重视。进行战时经济战的主要手段是:第一,运用军事、政治和外交手段,对敌方进行经济封锁,阻止其战略物资输入,断绝同敌方的一切物质往来。第二,运用军事手段直接打击和破坏敌方重要经济设施与目标。第三,使用武力抢占敌国的原材料产地、科技和经济中心,扩大占领区,以壮大自己的经济实力;通过掠夺被占领国的现钞和黄金储备,征收占领费,发行军用货币和战时公债,投放假钞,扰乱和破坏敌方的财政和金融。

(三) 大后方

大后方是抗战时期的一个特定历史概念。主要指西南和西北地区诸省,但对于西南的地域范围划分历史上迄无定论,抗战时期存在"大西南"和"小西南"两种划法,且有"西南七省"(四川、西康①、云南、贵州、广西、湖南、广东),"西南六省"(四川、西康、云南、贵州、广西、湖南),"西南五省"(四川、西康、云南、贵州、广西),"西南四省"(四川、西康、云南、贵州)等诸种说法;②西北的地域划分则早有定论,包括陕西、甘肃、青海、宁夏③、绥远、新疆六省(区)。本书中的大后方包括了西南七省和西北六省。

---

① 设立于 1940 年,后于 1955 年分别并入四川省和西藏自治区。
② 陈禾章、沈雷春、张韶华:《中国战时经济志》,文海出版社,1973 年,第 20 页。
③ 青海、宁夏两省均设立于 1940 年。

第一章　抗战时期四联总处的
设立、演变与特点

一、四联总处产生的历史条件

南京国民政府上台后,试图通过建立国家资本的垄断金融体系,以实现对全国金融的控制与垄断。其控制与垄断的途径有二:一是新设立国家金融机构,如中央银行与中国农民银行;二是向原有金融机构注入国有资本并进行人事调整,实现对这些金融机构的直接控制,如对中国银行和交通银行就是如此。

为方便筹措资金及统一币制的需要,南京国民政府成立以后的第一件事,便是设立中央银行。南京国民政府的最初计划,是将中国银行和交通银行两行合并为中央银行,或将中国银行改组为中央银行。但中国银行执意要保持其独立的商业银行地位,对该计划予以拒绝。南京国民政府遂于1927年颁布《中央银行条例》,另行筹设中央银行,规定"中央银行为特定国家银行,由国民政府设置经营之"[1]。1928年11月1日,中央银行正式开业。开业时,中央银行号称资本为2 000万元,但实际上这些资本全是国民政府公债,无一元现金。南京国民政府计划将中央银行建设成为完全意义上的中央银行,其成立"一为统一国家之币制,二为统一全国之金库,三为调剂国内之金融"[2]。因此,中央银行替代北京政府时期的中国银行,成为南京国民政府中央银行制度建设的核心机构。[3] 不过,中央银行因资力薄弱,根基不深,在成立后的相当一段时间内并没有独家垄断上述特权,中国银行、交通银行也依然享受中央银行特权。为把中央银行办成真正的中

---

① 中国第二历史档案馆:《中华民国史档案资料汇编》,第五辑,第一编,财政经济(四),江苏古籍出版社,1994年,第469页。

② 杜恂诚、严国海、孙林:《中国近代国有经济思想、制度与演变》,上海人民出版社,2007年,第123页。

③ 中国第二历史档案馆:《中华民国史档案资料汇编》,第五辑,第一编,财政经济(四),江苏古籍出版社,1994年,第473页。

央银行,国民政府不遗余力地予以扶植。1929年国民政府颁布《中央银行章程》,规定中央银行除办理普通银行业务外,还享有政府授予的下列特权,"① 遵照兑换券条例发行兑换券;② 铸造及发行国币;③ 经理国库;④ 募集或经理国内外公债事务"。在国库代理上,国民政府也有意向中央银行倾斜,在中央银行成立后的几年之内,中央银行并未独立代理国库,中国银行、交通银行两行仍代理一部分国库业务。1932年6月,国民政府将财政收支体系由中央、省、县三级制,改为两级制,将省级财政划归中央统一掌握,纳入国家财政收支系统,国库权限扩大。1933年3月,财政部公布《中央各机关经费收支款项由国库统一处理办法》,同年在中央银行内部成立库局,中央银行经理国库业务的规模有所扩大。1935年的《中央银行法》进一步完善了中央银行代理国库的职能。该法第26条规定,"国库及国营事业金钱之收付,均由中央银行经理""省、市、县金库及其公营事业金钱之收付,得由中央银行代理"①。1936年10月,实行所得税制,税款也由中央银行经收,但库款的出纳收解仍然未能集中于中央银行办理。在钞票发行上,国民政府则赋予中央银行更大的特权。1935年颁行《中央银行法》,规定中央银行有权发行本位币兑换券和辅币兑换券,不分区域,全国一律通用,并享有免征发行税的特权。中央银行还享有代表国民政府发行各式货币的权力,"国民政府发行本位币、辅币、厂条及人民请求代铸本位币或厂条,均由中央银行经理之"。② 政府法规的鼓励使得中央银行的货币发行量迅速增加,1934—1936年,该行货币发行量增加了4倍。③ 法币改革以后,改为由中央银行、中国银行、交通银行和中国农民银行四行共同发行。在1935年《中央银行法》的修订中,首次增加银行间清算、重贴现和保管存款准备金等服务商业银行的业务,完善了其作为中央银行的职能。《中央银行法》第28条规定,中央银行可以"收管各银行法定准备金""办理票据交换及各银行间之划拨结算";办理"国民政府发行或保证之国库证券及公债息票之重贴现""国内银行承兑票、国内商业汇票及期票之重贴现"④。不过,这些条款也只是停留于纸面而并未立即执行。

中央银行因受条例与章程限制,不能随意为政府垫款。早在1933年,蒋介石将豫、鄂、皖三省总司令部下辖的"农村金融救济处"改组成"豫鄂

---

① 中国第二历史档案馆、中国人民银行江苏省分行、江苏省金融志编委会:《中华民国金融法规档案资料选编》,档案出版社,1989年,第599页。

② 同上书,第599页。

③ 李守荣:《中国金融体系概论》,经济管理出版社,1993年,第43页。

④ 财政部科研所:《国民政府财政金融税收档案史料》,中国财政经济出版社,1997年,第462页。

皖赣四省农民银行"，为围剿红军提供军事经费。1935 年 6 月 4 日，国民党政府公布《中国农民银行条例》，将四省农民银行改组为中国农民银行，为股份有限公司组织形式。中国农民银行总行 1935 年设于汉口，旋即于 1936 年的"修正条例"中又改为南京，经财政部批准，可在其他区域设立分支行号或与其他农业金融机关订立代理契约。法币改革后，在蒋介石的支持下，中国农民银行取得法币发行权，成为南京国民政府直接控制的国家银行体系组成成员之一。

由清代户部银行演变而来的中国银行，在北京政府时期商股份额不断壮大，官股份额则急剧减少，至 1927 年只剩下象征性的 5 万元官股，而商股增至 1 971 万元，中国银行完全走上了商办道路。1928 年，南京国民政府曾希望把中国银行改组为中央银行，但遭到中国银行副总裁张公权的拒绝，因为已经走上独立发展道路的中国银行不愿再重蹈覆辙。于是，张公权建议另立中央银行，并提出将中国银行改组为"特许之国际汇兑银行"，这个建议得到国民政府的认可，1928 年 10 月南京国民政府公布了《中国银行条例》24 条，规定中国银行资本增为 2 500 万元，政府认购 500 万元，官股占 20% 的比例。此为中国银行的第一次改组。经过此次改组的中国银行还不是完全的政府银行，依然走的是独立发展的道路。因此，当 20 世纪 30 年代初各大银行热衷于购买政府公债时，张公权领导的中国银行却大量出售政府公债。这使国民政府大为光火，因为发行公债是国民政府解决财政困难的主要手段，而银行又是国民政府公债的主要认购者，中国银行的行为无异于拆国民政府的台面。

1934 年，美国颁布"白银法案"，提高白银收购价格，引起中国白银大量外流。造成金融市场银根紧缩，银行流动资产减少，银行不愿再接受政府新公债。这使得 1935 年年初，南京国民政府面临财政危机。而当局者把这一切归因于中国银行总经理张公权反对财政部长孔祥熙的赤字财政政策。① 于是，1935 年 2 月 28 日，蒋介石、孔祥熙密谋于汉口，决定发行金融公债，接管中国银行和交通银行。3 月 1 日，国民党中央会议通过发行 1 亿元公债的决议。3 月 23 日，孔祥熙突然宣布必须接管中、交两行，并称"此举完全为增厚银行资力，以便通融资金，安定市面。中央、中国、交通三行向为工商界融通资金之中心，惟博施济众，难于应付，故政府发行公债以充实三行资本"②。3 月 28 日，财政部训令中国银行：原有官股 500 万元增

---

① 〔美〕帕克斯·M. 小科布尔：《江浙财阀与国民政府（1927—1937 年）》，蔡静仪译，南开大学出版，1987 年，第 122 页。

② 《银行周报》1935 年第 19 卷第 11 期。

制至 2 000 万元,以金融公债拨充,即日召开董事会,修订中行则例。①在 29
日的非正式董事会上,李铭代表商股提出中行总资本定为 4 000 万元,官商
各半,政府表示接受。但政府颁布限制私股权力的投票办法,规定不足十
股的股东不能出席股东会议,这一规定剥夺了许多商股股东的权利。②官
股完全控制了中国银行。同时,张公权被免除总经理职务,由宋子文任总
裁,主持中行一切事务。这样,南京国民政府控制了占全国银行总资产
1/4 的中国银行。

交通银行是仅次于中国银行的第二大银行。1928 年 11 月南京国民政
府特许交通银行为"发展全国实业银行",将该行资本增至 1 000 万元,其
中,官股 200 万元,以胡祖同为总经理。在胡的领导下,交通银行向商业银
行发展,在政治变革中保持一定的独立性。1933 年 4 月,国民政府再次改
组交通银行,将胡祖同调离交通银行,以宋子文的亲信唐寿民为总经理,交
通银行的独立性大为削弱。1935 年,政府在接管中国银行的同时,接管了
交通银行。在 1 亿元金融公债中,拨 1 000 万元充作交行官股。交行的股
本总额增至 2 000 万元,官股占 1 200 万元,占 60%。③ 在 1935 年 4 月 20
日的股东大会上,交行顺利地通过了人事变动。至此,国民政府已完全掌
握了当时中国两家最大的银行。

在控制了中、交两行之后,国民政府又轻而易举地利用国家银行实现
了对商业银行的控制。早在 1928 年南京国民政府刚刚建立时,其就着手
筹建由政府直接控制的商业银行——中国国货银行。该银行由"党国领
袖"、国内和华侨资本家 80 余人发起,原定股本 4 000 万元,筹足 1 000 万元
开业。国货银行筹备委员会原定该行为民办性质,宣布如商股招足,可以
退还政府的 l00 万元提倡股。但金融、工商业资本家因担心被官方操纵,
很少有人应募。国货银行于 4 月 7 日,召开股东成立大会,选出董事会和
董事会成员。但仅在该行成立两个月之后,南京国民政府工商、财政两部
以国货银行章程内容不妥、股款不足、选举不合法等理由接管该行。11 月
15 日,官商合办的中国国货银行开业,额定资本 2 000 万元,收足 500 万
元,官股占 40%。④ 孔祥熙任董事长,宋子良任总经理,成为官方商业银
行。1934—1935 年,国民政府趁商业银行经营困难的机会,从财力与人事

---

① 中行档案资料,转引自许涤新、吴承明:《中国资本主义发展史》,第三卷,人民出版社,
2003 年,第 79 页。

② 〔美〕帕克斯·M. 小科布尔:《江浙财阀与国民政府(1927—1937 年)》,蔡静仪译,南开大
学出版社,1987 年,第 131 页。

③ 许涤新、吴承明:《中国资本主义发展史》,人民出版社,2003 年,第 81 页。

④ 叶世昌:《中国古近代金融史》,复旦大学出版社,2001 年,第 265 页。

上控制了被称为"南小三行"的中国通商银行、中国实业银行和四明商业储蓄银行。1934—1935 年,商业银行经营困难,南京国民政府却将中央、中国、交通银行大量囤积的"小三行"的兑换券要求兑现,致使三行发生挤兑,南京国民政府就乘机派员对其接管改组。改组后,中国通商银行由杜月笙任董事长,顾贻毅任总经理。中国实业银行改组后由中央银行国库局局长胡祖同代总经理。四明银行原董事长兼总经理孙衡甫去职,由中央银行理事叶琢堂兼总经理。1936 年,财政部将三行原有股本贬值,按 15% 折成新股,并加入官股。折合后,中国通商银行仅存股款 525 000 元,中国实业银行股款为 526 110 元,四明银行股款为 337 500 元;另由财政部加入中国通商银行官股 3 475 000 元,中国实业银行官股 3 473 890 元,四明银行官股 3 662 500 元,各凑成资本 400 万元①,成为官商合办银行。此外,新华商业储蓄银行原为中国、交通两行的子银行,在中交两行被改组以后,该行也变为官商合办银行。另外,在华南地区的广东银行、广州市立银行等一批商业银行也先后被南京政府加入官股,改组为官商合办银行,置于政府的直接控制之下。

1935 年 11 月,国民政府实行法币改革。规定以中央银行、中国银行和交通银行三大政府银行(1936 年年初中国农民银行加入)所发钞票为法币,取消商业银行发行钞票的特权。国家银行取得了垄断的钞票发行权,"大四行"集团的绝对优势地位得到了稳固。

现在,我们可以归纳一下国家银行的垄断地位。至 1936 年年底,中央银行、中国银行、交通银行和中国农民银行四行资产总和占全国银行资产总额的 56.6% ,省属银行资产总额占全国银行资产总额的 10.7% ,国民政府控制的六家银行("小四行"、新华银行和广东银行)也持有约 5.5% 的全国银行资产总额。这样全国银行资产总额的 72.8% 由官方银行持有。②

南京国民政府战前在金融领域所推行的强制性制度变迁,确立了由政府控制的垄断金融体系,巩固了中央银行、中国银行、交通银行和中国农民银行四行集团在金融领域的绝对优势地位,这为战时迅速确立四联总处权威奠定了基础。四联总处秘书长刘攻芸把政府控制中国银行与交通银行两行和法币改革看成建立战时金融体系的前奏,他说:"远在'九一八'事变之时,我最高当局即以明察日本侵略之必致实现,早作抗战准备,并鉴及金融关系重要,因于 1935 年春第一步措施即加强四行力量,分别增股,曾

---

① 寿充一:《孔祥熙其人其事》,中国文史出版社,1987 年,第 69 页。

② 〔美〕帕克斯・M. 小科布尔:《江浙财阀与国民政府(1927—1937 年)》,蔡静仪译,南开大学出版社,1987 年,第 140 页。

希望中央银行与中、交、农三行发生密切联系,以共同力量应付艰局。1935年9月,第二步措施即实行法币政策,奠定抗战金融之基础。"[1]

"卢沟桥事变"爆发后,战争引起了国内金融、经济的极大混乱与恐慌,使金融业面临极为紧张的形势。储户为了保值,纷纷向银行提取现金以兑换外汇。据估计,在1937年7月7日至8月12日的30多天中,国家银行在上海外汇市场售出外汇约750万英镑,折合法币1.2亿元[2];各华资银行的存款大幅度下降,如上海商业储蓄银行存款下降2500万元,浙江兴业银行下降1700万元,金城银行下降1500万元,中小银行更因无法应付而出现了挤兑危机[3];市面上由于头寸不足,工商业出现资金周转困难。金融动荡势必影响社会与经济的稳定。安定金融、稳定经济成为国民政府急需解决的重要问题。而要解决此问题,必须要有一个事权高度集中、具有权威的战时金融中枢机构。但是,在战前并未形成能"统一意志""集中资力"的权威金融机构,这种状况无法适应战时金融的需要,以至于出现了各国家银行"各持立场,步调分歧"的局面,为使各国家银行"认清目标,自动履行其任务,不敷衍,不推托,联合意志,整齐步伐",蒋介石在"卢沟桥事变"后几天,就以"战时金融措施关系重要,不容稍有疏忽错误"为由,饬令徐堪迅速组织以宋子文为首的金融委员会以统制全国金融,统筹各行资金,避免各行只顾自身利益而使其力量分散。但由于国民党内部派系倾轧,使"明令发表后而阻碍重重",以至于该委员会迟迟不能建立。[4]

为了使战时经济、金融不至于瘫痪,1937年7月27日,财政部授权中央银行、中国银行、交通银行和中国农民银行四行在上海组织联合贴放委员会,联合办理战时贴现和放款事宜,以"活泼金融,安定市面",救济银钱工商各业。"八一三事变"爆发的当天,设立金融总枢机构刻不容缓,徐堪建议设立中央银行、中国银行、交通银行和中国农民银行四银行联合办事总处,以集中全国金融力量应付危局。8月13日,四联总处在战火纷飞中产生了。

---

① 重庆市档案馆、重庆市人民银行金融研究所:《四联总处史料》,上册,档案出版社,1993年,第61页。

② 卜明:《中国银行行史(1912—1949年)》,中国金融出版社,1995年,第435页。

③ 中国银行上海国际金融研究所行史编写组:《中国银行上海分行史(1912—1949年)》,经济科学出版社,1991年,第94页。

④ 重庆市档案馆、重庆市人民银行金融研究所:《四联总处史料》,上册,档案出版社,1993年,第66页。

二、四联总处的设立与演变

四联总处是抗战时期南京国民政府所设立的"中央银行、中国银行、交通银行、中国农民银行联合办事总处"的简称。它设立于1937年8月，1948年10月撤销，前后存在11年。纵观四联总处的11年历史，我们可以将其划分为四个阶段。

（一）第一阶段（1937年8月至1939年9月）：四联总处的创立与初步发展阶段

"七七事变"之后，全国金融市场受到冲击。蒋介石意识到稳定金融对于稳定经济的重要意义，他指示财政部次长徐堪组织临时性金融管理机构"金融委员会"，以宋子文为委员长，委员会委员名单由蒋介石亲自确定，蒋介石还催促宋子文召集中央、中国、交通和中国农民四行人员会商应变办法，因国民党内派系倾轧，"阻碍重重"，致使金融委员会迟迟未能成立。为谋求农矿工商业资金畅通并协助内迁，1937年7月29日，财政部授权中央、中国、交通和中国农民四行在上海组建联合贴现委员会，业务以贴现与放款为主，不久，更名贴放委员会，由中央、中国、交通和中国农民四行各派代表二人组成。8月2日，徐堪向蒋介石报告称："如各行有紧急情形，系属正当需要，而能提供相当押品者，由委员会予以贴现或放款，以资维持。"[1]8月9日，"四行联合贴放委员会"在上海正式成立，核办对上海同业的贴现与放款事宜。之后，四行在南京、汉口、重庆、芜湖、杭州、宁波、南昌、广州、无锡、郑州、长沙、济南等12个重要城市成立联合贴放委员会。

"八一三"事变后，浙沪相继失陷，南京告警，四总行分别内迁，四联总处工作曾一度被迫停顿。在四联总处成立之初，由于孔祥熙在国外，故日常工作暂时由宋子文代理主持。1937年8月15日财政部公布《非常时期安定金融办法》，该办法是国民政府的金融政策由平时转向战时状态的重要标志。8月19日，财政部函请四总行"在沪设立联合办事处，各派代表组织"。规定重要都市四行中有两行分支行者，应即日联合组设办事分处，任务是"维持当地金融，责成分处负责，随时请示总处办理；凡请示四总行

---

[1] 中国第二历史档案馆:《中华民国史档案资料汇编》,第五辑,第二编,财政经济(四),凤凰出版社,1997年,第438页。

之件,均由上海中央行收转;分处成立后,每日上午八时必须集议一次"。①上海成立的四行联合办事处最初由宋子文主持,"每日开会一次或数次不等""凡财政部决定之措施,如安定金融办法,等等,均由本总处赞襄及执行"②。仅由四行各派代表一人参加,其业务范围局限于督促四行贴放和审核贷款等普通业务,纯粹是联络与协调的办事机构。8月20日,重庆联合办事处分处成立。1937年10月底,孔祥熙回国。11月25日,在孔祥熙主持下,四行代表在汉口重组总处,上海则改设分处。南京失守后,日寇兵锋直抵武汉,武汉朝夕难保。国民政府西迁重庆,四联总处也由汉迁渝。总处迁渝后,为"加强组织及增进工作效能",于1939年3月,设立了政策、业务、考核、事务等四个机构,其中,政策组的职责是制订四行工作计划,业务组调拨四行的贴放与发行,考核组主要考核收兑金银,事务组掌管运输工程的各项事宜。四联总处从事这些工作,直到1939年9月改组时为止。

从1937年8月至1939年9月的两年多时间里,是中国由平时经济向战时经济全面转轨的时期。在这一时期,重大经济、财政、金融决策的制定与实施,主要是由国民党军事委员会、财政部、军委会组成三调整委员会(即工矿调整委员会、农产调整委员会、贸易调整委员会)和经济部来承担,四联总处的主要职责是集中利用国家银行的资金予以积极的支持与配合。所以,这一阶段的四联总处,"仅由四行代表共同研讨及指导联合应办业务之责,其范围较窄,其性质尤偏于联络方面"③,是一个起着联络和协调作用的松散办事机构,还不能算是一个财政金融决策机构。

1938年武汉会战后,抗战进入相持阶段。日寇的凌厉军事攻势大为减弱,这一方面减轻了国民政府的军事压力,另一方面,也使国民政府得以腾出手来发展大后方经济,以支持抗战。国民政府在设计战时经济体制时,始终把金融置于极其重要的地位,国民政府认为:"为实现促进生产起见,自须金融巩固,运用灵活,然后工厂各业得以繁荣滋长。"④国民政府在认真地考察了欧美近现代历史之后,更加清楚地认识到"英国之英格兰银行,最初只一普通银行耳。为应付18世纪初叶之对外战争计,加强组织,提高职权,战后基础稳固,而成今日不列颠之中央银行。法国之18世纪末,拿破仑为应付连年战争计,设立法兰西银行,法国之中央银行亦于是奠

---

① 重庆市档案馆、重庆市人民银行金融研究所:《四联总处史料》,上册,档案出版社,1993年,第119页。

② 同上书,第66页。

③ 徐堪:《中中交农四银行联合办事处之组织及其工作》,《经济汇报》第1卷第5、6期。

④ 蒋介石就四联总处工作手令稿,1940年3月28日,转引自黄立人:《四联总处的产生、发展与衰亡》,《中国经济史研究》1991年第2期。

定。至于美国之联邦准备银行,拟设组织酝酿颇久,终于1913年国际风云险恶时得以成立。于此可见树立健全之金融机构以增强国家之经济力量,乃各国应付非常时期之当然措施,且常于非常时期始能奠定其稳固之基础也"①。国民政府这个认识符合实情也具有一定的高度,长期战争比的不仅是军力更重要的是实力。在英法百年战争中,之所以英国最终赢得战争而法国输掉战争,一个重要的原因就是英国组建了中央银行,为战争募集了充足的战费,保证了战争所需,而法国却未能做到。法国法兰西银行、美国联邦准备银行都是成立于战争过程中或战争前夕。国民政府尽管于1928年就设立了中央银行,但直至抗战爆发,中央银行始终未能履行央行职责,所以,此时的中央银行担负不起支撑抗战大业需要的重任,国民政府必须要设立一个权威机构来执掌金融中枢。1939年9月8日,国防最高委员会核定"战时健全中央金融机构办法纲要"10条,改组成立四联总处。

(二) 第二阶段(1939年9月至1942年9月):四联总处的全盛阶段

1939年7、8月间,蒋介石着手研究四联总处的建制问题。8月3日,国民政府召开最高国防会议,研究通过四联总处的建制。蒋介石认为:"此事欲实施职权,健全金融,非余亲任主席不可!"②1939年9月8日,国民政府公布《战时健全中央金融机构办法》,宣布"中央、中国、交通、中国农民四银行合组联合办事总处,负责办理政府战时金融政策有关各特种业务"③。四联总处完成第一次改组。

改组以后的四联总处,发生了如下变化:

第一,任务方面变化。改组以前,四联总处仅由四行代表共同研讨及指导联合应办业务之责,只是起着联络的作用。改组以后,其地位大为提升,"举凡战时金融之设施,以及经济之策划,均为总处任务,所谓决定政策,指示方针,与考核工作是也"④,此时的四联总处已经是一个名副其实的战时最高财政金融决策机构。

第二,工作范围方面变化。四联总处除了主管四行本身之业务外,增添了以下14项新任务:① 调剂四行银行券;② 设计全国金融网;③ 集中运用全国资金;④ 审核四行发行准备;⑤ 发行与领用受托之小额币券;

---

①　重庆市档案馆、重庆市人民银行金融研究所:《四联总处史料》,上册,档案出版社,1993年,第54页。

②　《困勉记》,1939年8月3日,载黄自进、潘光哲:《蒋中正总统五记》,第673页。

③　重庆市档案馆、重庆市人民银行金融研究所:《四联总处史料》,上册,档案出版社,1993年,第67页。

④　同上书,第54页。

⑥ 进行联合贴放;⑦ 审核内地及口岸汇款;⑧ 审核外汇申请;⑨ 联合投资战时特种生产事业;⑩ 调剂战时物资;⑪ 管理所收兑的生金银;⑫ 推行特种储蓄;⑬ 办理其他四行所应办之事项;⑭ 复核四行预算决算。①

第三,人事及职权方面变化。由于四联总处地位的提升,故其组织方式也"因而较前隆重"。理事会是改组后的四联总处的最高机构,理事会由中央银行总裁、副总裁,中国银行董事长、总经理,中国农民银行理事长、总经理,财政部、经济部代表组成。理事会设主席一人,常务理事三人,均由国民政府特派充任,其中主席总揽一切事务,常务理事襄助主席执行一切事务,主席由蒋介石担任,孔祥熙、宋子文、钱永铭为常务理事。翁文灏、张公权、徐堪、陈行、周佩箴、叶琢堂、贝祖诒等为理事。四联总处理事会成员包括了军事委员会委员长、行政院院长、财政部部长、经济部部长和四行一局(中央信托局)首脑于一堂,可见其地位与权威之高。对于四联总处与四行的关系,《战时健全中央金融机构办法》规定,"财政部授权联合总处理事会主席在非常时期内对中央、中国、交通、农民四银行可为便宜之措施,并代行其职权"②。改组后的四联总处不再是四行的联络机构,而是可以监督、考核、指导四行的上级领导机关。

第四,组织机构方面变化。改组后的四联总处下设战时经济和战时金融两个委员会及秘书处。两个委员会由主席从理事会理事中指定若干人组成。其中,战时金融委员会之下,分设五处:发行处主管四行联合发行事宜,贴放处主管四行联合贴放事宜,汇兑处主管内外汇之调拨审核事宜,特种储蓄处主管特种储蓄之推行事宜,收兑金银处主管收兑金银事宜;战时经济委员会之下,分设三处:特种投资处主管特种生产事业之投资事宜,物资处主管物资之调剂事宜,平市处主管物资之平价事宜;秘书处主管一切日常事务,分设文书、统计、稽核等科,设秘书长、副秘书长各一人,同时另设视察及专员若干人,承主席之命,视察四行业务并考核其工作。③ 1940年,国民政府要求四联总处扩展农贷业务,遂于战时金融委员会之下添设了农业金融处,后为集中筹划全国农业金融起见,延聘国内专家及有关机关主管人员组织设立了农业金融设计委员会,农业金融处也随即改隶该委员会。1940年7月,四联总处奉蒋介石手令发动全国节约建国储蓄运动并拟定了中央银行、中国银行、交通银行和中国农民银行(下文简称中、中、

---

① 重庆市档案馆、重庆市人民银行金融研究所:《四联总处史料》,上册,档案出版社,1993年,第54—55页。
② 同上书,第67页。
③ 同上书,第55—56页。

交、农四行)及中央信托局、邮政储金汇业局两局推进《节约建国储蓄业务纲要》。后依据这个纲要,总处之下设立了全国节约建国储蓄劝储委员会,下设劝储、总务两科。[1]

改组后的四联总处具有以下特点:由一个联合办理一般性银行业务的机构,转变为一个直接隶属于国民政府的金融垄断机构;集中了国民政府主管财政、经济和金融的重要任务及精通金融的业务专家,说明了四联总处在国民政府中的重要地位;其理事会握有至高无上的权力,不仅管理四行业务,举凡战时与金融有关的重大经济政策,均纳入四联总处的工作范围之内。所以,改组后的四联总处的性质,实为国民政府最高的金融垄断机构。蒋介石日记中记载"四大银行联处成立,金融事权集中,此亦为一大进步也"[2]。时人亦评价"至此乃奠定真正集权管制之基础"[3]。

(三) 第三阶段(1942 年 9 月至 1945 年 12 月):四联总处由盛入衰阶段

在第一次改组以后的两三年内,出于不断变化的形势的需要,国民政府又设立了一些经济机构,有些经济机构与四联总处的下属机构职掌重复。例如,平市处与经济部平价购销处及物资局职掌重复;物资处与财政部贸易委员会职掌重复;收兑金银事项交中央银行办理后,收兑金银处已无存在必要。经济机构之间职掌重复不仅造成事权难专而且效率低下。在此情况下,1942 年 9 月国民政府对四联总处进行了第二次改组。

经过第二次改组的四联总处,发生了如下变化:

第一,规定中央信托局和邮政储金汇业局的业务事务,同受四联总处的监督指导,两局加入四行集团。

第二,改组理事会。首先,理事会组成人员中,增加交通部和粮食部两部部长;其次,理事会增设副主席一人,襄助主席办理一切事务,副主席也由国民政府特派。[4]

第三,职权压缩为 10 项。① 规划全国金融网的分布;② 考核与调整

---

[1]　重庆市档案馆、重庆市人民银行金融研究所:《四联总处史料》,上册,档案出版社,1993年,第 84 页。

[2]　《蒋介石日记》手稿影印件,1939 年 1 月 1 日"民国二十八年大事表"。

[3]　中国国民经济研究所:《中外经济年报第 2 册》(1940 年),沈云龙:《近代中国史料丛刊》第六十辑,第三编,文海出版社,1990 年,第 200 页。

[4]　四联总处第二次改组后理事会成员如下:主席:蒋介石;副主席:孔祥熙;理事:宋子文、钱永铭、翁文灏、张公权、徐堪、曾养甫、俞鸿钧、陈行、宋汉章、赵棣华、顾翊群。重庆市档案馆、重庆市人民银行金融研究所:《四联总处史料》,上册,档案出版社,1993 年,第 93 页。

各行局人员;③ 审核各行局的开支与预决算;④ 调度法币发行与审核发行准备;⑤ 指导考核各行局吸收存款与推行储蓄事项;⑥ 审核各行局投资放款;⑦ 审核各行局农贷;⑧ 审核各行局的汇款事项;⑨ 协助财政部管理一般金融事项;⑩ 其他与战时金融政策有关事项。①

第四,改组下属机构。将原来的战时经济委员会和战时金融委员会合并为战时金融经济委员会,战时金融经济委员会分设六个小组委员会,分别审查各项有关案件,它们是:发行小组委员会、储蓄小组委员会、放款小组委员会、农贷小组委员会、汇兑小组委员会、特种小组委员会。战时金融经济委员会及各小组委员会设主任副主任各一人,委员各若干人,均由主席和副主席指派之。主管日常事务的秘书处所辖科增至八个:文书科、稽核科、统计科、发行科、储蓄科、放款科、农贷科、汇兑科。1943 年 8 月国民政府主计处在四联总处设立会计机构,9 月 22 日,正式成立会计长办事处,将秘书处的部分职掌划归其办理,并对秘书处内部组织进行了部分调整:文书科改称为总务科;稽核科原职掌及人事事项,除有关人事事项移归总务科办理外,有关稽核事项归会计长办事处办理,稽核科撤销;统计科改隶会计长办事处。②

(四) 第四阶段(1945 年 12 月至 1948 年 11 月):四联总处的解体时期

四联总处作为一个战时金融统制机构,是抗日战争的产物。抗战胜利后,四联总处的存在是否还有必要成为公开摆在人们面前的问题。事实上,早在抗战期间,四行两局对四联总处的控制和干预已有怨言,立法院也有人提出要废止四联总处,战后,废黜四联总处的舆论自然抬头。但蒋介石和孔祥熙认为,尽管战事已经结束,"而复员期间政府各项金融经济设施仍须赓续协助推行",所以,四联总处有继续存在的必要,只是其地位由往日的领导金融经济变为协助金融经济,并规定此后工作以"以审核放款及研讨物价为主"③。为了适应这个变化,1945 年 12 月国民政府对四联总处进行了第三次改组。

第一,裁撤、调整组织机构。原隶属理事会的战后金融复员计划实施委员会、各行局实物研究委员会及划一各行局人事制度设计委员会一律撤销;战时金融经济委员会改称金融经济委员会,其下各小组委员会除特种

---

① 重庆市档案馆、重庆市人民银行金融研究所:《四联总处史料》,上册,档案出版社,1993年,第88 页。
② 同上书,第97—98 页。
③ 同上书,第105 页。

小组委员会及放款小组委员会仍予保留外，其余储蓄、农贷、土地金融及放款考核等小组合并改组为普通业务小组委员会；秘书处下设的发行、业务、储蓄、农贷等七个科合并改组为"总务"和"业务"两科，会计处撤销，其原下属之统计科改隶秘书处；原设在西部地区的分支处，凡"业务清简核无继续存在必要者，均予裁撤"，有的分处则降格为支处，在业务繁多的收复区则"视事实酌设分支处"①。

第二，频繁调整最高领导人。第三次改组后，理事会人选如走马灯一般变幻无常。1945年孔祥熙辞去副主席，宋子文接任，1947年3月由俞鸿钧接任，5月12日又令张群为副主席，不久翁文灏又接任斯职，直到四联总处解散。从宋子文到翁文灏，四联总处理事会副主席一职在三年时间内四易其主，与四联总处前几个历史阶段相比，实属罕见。四联总处共有过四任秘书长，1942年以前是徐堪，之后是刘攻芸，1945年11月由顾翊群接任，1946年3月又由徐柏园接任。四联总处最高领导人频繁异动，是其本身组织不稳的反映。

抗战结束以后的四联总处已经失去往日的决策功能，其主要职权是：

第一，领导金融复员。早在1943年年初，四联总处与财政部就会商战后金融复员问题，并设立战后金融复员计划设计委员会，拟定了"战后金融复员计划纲要""四联总处推进战后金融复员实施计划""四行两局战后业务复员实施计划"等七个方案。这些方案谋划了战后金融领域内的大政方针。抗战胜利后，四联总处具体主持了在"光复区"恢复和建立金融网的工作。1945年10月，四联总处第290次理事会议议决各行局在"光复区"设行复业的计划以及设行的具体地点。1946年12月四联总处第330次理事会议议决"各行局今后推设机构统筹调整意见"三项，对"渐次完成全国金融网"做进一步的筹划。至1946年年底，四行二局所设分支机构已达933处，遍布全国36省区。②

第二，为战后经济恢复提供信贷支持。经过8年的残酷战争，收复区经济异常残破：道路毁坏、农田荒芜、工厂瘫痪、人民流离失所。尽快恢复经济成为国民政府的首要任务，但经济的恢复和重建，关键在于在需款。为此，四联总处在1945年年底至1946年年底，主持几次重要的贷款，为战后经济恢复提供金融支持。抗战胜利后，后方物价出现短期下跌，企业产品卖价抵不上成本，很多企业出现资金危机，中国工业协会、迁川工厂联合

---

① 重庆市档案馆、重庆市人民银行金融研究所：《四联总处史料》，上册，档案出版社，1993年，第105—107页。

② 同上书，第123页。

会等团体组织请愿团,向国民党政府请求贷款 100 亿元,以渡难关。四联总处第 284 次理事会议通过了"紧急后方工贷实施办法",决定贷款 50 亿元,"救济"后方工业。截至 1945 年 10 月 4 日,四联总处共核准紧急工货 24 笔,共计 24 亿元。其中贷给钢铁业 48 750 万元,机电业 75 700 万元,纺织业 22 200 万元,化工业 84 250 万元,其他行业 9 100 万元。据统计,四联总处在 1946 年共核准贷款 73 887 164.5 万元。其中以工矿放款数额最巨,计 32 752 940 万元,占放款总额的 44.4%。其次为盐务放款,计 7 776 055.5 万元,占放款总额的 10.5%。再次为交通放款,计 6 595 954.5 万元,占放款总额的 8.9%。这些贷款对于"救济"国统区工商经济,使之不致顷刻瘫痪,起了一定的作用。①

　　1948 年 9 月 28 日,国民党立法院通过了撤销四联总处的决议。10 月 6 日,行政院通过"四联总处应即撤销,限 10 月底结束"的决议。10 月 7 日,四联总处召开第 372 次理事会即最后一次理事会议,讨论撤销事宜。10 月 12 日,徐柏园在秘书处召开了结束会议。

　　四联总处就这样宣告了它前后 11 年历史的结束!

(五) 四联总处业务情况

　　抗战时期四联总处的业务情况,根据国内外政治、军事和经济演变形势,在各个历史阶段有不同的侧重点。后面的章节对四联总处的业务情况有详细的论述,在此只对其简要概述。

　　1. 第一阶段(1937 年 8 月至 1939 年 9 月)

　　在这个阶段,四联总处所开展的业务主要是配合政府贯彻《非常时期安定金融办法》,稳定金融市场,举办联合贴放业务,融通资金,扶植生产,支持工矿业内迁。据统计,1937 年 9 月至 1939 年 12 月,四行联合贴放总额达 63 645 万元,其中,调剂粮食及农业贷款 1 614 万元,协助盐业贷款 5 183 万元,协助交通事业贷款 2 124 万元,发展工矿业贷款 3 004 万元,协助地方事业贷款 16 334 万元,收购物资贷款 1 664 万元,一般事业贷款 33 695 万元。②这些贷款,除了缓和战争带来的工商金融各业的资金周转困难外,对于战区工业的内迁和战时必需物资的抢运与储备起了重要的促进作用。

---

① 黄立人:《四联总处的产生、发展与衰亡》,《中国经济史研究》1991 年第 2 期。
② 中国人民银行总行金融研究所金融历史研究室:《近代中国金融业管理》,人民出版社,1990 年,第 284—285 页。

2. 第二阶段(1939 年 9 月至 1942 年 9 月)

1939 年 9 月第一次改组后,四联总处由一个联合办事机构上升为一个具有决策权力的管理机构,其业务范围相当广泛。所有战时经济、金融大计,都有赖于四联总处筹划,各部门的资金需求,也有赖于四联总处供给。概括起来,主要有以下几项业务:① 制订金融经济 3 年计划;② 开展对敌金融经济战;③ 管理发行;④ 收兑金银;⑤ 平抑物价推进储蓄;⑥ 办理贴放。

3. 第三阶段(1942 年 9 月至 1945 年 12 月)

第二次改组的四联总处在金融经济领域内的影响有所降低,其工作范围主要限制在金融领域。具体而言,其主要业务包括:① 督导国家行局;② 管理商业行庄;③ 筹设票据和证券市场;④ 购办生产原料;⑤ 举办黄金储蓄;⑥ 加强调查和研究。

第二次改组实际上是削弱了四联总处的职权,强化了中央银行的职能,此次改组之后,中央银行的业务范围迅速扩大,包括:① 集中钞票发行,具有了垄断的货币发行权,成为银行的银行;② 统筹外汇收付;③ 代理国库,成为政府的银行;④ 汇解军政款项;⑤ 政府机关以预算作抵押或特准之贷款;⑥ 调节金融市场。① 从上述中央银行的业务范围看出,中央银行除了不具备银行的银行职能之外,其他央行职能均以基本具备。

4. 第四阶段(1945 年 12 月至 1948 年 11 月)

抗战胜利后,经济金融形势出现了新情况,内地资金大量涌向沿海,内地工矿各业生产萎缩,收复区的生产与交通事业亟待恢复;国民政府还都南京后,物价波动剧烈,商业投机猖獗,市面利率飙升。在这种情势下,四联总处的业务主要转向以下领域:① 督办金融复员;② 管理收复区的钞券供应和定额本票;③ 修订战后投资贴放方针和制定战后协助生产事业纲领;④ 考核各行局业务。

三、四联总处的特点

四联总处是非常时期设立的一个非常机构,具有如下特点:

第一,集行政功能与业务职能于一身。四联总处的任务被蒋介石规定为"决定政策""指示方针""考核成绩",就是制定有关财政金融方面的方

---

① 重庆市档案馆、重庆市人民银行金融研究所:《四联总处史料》,上册,档案出版社,1993 年,第 563 页。

针政策并督导国家行局,因此,四联总处是一个凌驾于四行两局之上的国家行政机构,但这个行政机构既不同于现代意义上的中央银行也非诸如财政部、经济部一类的专业性经济行政部门。它不是中央银行,但它却是操纵中央银行的银行机构,时人称之为"太上中央银行"①, 这是世界金融史上罕见的。说它不同于一般的专业性经济行政部门,是因为它的管理范围太广,特别是在 1939—1942 年的 4 年时间里,它几乎什么都可以管(这是因为其理事会主席是国家最高领导人),如管理发行、调度外汇、规划金融、指挥对敌经济战等。但另一方面,四联总处又大量办理普通商业银行业务,如存贷款业务、票据承兑和贴现业务、收兑金银等。四联总处之所以行政职能与业务功能双肩挑,这是非常时期垄断经济的客观要求,赋予其行政职能是为了划一事权,而赋予其业务功能则是为了垄断财权。而国家垄断战时金融领域的事权和财权则正是保证战时经济高效运转所必须的。

第二,职权含混不清。四联总处是国家行局的联合办事机构,其级别在财政部之下,这从《战时健全中央金融机构办法》第五条"中央、中国、交通和中国农民银行四行总行及联合总处对于财政金融重大事项得随时向财政部密陈意见。但凡经财政部决定施行事项函令四总行或联合总处办理者,应立即依照切实办理,不得违反或迟误,并应指定专员负责督导各分处推行,并制定推行纲要及报告表式,按月将办理成绩报告四总行及联合总处汇总转报财政部查核"就可看出。②但四联总处理事会却集国家最高领导者、行政院院长、财政部部长、交通部部长、经济部部长、粮食部部长及各行局首脑于一堂,这个"超豪华型"阵容似乎赋予了四联总处超乎一切的权威。因此,在抗战时期,是财政部领导四联总处还是四联总处指挥财政部? 恐怕谁也无法回答。③

第三,实行专家治理结构。理事会制度以及就专门业务、专门问题设立专门的设计和研究机构的制度是四联总处颇具特色的权力治理结构模式。理事会是四联总处最高的权力和决策机构,由主席召集,每周开例会一次,以讨论提案的形式对金融经济大政方针乃至具体贷款等各种金融经济事项进行研讨,在做出决策后,再交付战时金融和经济两委员会所辖之六处和秘书处等业务执行部门执行。而在四联总处的各个业务执行部门

---

① 重庆市档案馆、重庆市人民银行金融研究所:《四联总处史料》,上册,档案出版社,1993年,第 147 页。

② 同上书,第 68 页。

③ 在行政级别上,财政部是四联总处的领导机构,但财政部部长在四联总处理事会中却位居第二,领导机关的最高行政长官在其下属单位人副职的情况,在中外行政史是比较罕见的。

里，都附设了审核委员会和设计委员会，由各处处长召集，参加者有四行和有关政府机关代表以及理事会主席所指派的专家，专门审核或规划各该处业务，并负责研究各该处应提交理事会的议案，提出审核和研究意见。而他们的意见往往是理事会讨论时的重要参考意见。四联总处第二次改组后，专家治理结构进一步加强，并专门设立了划一各行局人事制度设计委员会，拟具了任免、考绩、奖惩、薪给等人事原则 17 条，经四联总处理事会议决后于 1944 年 1 月施行。在银行的具体业务制度方面，四联总处设立了银行实务研究委员会，下设存款、贴放、信托、管理、储蓄、外汇、仓库、出纳等实务研究小组，研究设计各种银行实务方案共 16 件。在培训业务人才方面，四联总处于 1942 年冬成立了银行人员训练所，主要培训各行局高、中级业务骨干，至 1944 年年底已培训了 290 人。[1] 此外，四联总处还召集大批专兼职研究人员对国统区的金融经济状况进行调查、研究，其进行的经常性调查研究工作包括物价、各地银钱业和金融市场情况、敌伪金融经济情报的搜集和研究、工商企业资信情况调查等。四联总处的许多调查所得及其研究成果经过系统整理后，或作为内参在政府部门间广泛传阅，或是结集公开出版，成为政府决策和各微观经济主体调整业务方向的主要参考依据。

第四，具备中央银行的某些职能并代行中央银行的部分权力，但它又不是中央银行。四联总处第一次改组之后，有人把它比作美国联邦储备银行，但事实上两者相差甚远。按 1913 年颁布的《葛拉斯法案》规定，美国联邦储备银行具有如下职权：① 检查各联邦储备银行及会员银行的账册及营业；② 规定再贴现利率；③ 随时核准准备金率的增减；④ 管理纸币发行；⑤ 划分准备区；⑥ 监督各区储备银行。[2] 上述六项职权中，四联总处仅具备第一、六项，即四联总处可以复核四行的决算预算及实施对四行与各商业行庄的监管。两者之间存在本质的差异：第一，美国联邦储备银行具有垄断的钞票发行权，各区储备银行及会员银行必须向联邦储备银行领用钞票而不能擅自发行钞票，四联总处却没有纸币发行权，1942 年集中发行之前，纸币由四行分散发行，之后由中央银行集中发行，所以，四联总处不具备"发行的银行"职能。第二，美国各银行所吸收的存款，必须按定期存款 13%、活期存款 13%、10%、7% 的比例向联邦储备银行缴纳准备金，四联总处虽有集中资金与运用的权力，但其范围仅限于四行，准备集中很

---

① 黄立人：《四联总处的产生、发展与衰亡》，《中国经济史研究》1991 年第 2 期。
② 许性初：《我国战时金融集权制之检讨》，《财政评论》1940 年第 3 卷第 1 期。

有限度。美国联邦储备银行是美国各银行的清算中心,而四联总处则无主持各行清算的职权。所以,它不具备完全的"银行的银行"职能。第三,美国储备银行通过调整再贴现利率来收缩或扩张信贷以达到操纵金融市场的目的,四联总处虽有权办理四行贴放,但由于后方票据市场不发达,贴现占商业银行业务比重很低,至于再贴现则更加无从实施,所以,四联总处不可能通过调整再贴现率来控制后方金融市场。第四,美国联邦储备银行既拥有各会员银行的存款准备金又能调节再贴现率,所以,一旦金融市场出现恐慌,联邦储备银行就可以依靠这两种"杀手锏"来救市,四联总处所集中的准备金数量有限又不能调整再贴现率,一旦金融市场出现恐慌时,纵然可以调动各行头寸,但其能力远逊于美国联邦储备银行。

第二章　抗战时期的经济政策与特点

一、抗战时期的经济政策

军事经济学家曹贯一指出,现代战争是国力决斗的经济战争,故敌我战争的结局将视谁先经济崩溃为断。战时经济政策作为一种国家在战时对于全体国民经济的国家施政,其目的在于使国民经济适应战时的需要,以期获得战争的最后胜利。[1]而"经济政策是运用经济和发挥经济力量的一把宝剑""如果这把宝剑运用不当,就不能解决战时经济问题,最终导致军事的失败",所以,"战时经济政策是军事的决定力量"[2]。战时经济是一种非常经济,错综复杂,经纬万端,而且经济政策总是随着战局的变化而不断调整,抗日战争时期的经济政策亦是如此,但指导战时经济政策的基本原则却不容轻易更改。1939年国民政府所颁布的《抗战建国纲领》和《非常时期经济方案》是制定战时经济政策的最高原则,因此,在抗战时期,尽管战局的变化影响了经济政策的变化,但以上两个纲领所规定的基本原则始终是国民政府制定战时经济政策的最高指南。

1939年3月29日至4月1日,国民党在武汉举行临时全国代表大会,大会通过了《抗战建国纲领》,其中第17至24条是经济纲领,内容是:

(十七) 经济建设应以军事为中心,同时注意改善人民生活。本此目的,实行计划经济,奖励海内外人民投资,扩大战时生产。(十八) 以全力发展农村经济,奖励合作,调节粮食;并开垦荒地,疏通水利。(十九) 开发矿产,树立重工业的基础,奖励轻工业的经营,并发展各地之手工业。(二十) 推行战时赋税制,彻底改革财务行政。(二十一) 统制银行业务,从而调整工商业之活动。(二十二) 巩固法币,统制外汇,管理进出口货物,以安定金融。(二十三) 整理交通系统,举办水陆空航运,增筑铁路公路,加辟航线。(二十四) 严禁奸商

---

① 曹贯一:《中国战时经济政策》,商务印书馆,1939年。
② 谭熙鸿:《十年来之中国经济(1938—1947年)》,上册,A,中华书局,1948年,第15页。

垄断居奇,投机操纵,实施物品平价制度。①

这次会议还通过了《非常时期经济方案》,进一步阐释了战时经济政策的目标和原则:"非常时期一切经济设施,应以助长抗战力量,求最后胜利为目标""凡对于抗战有关之工作,悉应优先举办,努力进行,以期集中物力财力,早获成功";对于战时之生产事业,"以供给前方作战物资为其第一任务",并力求做到自给,对于战时人民日常生活必需品,应尽量由本国生产,"需向外购买者,则应输出国内货品,以为交易"。为达到这个目的,《非常时期经济方案》提出了 7 项保证措施:① 推进农业以增生产;② 发展工矿以应供需;③ 筹办农垦以抚难民;④ 发展交通,便利运输;⑤ 分别地区调剂金融;⑥ 管理贸易以裕外汇;⑦ 厉行节约以省物力。②

根据以上原则,抗战时期国民政府确立了一系列战时经济政策,涉及全局的有四项:战时生产政策、战时财政政策、战时统制政策和对敌经济政策。

(一) 战时生产政策

抗日战争全面爆发后的一年时间里,华北、华中、华南沦陷,沦陷区是中国经济发达地区,这些地区的沦陷,动摇了中国原有的经济基础。要坚持长期抗战,必须实施生产政策,大力发展后方生产,"一面抗战,一面建设"。抗战时期生产政策主要包括农业生产政策和工业生产政策。

1. 农业生产政策

抗战爆发后,国民政府认识到发展战时农业对战时经济建设和支撑持久抗战的极端重要性,1938 年 3 月公布的国民党临时代表大会宣言中指出"中国为农业国家,大多数人民皆为农民,故中国之经济基础在于农村。抗战期间,首谋农村经济之维持,更进而加以奖进,以谋其生产力之发展"③。1939 年 4 月召开第一次全国生产会议,对战时农业开发做了全面的规划,会议根据国民党临时全国代表大会宣言,制定了战时农业生产政策,其要点是:① 积极发展后方生产,以弥补战区的损失;② 力谋战区农业的复兴,以增强战区抗战力量;③ 实行有计划有组织的生产,使农业与工业相配合,以协调各生产部门的力量;④ 增加农产品的出口,以提高其经

---

① 荣孟源:《中国国民党历次代表大会及中央全会资料》,下册,光明日报出版社,1985 年,第 486—487 页。

② 罗元铮:《中华民国实录》,吉林人民出版社,1997 年,第 2154 页。

③ 荣孟源:《中国国民党历次代表大会及中央全会资料》,下册,光明日报出版社,1985 年,第 470 页。

济地位。① 1943 年,第二次全国生产会议召开,会议根据国民政府既定的
"以农立国,以工建国"的方针,确定了"农工互济"的原则,并指出了今后
应该注意的问题:① 粮食增产应重缺粮区域,而一切技术措施,均在与行
政密切配合,方可大其效果;② 后方粮棉供不应求,棉价未能与各种农产
等量调整,因有棉田渐减之趋势,今后救济补助主要方法,厥为管制与推广
并行,货款与运输并重;③ 农田水利,后方各省需要至为迫切,各级政府应
遵照非常时期强迫修筑塘坝水井法令,督促施行;④ 农林机构,各省宜设
置直辖于各省政府之农林机关,各县农林事业,应由各县农业推广所负责
推进。②

　　根据战时发展农业生产的有关政策,国民政府采取了一些发展战时农
业的措施:其一,调整农业机构。国民政府于 1939 年设立农产促进委员
会,1940 年设立农林部,1941 年又组建了粮食增产委员会。其中农业促进
委员会主管农作物的推广,病虫害的防治,推广水利垦殖,肥料、蚕桑、畜牧
以及农副业等,1939—1941 年,推行的结果"增加收入几达 2 亿元"。粮食
增产委员会举办大规模粮食增产工作,其增加的粮食生产,据 1941 年公布
的总额为 8 970 万担。农林部下属三个机关,即中央农业实验所、改良作物
品种繁殖场、国营农场。其中,中央农业实验所负责农业实验工作,包括育
种栽培、农具改进、改进土壤肥料等;改良作物品种繁殖场专事品种改良;
国营农场办理生产事业及指导农民垦殖。③其二,推广农村合作组织、增加
农业贷款。据社会部合作事业管理局的统计,至 1941 年,后方合作社已达
160 794 社,农业贷款至 1941 年达 49 800 万元。④ 其三,兴修水利,兴办垦
殖事业。国民政府在农林部下设了水利委员会,主管兴修灌溉工程、疏浚
河流等事业,并且制定了《水利建设纲领》。抗战时期,国民政府在陕西对
泾渭渠等 12 个灌溉渠道进行了修整,扩大灌溉面积 242 万亩;在甘肃新修
4 条灌溉渠道,扩大灌溉面积 11 万亩,1941—1942 年整修了武威至玉门的
水利,恢复灌溉面积 100 万亩,还修建鸳鸯池水库等水利工程;在四川修整
了都江堰,对郑泽渠等进行了修整,增大灌溉面积 500 万亩。为了开垦后
方荒地,国民政府在农林部下设立了垦务总局,制定《非常时期垦殖大
纲》,确立由中央和各省垦殖机关共同组建国营垦区和省营垦区,把内迁后
方的一批农业人员安置到垦区垦荒,到 1942 年年底,仅西南地区就新垦耕

---

① 吴伟荣:《论抗战期间后方农业的发展》,《近代史研究》1991 年第 1 期。
② 转引自陆仰渊:《民国社会经济史》,中国经济出版社,1991 年,第 603 页。
③ 谭熙鸿:《十年来之中国经济(1938—1947 年)》,上册,A,中华书局,1948 年,第 17 页。
④ 同上。

地333万亩,有6.7万人被安置在垦区。①

国民政府通过实施战时农业生产政策,对战时农业发展的促进作用是很明显的,在战时农地面积锐减的情况下,主要粮食的人均拥有量还超过了战前(见表2-1)。

表2-1　战前与战时人均拥有原粮比较

种类	战前人均拥有原粮 (1931—1937年)	种类	战时人均拥有原粮 (1937—1945年)
粳稻	109.3斤	粳稻	306.5斤
糯稻	18.7斤	糯稻	20.2斤
小麦	90.8斤	小麦	91.3斤
大麦	32.9斤	大麦	38.9斤
高粱	29.3斤	高粱	14.0斤
小米	27.8斤	小米	9.5斤
玉米	27.0斤	玉米	31.2斤
甘薯	77.3斤	甘薯	127.9斤
糜子	6.4斤	糜子	4.4斤
总计	419.5斤	总计	643.9斤

资料来源:罗元铮等:《中华民国实录》,吉林人民出版社1997年,第4861、4862页。

大后方许多地区由于受自然条件的限制,本不适合农作物生长。但表2-1显示,战时人均拥有原粮超过了战前人均拥有原粮143斤,特别是主食粳稻人均拥有量几乎达到战前的3倍,这是一个了不起的成绩。主要农产品产量的提高,不仅基本上满足了士兵衣食和后方人民日用品的需求,而且增加了出口数量,换取了外汇,成为支持抗战的重要支柱。

2. 工业生产政策

抗战初期国民政府工业生产政策的主要内容是组织东南沿海工厂的内迁,沿海工厂在内迁过程中,遇到自身无法解决的困难,如厂址问题、机件补充问题、原料问题、技工问题、资金问题等,都得到了国民政府的帮助。特别是资金问题,四联总处对内迁民营工厂实行奖助办法,如采取了保本、保息、减低运费、发放低利贷款等措施,其中,工贷给内迁民营工矿业的帮助很大。据统计,1941年、1942年两年的工贷总额(包括国营工业)约达1亿元,在政府的扶植下,内迁工厂迅速复工,并新建了工厂3 000余家,这些

---

① 陆仰渊:《民国社会经济史》,中国经济出版社,1991年,第605页。

工厂既有炼钢、汽车制造等重工业，也有棉纺、造纸等轻工业。[①]

　　内迁工厂以轻工业为主，而重工业是战时工业的核心。抗战中后期，国民政府工业生产政策的重点是发展重工业及与军事密切相关的轻工业。其中，资源委员会是战时重工业的主要主办者，1938—1941 年年底三年多时间，是资源委员会战时企业活动迅速扩展的时期，期间创办了不少企业。截至 1941 年，资源委员会所属企业达 89 家，其中冶炼 11 家、机械 5 家、电子器材业 8 家、化工业 17 家、矿业 26 家、电业 24 家。太平洋战争后，由于中国对外交通联络线的切断，工业原料、器材严重缺乏，使资源委员会的工业扩张步伐放慢，1942—1945 年，新设企业仅 10 余家。[②] 资源委员会所属企业的主要产品产量在战时得到了较快的增长，其基本情况如表 2-2所示：

表 2-2　1941 年和 1946 年资源委员会所属企业之主要产品产量比较

产品	单位	1941 年	1946 年	增长倍数	产品	单位	1941 年	1946 年	增长倍数
电	度	10 988	920 505	83.8	汽油	吨	243	5 058	20.8
煤	吨	750 741	219 700	2.9	煤油	千加仑	113	2 304	20.4
焦	吨	42 001	54 000	1.3	酒精	千加仑	1 653	3 392	2.1
铁	吨	9 480	15 114	1.6					

　　资料来源：汪敬虞：《旧中国为什么不能实现工业化》，载《人民日报》1953 年 5 月21 日。

　　战时工业的发展，不仅有力地支持了旷日持久的抗日战争，而且还在一定程度上改变了近代工业布局不平衡的局面，奠定了大西南、大西北地区现代工业基础。当然，由于国民政府是大地主、大资产阶级利益的代表者，这就决定其在谋求国家利益最大化的同时也必然要谋求自身的利益最大化，官僚资本家正是利用政府的生产政策，实现了对国家工业的垄断，排斥、打击中小资产阶级，牟取暴利。这些负面影响不容忽视。

（二）战时财政政策

　　战前，国民政府的主要收入来源是关税、盐税和统税，1937 年预算关税为 3.69 亿元、盐税为 2.28 亿元、统税为 1.75 亿元，三项合计为 7.72 亿元，占国家财政收入的 77.2%，其中沿海地区收入又占这三种税收的 80%

---

①　谭熙鸿：《十年来之中国经济（1938—1947 年）》，上册，A，中华书局，1948 年，第 19 页。
②　《资源委员会公报》1945 年第 2 卷第 1 期，第 8 页。

以上。①"七七事变"后,津海关、江海关、胶海关相继失陷,沿海盐场尽失,大城市被占领,使财政收入锐减。1937 年,国民政府的实际关税收入仅为239 227 023 元,盐税为 140 954 419 元,统税为 30 036 692 元,三项合计仅为410 218 143 元,只达到预算的一半多。② 1937 年全年预算收入为1 511 293 184.75 元,而实际总收入却只有 815 070 006 元,也只刚过一半。③而财政支出却因战争的爆发而剧增,使国家财政严重入不敷出,如1938 年国家预算支出为 1 293 538.78 元,实际财政收入仅只 315 001 915元,赤字为 978 536 838.78 元。④在国家财政收入剧减而支出却骤增的情况下,被喻为"一切庶政之母"的国家财政问题就成为关系到国民政府生死存亡的大问题,国民政府不得不按战时经济要求调整财政政策。1937 年 8月 30 日,国防最高委员会通过了《总动员计划大纲》,对财政政策做了调整:① 改进旧税,变更稽征办法,维持固有收入;② 举办新税,另辟战时特别财源;③ 发行救国公债,奖励国内人民及海外华侨尽力购买,补充战费;④ 核减党政各费及停止不急需的一切事业费支出;⑤ 修改关税进口税则,使消费品输入减少,战时必需品输入增加;⑥ 我国所产大宗而适于各国需要之物品,得由政府办理输出,交换战时必需的入口货品;⑦ 整理地方财政,增加收入,紧缩支出,使有余力补助中央战费。⑤1938 年 3 月,国民党临时全国代表大会通过了《抗战建国纲领》,确定"推行战时税制,彻底改革财务行政"的决定;同年 8 月,又颁布了《抗战建国纲领实施方案》,对战时税制做了明确的规定,内容包括两项:① 整理关税、盐税、统税、直接税等旧税;② 举办战时消费税、战时得利税、遗产税等新税。⑥在 1941 年 3 月召开的国民党五届八中全会上,蒋介石在开幕词中指出"我们毋宁说今后敌我成败的决定力,经济要占七分,军事仅占三分",在大会所发表的宣言中强调"对战时经济政策详加研讨,决定调整财政收支系统,将全国田赋统一于中央整理""稳固国家战时财政""力求经济设施之进步"⑦。同年 6 月,财政部根据五届八中全会决议精神,制定了《战时财政改革决议案》23 条,指出:"① 中央接管土地陈报;② 改革田赋征收制度;③ 田赋征收实物;④ 实行土地增值税;⑤ 增收荒地税;⑥ 举办战时消费税;⑦ 增加公债用

---

① 陆仰渊:《民国社会经济史》,中国经济出版社,1991 年,第 543 页。
② 罗元铮等:《中华民国实录》,吉林人民出版社,1997 年,第 5139 页。
③ 同上书,第 5114、5139 页。
④ 同上。
⑤ 刘冰:《国民党政府财政金融动员计划大纲》,《民国档案》1987 年第 1 期。
⑥ 同上。
⑦ 转引自李平生:《抗战时期大后方经济》,广西师范大学出版社,1995 年,第 90 页。

途;⑧ 统一征收机关;⑨ 改订各省经审预算办法;⑩ 各省收入改由国库统一处理;⑪ 训练全国财务人员;⑫ 统筹物资与税收的缉私工作;⑬ 推进公库制度并完成公库网;⑭ 改订财政收支系统法;⑮ 改进地方税制;⑯ 充裕地方财政;⑰ 扩大健全金融管理机构;⑱ 扩大工业贷款;⑲ 积极管理商业银行;⑳ 各省地方银行应切实推行中央金融政策;㉑ 推行人寿保险;㉒ 统筹救济战区物资的产销;㉓ 举办专卖业务。"①这一系列决议,是国民政府制定战时财政政策的依据。

抗战时期,国民政府先后进行了两次财政政策调整,第一次是在 1938年前后,主要措施包括:第一,调整税制,增加税收。随着东南沿海的相继沦陷,关税、盐税、统税三种间接税锐减,国民政府乃将原来作为间接税的所得税、遗产税、非常时期过分得利税、印花税等改为直接税。第二,举借内债和外债,以弥补财政赤字。1937—1940 年,共募集公债 35.8 亿元,9 414 万美元,1 900 余万英镑;举借外债 3.2 亿美元、302.6 万英镑。②第三,增加货币发行。战时财政严重入不敷出,增发货币成为解决财政赤字的主要手段,至 1940 年 8 月,据国民政府公布,法币发行额达 60 亿元,为战前发行额的四倍多。③第四,发行建国储蓄券,并争取海内外华侨的募捐。第二次财政政策的调整在 1941 年前后。1940 年,后方各省农业歉收,加之太平洋战争后,后方物资更加缺乏,大后方经济进入异常困难时期。国民政府对财政政策做了如下调整:第一,改革财政收支系统,取消省级财政,确立县为地方自治财政系统;第二,强调增加国家财政收入的主要办法是增加税收和举借内外债;第三,加强财政管制,一方面增加财政收入,另一方面尽量减少不必要的财政支出。1941 年以后的财政新措施推行后,并未取得大的效果。因为这一时期后方整体经济形势处于动荡和紧张阶段:外援物资中断,内部物资奇缺,货币发行量过大,难以抑制通货膨胀,一些官僚军阀在搞走私、囤积、投机活动,政治腐败。所以这些措施不同程度地起到了扰民的消极作用。④

抗战时期财政政策的一个显著特点是财政政策与经济政策脱节,本来,财政政策应是经济政策的一个部分,即财政政策应以经济政策为支撑,而经济政策则应以财政政策为补充,二者相辅相成。但抗战时期的财政政策却与经济政策脱节,导致财政枯竭、经济贫乏。造成这个结局的主要原

①　转引自陆仰渊:《民国社会经济史》,中国经济出版社,1991 年,第 544 页。
②　同上书,第 545 页。
③　时事问题研究会:《抗战中的中国经济》,抗战书店,1940 年,第 390 页。
④　陆仰渊:《民国社会经济史》,中国经济出版社,1991 年,第 546 页。

因是:在战时,争取战争胜利是国家、民族的最高利益,所以筹措战费、解决军需便成为战时财政的核心任务,因此,财政就成了解决军需的工具,自然而然,战时财政就陷入了通货膨胀的深渊,通货膨胀到恶性阶段,财政必然与经济分道扬镳。此外,抗战时期的财政政策没有体现公平的原则,财政政策讲究的是公平,货币政策追求的是效率,战时的财政政策不但没有体现"有钱出钱"的原则,反而是有钱者大发国难财,沉重的负担落到贫苦老百姓身上,财政政策失去了其正常作用。

(三) 战时统制政策

统制政策,"就是以人为的力量,控制经济的自然现象,使经济为战争而完成经济的任务,换言之,要使经济不但不妨碍战争,且为强化战争的力量"①。所以,现代战时经济,各国都不得不采取经济统制政策。抗战时期,国民政府为实现对经济的统制,首先对经济机构进行了大调整。1937 年 8 月 11 日,国防最高会议成立,蒋介石亲任主席,将原中政会所属的财政、交通、经济等专门委员会都归国防最高会议节制,国防最高会议实际上成为抗战爆发后的经济决策机构。1937 年 10 月,在军事委员会下又增设农业调整委员会、工矿调整委员会和贸易调整委员会,并在全国各重要地点设立办事处,以加强经济统制。1937 年年底,国民政府又对政府机构进行了重大调整,并于 1938 年 1 月 1 日颁布了《调整中央行政机构令》,确立了机构调整原则:① 凡工作因战事影响,不能继续进行之机关,暂行停办或裁撤;② 凡工作因与战事无关,不必继续进行之机关,暂行停办或裁撤;③ 凡某一机关之工作与另一机关之工作性质重复者合并之;④ 凡工作有继续进行之必要之机关加强之;⑤ 凡工作有进行之必要,而尚无机关办理者创设之。②据此,国民政府对中央经济机构进行了如下调整:第一,改组实业部为经济部。1938 年 1 月 1 日,经济部成立,将原建设委员会、全国经济委员会之水利部分及军事委员会之第三部、第四部、资源委员会、工矿调整委员会、农业调整委员会等,均并入该部;其内部组织包括总务、管制、农林、水利、矿业、工业、商业、渔业、国际贸易、电业等 10 个司,农本、物资等 9 个局,资源委员会、燃料委员会等 7 个委员会,会计、统计等 7 个处,参事、技术等 3 个厅,以及林垦局。在《经济部组织法》中,明确规定经济部"对于各地方最高行政长官执行本部主管事务,有指示监督之责",这样,经济部

---

① 谭熙鸿:《十年来之中国经济(1938—1947 年)》,上册,A,中华书局,1948 年,第 20 页。
② 转引自李平生:《抗战时期大后方经济》,广西师范大学出版社,1995 年,第 32 页。

成为主管战时经济事务的最高机关。① 第二，改组资源委员会。1938 年 3 月资源委员会改隶经济部，但保持独立性，改组后资源委员会的职掌为：① 创办及管理经营国营基本重工业；② 开发及管理经营国营重要矿业；③ 创办及管理经营国营动力事业；④ 办理政府指定之其他国营电子业。从此，资源委员会便从一个"筹划经济动员而兼事重工业建设之机关变为纯粹之重工业建设机关"。②第三，改组军委会工矿调整委员会为工矿调整处。其基本职掌是战时工矿业的行政事宜，包括监督工厂内迁、筹建新工业区、筹措工业贷款、训练技术员工等。第四，改组军委会之贸易调整委员会为贸易委员会，改隶财政部。其主要任务是负责进出口贸易的管制，推动国营、民营对外贸易的发展，管理外汇、借款和易货偿债，向国外购货，对敌封锁及抢购沦陷区物资等。第五，改组交通部。1938 年 1 月，铁道部撤销，其经管的铁路事业归入交通部，同时，全国经济委员会管辖的公路处和军委会所辖水陆运输联合办事处，都划归交通部。改组后的交通部的职掌是：规划、建设、管理、经营全国国有铁路、公路、电信、邮政、航政，并监督公有民营交通事业。第六，改组成立四联总处。1939 年 10 月对四联总处进行改组，改组后的四联总处由战前的联络机构变成具有决策权的中枢机构。

　　抗战进入相持阶段后，随着战时经济形势的不断变化，国民政府对经济机构又陆续进行了调整。第一，战时经济最高决策机构的进一步调整。1940 年 10 月，成立中央设计局，掌管全国政治、经济建设计划和预算的设计与审议。1940 年 12 月，蒋介石又在行政院内设立经济会议，审定战时经济的一切事宜。1942 年 4 月，经济会议改为国家总动员会议，成为综理、推动国家总动员事宜的最高统制机构。此后，国民党战时经济最高决策机构基本上稳定下来，再未做重大调整。第二，战时生产局的设立。在美国的帮助下，1944 年 11 月战时生产局成立，这是抗战后期国民政府控制工业生产的重要机构，它掌握着管理煤炭和液体燃料、分配进出口工业器材、支配银行工业贷款和加工贷款等特权，严格控制国统区的工业生产。第三，调整中央各个有关经济部门的职能，包括：① 1940 年设立农林部，将经济部农林司移交该部；② 1940 年 8 月设立全国粮食管理局，将原属经济部的粮食运销业务交其接管；③ 1941 年 9 月水利委员会成立，经济部所属水利机构全部移交该部管辖；④ 1942 年 2 月物资局成立，统制棉纱、燃料、食

---

① 重庆市档案馆：《抗日战争时期国民政府经济法规》，上册，档案出版社，1992 年，第 1 页。
② 郑友揆等：《旧中国的资源委员会——史实与评价》，上海社科院出版社，1991 年，第 49 页。

油、纸张等物资;⑤ 1942 年 12 月经济部农本局改组为花纱布管理局,改隶财政部。

为实现战时经济统制,国民政府先后颁布了大量经济统制法规,其中,重要者统计如表 2-3 所示:

表 2-3　抗战时期国民政府所颁布的经济统制法规统计

农业	《统制战时粮食管理条例》《战区粮食管理办法大纲》《食粮资敌治罪暂行条例》《没收资敌食粮及罚则处理规则》《非常时期粮食调节办法》《非常时期评定物价及取缔投机操纵办法》《日用必须品平价购销办法》《非常时期取缔日用重要物品囤积居奇办法》《农本局花纱布买卖暂行办法》《战时土地政策草案》《难民垦殖实施办法大纲》《非常时期难民移垦规则》《水利建设纲领》等
工矿	《汽油统制办法》《特种物品消耗统制办法》《非常时期农矿工商管理条例》《战时各区统制食盐牌价暂行办法大纲》《矿产品运输出口管理规则》《非常时期采金暂行办法》《汞业管理规则》《川康铜业管理规则》《管理锡业规则》《管理水泥规则》《管理煤炭办法大纲》《钢铁管理规则》《管理土铁实施办法》等
金融	《非常时期安定金融办法》《购买外汇请核办法》《非常时期管理银行办法》《关于实施加强物价管制方案》《统一发行办法》《统一四行外汇管理办法》等
商贸	《增进生产及调整贸易办法大纲》《中央与地方关于生产调整贸易事宜划清界限明定权责办法》《非常时期禁止出口物品办法》《全国茶叶进出口贸易办法大纲》《全国猪鬃统购统销办法及施行细则》《非常时期评定物价及取缔投机操纵办法》《取缔囤积日用必需品办法》《日用必需品平价购销办法》《全国桐油统购统销办法》《非常时期省营贸易管理规则》《取缔进口物品商销办法》等

对于抗战时期的经济统制政策,学术界褒贬不一,我们认为应该对此做客观评价。首先,实行经济统制是战时经济的必然要求。"一国的经济组织,平时无论具何种形态,一至战时,必被改编而在政府的强力统制之下",只有实现对国民经济的统制,才能"将平时经济使其移行适应于战时经济"。①第一次世界大战期间,美国在参加后的三个月内,在其东部工业区订购了军需及军需原料六万件,在这六万件军需品中,有些是急需品,有些并非急用,由于美国政府在参战初期没有对军需品生产实行统制,其结果是"军事价值较少者或需要较缓者,反得先行生产,未能提货,有的急不容缓货色,反因原料缺少,不能出货",加之"政府机关各部,亦毫无联络,各以自己需要为最急,互相争夺",而"商人非军需生产竞争,需求方面纷

———————
① 秀峰:《中国战时经济之特点》,《战时经济》1937 年第 1 卷第 1 期。

乱,达于极点",所以当时美国的战时生产,"陷入极端混乱状态",在此情况下,美国战时实业厅不得不颁布了许多法令对战时生产实行全面管制。①对于中国而言,实行战时经济统制的意义不仅在于保证战时生产有序进行,还在于保证社会的稳定。以粮食统制为例:在战前,中国之粮食就不能自给,需要大量进口美麦、洋米;在战时,粮食需求骤增,而总产量却因国土的沦陷而减少,政府如果不控制粮食来源,实行粮食配给,势必造成米荒,社会就不能安定。

其次,实行经济统制不仅是战时经济的需要,而且符合当时世界经济发展潮流。在 20 世纪 30 年代世界大危机之前,新古典主义经济学统治西方世界,新古典主义经济学家奉"看不见的手"的原理为圭臬,认为市场机制可以使市场完全出清,极力反对国家干预宏观经济,其结果是造成 20 世纪 30 年代的世界性经济大危机。面对连续数年的经济萧条,新古典主义经济学家束手无策,在此情况下,主张国家强力干预经济的凯恩斯主义经济学便成了救世良方,西方各国纷纷放弃自由主义经济政策,转而对经济实行统制,这正如时人所言"统制经济既为各国挽救危亡之济世工具"②。国民政府对西方的统制经济是非常向往的,曾多次派人到欧美考察统制经济,早在抗战爆发之前,国民政府就开始实行经济统制(如对金融的统制)。因此,抗战时期的经济统制是战前经济政策的延续,只是战争赋予了它新的内涵。不过,我们也要看到,由于国民政府是大地主、大资产阶级的代表,这就决定它必然要追求自身利益的最大化,为了达到此目的,国民政府利用统制之机,大肆寻租,损害了中小资产阶级和广大下层民众的利益。《解放日报》对此有过评论"分析现行的商业统制,对于同业的中小商人则为排挤,对于中小企业家和农民手工业者与全体人民则为劫杀,对于商品流通则为阻滞,对于社会生产则为绞杀"③。这个评论未免有点过头,但从侧面反映了战时统制政策的负面效应。

(四) 对敌经济政策

现代战争不仅是单纯的军事战,而且包含政治战、文化战、经济战,其中经济战尤为重要,它决定着军事战的成败。第一次世界大战中德国的失败,并非败于军事而是经济,因为粮食、石油供应匮乏,无力支撑战争。在中国的抗日战争中,对敌经济战是战时经济政策的重要组成部分。为了防

---

① 何炳贤、侯厚吉:《世界经济统制问题》,商务印书馆,1946 年,第 52—53 页。
② 高汉秋:《战时财政与统制经济》,商务印书馆,1937 年,第 399 页。
③ 《垄断统制? 还是自由贸易?》,《解放日报》1941 年 6 月 24 日,第 1 版。

止并有效地反击日伪的经济侵略,国民政府决定加强经济作战。为此,国民政府先后颁布了《取缔敌伪钞票办法》《法币及其他禁运物品出口检查办法》《妨害国币惩治暂行条例》《购买外汇请核规则》《查禁敌货条例》以及《禁运资敌物品条例》等一系列法规,在沦陷区和经济封锁区开展了有组织的、较为完整的对敌经济作战。抗战时期的对敌经济战大致表现为三种形式:货币战、贸易战、物资战,具体内容在下文将做详细探讨,在此不赘述。

二、抗战时期经济的三个特点

鸦片战争之后,中国逐步沦落为半殖民地半封建国家,中国经济形态也逐步演变为半殖民地半封建经济,这是近代中国经济的根本特征,这个根本特征自然也制约和决定着抗战时期中国经济的特点。但是,抗战时期,中国经济由平时经济全面转轨为战时经济形态,这样,战时的中国经济显示出不同于平时经济的鲜明特征。

大体而言,抗战时期中国经济的特点可以归纳为三个方面。

(一) 不平衡性

经济发展的不平衡性,是近代世界经济的一个共性,作为世界经济一环的中国,自然也摆脱不了这一定律,所以战前中国经济,无论是在列强对华投资方面,还是在生产领域内,以及广大农村,没有哪一个部门能平衡发展。抗战爆发后,这种不平衡性,不但没有消失,而且显示出若干新变化。

1. 列强在华经济侵略势力的消长

英国、美国、日本是战前在华经济势力最强的三大列强,它们在华经济势力在抗战时期发生了新的变动。突出表现在三个方面:

第一,贸易领域。在战前和抗战初期,美国是中国最大的贸易伙伴,在出口方面,1938 年,美国占沦陷区出口总额的 14.4% ,1940 年占 32% ,远远超过了对日本及其属地的出口额。但到太平洋战争后,在沦陷区的对外贸易结构中,日本及其属地所占的比重明显增加,1941 年它们占沦陷区进口总额的 30% ,出口总额的 23.4% 。1942 年至 1945 年 8 月,来自日本及日元集团地区的进口每年占进口总额的 88% 以上。相反,沦陷区与美国和英国两国的贸易则已微不足道。①

---

① 赵德馨主编、王方中著:《中国经济通史》,第九卷,湖南人民出版社,2003 年,第 986 页。

第二,航运领域。战前,美国和英国在华的吨位数都超过日本,但到抗战时期,这种状况也发生了明显变化,日本远远地超过了美国和英国在华商船吨位数的总和,如表2-4所示:

表2-4　各国在华商船航行吨位　　　　　　　　　　单位:千吨

年份	英国	美国	法国	德国	日本
1930	57 274	6 370	1 846	4 246	45 631
1936	57 346	3 771	1 598	2 624	24 914
1941	5 683	1 163	494	6	17 160

注:表中所列为五国在海关进出口报关的数字,包括远洋航运、沿海航运和内河航运。

资料来源:吴承明:《帝国主义在旧中国的投资》,人民出版社,1955年,第41页。

第三,投资方面。在抗战初期,英美在华势力相当雄厚,但日本先后在华北、华中成立了"华北开发社"和"华中振兴社"两个经济侵略的大本营,逐步以绝对的优势取代了英国和美国。1941年,英国在华的资本额为1 095 300 000美元,美国为340 500 000美元,而日本则达6 829 000 000美元。[①]太平洋战争以后,上海租界和香港相继沦陷,英国和美国在华势力被排斥无遗,在广大占领区内,日资独霸天下,无人与之相争。

2. 区域经济发展不平衡有了新的变化

战前的工业分布,偏集于沿海一带,内地各省,工业基础极为薄弱。例如,"战前沿海的纱厂,就占全国纱厂的77%,面粉厂占全国总数的53%,而新兴的碱酸业则几乎全部都设在沿海一带"[②]。"川、黔、滇、桂、湘、陕、甘7省的近代工业战前占全国工厂数的6.02%,资本只占全国工业资本总额的4.21%,工人只占全国产业工人的0.79%"[③],而西康、青海、宁夏则没有近代工业。就生产能力而言,"电力仅占全国总数的3%,纺织约占全国总数的1%,面粉约占全国总数的2%"[④]。抗战时期,国民政府一面组织工厂内迁,一面择地在后方各省的重要经济中心积极筹设新厂矿,全国工业区位开始向西南、西北移动,这在相当程度上改变了近代中国工业发展严重不平衡的格局。在改变旧有不平衡格局的同时,却又产生了新的区位不平衡。由于西南各省的交通比西北便利,而且工业基础又比西北雄厚,所以国民政府在1938年拟订的《西南西北工业建设计划》中明确规定新的

---

① 吴承明:《帝国主义在旧中国的投资》,人民出版社,1955年,第45页。
② 姜庆湘:《中国战时经济教程》,科学书店,1943年,第31页。
③ 陈真等:《中国近代工业史资料》,第一辑,三联书店,1957年,第102页。
④ 谭熙鸿:《十年来之中国经济(1938—1947年)》,下册,V,中华书局,1948年,第131页。

工业基地"其地域以四川、云南、贵州、湘西为主",同年,蒋介石电令工矿调整委员会"筹划战时工业,以川黔湘西为主",从而确立了以西南为中心的大后方经济发展战略。①国民政府的政策导向,造成了抗战时期西北的开发远远地落后于西南地区(见表2-5、表2-6)。

表2-5　公营工厂设立登记累计数据(1945年) 单位:千元

地域	四川	重庆	云南	贵州	湖南	广西	陕西	甘肃	西康	宁夏
工厂数	55	53	26	28	20	1	40	24	8	1
资本	365 270	772 784	286 970	6 935	70 700	2 000	125 090	110 460	5 600	110

注:(1)包括各省经营者在内;(2)表列累计数已减去停闭数。

资料来源:《经济统计》(经济部统计处编印),谭熙鸿:《十年来之中国经济(1938—1947年)》,下册,V,中华书局,1948年,第132—133页。

表2-6　民营工厂设立登记累计数据(1945年) 单位:千元

地域	四川	重庆	云南	贵州	湖南	广西	陕西	甘肃	西康	宁夏
工厂数	1 032	1 482	185	176	243	115	318	176	1	2
资本	157 780	1 857 760	719 480	120 380	140 243	1 320	549 250	197 947	5 080	202

注:表列累计数已减去停闭数。

资料来源:《经济统计》(经济部统计处编印),谭熙鸿:《十年来之中国经济(1938—1947年)》,下册,V,中华书局,1948年,第135—136页。

根据表2-5和表2-6,到1945年,西南地区有公营工厂183家,民营工厂3 233家,而西北地区仅有公营工厂73家,不及西南地区一半,民营工厂497家,更不及西南地区的1/6;就资本额而言,西南地区公营工厂资本总额为1 503 659元,而西北地区则仅有241 260元,不及西南地区的1/6,西南地区民营工厂资本总额为2 996 963元,而西北地区则仅有652 479元,不及西南地区的1/4。

3. **经济部门间不平衡性的变化与加强**

战前中国的民族工业,大部分是纺织、面粉、火柴等轻工业,而煤、铁、机器、电子器材、化学工业等重工业则所占比重很小。所以,"轻重重轻"是战前中国工业的基本结构。这种结构到抗战时期有了变化。在战争时期,"凡是能适应于军需品生产的产业,一切皆为战争需要而挪用,其生产力亦是如此。惟是,正常经济乃发生变化,一般国民的需要,亦不过为甚少

---

① 转引自史全生:《中华民国经济史》,江苏人民出版社,1989年,第428页。

部分的满足"[1]，所以，为军事服务的重工业和小部分轻工业得到优先发展是战时工业发展战略与平时工业发展战略的主要区别之处。机器工业、钢铁工业、燃料工业、军需工业是战时最急需的重工业，它们在抗战时期得到了较快发展，如在 1935 年，冶炼业的资本总额为 473 650 元，仅占全国工业资本总额的 0.189%，机械金属业的资本总额只有 4 155 100 元，占全国工业资本总额的 1.657%，化学业的资本总额为 17 216 900 元，占全国工业资本总额的 6.867%；到抗战时期的 1941 年，冶炼业的资本总额增为 153 707 000 元，占全国工业资本总额的 37.016%，机械金属业资本额为 44 026 520 元，占全国工业资本总额的 10.6%，化学工业资本额为 59 345 196 元，占全国工业资本总额的 14.292%。纺织业和食品工业是战时急需发展的轻工业，但其所占比重在战时比战前也有明显下降。1935年，纺织业的资本总额为 121 703 180 元，占全国工业资本总额的 48.528%，居于榜首；食品工业资本额为 61 597 946 元，占全国工业资本总额的 24.557%，居第二位；到 1941 年，纺织业的资本总额下降为 58 846 900 元，仅占全国资本总额的 14.172%，食品业的资本额则为 27 266 083 元，仅占全国工业资本总额的 6.566%。而那些不是军事急需的轻工业在战时发展得缓慢，如饰物仪器工业在 1935 年的资本额为 1 072 400 元，至 1941年仅为 385 000 元，服用品业在 1935 年的资本额为 973 200 元，至 1941 年该业的资本额小到可忽略不计。[2]

4. 物价上涨的不平衡性

物价问题是战时经济问题的结症，"因为物价的变动，不仅是由各种社会现象交织而成，而且也是战时经济各部门的缺陷的总汇"[3]。因此，研究战时经济不平衡性问题就必须要探讨战时物价的不平衡性。抗战时期物价上涨的不平衡性突出表现在以下两方面：

第一，物价上涨的速率在地域之间呈现出相当差距（见表 2-7）。

---

[1]　秀峰：《中国战时国民经济建设计划》，《战时经济》1937 年第 1 卷第 2 期。

[2]　罗元铮：《中华民国实录》，吉林人民出版社，1997 年，第 4912 页。原注说明：战前全国工业是根据实业部和国民政府主计处材料编制，其中只是登记的部分工业，战时工业系根据四川工厂调查及其他材料编制，其中不包括资源委员会的所属各厂矿。

[3]　姜庆湘：《中国战时经济教程》，科学书店，1943 年，第 200 页。

表 2-7　1938—1945 年各主要城市物价指数（1937 年 1—6 月 = 100）

年份	中国	重庆	成都	康定	西安	兰州	昆明	贵阳
1938	131	126	128	137	146	146	—	105
1939	220	220	225	225	245	217	—	187
1940	513	569	665	587	497	399	—	413
1941	1 296	1 576	1 769	1 352	1 270	1 061	—	969
1942	3 900	4 408	4 559	4 388	4 120	2 853	—	3 395
1943	12 541	13 298	14 720	12 982	16 279	10 047	—	9 428
1944	13 197	43 050	56 965	49 229	39 679	26 533	62 203	34 940
1945	163 160	156 195	170 379	171 053	155 341	88 655	305 711	167 025

资料来源:国民政府主计处 1948 年《中国统计要览》刊登的数字,转引自张公权:《中国通货膨胀史(1937—1947 年)》,杨志信译,文史资料出版社,1986 年,第 242 页。

从表 2-7 可以清楚地看出,在后方各省主要城市中,昆明的物价上涨指数最快,如 1944 年该城市的物价指数是全国平均物价指数的 4 倍多,并且该市物价上涨幅度也居全国之最,如 1945 年的物价比 1944 年上涨了近 5 倍。兰州是战时物价上涨最慢的城市,在战时 8 年中,该市有 6 年的物价指数低于全国平均指数。与昆明相比,1944 年昆明的物价指数是该市的 2 倍多,而 1945 年,昆明物价指数则是兰州的 3 倍多。

第二,物价上涨在物品之间表现出很大的差距。以战时重庆物品分类指数为例来说明(见表 2-8)。

表 2-8　重庆分类商品物价指数表(1937 年 1—6 月 = 100)

年份	食物	纤维	燃料	金属	木材	杂项	总指数
1938	89	156	2 113	400	217	64	104
1939	151	262	576	902	249	102	177
1940	1 129	715	1 669	1 453	1 095	208	1 094
1941	3 100	1 550	3 508	2 397	2 607	596	2 848
1942	5 098	7 688	13 942	28 286	10 340	1 173	5 741
1943	19 173	33 842	29 454	32 688	16 046	6 376	20 033
1944	49 850	71 210	145 500	56 260	78 860	70 250	54 860
1945	179 500	315 100	486 400	274 400	229 500	97 500	179 500

资料来源:贾秀岩、陆满平:《民国价格史》,中国物价出版社,1992 年,第 155 页。

由表 2-8 可以看出,重庆分类商品物价指数总体上都是直线上升的,其中燃料、纤维、金属、木材等商品物价指数上涨幅度高于物价总指数的上涨幅度,杂项物价指数则相反,低于总指数的上涨速度,食物类物价指数与总指数的上涨相比,除个别年份外,都低于总指数的上涨速度。

(二) 统制性

在战争期间,任何一个参战国都必须利用行政和法律手段,直接干预经济生活,统制生产、流通、分配和消费等各个环节,以保证战争消耗和维持人民的最低生活水平,为了实现这一目的,国民政府在抗战时期颁布了许多战时经济统制法令,对战时经济实施全面而严格的统制。

1. 金融统制

抗战时期的金融统制主要体现在四个方面:第一,管制资金。抗日战争爆发后,储户纷纷从银行大量提取存款,争相购买外汇以保值,各地出现挤兑提存风潮,而且这些外汇大都被运往国外储存,造成资金的巨额流失,这对中国战时金融极为不利。为此,国民政府于 1937 年 8 月 15 日颁布了《非常时期安定金融办法》七条,规定活期储户每户只能按照其存款余额每星期提取 5%,并且每户每星期至多提取 150 元法币。[1] 8 月 17 日,国民政府又颁布了《安定金融补充办法》,对资金进行更严格的管制。第二,组建四联总处控制国家银行。抗战爆发后不久,国民政府便组织了中国、中央、交通、中国农民银行四行联合办事处,办理与政府战时金融政策有关的各种特种业务。在四行设立四行理事会,由蒋介石亲任主席,对四行实施管制。1940 年 8 月公布《非常时期管理银行暂行办法》,赋予四行集中商业银行准备金的权力。1942 年 5 月,进一步规定所有银行必须集中准备金于中央银行,中国银行和交通银行也不例外,并且取消中国、交通和中国农民银行三行的发行权,实现了中央银行的统一发行权,这样,国民政府对于金融的统制组织大为加强。第三,管制商业银行和地方银行。在《非常时期管理银行暂行办法》中明文规定商业银行存款,应将总额的 20% 作为准备金,转存于四行;银行存款只能投资于生产事业,禁止直接经营商业。[2] 之后,又公布《修正非常时期管理银行办法》,对普通银行实行更严格的统制,该办法规定:其一,限制新银行的设立;其二,对于货物押款的商人,以加入同业公会为限;其三,禁止银行行员利用存款经营商业,使商业银行不能播弄金融风潮。[3] 为了统制地方银行,战时曾召开两次地方金融会议,要求各地方银行应健全自身组织,充实资本,改善业务,增加农工商贷款,并由财政部指定当地四行负责考核业务,检查账簿,以控制地方银行

---

① 重庆市档案:《抗日战争时期国民政府经济法规》,上册,档案出版社,1992 年,第 74 页。
② 粟寄沧:《中国战时经济问题研究》,中新印务有限公司,1942 年,第 223—224 页。
③ 谭熙鸿:《十年来之中国经济(1938—1947 年)》,上册,A,中华书局,1948 年,第 21 页。

业务。

2. 贸易统制

抗战爆发后,海口被封锁,外国商品无法进入中国,外国难以再干预中国贸易,国民政府趁机对贸易进行统制。首先,就进口而言,1937 年 9 月颁布《增进生产调整贸易办法大纲》,规定进口物品除军用品外,必需品的进口可以降低关税,半需要品关税照旧,奢侈消费品则提高关税。[①] 1938年 3 月又颁布《购买外汇请核办法》,对进口所需外汇实行严格管理,以减少非必需品的进口。1939 年 7 月,颁布《非常时期禁止进口物品办法》,规定凡非抗战建国及人民日用必需品,或由敌国生产且输入容易冒牌倾销的物品,均一律禁止入口[②],进口管制一次严于一次。至 1940 年,后方物资极感缺乏,政府放宽了进口物品的统制,乃指定必需品 16 类,作为特许进口物资均可输入,以资利用,太平洋战争后,盟国物资输入更感困难,国民政府不得不颁布《战时管理进出口物品条例》,规定凡有关国防建设及日用品,及以前禁运之蚕丝、纺织品、呢料、印刷用纸、食品等,概予弛禁[③],贸易政策随战局的变化做了相应的调整。其次,出口统制。抗战爆发后不久,国民政府便成立了贸易调整委员会管理出口物品,1938 年 6 月,为集中出口所创造的外汇,对 24 种出口货物实行统制,规定桐油、茶叶、猪鬃、矿产四类为统销货物。太平洋战争后,国际交通阻塞,国民政府于是颁布《战时管理出口物品条例》,规定桐油、猪鬃、茶叶等特产品须经政府报运出口,其余物品如羽毛、肠衣、油类、木材等,或须结汇方准出口,或列为特许出口物品,废止桐油、猪鬃、茶叶等特产禁运内销条例,准许商人自由运销各地,以解除特产不能外销的困难。[④] 最后,统制内贸。为调剂国内物资流通,平抑物价,防止不正当商人从中操纵,囤积居奇,1939 年成立了平价购销处,供应西南、西北各省的日用必需品,并在各省设置贸易机构,经营省际贸易,实施对内贸的管制。

3. 价格统制

战初,物价温和上涨,1939 年物价开始猛涨,国民政府不得不实施物价统制。抗战时期的物价统制经历了三个阶段,即评价时期、平价时期、限价时期。1939 年颁布《非常时期评定物价及取缔投机操纵办法》和《日用必需品平价购销办法》,成立平价购销处,主管服用、粮食、燃料及日用品购

① 罗元铮:《中华民国实录》,吉林人民出版社,1997 年,第 2056 页。

② 同上书,第 2328 页。

③ 转引自李平生:《抗战时期的大后方经济》,广西师范大学出版社,1995 年,第 225 页。

④ 同上书,第 229 页。

销工作,并在各地成立评价委员会,由各地方主管官署与同业公会共同协定商品价格,此为评价时期。这种评价措施仅仅以法令规章劝导商民,没有实际执行措施,其结果是徒托空言,成效不大。1942 年 1 月成立物资局,向各省收购货物,大量配给和销售,也就是政府通过掌控物资供给来平定物价,这就是所谓“以量控价”的平价时期。但政府掌握的物资终究有限,平价的成效也不大,在此情况下,不得不学美国采取限价政策:第一,各省市政府对于管辖区内重要市场的物价、运价、工资,应从 1943 年 1 月 15日起一律实施限价;第二,关于物价运费、工资的限价,应以 1942 年 11 月30 日市场价格为标准;第三,实施限价应特别民生重要必需品;第四,各地政府应按上列标准与该地同业公会妥议;第五,同一地区、同一时期、同一物品,只有同一价格。[①]至 1945 年在限价之外又加上了议价。但以政治力量来限定物价,是万不得已的舍本逐末办法,在短期内能收到一定的效果,但若物质供需长期严重失衡,限价办法就显得力不从心,抗战后期后方物价如脱缰野马,越发难以控制。

4. 物资统制

(1)粮食统制

粮食是极为重要的军需物质,军粮、民粮能不能及时供应,关系到抗战的成败。1937 年 7 月 22 日,国家总动员设计委员会成立,该委员会的一项重要职责就是对粮食、资源、交通进行全面统制,以适应战时需要。1937年 8 月,国民政府颁布了《战时粮食管理条例》,根据这个条例,国民政府设立了战时粮食管理局,专门负责管理粮食的生产、消费、储藏、价格、运输及贸易、统制及分配等事宜。为防止食粮资敌,国民政府颁布了《没收资敌食粮及罚则处理规则》和《食粮资敌治罪暂行条例》等一系列法规,规定“凡以食粮供给敌军者处死刑”;私运禁止出口食粮 10 万斤以上者,以资敌论;未满 10 万斤者,处无期徒刑或 7 年以上有期徒刑。[②] 抗战初期,粮食供给尚算充裕。抗战进入相持阶段以后,国统区日趋缩小,产量区面积锐减,而从沦陷区内迁人口却日增,至 1940 年达 5 000 万,粮食严重供不应求,导致了 1940 年后粮价猛涨,1941 年年初各大城市开始闹米荒,在此严峻形势下,国民政府于 1941 年 7 月成立粮食部,对粮食实施统制。主要措施包括:① 1942 年起实行田赋征实、征购、征借,国家控制粮食来源,这是

---

① 谭熙鸿:《十年来之中国经济(1938—1947 年)》,上册,A,中华书局,1948 年,第 25—26页。

② 沈雷春、陈禾章:《战时经济法规》(二)第 7 卷,文海出版社,1987 年影印本,第 33—34页。

管制粮食的最得力措施；② 实行军公民粮定额供应，国家控制粮食去向；③ 实行粮食限价；④ 加强粮食市场管理，严禁囤积居奇。①

（2）棉花、纱布统制

棉花、纱布既是仅次于粮食的民生必需品又是重要的战略物资。1938年6月，国民政府成立福生庄，调剂花纱布的供需；1939年又成立平价购销处，该处于1940年8月公布了《放纱收布办法》，采取如举办存货登记、划一厂纱规格、管理纱布市场、调节供需等措施对棉花、纱布实施管制，以遏制市价涨风，但成效不大，1941年后纱价猛涨。1942年2月，经济部物资局成立后，制定了"以花控纱、以纱控布、以布控价"的管制政策，1942年年底，物资局撤销，农本局改组为花纱布管制局，改隶财政部，其管制政策基本沿袭物资局所定政策，此外还采取了诸如奖励生产、掌握物资等措施统制棉花、纱布。

（3）工业器材统制

1937年冬，经济部设立工矿调整处，管制工业器材。太平洋战争后，国际通道阻塞，工业器材进口倍感困难，国民政府进一步加强对工业器材的管制。经济部于1942年1月颁布《整理工业器材规则》和《钢铁器材登记办法》；同年4月又颁布《管理钢铁材料实施办法》《发给钢铁材料运输执照办法》和《奖励钢铁材料内运暂行办法》；到6月又颁布了《管理工业规则》。管制工业器材办法就是依照这些法规进行的，其实施情况如下：① 举办工业器材存量总登记，以掌握工业器材总量；② 凭证购买，以节制物品虚耗；③ 核定价格，以稳定市场；④ 发给运照，以限制物品逃匿。工矿调整处指定管理之工业器材，共计200余种，主要分三类：金属器材（包括金属初制品、小五金杂件、机器配件及工具、电器材料）；非金属器材（染料及助染剂、鞣剂、水泥、酸碱）；工业机器（动力机、工具机、作业机器）。②

（4）外销物资统制

外销物资主要分为两大类：一类是特种矿产品，另一类是指定统销的产品，这些外销物资基本上是易货偿债的备用物资。特种矿产品包括钨、锑、锡、汞、铋、钼，由经济部资源委员会统制，1939年12月，颁布《矿产品运输出口管理规则》，严格管制特矿的运销、出口。指定统销产品包括茶叶、猪鬃、桐油、生丝、羊皮等，归财政部贸易委员会统制，其中茶叶由贸易委员会下属的中国茶叶公司和茶叶管理处管制，猪鬃、桐油、生丝、羊毛则

---

① 谭熙鸿：《十年来之中国经济（1938—1947年）》，下册，U，中华书局，1948年，第23—30页。

② 同上书，第47—58页。

主要归贸易委员会主办的复兴公司统制,统制的基本方式是统购统销。

此外,国民政府还对燃料、食油、纸张等物品也实施统制。

实行经济统制是战时经济的必然,中国的战时经济统制"有的收效,有的失败;其收效是一时的,一部分的,其失败大半由于政治效率不能发挥统制政策的真正使命。所以有越统制,经济越不能安定的现象,但因此遂归咎统制政策不宜于中国,也是偏激之见"①。

(三) 矛盾性

"九一八"事变后,日本侵占了中国东北,"华北事变"后侵占了华北,"七七事变"后又占领了华中、华南大片中国领土,日本先后在这些地方炮制了殖民地政权,并建立起殖民地经济以作为殖民地政权的经济基础。于是,抗战时期,日本帝国主义控制的殖民地经济与中国的民族经济之间展开了激烈的经济战,从而使得战时中国经济显示出矛盾性。

1. 争夺物资战

1937 年 12 月,日本在原"南满洲铁道株式会社"的基础上,建立了"满洲重工业株式会社",把掠夺对象扩大到重工业各部门。之后在 1938 年 12 月设立"兴亚院",并在华中、华北、东北设立了联络部,大肆抢夺战略物资。"到 1939 年年底,沦陷区的矿山、水电、纺织、水泥、火柴等重要工业,掌握在日本手里者,除中小厂家外,已达 150 多家"。②为了掠夺粮、棉等物资,日本在沦陷区实行经济统制,组建了所谓"米粮统治委员会"和"棉花统治委员会",禁止棉花、粮食、食油流入大后方,而日寇则以市场价的 1/3 强制征购棉、粮。1939 年,日本所控制的"华中棉花协会",抢购棉花 190 万担,约占当地棉花产量的 95%。③太平洋战争以后,日本由于战争规模的扩大,物资消耗剧增,日本加紧了经济掠夺。1941 年 12 月,日本宣布在沦陷区施行《重要物资申请办法》,1942 年公布《重要物资处理办法》。其后,日本又明令禁止占领区物资向大后方输出,统制的物资有大米、面粉、糖、盐、蛋、布匹、棉纱、钢铁、水泥、猪鬃、生丝、棉花等,几乎无所不包,自此,沦陷区物资几乎被日本掠夺殆尽。

针对日本的物资掠夺,国民政府采取了严厉的经济封锁措施。1937年 8 月,国民政府公布《食粮资敌治罪暂行条例》,严禁粮食输往沦陷区;至 1938 年 10 月,国民政府先后颁布了《禁运资敌物品条例》和《查禁敌货条

---

① 谭熙鸿:《十年来之中国经济(1938—1947 年)》,上册,A,中华书局,1948 年,第 26 页。
② 张锡昌等:《战时的中国经济》,科学书店,1943 年,第 279 页。
③ 库桂生、姜鲁鸣:《中国国防经济史》,军事科学出版社,1991 年,第 304 页。

例》,将禁运物资范围扩大到 170 余种;1939 年 9 月国民党军事委员会颁布《防止仇货办法》,以防止敌货输入大后方。太平洋战争后,大后方的主要国际通道被日本截断,后方物资补给相当困难,国民政府对敌经济战的策略发生变化:一方面继续经济封锁,以防止物资资敌;另一方面,争取沦陷区物资内运,以削弱敌人,增强自己。为此,1942 年 5 月,国民政府颁布了《战时管理进出口物品条例》,同年 6 月又颁布了《战时争取战略物资办法大纲》,鼓励人们赴沦陷区或国外抢购物资。1944 年 3 月,由货运管理局协助商民抢运物资,总值达 11.07 亿元。是年 4 月,财政部颁布了《促进民营进出口贸易办法》,鼓励商人协助抢购物资,从而使抢购的物资较前大增。在《促进民营进出口贸易办法》颁布后的半个月之内,货运管理局与商人合作抢购了 10 万匹布,1 000 件纱;货运管理局与商人订约交换的物资有 2 000 包纱,2 万匹布;再加上由货运管理局自行抢购内运的物资,总值达 23.1 亿元。[1]

2. 货币金融战

抗战时期的货币金融战,大体上可划分为两个阶段。

(1) 第一阶段:抗战开始到 1941 年太平洋战争爆发

这个阶段里,中日货币金融战的焦点是外汇,外汇市场是这一阶段货币金融战的主战场。战争爆发之初,日寇的战略是"速战速决",把进攻重点放在军事打击上,没有对中国展开激烈的货币金融战攻势。1938 年,"伪联合准备银行"成立,发行"联银券",并且规定联银券对英镑的汇率为 1 先令 2 便士,以便与法币联系。日伪发行"联银券"的"主要目的是以伪行掉换法币,再以法币来套汇我们的法币外汇""这可以说是敌人对我法币的首次进攻"[2]。就在伪联合准备银行成立的第三天,国民政府颁布了《购买外汇请核办法》,实行外汇统制;同年 4 月又颁布《商人运货出口及售结外汇办法》,对出口贸易换来的外汇进行管制,这些措施打击了日伪的套汇阴谋。但进口贸易由于外商的反对而未能实现统制,使外汇统制政策出现漏洞,为日伪的套汇留下了空间,加之在国民政府实行外汇统制后,上海的外商银行不能如数获得外汇,自行挂牌做外汇买卖,于是在上海出现外汇黑市,这为日伪套汇打开了方便之门。日本利用从占领区内搜刮来的法币,大肆套汇,使中国蒙受了巨额外汇损失。日伪套汇造成的最大恶果是法币的贬值,为了维持法币的信用基础,国民政府在英国的帮助下,于

---

[1] 丁日初、沈祖炜:《论抗日战争时期的国家资本》,《民国档案》1986 年第 4 期。
[2] 姜庆湘:《中国战时经济教程》,科学书店,1943 年,第 136 页。

1939 年 3 月 7 日成立了中英外汇平准基金,在外汇市场上大肆抛售外汇,实行无限制的买卖外汇。国民政府维持上海黑市汇率的政策在一定程度上起到了维护法币在国际上的信用的作用,但也给日伪以套汇的机会。很快,1 000 万英镑外汇基金就被日伪套空,"当时敌人在上海的工厂所需的原料,不用说全部由我们去支付外汇,即连敌人一切驻华的机械化部队所用的润滑油与燃料,也大半利用我们的外汇去购买"①。对此,蒋介石也承认"在上海办理外汇之办法,不但于我们中国商民没有利益,而且徒然替敌伪维持其金融生命,实在无异给敌人以操纵之柄,来推毁我们抗战的经济"②。1939 年 6 月 7 日,国民政府宣布放弃维持汇率政策,停止供给外汇,给上海的外汇黑市以致命打击,也给敌伪套汇阴谋以致命打击。在此情况下,日伪于 1941 年 1 月成立了伪中央储备银行,发行"新法币",企图取代法币在沦陷区内的流通。为捣乱国民政府在上海的金融市场,日伪收买流氓恶棍,绑架四行职员,制造流血惨案,企图迫使四行停止在上海的营业,以达到动摇法币信用的目的。针对日伪的新一轮进攻,国民政府于1941 年再度与英美商定 500 万英镑和 5 000 万美元的借款,重新建立外汇平准基金委员会,再次恢复外汇维持政策,以稳定法币对外汇价。但这次重开外汇市场所导致的恶果远远超过了其成就,因为此时日本已经全部控制了占领区内所有海关和税局,伪币流通范围在刺刀的保护下日益扩大,所以日本所掌握的法币数量剧增,此时重开外汇市场等于"向日伪送外汇"。"自第二次外汇平准基金成立后,每月我们在上海抛出的外汇,往往在 1 000 万美金以上",巨额的外汇通通落入日伪囊中。③ 1941 年 12 月 7日太平洋战争爆发后,上海租界和香港相继沦陷,外汇黑市无形消失,外汇问题乃告一段落。

(2) 第二阶段:太平洋战争后至抗战结束

这一阶段,中日货币金融战的焦点从外汇问题转移到法币问题上。上海黑市消失,日伪套取外汇已不可能,日伪采取了新的进攻方式:其一,压低法币对伪币的比价。1942 年 5 月下旬在上海,仅仅一个星期内,日伪便把法币从每元折合伪钞 0.74 元(5 月 20 日)贬低到每元 0.5 元(5 月 26日)。5 月 27 日,日伪又公布《整理法币条例》,规定凡人民持有的法币,均需于 6 月 8 日至 23 日两周内,按 2:1 的比价,兑换成伪钞。这样,日伪便

---

① 姜庆湘:《中国战时经济教程》,科学书店,1943 年,第 139 页。
② 谭熙鸿:《十年来之中国经济(1938—1947 年)》,上册,A,中华书局,1948 年,第 23 页。
③ 姜庆湘:《中国战时经济教程》,科学书店,1943 年,第 141 页。

人为地使法币贬值一半。①其二,驱逐法币倒流入大后方,制造通货膨胀。
1942 年 6 月,汪伪政府财政部颁布《禁止使用法币条例》,将法币驱逐出南
京、上海及苏皖浙地区;在华北,华商 29 家银行被迫与伪"联合准备银行"
合作,各行法币存款一律被兑换成伪钞,比价是 100 元法币兑换 40 元伪
钞;在华南地区,至 1943 年 1 月底,敌伪将法币驱逐出流通领域。敌伪的
货币进攻,使沦陷区数以亿计的法币涌入内地,给大后方造成了巨大的通
货膨胀压力。针对太平洋战争后中日货币战的新形势,国民政府于 1942
年 3 月颁布《对日宣战后处理金融办法》,撤退了在上海、天津、北平、香港
的四行分支行处,停止一些业务活动,并下令禁止使用日伪钞票,在大后方
则采取稳定金融、管理外汇、节省开支等措施,以遏制通货膨胀。

　　在中日经济战中,中国始终处于守势而不是主动进攻,战术也显得迟
钝而不灵活。在经济战中,敌伪确有优越于我方的条件,但国民政府也没
有全力去争取主动权。在经济战中,中国所取得的成就,不足以弥补损失。

---

① 李平生:《抗战时期的大后方经济》,广西师范大学出版社,1995 年,第 286 页。

第三章　四联总处的贴放政策
与大后方经济开发

一、抗战时期四联总处贴放政策的演进

（一）四联总处贴放政策的演进

办理贴现与放款是四联总处的主要业务。抗战爆发以后，四联总处便迅速制定了一系列有关投资贴放的方针政策，后来又根据战时经济形势的变化，对投资贴放方针政策做了不断的调整。我们大体可以分三个时期来考察抗战时期四联总处投资贴放方针政策的演进。

1. 第一阶段：1937 年 7 月至 1939 年 10 月

抗战的爆发引起了全国金融动荡，银钱业出于投资安全的考虑，立即采取了紧缩放款的办法。"于是社会资金顿感缺乏，产业有停滞之虞。"[1]为活泼金融起见，1937 年 7 月 29 日，财政部授命中、中、交、农四行组织联合贴现委员会，办理联合贴现业务。为了更好地融通资金，四联总处认为必须实行贴现与放款并重的方针，于是，四行联合贴现委员会旋即改称为四行联合贴放委员会，由四行各派两名代表组成。8 月 9 日，四行联合贴放委员会在上海正式成立，并通过了《贴放委员会办理同业贴放办法》和《贴放委员会办事细则》，后来，考虑到要兼顾农、工、商、矿各业资金的融通，将同业贴放扩大为普通贴放。《贴放委员会办理贴放办法》共十四条，其主要内容包括：第一，贴放形式。包括贴现、再贴现、放款和转抵押四种。第二，贴放数额。经四行联合贴放委员会审订后，由四行共同承担。其中，中央银行和中国银行各 35%，交通银行 20%，中国农民银行 10%，贴放损益，也按照此项标准分配。第三，贴放期限。六个月以内到期的中央政府债券和一个月以内到期的商业票据可以进行贴现及再贴现；放款及转抵押

---

① 重庆市档案馆、重庆市人民银行金融研究所：《四联总处史料》，中册，档案出版社，1993 年，第 340 页。

期限,以一个月为限,期满可以展期一次,但最长不得超过一个月。第四,贴现率及放款利率。经四行联合委员会逐日规定后,由中央银行挂牌公布,节假日的贴现率及放款利率则按前一日标准执行。第五,贴放担保品。贴现及再贴现的担保品分为两类:商业跟单和汇票照票面贴现,中央政府债券中的签票或息票照票面贴现;作为放款及转抵押担保品的货物,必须是主要国产及进口物质,包括米、麦、杂粮、棉花、棉纱、布匹、丝茧、绸缎、面粉、五金、煤、煤油、汽油、植物油、花生、芝麻、大豆、茶、盐、糖等,作抵时按市价七五折计算。第六,贴放申请及申请手续。凡申请贴放的机关,应先填写申请书,经四行联合贴放委员会审定后,将审核结果通知中央银行和申请机关,中央银行接到通知后,审核申请机关送交的担保品,审核合格后,按照中央银行贴放章程办理贴现手续。①

"八一三"事变爆发后,上海随时面临沦陷的危险。鉴于此,国民政府决定将政治、经济中心内迁,为调剂内地金融,发展内地生产事业,财政部于 8 月 26 日颁布《中、中、交、农四行内地联合贴放办法》,其主要内容是:第一,贴放范围,包括抵押、转抵押、贴现,以及财政部命令对于交通、铁道、农贷等项之放款等四类。第二,贴现抵押品,包括农产品(米、麦、杂粮、面粉、棉花、植物油、花生、芝麻、大豆、丝茧、茶、盐、糖、烟叶、木材、猪鬃、蚕种、牛羊皮等);工业品(五金、棉纱、布匹、颜料、水泥、绸缎、电器、工业品、化学原料等);矿产品(煤、煤油、汽油、柴油、钨砂、锰、锑、铁砂、钢铁、锡等);中央政府发行的债券等四类。第三,抵押折扣,以当地市价八五折计算,如当地无市价,则当地贴放委员会估定,当抵押品价值跌落时,应照数追补。第四,贴放利率,由当地贴放委员会按市面情形酌定。②四联总处在贴放办法基础上又制定了办理内地贴放细则,并指定南京、汉口、重庆、芜湖、杭州、宁波、南昌、广州、无锡、郑州、长沙、济南等 12 处,先行设立贴放分会,办理当地联合贴放业务。

在这一阶段,国民经济处在由平时经济向战时经济的过渡时期,疲于应付军事的国民政府没来得及制订统一的经济规划,经济形势比较混乱,四联总处的贴放政策亦是如此。它就像一个慈善机构,哪里需要贷款就向哪里贷款,既无计划也很少对贷款流向实施严格监管,以至于造成了炒卖外汇、商业投机等弊端。

---

① 重庆市档案馆、重庆市人民银行金融研究所:《四联总处史料》,中册,档案出版社,1993年,第342—344 页。

② 同上书,第344—345 页。

2. 第二阶段:1939 年 10 月至 1941 年年底

1939 年 10 月,四联总处第一次改组,改组后的四联总处不再只是一个办理战时贴放的业务机构,而成为战时财政金融决策中枢。鉴于某些机关将贷款用于外汇投机的积弊,以及为适应工厂大量西迁对资金有迫切需求的形势,四联总处重订了四项贴放原则:第一,办理贴放,应趋重于转抵押、转贴现,以期尽量利用商业银行及省地方银行的人力财力,及其固有机构。第二,贴放及转贴放,均应以直接从事农、工、商、矿各业为限,并且要密切注意其用途。第三,贴放应注重抗战必要与生活必需的各业与物品。第四,地方政府机关非生产性质借款,一律由财政部核转办理,四行承做贴放后,仍由财政部考核其用途。[①]

防止外汇流失以维持法币价值稳定,是国民政府在 1939 年至太平洋战争爆发前经济工作的重心。四联总处从两年的贴放实践中觉察到了某些机构利用贷款用于外汇投机的弊端,这一阶段四联总处调整贴放原则,意在防范、治理这一弊端。

3. 第三阶段:1942 年至 1945 年

太平洋战争爆发后不久,国民政府对日宣战,并颁布了《政府对日宣战后处理金融办法》,根据该办法乙项第三条"严格审核投资放款"所规定的各项原则[②],四联总处于 1942 年 1 月 22 日第 110 次理事会上制定通过《四联总处核办投资贴放方针》。其内容包括:第一,投资贴放原则,规定太平洋战争爆发之后的投资贴放应以集中资力紧缩办理为原则,以协助工矿交通事业,增加军民必需品的生产及供应为主旨。第二,国营民营事业接受投资贴放应遵循下列条件:① 公私工矿交通事业投资必须符合以下四个条件:业务适合战时需要且经营成绩显著;组织健全,技术及出品优良;机器、设备、原料能继续补给,并已正式开工或最短期内开工;借款用途正当。② 国营事业机关,如需以预算核定款项先行抵借备用时,必须由主管机关商得财政部同意后再行办理。③ 政府预算之外但为推行国策而应办理的事业,需要借款时,由中央最高主管机关负责保证并由四联总处商准财政部备案后再办理。④ 民营事业申请贷款必须符合以下四个条件:

① 中央银行经济研究处:《十年来中国金融史略》,科学书店,1943 年,第 255 页。
② 规定了投资工商业的四项原则:第一,生产国防和民生必需品的工矿企业,由四行联合投资放款尽量助;第二,生产机关对于生产物品达到一定限额,其产品销售应遵照物资管理机关的规定办理;第三,四行应指派专家指导、监督借款厂商的业务;第四,放款的实现事先和事后查核必须严格,但保证及手续等应力求简便。中国第二历史档案馆:《四联总处会议录》,第 13 册,广西师范大学出版社,2003 年,第 90 页。

财务、业务、会计应接受四联总处的监督,如果四联总处认为有需改善之处,承受投放单位必须尽量接受;承受投放单位生产的物品应达一定限度,其每月产销数量、价值应按期报告四联总处查核;产品不得囤积居奇;出品的配销及售价,应按照物资主管机关的规定办埋。⑤ 以军民必需品为抵押借款者,应以经营本业的商人并加入各该业同业公会者为限,其抵押品应具备物资统制机关的登记证件,押款期限最长不超过三个月并不得展期。⑥ 地方银行及商业银行应贷款协助地方工矿事业,如资金确有不敷时,四行得以转抵押和转贴现方式贷款协助,最高数额以原贴放款项的六成为限。第三,放款紧缩原则:① 中央政府机关之前以应领经费抵借各款,期满应即结清,不得展期。② 地方政府机关之前向四行所借各款,应按照财政部规定统一国库收支办法限期结清。③ 中央及地方政府机关所属工矿、交通和贸易事业,对于四行已有负债关系者,由四联总处调查其业务,必要时得于未到期前收回放款的一部分或全部。①此项方针,迄抗战胜利前,其间除对放款审核额度略有改动外,其他没有变更。

这一阶段的贴放政策随战时经济形势的变化而不断调整,其主要目的在于集中资金发放生产贷款,以增加物质供给,保障战争需要。

(二) 四联总处贴放总概

表3-1 对战时四联总处投资贴放情况做了分门别类的统计:

表3-1　四联总处的贷款(1937—1945 年)　　单位:法币百万元

项目 ＼ 年份	1937.9—1939	1940	1941	1942	1943	1944	1945
工矿	49.3	103.0	209.3	923.1	6 557.2	23 821.5	37 435.9
比例(%)	9.3	14.8	13.5	34.7	59.1	72.1	49.4
交通	21.2	17.3	193.9	274.6	1 446.6	908.9	4 653.3
比例(%)	4.0	2.5	12.6	10.3	13.0	2.8	6.1
盐务	51.8	184.1	841.8	419.5	1 014.1	4 694.9	15 518.5
比例(%)	9.7	26.4	54.5	15.8	9.2	14.2	20.5
粮食	16.4	56.2	152.8	237.6	800.5	901.1	2 926.7
比例(%)	3.1	8.1	9.9	8.9	7.2	2.7	3.9
贸易	16.6	270.0	107.2	664.0	551.8	1 969.8	5 699.8
比例(%)	3.1	38.8	6.9	24.9	5.0	6.0	7.5

① 中国第二历史档案馆:《四联总处会议录》,第13 册,广西师范大学出版社,2003 年,第159—161 页。

（续表）

项目 \ 年份	1937.9—1939	1940	1941	1942	1943	1944	1945
其他	377.0	65.7	40.3	143.2	725.4	728.3	9 570.3
比例(%)	70.8	9.4	2.6	5.4	6.5	2.2	12.6
贷款总额	532.3	696.3	1 545.3	2 662.0	11 095.6	33 024.5	75 804.5
折战前币值	352.3	135.8	119.2	68.3	88.5	76.5	46.5

注:(1)表列系各年核定的贴放数,不是年底结余数,由于未到期或到期未还,结余数大于表列数。(2)表列基本上是专案贷款,不包括四行两局自做的一般贷款、对政府的垫款和农贷。(3)"其他"项包括地方财政金融借款,军事机关借款,行政、金融、教育文化单位的借款。
资料来源:中央银行经济研究处:《中央银行月报》新2卷6期(1947年6月),第102页,转引自许涤新、吴承明:《新民主主义革命时期的中国资本主义》,人民出版社,2003年,第491页。

根据表 3-1,我们可以得出几个结论:

第一,贴现和放款是四联总处最重要的业务,也是它控制市场银根和信贷的重要方法。但实际上贴现很少,主要是抵押放款和以预算或信用为担保的放款。其原因是贴现是建立在商业信用基础上的,抗战时期,战局变幻莫测,国土时有沦陷的危险,使商业信用缺失,四联总处出于投资安全考虑,尽量少做贴现业务。

第二,贷款总额在名义上呈上升趋势,但实际价值呈下降趋势。三个阶段的贷款总额分别为 5 32.3 百万元、22 41.7 百万元、1 225 866 百万元,但折合战前币值后则分别为 3 52.3 百万元、2 25.0 百万元、2 79.8 百万元。其原因是:战争初期,中国经济处在由平时经济向战时经济的过渡时期,以集中和管制为主要特征的战时经济体制没有完全确立,对信贷的管制并不严格,1939 年 10 月以后,为改变某些机关将贷款用于外汇投机的流弊,四联总处重订贴放原则,重点办理商业贷款和生产放款,压缩财政借款。1940 年春,四联总处停办普通贷款,只做专案放款,致使折战前币值贷款总额有所收缩,太平洋战争以后,后方通货膨胀进入恶性发展阶段,四联总处和战时经济会议采取了许多措施来治理通货膨胀。其中,紧缩银行信用就是一个重要的手段,使得贴放总额从 1942 年起开始大幅度减少,以不变价格计,1942 年贷款总额较上年减少 40% 以上,以后仍维持更低的水平。

第三,就信贷结构而言,第一阶段主要是财政贷款,第二阶段主要是商业贷款,第三阶段则主要是生产贷款。如表 3-1 所示,第一阶段的工矿、交通、盐务、粮食和贸易贷款总额不到贷款总数的 30%,而地方财政金融借款和军事机关借款则达半数以上。在第二阶段,工矿交通贷款有所增加,但盐务、粮食和贸易贷款占绝大多数。其中,盐务贷款中约97%贷予盐务专卖机关,3%贷予盐商。贸易贷款中约有29%用于收购物资以平抑物价,71%为统购统销资金和向沦陷区购物资金。粮食贷款中,约16%用于收购军粮,约84%用于收购民粮。至第三阶段,工矿交通贷款变成主要项目,逐渐占贷款总额的一半以上,盐务、粮食、贸易等商业性贷款趋于减少,其中,工矿贷款以国营企业为主。

二、抗战时期四联总处农贷政策与大后方农业开发

抗战时期大后方大力发展农业具有双重意义。其一,中国自古以农立国,农业是国民经济的基础。据统计,抗战初期,农民占全国人口85%以上;每年农产品的价值,约占全国生产总额的80%;每年的出口物品,也以农产品如生丝、桐油、棉花、茶叶、蛋品等为主,占出口总额的70%左右。[①]其二,发展农业,增加生产,关系抗战的成败。诚如蒋介石所言:"持久抗战之基础,在于全国广大之农村",这是因为,"人力、物力的补充,主要来自农村;军民食粮的供给,主要来自农村;换取外汇,购买军火的出口物资,也主要是农产品,还是来自农村"。所以,"发展战时农业,实为抗战建国之重要工作"[②]。

然而,近代中国农村却异常残破,特别是20世纪30年代,受世界经济大危机的影响,中国农村更加残破,突出表现在农村资金的匮乏。农村资金供给匮乏,而需求却非常迫切,资金供需的失衡,必然导致农村利率上升,高利贷盛行。高利贷越盛行,农民资金就越贫乏,农民走投无路,不得不寅吃卯粮,竭泽而渔,主要表现为:

> 出卖青苗,牺牲收获之利益;减少肥料,使土力渐形贫瘠;不选择良好种子或将存储之种子出售,而临时购买劣质种子;宰卖耕牛,或无力饲养,致荒废种植;无力购买牲畜;无力修筑池塘沟渠,天时稍变,即发生水旱之灾;赁耕具或使用劣等耕具;无力添置农村运输上必要之工具;各地农村中祠堂庙会之积谷社仓多数解散;出卖田地,由自耕农降为佃农、雇农;食品粗劣,营养不良,或劳苦过度,食用吗啡、鸦片等刺激品,致使农民体格日就羸弱。[③]

因农村资金贫乏而引起的上述问题,引起了南京国民政府的高度重

---

① 徐堪:《四联总处推进全国农贷意义及今后展望》,《财政评论》1940年第3卷第4期。
② 同上。
③ 同上。

视。在抗战爆发之前,南京国民政府就积极采取了若干措施举办农贷,如1935 年所颁布的《储蓄银行法》中规定储蓄银行的农业投资不得少于储蓄存款的 20%;1935 年改组四省农民银行为中国农民银行,以农贷为其主要业务,创办农本局专门办理全国农贷及农产运销事宜;设立合作金库和合作社以提供农贷资金等。这些措施取得了一定的效果,但存在不少缺陷,如农贷制度混乱、农贷未能普遍推行等。抗战爆发之后,战前农贷的缺陷使其无法满足战争对农业的要求。抗战时期,为积极、普遍推进农贷,四联总处于 1940 年制定了《二十九年度四行及农本局农贷办法纲要》,此后,四联总处相继颁发了系列法令以推进农贷。四联总处的介入,使中国近代农贷进入了新的阶段。

(一) 四联总处农贷政策的演进

抗日战争全面爆发之后,国民政府把主要精力放在军事上,在经济上的主要工作是调整国民经济,一时没顾及农贷,使战初农贷依然处在战前的无序状态,这突出表现在两个方面:第一,政出多门。1937 年 8 月 26 日,财政部公布《四行内地联合贴放办法》,要求四行遵照财政部命令,以农产品作抵押发放农贷,这是抗战爆发后颁布的首个农贷法令①;1937 年 9 月 10 日,实业部颁布《各省市办理合作贷款要点》五条,要求各农贷举办机关积极举办合作贷款,贷款形式以短期农贷和中期农贷为主②;1938 年 2 月 21 日,国民党军事委员会颁布《战时合作农贷调整办法》,规定战前已约定在各地办理合作农贷的金融机关,不得减少放款数额,而且酌量增加③;1938 年 4 月 29 日,财政部颁布《改善地方金融机构办法纲要》,要求地方金融机构增加农贷业务:即种子肥料耕牛农具贷款和农田水利事业贷款④;1938 年 6 月 24 日,经济部、财政部联合颁布《扩大农村贷款范围办法》,要求农贷办理机关扩大农贷对象,应该包括依法成立的合作金库与放款承认的农民组织⑤。各部门所颁布的农贷法令,互相之间存在矛盾,如实业部要求农贷机关积极举办短、中期农贷,但财政部却要求农贷机关积极举办农田水利事业贷款,这是典型的长期贷款,这使得农贷机关无所适从。

第二,五龙治水但群龙无首。中国农民银行、中国银行、交通银行、农

---

① 重庆市档案馆、重庆市人民银行金融研究所:《四联总处史料》,中册,档案出版社,1993年,第 345 页。
② 朱斯煌:《民国经济史》,下册,文海出版社,1985 年,第 434 页。
③ 同上。
④ 陈禾章、沈雷春、张韶华:《中国战时经济志·中国战时经济法规汇编》,文海出版社,1973年,第 9 页。
⑤ 同上。

本局、各商业银行、各省县地方银行、农村合作金融组织等农贷办理机构组织上互不相属,业务上没有明确划分,此时,四联总处尽管已经设立,但由于位卑权微,无权统筹战时农贷,按《四行内地联合贴放办法》第四项规定,四联总处须对"财政部命令之农贷予以放款",很明显,四联总处在农贷方面只是被动地执行财政部的命令,其地位等同于农本局等农贷机构。从1938年起,农贷领域的混乱状况呈愈演愈烈之势,"业务冲突时有所闻,其错综复杂之情形,至二十八年年底(1939年年底)可谓已达极点"①。这种状况引起了蒋介石和国民政府的高度重视,因为至1939年,国民政府最终完成了迁都重庆的过程,中国西部成了抗战大本营和支持抗战的经济中心。发展西部经济、稳定社会、坚持抗战,便成为头等大事被提上了国民政府紧迫的议事日程。于是,普遍推进农贷、发展大后方农业以支持抗战自然受到了国民政府的高度重视。

为统筹战时农贷以发展后方农业,1939年蒋介石指示行政院:"农本局与各银行业务放款,切勿在同一地区做同一工作,以免重复与冲突,此应由行政院与四联总处切商办法,分别实施。"②为了改变农贷机构无序竞争的状况,经行政院提出贯彻意见后,四联总处于1939年年底相继设立农业金融处、农业金融设计委员会和农贷审核委员会。其中,农业金融处是"鉴于各行局农贷业务未著成效,办理机关缺少联系,为整齐步骤,集中力量起见"而设,它是四联总处下设的主持"统筹各行局农贷事宜"的办事机关③;农业金融设计委员会由四联总处与各行局代表及党政机关、农业金融专家组成,其主要任务是从事"农业金融制度之改进,农贷办法之筹划,农民组织之促进,农贷人员之训练以及农贷工作之考核等事项"的设计;农贷审核委员会是"各行局协同审核各项农贷办法之重要机构,隶属于农业金融处"④。这样,四联总处便成为战时农贷的审核与设计机构。

从1939年起,四联总处根据战时经济形势的变化不断调整其农贷政策,其演进过程大体可分两个阶段来考察。

1. 第一阶段:农贷扩展时期的农贷政策(1939—1941年)

1940年1月,四联总处制定了《二十九年度四行及农本局农贷办法纲要》,首次对战时农贷政策做了明确的规定,其主要内容如表3-2所示:

---

① 厉德寅:《三年来之农业金融及今后改进之途径》,《经济汇报》1940年第2卷第1、2期合刊。

② 四联总处秘书处:《四联总处重要文献汇编》,第197页,转引自黄立人:《论抗战时期国统区的农贷》,《近代史研究》1997年第6期。

③ 《四联总处二十九年度工作报告》,未刊原件,重庆市档案馆,转引自黄立人:《论抗战时期国统区的农贷》,《近代史研究》1997年第6期。

④ 同上。

表 3-2 《二十九年度四行及农本局农贷办法纲要》主要内容

农贷对象	农民团体	依法登记的农会、合作社、互助组、供销代营组织及其他农民团体
	农民个人	佃农和自耕农,但必须是一家之主且未加入合作社或其他农民团体者;借款者必须在一年内或债务清偿时加入附近的合作社或农民团体组织,否则翌年或以后不得再申请贷款
	农业改进机关	以改进农业为目的的机关、团体、学校
农贷种类	农业生产贷款(凡直接用于生产或半生产的贷款均属之,包括四类)	(1) 购买种子、化肥、耕畜、农具、饲料等,(2) 支付修建房屋或从事其他有关生产事业等,(3) 垦荒或培植多年生的特种作物等,(4) 整理旧债或支付地租以减轻利息负担等
	农业供销贷款(凡用于供给采购生产上或生活上必需品或向外运销农产品的贷款均属之,包括四类)	(1) 采购日用品或其他农村所需的资金货价等,(2) 向外运销农产品的运销费用等,(3) 农产品加工制造设备或加工费用等,(4) 农产品向外运销的包装材料及其他费用等
	农村副业贷款(凡用于增进农村副业的贷款均属之,包括四类)	(1) 养蚕、鸡、兔、蜂、牛、马、羊、鱼或其他家禽畜等,(2) 培植果树、桐树或森林事业等,(3) 纺织、织布、打油或其他手工业等,(4)关于其他副业所需的设备资金及营业资金等
	农产储押贷款(凡用于便利农产品的储存及抵押的贷款均属之,包括三类)	(1) 仓库建筑费用,(2) 仓库设备改良费用,(3) 农产品抵押放款
	农田水利贷款(凡用于一切排水灌溉等工程或工具的贷款均属之,包括三类)	(1) 开塘、打井、建渠等所需的材料费和土方费等,(2) 购置较大或共同使用的排水机及灌溉机等,(3) 购置疏汛机器或其他水利工程机器等
	农村运输工具贷款,(凡用于购置或制造农村运输工具的贷款均属之,包括两类)	(1) 购置牛车、马车、手推车所需费用及其设备资金,(2) 购置船筏所需费用及其设备资金
	佃农购置耕地贷款(凡用于购置或购取耕地的贷款均属之,包括两类)	(1) 佃农购置耕地所需资金等,(2) 农民购取耕地所需资金等
	农业推广贷款(凡用于推广农业事业的贷款均属之,包括三类)	(1) 推广优良品种所需资金等,(2) 推广特种农作物所需资金等,(3) 农业实验机关或改进机关所经营事业的生产资金或设备费用
农贷期限	规定短期农贷最短为三个月,如农业供销贷款、农业抵押贷款属于短期;长期贷款最长八年到十年,如购置耕地贷款、水利工程贷款	

（续表）

农贷利率	第一,承贷机关贷款利率暂定为月息八厘,合作社或其他农民团体对社员或会员贷款,其利率最高不得超过月息一分二厘;第二,未正式申请展期或申请未经核准的逾期贷款,在逾期期间的利率按照原利率加四厘计算;第三,贷款利率自承贷机关汇出或借出之日起息,还款时以汇出或归还之日止息;第四,贷款期限在一年以上者应分期摊还,每年结算一次;第五,农田水利贷款、佃农购置耕地贷款、个人借款等利息临时决定
贷款保障	申请人若加入了各地合作组织,则合作社社员彼此之间相互保证、互相监督。对于数目巨大并有监督其用途的必要时,则贷款保障方式分以下几种:第一,以贷出款项所修建的房屋、仓库或购置的耕地、地契等作担保;第二,贷出款项所购得的货物器具机器或其他设备等作担保;第三,由政府机关或临近之合作社或认可之个人作担保

资料来源:中国第二历史档案馆:《四联总处会议录》,第3册,广西师范大学出版社,2003年,第438—445页。

《二十九年度四行及农本局农贷办法纲要》对农贷对象、农贷种类、农贷期限、农贷利率和农贷保障等所做的规定在许多方面只是一个大概的、宏观的规定,并不具体,因此,在实际操作中经常出现分歧,不利于农贷的普遍推进。鉴于此,1941年2月20日,四联总处第67次理事会通过了《四联总处各种农贷准则草案》,对农业生产贷款等七种农贷的用途、贷款额度、期限、贷款对象、贷款保障及利率做出了详细的规定。

第一,关于农业生产贷款。如表3-3所示:

表3-3　农业生产贷款的用途、数额、期限、对象及保障

用途	购置种子、肥料、耕畜、农具、食粮、饲料及耕畜保险等	支付修建房屋费用工资、地租、田赋、捐税等	种植多年生而在最初一二年内无收入的特种作物	其他有关生产的费用	垦荒费用
贷款额度	以时值八成为度	以费用的八成为度	以每亩所需费用的七成为标准,但每户以不超过50亩为原则	以费用的六成为度	以费用的八成为度
贷款期限	除购置耕畜如牛马驴及农具等分三年摊还,其余均不得超过一年	除修建房屋费用分三年摊还,其余均不得超过一年	视作物情形而定,但最长不超过五年	最长一年	得分期摊还但最长不得超过五年
贷款对象	合作社或各级联合社、农民团体、农场、林场、牧场等				
贷款保障	除有实物保证外,必要时得有政府机关、技术机关或认可的保证人保证				

第二,关于农业供销贷款。如表3-4所示:

表3-4 农业供销贷款的用途、数额、期限、对象及保障

用途	采购日用品或其他农村所需的资金货价等	向外运销农产品的运销费用等	运输及加工费用	加工及保管设备暨包装材料等费用
贷款额度	以时价八成为度	以时价八成为度	以费用的六成为度	以不超过总预算的八成为度
贷款期限	最长一年	最长为八个月	最长为八个月	包装材料费用以八个月为限,加工及保管设备分三年摊还
贷款对象	合作社、各级联合社及农民团体			
贷款保障	供销货品及设备必须全部保险并作为贷款的担保品,必要时得有政府机关、技术机关或认可的保证人保证			

第三,关于农村副业贷款。如表3-5所示:

表3-5 农村副业贷款的用途、数额、期限、对象及保障

用途	购买原料	购买工具或设备	饲养蚕、家畜、家禽	种植
贷款额度	以总值的六成或八成为度	以总值的八成为度	以购价及饲料总值的八成为度	以生产的成本八成为度
贷款期限	最长为八个月	最长不得超过三年,分期摊还	最长一年	视作物情形而定,最长不得超过三年
贷款对象	合作社或联合社及农民团体			
贷款保障	以工具或设备作为担保			

第四,关于农业推广贷款。如表3-6所示:

表3-6 农业推广贷款的用途、数额、期限、对象及保障

用途	流动资金	固定资金
贷款额度	预算总额的八成为度(推广经费不在内)	以预算总额的八成为度
贷款期限	最长一年	分三年摊还
贷款对象	农业改进机关团体或学校	
贷款保障	除有关实物担保者外,必要时由政府或机关团体担保	

第五,关于运输工具贷款。如表3-7所示:

表3-7　运输工具贷款的用途、数额、期限、对象及保障

用途	购置运输工具	制造运输工具原料	制造运输工具设备
贷款期限	最长分三年摊还	以一年为度	最长分三年摊还
贷款对象	合作社或各级联合社或农民团体	合作社、农业改进机关或学校	合作社、农业改进机关或学校
贷款保障	除有关实物担保者外,必要时由政府或机关团体担保		
贷款额度	贷款额度均以时值的八成为度		

第六,关于农田水利贷款。如表3-8所示:

表3-8　农田水利贷款的用途、数额、期限、对象及保障

用途	土方费用	材料及其他费用	打井	共同使用的灌溉或排水工程
贷款额度	以全部工资的八成为度	以全部工资的八成为度	以全部工资的八成为度	以时值的八成为度
贷款期限	最长分十年摊还			
贷款对象	合作社各级联合社,水利会及政府机关、农场及牧场			
贷款保障	由政府机关担保			

第七,关于贫农购赎耕地贷款。如表3-9所示:

表3-9　贫农购赎耕地贷款的用途、数额、期限、对象及保障

用途	购置耕地	赎回耕地
贷款额度	以田价七成为度	以赎价七成为度
贷款期限	最长分十年摊还	最长分五年摊还
贷款保障	以所购置田地的田契作担保	以所赎回的田契作担保
贷款对象	合作社或农民个人	

资料来源:表3-3至表3-9均来源于中国第二历史档案馆:《四联总处会议录》,第7册,广西师范大学出版社,2003年,第109—110页。

《四联总处各种农贷准则草案》规定以上七种农贷均执行下列贷款利率标准:① 各行局放款利率暂定为月息八厘,合作社或其他农民团体对社员或会员贷款利率最高不得超过月息一分二厘;② 未正式申请的贷款和逾期款项在逾期期间的利率照原利率加四厘计算;③ 贷款利率自承贷机关汇出或借出之日起息,还贷以汇出之日或归还之日止息,利随本减,不足一月者按一月计算;④ 贷款期限在一年以上者应分期摊还,于每期摊还时

付息一次。①

在 1941 年 6 月 12 日四联总处第 81 次理事会上,通过了《四行农贷准则增补条款》,增加了三种农贷。第一,关于消费合作贷款。凡供应各级消费合作社所需营运资金的贷款均属之,详细情况如表 3-10 所示:

表 3-10　消费合作贷款的用途、数额、期限、对象及保障

用途	购买社员生活必需品的流动资金	购置生财用具的费用
贷款额度	以全社三个月消费量所需资金的八成为度	以费用的八成为度
贷款期限	最长一年	最长分三年摊还
贷款对象	消费合作社或各级联合社	
贷款保障	以购置的货物与设备为担保,是项货物与设备必须全部保险,必要时由政府或团体为担保	

第二,关于公用合作贷款。凡供应各级公用合作社所需的设备及流动资金的贷款均属之,详细情况如表 3-11 所示:

表 3-11　公用合作贷款的用途、数额、期限、对象及保障

用途	流动资金	设备资金
贷款额度	以所需总额的八成为度	以设备费总额的八成为度
贷款期限	最长一年	最长分三年摊还
贷款对象	公用合作社或其他各级合作社	
贷款保障	以设备为担保,是项设备必须全部保险,必要时由政府或团体为担保	

第三,关于工业合作贷款。凡供应各级工业合作社从事生产所需资金的贷款均属之,详细情况如表 3-12 所示:

表 3-12　工业合作贷款的用途、数额、期限、对象及保障

用途	流动资金	设备资金
贷款期限	最长一年	最长分三年摊还
贷款额度	贷款额度均为所需总额的八成为度	
贷款对象	公用合作社或其他各级合作社	
贷款保障	以设备为担保,是项设备必须全部保险,必要时由政府或团体为担保	

资料来源:表 3-10 至 3—12 均来源于中国第二历史档案馆:《四联总处会议录》,第 9 册,广西师范大学出版社,2003 年,第 117—118 页。

---

① 中国第二历史档案馆:《四联总处会议录》,广西师范大学出版社,2003 年,第 7 册,第 109—110 页。

较 1940 年的农贷政策,1941 年农贷政策发生了两点明显变化:第一,农贷对象的变化。1940 年度农贷对象为农民团体、农民个人和农业改进机关,出于投资安全的考虑,四联总处在 1941 年的农贷准则不再以农民个人为贷款对象,而把农民团体、农业改进机关和所有依法登记的农场、林场、牧场、渔场及农村合作供销代营等组织为农贷对象。第二,贷款种类的变化。1941 年农贷准则中减少了农产业储贷款项目,增加了消费合作贷款、公用合作贷款和工业合作贷款三种贷款,将佃农购置耕地贷款修改为贫农购赎耕地贷款,把贫农赎回自耕田地所需资金亦列入农贷行列,实际上是扩大了农贷范围。

2. 第二阶段:农贷紧缩时期的农贷政策(1942—1945 年)

1941 年,战局和大后方经济形势发生了显著变化,前者主要表现为太平洋战争的爆发,后者主要表现为粮食危机的出现和通货膨胀压力的加大,有人甚至认为农贷是造成通货膨胀的一个原因,如时人廖伟清就说“农村信用随着膨胀,若不紧缩贷款,不但助长农村信用的更加膨胀还会刺激物价的更加上涨”[①]。为适应这些新情况,国民政府适时地调整了战时经济政策,农贷政策自然也在调整之列。1942 年年初,国民政府颁布了《政府对日宣战后处理金融办法》,该办法对 1942 年以后的农贷工作做了原则性规定:“农业贷款以举办农田工程及能直接增加必需农产者为主,对于农村之一般信用贷款,应切实紧缩。”[②]

根据这个原则,四联总处在《中中交农四行局 1942 年度办理农贷方针草案》中对农贷总方针做了如下调整:第一,各行局办理农贷,应依照“紧缩放款”“直接增加农业生产”二项原则为最合理之运用,并与农业行政、农业技术等机关密切配合进行。第二,原办各种农贷,按其种类、性质、区域分缓急轻重,将其贷款数额重新调整。第三,1941 年以前各行局已敷设的县合作金库,应积极鼓励其增加合作社的股金,并逐渐减少其透支转贷数额,其未设合作金库的县份,本年度一律暂不敷设。第四,放款必须做到下列各点,力求实效与时效:① 放款必须配合农业生产;② 放款必须入于农民之手,尤应注重小农、贫农,放款必须适合农时;③ 放款必须手续简单;④ 放款用途必须直接有关当前军民需要,以一年内确能增加生产者为主。第五,各省战区边区农贷除已拨数额外,本年度暂不增拨;各省战区边区农贷尚未签约者,暂缓办理。第六,农田水利贷款必须遵循以下原则:

---

① 廖伟清:《农贷问题鸟瞰》,《中国农民月刊》1942 年第 1 卷。
② 中国第二历史档案馆:《四联总处会议录》,第 13 册,广西师范大学出版社,2003 年,第 91 页。

① 尚未开工的各处工程,应以暂缓贷款为原则,按照工程计划重行逐案审定;② 已开工的各处工程,分地区及完工时期、经济价值、工务机构、组织情形等标准,重新核定其继续贷款数额;③ 小型工程以利用农闲民力由各县自主办理为主。第七,其他贷款亦必须遵循下列原则。① 集中力量办理农业生产贷款、农业推广贷款、农村副业贷款、农产运销贷款四种贷款;② 原有农村消费、农村公用、农村运输工具等贷款名目取消,并入第一项内办理;③ 贫农购赎耕地贷款,改由中国农民银行土地金融处办理;④ 各项贷款应就已经贷出的款项收回、转放,暂不扩充贷额。①

1943 年 1 月 14 日四联总处第 158 次理事会修订通过了新的《农贷准则》,该准则对农贷种类做了调整,并对每种农贷的用途、贷款额度、期限、贷款对象、贷款保障及利率均做了新的规定。第一,关于农业生产贷款,见表 3-13:

表 3-13　农业生产贷款的用途、数额、期限、对象及保障

用途	购买种子、肥料、食粮及防治病虫害药物与器械	购买耕畜、农具及其他有关生产所需的费用
贷款期限	除耕畜农具分三年摊还其他最长一年	
贷款额度	均以时值及费用的八成为最高限度	
贷款对象	合作组织、农民团体、农场、林场、牧场等	
贷款保障	除以借款人依法律规定对外应负的经济责任外,必要时应以实物做担保或由政府机关技术机关或贷款机关认可的其他保证人担保	

第二,关于农田水利贷款,见表 3-14:

表 3-14　农田水利贷款的用途、数额、期限、对象及保障

用途	修渠	打井	建塘	筑坝	灌溉工程与排水设备
贷款额度	以全部工程或设备费用的九成为最高限额				
贷款期限	每一工程完成后按分年收益摊还,最长十年				
贷款对象	合作组织、其他农民团体、政府机关、林场、牧场等				
贷款保障	以收益田亩与水费及政府水利机关、政府财务机关作担保				

① 中国第二历史档案馆:《四联总处会议录》,第 12 册,广西师范大学出版社,2003 年,第 469—470 页。

第三,关于农业推广贷款,见表3-15:

表3-15　农业推广贷款的用途、数额、期限、对象及保障

用途	购买种子、种畜、杀虫防病药物与器械及有效肥料与农具	制造杀虫防病的药剂器械及有效肥料与农具、繁殖种子及改良畜产
贷款额度	以预算总额的八成为最高限度,但推广经费由借款机关自筹	
贷款期限	用于流动资金者最长一年,用于固定资金者分三年摊还	
贷款对象	农业改进机关和农业学校	
贷款保障	除以实物担保者外,必要时由政府机关担保	

第四,关于农产运销贷款,见表3-16:

表3-16　农产运销贷款的用途、数额、期限、对象及保障

用途	营业流动资金与支付产品价值	购置加工及运输设备
贷款期限	营业流动资金与支付产品价值最长八个月	购置加工及运输设备分三年摊还
贷款额度	以所需资金或费用的六成为最高限额	
贷款对象	合作组织与其他农民团体	
贷款保障	运销或加工货品及其设备,必须尽可能全部保险并作贷款的担保品	

第五,农村副业贷款,见表3-17:

表3-17　农村副业贷款的用途、数额、期限、对象及保障

用途	购买副业原料工具或设备
贷款额度	以时值的八成为最高期限
贷款期限	除设备费用外得分二年摊还,其余最长三年
贷款对象	合作组织和其他农民团体
贷款保障	以原料成品及工具或设备作担保品并应尽可能加以保险

资料来源:表3-13至表3-17均来源于中国第二历史档案馆:《四联总处会议录》,第18册,广西师范大学出版社,2003年,第464页。

新《农贷准则》规定以上五种农贷执行下列利率标准:① 直接对合作社各种贷款定为月息一分二厘,并增收合作指导事业费一厘,共收月息一分三厘;② 对合作金库贷款为月息九厘;③ 合作金库转贷给合作社的定为月息一分二厘,并增收合作指导事业费一厘,共收月息一分三厘;④ 合作社转贷利率为月息一分五厘,原则如经社员大会通过得增加一厘;⑤ 对其他农民团体、农业改进机关及农田水利等贷款一律月息一分二厘;⑥ 战区收复地区贷款定月息一分,各省经办机关转贷利率最高不得超过一分二厘；⑦ 未正式申请展期或申请未经批准的逾期贷款，逾期期间利率照原定利率加四厘计算；⑧ 贷款利息之起止日期除合约有特别规定者外，均以汇出或者借出之日起息，罚款时以汇出之日或收款之前一日止息；⑨ 贷款期限在一年以上者，应分期摊还，与每期摊还本金时，并将全部贷款还清。①

1943 年《农贷准则》实际上是抗战后期农贷工作的指导性文件。1944年，四联总处对 1943 年《农贷准则》做了细枝末节的修改，但大政方针仍然保持不变。较第一阶段的农贷政策，第二阶段的农贷政策发生以下变化：第一，出于增产和减轻通货膨胀压力的考虑，四联总处大幅度地调整了农贷种类，压缩了第一阶段的农业供销贷款、农村运输工具贷款、消费合作贷款、公用合作贷款、工业合作贷款，所保留的五种贷款中，也以农业生产贷款和农田水利贷款为主。1942—1944 年的农业生产贷款和农田水利贷款之和分别占各年农贷总额的 75.0%、75.7%、70.4%。②第二，就农贷对象而言，第二阶段增加了合作组织、林场、农场、牧场等，并且合作组织成为农贷的重要对象。1941—1943 年四联总处对合作组织的贷款额分别占历年农贷总额的 56.9%、47.3%、33.1%。③第三，第二阶段农贷对利率的调整很大，不仅拉开了利率档次，而且利率提高幅度较大，平均提高了 5 厘左右。

（二）四联总处办理农贷的运作方式

1. 四联总处农贷办理方式

1939 年四联总处统管农贷业务之后，成了一个专门负责农贷审核与设计的决策机构，具体农贷业务则由中国农民银行、中国银行、交通银行、中央信托局、农本局、商业银行、华洋义赈会、邮政储金汇业局、合作事业管理局等机构办理。为了充分发挥各农贷办理机构的长处，并考虑到"每一地区有不同的风俗习惯，适宜于甲地的农贷办法未必适用于乙地，适宜推行农田水利贷款的地方未必适合于办理佃农购置耕地贷款"④。四联总处在《二十九年度四行局及农本局农贷办法纲要》第六条将农贷分为联合办理和分区办理两种方式。其中，联合办理系指"凡超区域性质及情形特殊省区之农贷，应由各行局联合贷放，并推定代表行局负责办理"；分区办理

---

① 中国第二历史档案馆：《四联总处会议录》，第 18 册，广西师范大学出版社，2003 年，第464 页。

② 中国人民银行金融研究所：《中华民国史资料丛稿——中国农民银行》，中国财政经济出版社，1980 年，第 149 页。

③ 同上。

④ 徐堪：《四联总处推进全国农贷意义及今后展望》，《财政评论》1940 年第 3 卷第 4 期。

系指"凡分区办理之农贷,各行局按照划定区域负责办理"。① 1941 年、
1942 年各行局农贷分担比例为:中信局 15%、中国银行 25%、交通银行
15%、中国农民银行 45%。②

在战时农贷办理实践中,各行局之间的业务竞争仍然没有克服,摩擦
时常发生。特别是农本局与中国农民银行,其"宗旨大致相同,业务几无区
别,同为中央农业金融之组织,在各地恣意竞争,彼此发生摩擦,如西康农
本局与中国农民银行之冲突等"③。鉴于此,1941 年 1 月,行政院决定将农
本局业务移交中国农民银行接办,农本局脱离农业金融领域。中国农民银
行接管农本局农贷业务之后,农贷摩擦减少,但由于各行局的历史关系,农
贷业务还是没有统一,农贷摩擦仍然不可避免。1942 年 5 月 8 日,四联总
处决议划分四行业务,实行四行专业化。1942 年 7 月 9 日,四联总处第
133 次理事会通过了《中中交农四行局战区边区联合农贷交接办法草案》,
规定:"原由四行局联合贷放之各省战区边区农贷一概由中国农民银行接
受,单独办理,战区是:江苏、安徽、湖南、湖北、江西、河南、广西、山西、绥远
等九省;边区包括:西康之关外部分,陕西之陕北;各省战区、边区农贷改为
农行接受单独办理后,其资金概由中国农民银行单独供给。"④ 7 月 23 日,
四联总处第 135 次理事会议决《四行放款投资业务划分实施办法草案》,规
定:"凡农业生产、农田水利、土地金融、合作事业及农具制造、农业改良、农
产加工与运销之贷款与投资由农民银行承做。"⑤ 会议还决定中国银行、交
通银行和中央信托局所有农贷业务,于 1942 年 8 月 31 日移交中国农民银
行接管,自 9 月 1 日起,所有各省农贷业务概由中国农民银行办理。总计
该时中国农民银行接收两行局所移交的包括:贷款本息共计
298 529 135.67 元、农贷区域 299 县、农贷机构 112 所、农贷人员共 772
人。⑥ 自此以后,中国农民银行在法律及事实上成为兼管长、中、短期农贷
的唯一中央农业银行。联合办理和分区办理农贷的历史结束,农贷由中国
农民银行独家办理。

---

① 中国第二历史档案馆:《四联总处会议录》,第 7 册,广西师范大学出版社,2003 年,第 104
页。
② 同上书,第 105 页。
③ 中国人民银行金融研究所:《中华民国史资料丛稿——中国农民银行》,中国财政经济出
版社,1980 年,第 143 页。
④ 中国第二历史档案馆:《四联总处会议录》,第 15 册,广西师范大学出版社,2003 年,第
400 页。
⑤ 同上书,第 16 册,第 65 页。
⑥ 林和成:《民元来我国之农业金融》,《银行周报》第 31 卷第 9 期,1947 年 3 月 10 日。

2. 农贷发放方式及其稽核办法

四联总处办理农贷以合作社为主要贷款对象,合作社成为联系银行与农民的纽带。抗战时期,国民政府在地方建立起了比较完整的合作系统,在省设立合作事业管理局和合作委员会,在县设立合作指导室,管理全县的合作社,合作社①按保甲范围成立,一保一社或数保一社。合作社的成立必经县合作指导室批准,合作社的社员限于有产农民,每个社员在入社时必须缴纳股金一两元,每社设有理事、监事三至五人,都是义务职,保甲长是合作社的当然理监事。具体发放农贷的程序是:每年春耕之前,各合作社将附有借款人名单的借款申请递交县合作指导室,经县合作指导室的审核批准后将其送交各行局在各县的分支机构或县合作金库②,各银行或县合作金库再照此发放贷款。在发放贷款的当天,合作社把借款人聚集起来,合作社再按照借款人花名册,逐个唱名、付款,由借款人在借据上按手印。这样,农贷发放完毕。这种农贷方式形成了一个债权、债务链条:合作社是银行的债务人,借款人是合作社的债务人,在借款到期时,银行只向合作社催还贷款而不向借款人催还。农贷发放系统如图 3-1 所示:

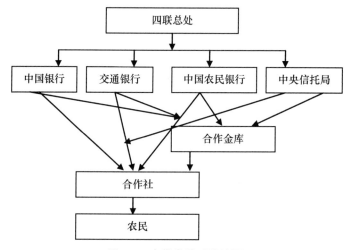

图 3-1   农贷发放系统简图

---

①   合作社主要包括信用社、生产社、蚕丝社等,但绝大多数是信用社,而信用社的主要职能是向银行申请借款,所以,当时人们把合作社称为"合借社"。

②   抗战时期,由于各行局分支机构未能普遍铺设,所以只有在大县才有银行机构,小县的农贷发放只能依靠县合作金库,县合作金库在行政上受县政府和银行的双重领导,其资金由银行拨给,名义上是独立核算,实际上是银行包干,县金库的主要领导人也是由银行委派。所以,县金库实际上是银行的县级机构,其主要业务是发放农贷,附带代银行办理汇兑或代理其他银行业务。

为降低农贷风险,防止农贷中的徇私舞弊行为,四联总处设计了一套农贷审核机制。其主要内容包括:

(1) 各行局之间农贷业务的相互稽核

按照1941年10月9日四联总处第98次理事会通过的《各行局联合办理各种农贷相互稽核注意事项》,各行局之间的相互稽核分为两种,即内部稽核和外部稽核。其中,内部稽核要点包括:① 调阅簿籍、单据及有关账目,以审查款项收付是否与所送表报相符;用途是否与合约规定相符;款项收付是否合于规定手续;代表行所派人员能否履行其职责;借款机关应自筹资金若干成者是否按各行局拨款数额比例支用。② 检查贷款担保品,检查担保品数额是否相符,保管方法是否稳妥。③ 考察人事设备,审查人事配备是否适当;工作人员能否称职;工作效率如何;技术指导有无确实把握。外部稽核要点包括:① 一般调查,即调查贷款办法是否按照规定办法办理有无困难及缺点;如系推广性质的贷款,农户是否乐于接受;转贷利息或推广成品价格是否合理;业务进行实况与所送报告是否符合;贷款数额与业务实际需要是否适合。② 个别调查,即调查推广成品是否确实具有经济价值;收益实况与估计数比较如何;农田水利工程的实际灌溉面积与估计数字的比较;贷款的实际成效如何。①

(2) 各地办理农贷业务状况的稽核

1941年9月20日四联总处第96次理事会通过《四联总处三十年度分区视导农贷办法大纲草案》,该《草案》将农贷地区划分为三个区:即川滇黔桂为一区;浙皖赣闽湘粤为一区;陕甘豫鄂为一区。由四联总处每区选派视导专员三人至五人组成视导团稽核各区农贷,其视导事项有三:其一,关于农业金融,包括① 各地农业金融促进委员会工作情形,② 分支行处农贷组工作情形,③ 联合农贷的办理情形,④ 各行局分区农贷的办理状况,⑤ 地方金融机关的农贷业务,⑥ 合作金库的农贷业务,⑦ 各行局农贷外勤人员工作情形,⑧ 各项贷款的实际效果,⑨ 农贷办理上的困难问题,⑩ 当地对于农贷的各种意见。其二,关于农业生产,包括① 各省农业推广与农产促进工作设施现状,② 农田水利设施情形,③ 粮食增产事实情形,④ 林牧生产增植情形,⑤ 农业生产事业与农业的联系。其三,关于合作事业,包括① 各级合作行政设施现状,② 各地合作指导办理现状,③ 各级合作组织实际内容,④ 合作事业与农贷的联系。视导团在完成任务后必须

---

① 中国第二历史档案馆:《四联总处会议录》,第11册,广西师范大学出版社,2003年,第253—255页。

写成详细调查报告,送交四联总处以供农贷决策参考。①

(3) 对合作社农贷的稽核

在农贷所形成的债权、债务链条中,合作社为银行的债务人,是联系银行与农民的纽带,所以,合作社实为农贷的"神经末梢"。自然,合作社便成为银行的首要稽核对象。《四联总处推进新县制各级合作社农贷暂行办法草案》第 12 条规定:"各承贷行局于贷款前或贷款后,得随时派员前往各该借款之新制合作社,调查其社务、业务并稽核账目,检查财产状况,查验担保品变动情形及借款之支配与用途等,如发现有其不当情形,随时治请合作主管机关切实纠正,必要时并得追还贷款本息之一部或全部。"第 13 条规定:"大规模之专营合作社或贷款额达 10 万元以上之兼营合作社,得由承贷行局推举会计或派驻稽核人员担任合作社之会计或稽核事务,以谋促进合作社财务之健全与事业之发展。"②

(4) 对农贷发放的监管

为确保农贷能够贷给真正需要借款的社员,四联总处设计了农贷发放监督机制。共分为三个步骤:第一步,审查:即银行审核县合作指导室所提交的由各合作社所开具的贷款申请书;第二步,监放:在发放农贷的当天,农贷员必须到现场监放;第三步,复查:如果合作社在发放农贷之后出现违规行为,银行再派人查处。

(三) 战时农贷的若干特点

1. 农贷由政府强力推行

在世界近代农业金融史上,最早举办农贷的是德国。1770 年,西里亚产生了土地抵押信用合作社,以土地作担保,以连带责任发行债券,取得资金融通,此为德国农业金融制度的发轫。此后 100 多年,德国产生了许多农业金融机构,包括短期信用社和长期信用社,前者以雷发巽创办的信用社为典型,后者则有德国农业中央银行、不动产抵押银行、土地改良银行等。德国的农贷机构经过 100 多年的变迁后,大部分成为国营机构,也就是在国家干涉之下,形成一个完整的农业金融体系。英国农贷制度发端于 1846 年由《土地改良法》而产生的农业放款,至 1928 年颁布《农业金融法》,形成近代农业金融体系。美国早在 17 世纪便有了举办农贷的机构,至 19 世纪末形成体系但弊端甚多,如制度紊乱、机构重复等,直到 1933 年

---

① 中国第二历史档案馆:《四联总处会议录》,第 11 册,广西师范大学出版社,2003 年,第 118—119 页。

② 同上书,第 116 页。

《联邦农业金融法》颁布,才建立一个新的农贷体系。日本的农贷制度,在明治二十九年颁布《劝业银行法》《各府县农工银行法》《信用合作社法》之后,形成了完整的近代农业金融体系。由此观之,世界各国的农业金融制度,都是由简单而复杂,由复杂而调整,最终形成完整体系,而且,这一体系的形成,必须要凭籍政府的力量,所以,政府办农贷乃世界潮流。

中国近代的农业金融制度肇始于清末,1908 年清政府度支部在《奏请厘定银行则例》中,规定了殖业银行则例 34 条,其目的在于放款于农工。北京政府时期,中央政府为举办农贷也付出了一些努力:1913 年,农商部倡议设立劝业银行,以放款于农林、垦牧、水利、矿产、工厂为目的;1915年,财政部拟定《农工银行条例》,以融通资金,振兴农工为目的;1915 年,财政部总长呈请设立民国实业银行,以种植、垦牧、水利为主要贷款业务。但劝业银行仅有条例,没有成立,实业银行虽成立,但后来演变成为商业银行,背离了设立时的宗旨,农工银行设立了多处办事机构,但资力薄弱,对推动农贷并无大用。"所以我国近代农业金融,虽说是发轫于清末民初,但就其效用而言,则殊不足道。"①南京国民政府成立后,比较重视农村金融,在全国设立三级农贷机构,据时人统计,至战前,共计有全国性农贷机构180 个,从业人员 5 800 人,省级农贷机构 30 个,从业人员 600 人,县级农贷机构 800 个,从业人员 10 000 人,放款总额为 1.95 亿元。②客观地说,在南京国民政府的推动下,战前的农贷已有较大的改进,但亦存在不少缺陷。其一,在制度上,缺乏统筹机构,致使农业金融机关林立,各不相属,相互竞争;其二,在资金上,农贷资金过少,人平不过 10 元;其三,在业务上,业务过于单调且犯重复之弊;其四,在实施过程中,由于没有中央机关督促,农贷机关出于赢利目的,并不认真执行农贷政策,抗战初期国民政府所颁布的《各省办理合作贷款要点》《扩大农村贷款办法》等,大都流于形式,几等具文。

农贷是一种低利或不以赢利为目的的专业性贷款,并非商业贷款,正因为如此,非国家力量所不能推行,清末政府、北京政府、南京国民政府战前农贷之所以没有成效,也正在于此。1939 年,国民政府以四联总处为农贷的设计与统筹机关,符合中国当时实际的需要,也符合世界潮流。四联总处办理农贷,可以较好地解决以下问题:其一,可以集中四行资力,充实农贷资金。其二,可以统筹、协调各机构之农贷业务,减少乃至避免恶性竞争。其三,有利于农贷的普遍推行,各地方农贷机构,如地方银行、合作金

---

① 王世颖:《我国农业金融之新猷》,《财政评论》1940 年第 3 卷第 5 期。
② 侯哲歆:《农贷纲要在中国农业金融史上之地位》,《财政评论》1940 年第 3 卷第 5 期。

库等,资力普遍缺乏,必须取得中央农贷机关的贷款才能办理农贷。地方农贷机关遍布于各地,如果没有四联总处普遍敷设金融网络,地方农贷机关势必难以得到资金融通,农贷无法推行。其四,可以避免重复,提高农贷效率。四联总处统筹农贷,可以根据实际情况调整农贷机构的布局,调剂各行局和地方机构农贷办理人员的分布,避免同一区域重复办理,从而提高效率,降低交易成本。其五,可以举办长期贷款。此前之农贷,只有短中期贷款,没有长期贷款,四联总处统筹农贷,便可以以国家银行资力强制举办长期贷款,如农田水利贷款等。

2. 构建农业金融网办理农贷

中国以农立国,历朝历代都举办国家农贷,但始终未形成国家农贷的运作体系。抗战时期,在四联总处的统一筹划下,构建了一个较为系统的农业金融网来办理国家农贷。这个农业金融网由三部分组成:国家行局在各地的分支行处、合作社、合作金库。其中,国家行局是金融网的中心,合作金库和合作社是网络的基层组织。1939 年四联总处第三次理事会通过实施《关于加速完成西南西北金融网的决议》,1940 年 3 月又通过实施《完成西南西北金融网方案》,国家行局在大后方加快设立分支机构,至 1941 年年底,四行在西南地区设立 204 处分支机构,至 1943 年 5 月,中国农民银行在西南西北后方设立分支行处 315 个。① 从上文的农贷运作方式中看到,国家银行的贷款对象并非单户农民,因为对于银行而言,以单个农户为贷款对象,无法承担高昂的交易费用,为降低交易费用,银行选择以合作社为贷款对象,所以,推行国家农贷必须发展合作社。抗战时期,四联总处在后方各省倡导成立合作社,使后方各省合作社迅速增长。1937 年,四川、广西、云南、贵州四省的合作社数量分别为 2 374、20 129、1 487,至 1944 年,分别增长至 22 663、13 625、7 424、11 101,增长比率分别为 8.54 倍、680 倍、56.5 倍、6.46 倍。② 合作金库是合作社的联合社,其资金主要由合作社认股组成,辅之以各行局和政府机关按比例认购的提倡股。合作金库的主要业务包括:办理合作社贷款、办理存款和汇兑业务,它是以筹集、调剂、供给合作社农贷资金为任务的专门农业金融机构。抗战时期,国家行局、省银行辅导设立合作金库,使后方各省合作金库迅速发展。至 1944 年年底,川、桂、滇三省设立省级合作金库,重庆设立市级合作金库,四川、贵州、广西、云南、西康分别设立的县级合作金库为 120 库、52 库、54 库、36 库、10

---

① 重庆市档案馆、重庆市人民银行金融研究所:《四联总处史料》,中册,档案出版社,1993 年,第 197 页。

② 中华年鉴社:《中华年鉴》,下册,1948 年内部版,第 1810—1811 页。

库,县级金库在农贷中起到了县银行的作用。① 在由四联总处筹划设立的农业金融网中,国家行局是农贷资金的主要供给者,合作金库是连接国家行局与合作社的纽带,合作社是农贷的直接发放机关。

3. 农贷分布不平衡

1940年2月18日蒋介石手令四联总处,"农贷须定中心区域,不可普遍一律,并以四川为首区,所有人才组织,首先用于四川、西康,必使其本年能发生成效;其他为陕甘与滇黔,亦望有相当成效;而后推及其他各省"②。各行局办理农贷也"多以本机关利益为前提""惟资金之安全,利益之优厚是视",于是出现"交通便利农产丰富之区域,则争先进行;较偏僻之区域,则均视为畏途,裹足不前"③。蒋介石的农贷指导思想与各行局的实际行为造成的结果是:西南地区特别是四川省在抗战时期一直是农贷的重点区域。西北各省由于经济基础不如西南诸省,自古不是产粮地区,加之交通不便,故而四联总处没有在西北地区广泛敷设农业金融网络,所得农贷额远少于西南地区。1942年之后,东南亚战局的变化使西南地区特别是云南面临沦陷的危险,国民政府不得不考虑重点开发西北,确立支持抗战的新经济支点。因此,抗战后期西北地区农贷大有起色,但还是远逊于西南。表3-18对此有清楚反映:

表3-18　1943年西南西北诸省农业贷款及农业投资比较表 单位:千元

省别	农业生产	大型水利	小型水利	农业推广	农产运销	总计
四川	170 083	99 514	7 478	10 474	84 405	317 954
西康	7 089	4 200	309	710	—	12 308
广西	40 481	50 832	1 031	7 079	5 297	104 720
贵州	11 246	4 533	—	1 083	1 309	18 171
云南	30 376	26 373	160	2 432	—	59 341
陕西	85 947	85 545	788	7 267	17 537	197 084
甘肃	38 585	67 217	3 008	1 834	5 028	115 672
宁夏	7 019	1 800		90		8 909
青海	20 000	—	—	—	—	20 000
西南总计	259 275	185 452	8 978	21 778	91 011	512 494
西北总计	151 551	154 562	3 876	9 191	22 565	341 665

资料来源:中国第二历史档案馆:《四联总处会议录》,广西师范大学出版社,2003年,第28册,第492页。

---

① 中国人民银行金融研究所:《中国农民银行》,中国财政经济出版社,1990年,第154页。

② 中国人民银行金融研究所:《中华民国史资料丛稿——中国农民银行》,中国财政经济出版社,1980年,第128页。

③ 赵之敏:《论我国今后农贷政策》,《经济汇报》1942年第5卷第11期。

4. 粗放型贷款向集约型贷款的转变

中国农贷在当时缺少积极的事前筹划,多为消极的事后施惠(突出表现为救灾恤贫)。在人们眼中,农贷就是施惠,即广布国家恩德于农民。受这种思想的影响,四联总处在办理农贷之初,企图面面俱到,把农贷触角伸到农村的每一个领域。1940 年四联总处所核定的农贷种类为 8 种,1941年压缩了农产压储贷款,但新增了三种合作贷款,达 11 种之多。其结果是事事想做好,但事事没做好,如有的承贷者将所得农贷用于商业投机,既占用了农贷资金又助长了囤积居奇之风,引起了人们对农贷的非议。鉴于此,1942 年之后,四联总处对农贷实行有保有压,注重农贷项目的经济和社会效益。在四联总处制定的《关于中国农民银行 1942 年 9 月至 1943 年12 月业务计划草案摘要及指示意见》中指出,此后的农贷方针,并非单纯以紧缩为原则,"凡直接增加农业生产有关之贷款,再三督促办理",其"目的在求资金之合理运用,务使所有贷款完全为增加战时生产之用,粮食、原料及各种特产,均须积极增产,自应实际情况予以适度之贷款""过去农贷有不切实者和有未尽合理者,应积极调整,收紧缩信用与增加生产之效"①。抗战后期,四联总处之农贷重心放在能直接增加粮食生产及战时所需特产的农业生产贷款、水利工程贷款上及农业推广贷款上。1942 年的贷款余额为 680 000 000 余元,其中,农业生产贷款数在 390 000 000 余元以上,占 57%。② 1943 年农贷余额为 1 527 000 000 余元,以农业生产贷款为大宗,计 588 000 000 余元,占 38.5%,其次为农田水利贷款,为 567 000 000 余元,占 37.1%。③ 1944 年农贷额为 271 450 000 余元,各类农贷以农田水利贷款为数最多,达 1 170 000 000 元,占总额的 43%,其绝对数值比 1943 年增加一倍,超过农业生产贷款跃居首位;其次为农业生产贷款,达 740 000 000元,占 27%。④ 1945 年农贷总额为 5 094 050 000 元,其中,农田水利贷款为27 亿元,占 53%,农业生产贷款为 12.5 亿元,占 25%。⑤

① 中国第二历史档案馆:《四联总处会议录》,第 17 册,广西师范大学出版社,2003 年,第439—441 页。
② 顾翊群:《十年来之中国农民银行》,《中农月刊》第 4 卷第 4 期,1943 年 4 月 30 日。
③ 顾翊群:《一年来之中国农民银行》,《中农月刊》第 5 卷第 4 期,1944 年 4 月 30 日。
④ 顾翊群:《一年来之中国农民银行》,《中农月刊》第 4 卷第 4 期,1945 年 4 月 30 日。
⑤ 同上。

(四) 四联总处农贷政策之得失

1. 四联总处之农贷规模

农贷是四联总处的一项主要贴放业务,要讨论四联总处农贷政策的得失,有必要从总体上明确四联总处在抗战时期历年的农贷数额。见表3-19:

表3-19　抗战时期四联总处的农贷余额及其与工矿贷款之比较

单位:百万元

时间	1937—1939年	1940年	1941年	1942年	1943年	1944年	1945年
农贷	215.6	211.2	508.7	682.0	1 527.5	2 714.5	5 125.6
工矿	49.3	103.0	209.3	923.1	6 557.2	23 821.5	37 435.9
比例	437.32%	205.04%	243.04%	68.03%	23.29%	11.39%	13.69%

资料来源:历年农贷余额见《中华民国史资料丛稿——中国农民银行》,第149、150页;工矿贷款额见许涤新、吴承明:《中国资本主义发展史》,第三卷,人民出版社,2003年,第491页。

根据表3-19,可以明确两点:第一,1941年之前,四联总处对农贷的重视程度几达空前绝后,农贷额竟达工矿贷款额的2倍以上。1942年之后,为紧缩信用,缓减通货膨胀压力,四联总处开始收缩农贷规模,这不仅表现在农贷增长速度上,如1941年农贷规模是1940年农贷规模的2.4倍,以后依次为1.34倍、2.23倍、1.78倍、1.89倍,而且表现在农贷与工矿贷款的比例上,如1942年农贷首次低于工矿贷款额,至抗战后期农贷只及工矿贷款的极小部分。第二,从账面上看,农贷额一直呈增长趋势,但若扣除物价上涨因素,农贷则呈下降趋势,1942年、1943年、1944年、1945年各年的农贷实际额分别相当于1937年的62%、18%、9%、5%,相当于1941年的49%、14%、7%、4%。[1] 表3-20对战时农贷数额的变化有清楚体现:

表3-20　历年农贷结余额折合战前币值　单位:百万元

时间	1937—1939年	1940年	1941年	1942年	1943年	1944年	1945年
农贷额	215.6	211.2	508.7	682.0	1 527.5	2 714.5	5 125.6
折合战前币值	136.5	41.2	39.2	17.5	12.2	6.3	3.1

资料来源:许涤新、吴承明:《中国资本主义发展史》,第三卷,人民出版社,2003年,第495页。

---

[1]　黄立人:《抗战时期大后方经济史研究》,中国档案出版社,1998年,第237页。

2. 农贷的流向与四联总处农贷政策之得失

下面根据农贷流向来具体考察抗战时期四联总处农贷政策之得失。

（1）按农贷用途来考察农贷的流向

由于资料阙如，无法统计抗战时期历年的农贷流向，下面以 1942—1944 年历年的农贷流向来说明问题，如表 3-21 所示：

表 3-21　1942—1944 年农贷结余额按贷款用途分类统计　　　单位：千元

种类		1942 年		1943 年		1944 年	
		余额	百分比	余额	百分比	余额	百分比
农业放款	生产	341 276	50.1	588 210	38.5	740 692	27.3
	运销	72 461	10.6	117 916	7.7	346 013	12.8
	大型水利	167 928	24.6	531 305	34.8	1 095 181	40.3
	小型水利	1 995	0.3	35 892	2.4	74 982	2.8
	推广	7 952	1.2	28 638	1.9	127 677	4.7
	副业	4 424	0.7	37 178	2.4	97 490	3.6
	收复区	15 170	2.2	61 437	4.0	30 370	1.0
	战区	16 529	2.4	33 080	2.2	61 545	2.3
	边区	4 567	0.7	7 587	0.5	7 158	0.3
	小计	632 302	92.8	1 441 243	94.4	2 581 108	95.1
农业投资	提倡股	49 200	7.2	52 935	3.4	50 912	1.9
	农业企业	85	—	33 296	2.2	70 380	2.6
	其他	—	—	—	—	12 134	0.4
	小计	49 285	7.2	86 231	5.6	133 426	4.9
总计		681 587	100.0	1 527 474	100.0	2 714 543	100.0

资料来源：中国人民银行金融研究所：《中华民国史资料丛稿——中国农民银行》，中国财政经济出版社，1980 年，第 149 页。

表 3-21 显示，农业生产贷款和农田水利贷款是四联总处的农贷重心，两者之和分别占 1942 年、1943 年、1944 年农贷总额的 75%、75.7%、71.4%，次则为农产运销贷款，分别占 1942 年、1943 年、1944 年农贷总额的 10.6%、7.7%、12.8%，农业推广贷款和农村副业贷款也占有一定的比重，两者之和分别占 1942 年、1943 年、1944 年农贷总额的 1.9%、4.3%、8.3%。中国农民，自古靠天吃饭，农业的抗风险能力极差，所以，农产要增收，一要靠抵抗自然风险能力的增强，如兴修水利以抵抗水旱灾；二要靠农业科技含量的提高，如推广优质品种、改良土壤以增加单位产量；三要靠农民生产能力及积极性的提高，如能及时购买种子和化肥、农产品能及时运销等。四联总处所发放的各种用途的农贷及进行的农业投资，都有助于解决以上三个问题，故而能直接或间接地促进农业生产。这种促进作用可以

从三个方面来考察：

第一，农贷增强了农民的生产能力，如表3-22所示：

表3-22　1941年农民得到农贷后的用途分配　　　　单位：%

省别	肥料	生产工具	种子	食粮	工资	佃田	副业	其他
四川	30.3	16.0	6.9	12.2	0.8	0.3	28.9	0.6
湖南	42.1	18.4	4.8	9.9	3.9	0.3	12.6	10.0
广西	26.9	22.9	8.2	13.1	16.8	—	0.5	5.6
广东	24.9	19.3	3.2	—	36.1	—	8.6	13.9
贵州	0.4	45.0	0.9	8.4	—	0.9	30.3	14.5
云南	4.5	32.5	9.2	0.3	6.4	—	16.2	32.9
江西	46.1	28.8	8.0	1.9	1.3	—	6.6	6.6
安徽	43.5	18.2	6.9	10.3	3.3	0.2	10.9	6.9
陕西	9.2	18.8	8.6	12.1	1.4	—	13.9	36.2
甘肃	1.9	23.3	10.0	9.6	—	—	33.4	22.0

资料来源：根据中国第二历史档案馆：《四联总处会议录》，第14册，广西师范大学出版社，2003年，第273页表统计。

表3-22显示，农民得到农贷之后，主要是用于购买肥料、添置改造农具、发展副业等方面，这毫无疑问有利于增强农民的生产能力。1938年，四川省剑阁、广元、昭化等地因耕牛大量死亡，四联总处举办耕牛贷款，共贷款68 694元，得到贷款的农民购牛2 534头，保证了第二年春耕生产的正常开展。贵州合作金库的贷款，71.5%用于生产，其中，种子占2.18%、肥料占1.39%、赎田占4.47%、粮食占11.58%、农具占1.76%、牲畜占16.92%、垦荒占3.2%，这些贷款都直接助推农业生产能力的提升。[1]

第二，农田水利贷款使大量农田受益，增强农业的抗风险能力，如表3-23所示：

---

[1]　姚公振：《我国农业金融之检讨与展望》，《四川经济季刊》1941年第2卷。

表3-23   1940年农田水利贷款工程及受益田亩数

未完工程			已完工程		
省别	工程处数	已拨贷款（元）	受益田（亩）	省别	工程处数	已拨贷款（元）	受益田（亩）
四川	7	9 812 326	206 000	四川	1 646	7 517 217	232 045
贵州	6	387 667	102 880	贵州	4	425 583	11 900
云南	5	5 049 880	92 760	广西	27	951 669	49 700
广西	5	1 887 375	135 800	江西	123	353 525	88 864
广东	1	—	15 000	河南	1	97 910	8 580
湖北	3	—	50 000	合计	1 801	9 345 904	391 089
江西	4		44 000				
安徽	212	—	68 927				
河南	5	—	269 000				
陕西	5	7 239 876	570 376				
甘肃	10	4 946 914	382 000				
合计	273	29 324 038	1 936 743				

资料来源：根据中国第二历史档案馆：《四联总处会议录》，第14册，广西师范大学出版社，2003年，第98、99页数据统计。

表3-23显示，光是1940年这一年的农田水利贷款就使240万亩农田受益，整个抗战时期的农田水利贷款使至少2 000万亩农田受益，这对增加农业生产的作用是不可低估的。如1942年陕西建成灌溉面积最大的水利工程——褒惠渠灌溉区，当年实际灌溉84 000亩，没给水前每亩平均产量为1市石，给水后平均亩产量增至1.6市石。[①]

第三，农业推广贷款，使大后方在1941—1942年改良稻种3 610 296亩，改良麦种1 695 525亩，1938—1942年推广"斯字""德字""脱字"优良棉种6 041 007亩，这些优良品种，毫无疑问促进了大后方棉、麦、粮产量的增长。[②]1941年，中国银行在四川、广西贷款种植越冬作物，在广西融县推广优良棉种20 800亩，在四川推广优良甘蔗种。中国银行还与富滇银行组织木棉贷款银团，在云南的蒙自、建水、开远等地推广良种7 000余亩，为西南地区仅有的长绒棉培育奠定了基础。[③]

[①]   中国第二历史档案馆：《四联总处会议录》，第11册，广西师范大学出版社，2003年，第432页。

[②]   董长芝、李帆：《中国现代经济史》，东北师范大学出版社，1988年，第165页。

[③]   中国银行行史编委会：《中国银行行史（1912—1949）》，中国金融出版社，1995年，第511页。

（2）按贷款对象来考察农贷的流向

四联总处所规定的农贷对象一直在不断的调整之中，1940 年农贷对象为农民团体、农民个人和农业改进机关。出于投资安全的考虑，四联总处在 1941 年的农贷准则不再以农民个人为贷款对象，而把农民团体、农业改进机关和所有依法登记的农场、林场、牧场、渔场及农村合作供销代营等组织为农贷对象，1942 年以后增加了合作组织并且成为农贷的重要对象。下面是抗战时期农贷资金按贷款对象的分类统计表。

表 3-24　1942—1944 年农贷结余额按贷款对象分类统计　　单位：千元

对象	1942 年		1943 年		1944 年	
	余额	百分比（%）	余额	百分比（%）	余额	百分比（%）
合作组织	388 130	56.9	722 027	47.3	896 979	33.1
农民团体	3 182	0.5	29 106	1.9	131 368	4.8
农业改进机关	175 294	25.7	545 230	35.7	1 143 930	42.1
其他	66 146	9.7	144 880	9.5	408 831	15.1
小计	632 752	92.8	1 441 243	94.4	2 581 108	95.1
农业投资	49 285	7.2	86 231	5.6	133 426	4.9
总计	682 037	100.0	1 527 474	100.0	2 714 534	100.0

资料来源：中国人民银行金融研究：《中华民国史资料丛稿——中国农民银行》，中国财政经济出版社，1980 年，第 149 页。

从图 3-1 可知，农民只能从合作组织和农民团体处得到所需农贷资金，表 3-24 揭示，合作组织和农民团体共得到的农贷资金在 1942 年、1943 年、1944 年分别占农贷总额的 57.4%、49.2%、37.9%，比例呈迅速下降趋势，这说明，从总体而言，农民的农贷资金来源越来越少。按照国民政府合作社章程的规定，只有加入了合作组织或农民团体的农民才有资格得到农贷资金。那么。有多少农民入了合作社呢？在合作社最普遍的四川，入社农户约占总农户的 40%，又由于只有 60% 的合作社能够获得农贷资金，所以，能够获得农贷资金的农户约占农户总数的 1/4，其他各省的比率则更低。[①] 那么，有幸能获得农贷的农民又能得到多少贷款呢？请看表3-25：

---

① 许涤新、吴承明：《中国资本主义发展史》第 3 卷，人民出版社，2003 年，第 495 页。

表 3-25　1941 年四行局农村合作贷款统计

省别	包括县数	信用合作社抽样数	每社平均借款总数（元）	每社平均社员人数（人）	社员平均借款数（元）	社员借款最高数（元）	社员借款最低数（元）
四川	14	130	5 295	66	81	450	10
湖南	19	1 999	9 058	98	89	250	10
广西	19	200	1 866	29	63	300	5
广东	9	100	5 192	40	120	300	10
贵州	9	192	3 293	34	96	500	10
云南	5	100	4 868	28	165	600	10
江西	5	98	1 580	36	39	600	5
安徽	9	100	3 511	63	56	560	5
陕西	3	18	8 210	109	118	1 000	20
甘肃	6	91	5 564	44	130	1 990	10

　　资料来源：根据中国第二历史档案馆：《四联总处会议录》，第 14 册，广西师范大学出版社，2003 年，第 273 页数据统计。

　　表 3-25 清楚地揭示，合作社社员获得贷款数额的差距巨大，差距最大的是甘肃省，达 199 倍，最小的是湖南省，亦达 25 倍，这说明，合作社所得之农贷资金绝大部分被少数几个人瓜分，绝大多数贫苦农民得不到或者只能得到微乎其微的农贷资金，这正是农贷之弊。那么，是什么原因造成这个弊端呢？根本原因是国统区的合作社不是由农民积极参股，实行民主管理，达到自助互助目的的合作社，多数合作社被地主、富农、保甲长、豪绅把持。根据浙江省官厅的调查，全省合作社有 47% 被少数特殊阶层所控制。地主、豪绅把持农贷使农贷舞弊丛生：第一，贷款无法到达农民手中。根据薛暮桥的调查，某些合作社得到银行贷款后，被乡长、村长扣去纳租、还债和缴捐，在贷款时，农民没有得到钱，但在收款时，农民却照常要还。[1]第二，合作社转手抬高利率。农贷由合作社转放给农民时，有的要加利息，有的则收取手续费。一般加二厘到三厘的利息，个别地方则翻倍，以不到一分的利息从银行借入，却以三分至七分的利息，转贷给农民。农贷反而成为剥削农民的新手段，有人将其称为"集团高利贷"[2]。有学者指出"在没有合作社以前，高利贷者只能用他自己的资本来剥削农民，现在他们可以利用合作社，以前以个人名义出借的款项，收回借款比较困难，现在利用合

　　① 薛暮桥：《农业建设问题》，《中国农村》1937 年第 3 卷第 5 期。
　　② 张锡昌：《民元来我国之农村经济》，《银行周报》第 31 卷第 2、3 期，1947 年 1 月 20 日。

作社的名义,不但多一层保障,必要时还可凭借官厅的权力,加压力于欠债的农民"①。第三,造成投机倒把。有的合作社将农贷的一部分没有贷放给农民,而是用于商业囤积。②地主豪绅利用合作社从银行那里得到低息贷款用于土地买卖、囤积居奇,或转手放高利贷给无法得到农贷的贫困农民,从而加剧了农村土地集中、自耕农以下农民的破产和极端贫困化过程。③ 当时学者阮有秋认为,"年来的农贷,除了特殊例外,一般是没有惠及生产农民而发生打击高利贷的作用,相反的,却有不少的例子证实了年来的农贷是到处发生着充实农村高利贷的作用"④。四联总处也承认,"一般贫农不能享受农贷利益"⑤,农贷因各地合作社"非有名无实,即为地主劣绅所把持,合作社徒具虚名,社员未能蒙受其利"⑥。针对这种情况,蒋介石1942年专函四联总处:"今后办理农贷第一应切切实实流入农村生产者,尤其为需款最殷之佃农贫农手中。"⑦受各种利益集团的干扰,四联总处不可能彻底整顿合作社,农贷之弊也就不可能解决。

　　对于抗战时期四联总处农贷政策的得失,可以概括为"农贷悖论",即农贷促进了后方农业生产的发展,但广大农民却得利甚微。农业生产的发展对于支持抗战的作用是巨大的,这可以借用徐堪对中国农民银行举办农田水利贷款的评价来说明,"抗战以来,农行对国家之贡献尤大。抗战六年,我前后方粮食继续维持,供应无缺,此虽有赖于政府多方筹划,然农行之贡献实多。假使没有农民银行发展农田水利、农业推广,以增加生产,则前后方粮食供应,就成问题"⑧。后者引起了广大农民对四联总处农贷政策的极大不满,并由此引申为对国民政府的不满,这就是后来农民抛弃国民政府的一个主要原因。抗战时期的"农贷悖论"应引起今人的深思。

---

　　① 林之元:《民元以来我国之农村经济》,《银行周报》第31卷第2、3期。
　　② 中国人民银行金融研究所:《中华民国史资料丛稿——中国农民银行》,中国财政经济出版社,1980年,第175页。
　　③ 黄立人:《四联总处的产生、发展和消亡》,《中国经济史研究》1991年第2期。
　　④ 阮有秋:《论今日我国农贷的任务及其工作精神》,《中国农民月刊》1942年第1卷第6期。
　　⑤ 《四联总处1940年9月2日给各行局函》,转引自黄立人:《论抗战时期国统区的农贷》,《近代史研究》1997年第6期。
　　⑥ 《四联总处四川农贷视察报告书》(1942年),转引自黄立人:《论抗战时期国统区的农贷》,《近代史研究》1997年第6期。
　　⑦ 《中国农民银行为四联总处转蒋介石指示改正流弊给分支行处的通函》(1940年4月11日),转引自黄立人:《论抗战时期国统区的农贷》,《近代史研究》1997年第6期。
　　⑧ 中国人民银行金融研究所:《中华民国史资料丛稿——中国农民银行》,中国财政经济出版社,1980年,第147页。

三、抗战时期四联总处工矿贴放政策
与大后方工矿业的发展

资本、劳动力、技术是发展现代工业的三个基本生产要素。近代中国，积贫积弱，资本异常匮乏，这始终是制约中国近代民族工业发展的主要因素之一。工矿企业融资无外乎两种途径：间接融资和直接融资。由于近代中国资本市场的畸形状况，在平时经济状态下，工矿企业尚且很少能通过发行股票和企业债券来实现直接融资，就工矿企业的间接融资而言，由于近代中国银行业的资产业务主要是投资于政府公债，所以工矿企业贷款一直不是银行业的主要资产业务。抗战时期，大后方没有建立起真正的资本市场，工矿企业基本上不可能通过直接融资来融通所需资金，而商业行庄又出于投资安全性和盈利性的考虑，视工矿业投资为畏途。在这种极端恶劣的战时经济环境下，四联总处从资金上担负起了资助战时工矿企业的历史重任，它通过集中国家银行资金力量，向工矿企业发放巨额贷款，发展战时工业以支持抗战。

下面按时序论述抗战时期四联总处工矿贴放政策的演进，在此基础上再分析其利弊与得失。

（一）资助工厂内迁：1937—1939 年

1937 年 7 月 7 日"卢沟桥事变"发生之后，上海的爱国实业家预感上海可能会落入敌手。为保存中国工业实力以支持抗战，7 月 14 日，上海大鑫钢铁厂总经理余名钰致函南京国民政府，呈请工厂内迁，此为抗战时期沿海工厂内迁动议之嚆矢。7 月下旬，中华国货联合会代表所属 300 余家工厂、10 万余员工上书南京国民政府，要求南京国民政府迅速组织工厂内迁，并表示"誓为我政府长期抗战之后盾，以争取最后胜利"。上海实业家的呼吁，得到了国民党当局的认可；7 月 30 日，上海大鑫钢铁厂、上海机器厂、新民机器厂、新中工程公司、中华铁工厂等厂商联名要求内迁；8 月 9 日，资源委员会向行政院提出《补助上海各工厂迁移内地工作专供充实军备以增厚长期抵抗外侮之力量案》；8 月 10 日，行政院第 324 次会议议决拨款资助上海机器同业公会所属工厂、大鑫钢铁厂等工厂内迁；8 月 11 日，上海工厂迁移监督委员会在上海正式成立，迁厂工作遂开始实行；8 月 22 日，第一家内迁工厂——顺昌铁厂的首批机件在炮火硝烟中"冒险用民船划出，取道苏州、武进而至长江转船拖至武汉"，揭开了被称为中国实业界"敦刻尔克行动"的工业大规模内迁的序幕。[1] 1937 年年底，南京陷落。1938 年年初，日军向武汉方向集结，武汉上空战争阴云密布，原计划作为抗战后方的武汉可能会成为中日大厮杀的前方阵地。蒋介石考虑到武汉朝夕难保，遂于 1938 年 3 月下令拆迁沿海工厂至西南地区，以四川、贵州、湘西为内迁工厂复工的主要地区，6 月 29 日，国民政府又下令拆迁武汉工厂，各类工厂无论大小，凡对后方军需民生有用的一律内迁。

工厂内迁，最紧要的乃资金问题。在恶劣的战时环境下，要把动辄上万吨的机器设备运至远隔数千里的后方，其拆迁费用、装箱费用、搬运费用、运输费用、战争保险费用、内迁职工生活费用、重建工厂和复工费用，是一般工厂所难以承受的。于是，四联总处从资金上担负起这一中国近代经济史上空前的工业大迁移的任务。至 1938 年年底，由四联总处贷给民营厂矿内迁及复工的款项达 850 万元[2]，这笔巨额资金对工矿业内迁无疑起到了雪中送炭的作用。据时任工厂迁移监督委员会委员的林继庸的报告，至 1939 年年底，内迁工厂总数共 452 个单位，物资重量共 12 万余吨，其中，矿业单位 6 个、冶业单位 1 个、机械工业单位 181 个、电器工业 25 个、化学工业 60 个、纺织工业 103 个、饮食工业 21 个、教育工业 37 个、其他工业 18 个。[3]至 1940 年年底内迁结束时，沿海内迁厂矿达 639 家，资本总额在 1 亿元以上。[4] 而抗战爆发之前，云贵川桂西南四省再加上湖南、甘肃、陕西三省，共计厂矿存量为 237 家，资本额仅为 1 520.4 万元。[5] 内迁的工厂大都得到过四联总处的资助，据不完全统计，到 1940 年年底，经四联总处资助内迁的厂矿约 450 家，机器材料约 70 900 吨，技工 12 080 人。其中，机械业占 40.4%，纺织业占 21.7%，化工业占 12.5%，电器业占 6.5%，食品工业占 4.9%，矿业占 1.8%，钢铁业占 0.24%，其他占 12.1%。在地域分布上，四川为 254 家，占 54.7%，湖南为 121 家，占 26%，陕西为 42 家，占 9%，广西占 5.2%，云南、贵州等省约占 5.1%。[6]这些内迁工厂不仅奠定了战时后方工业的基础，而且有些工厂还填补了后方工业的空白，为支持抗战做出了巨大贡献。

除了贷款资助工厂内迁，四联总处也积极办理工矿业贴放以救济资金涩滞的内地工矿业。1937 年 8 月 9 日，四行联合贴放委员会在上海成立，

---

① 陈真等:《中国近代工业史资料》，第 1 辑，三联书店，1957 年，第 98 页。
② 翁文灏:《一年来之经济建设》，《中央周刊》1940 年第 1 卷第 2 期。
③ 陈真等:《中国近代工业史资料》，第 1 辑，三联书店，1957 年，第 107 页。
④ 虞和平:《中国现代化历程》第二卷，江苏人民出版社，2001 年，第 799 页。
⑤ 陈真、姚洛:《中国近代工业史资料》，第 4 辑，三联书店，1957 年，第 95，97 页。
⑥ 王红曼:《四联总处与战时西南地区经济》，复旦大学出版社，2011 年，第 74—75 页。

同日通过了《贴放委员会办理同业贴放办法》14 条,对战时工矿业贴放的形式、数额、期限、利率和担保品等做了较为详细的规定:第一,贴放形式,包括贴现、再贴现、放款和转抵押四种。第二,贴放数额,经四行联合贴放委员会审订后,由四行共同承担,其中,中央银行和中国银行各 35% ,交通银行 20% ,中国农民银行 10% ,贴放损益,也按照此项标准分配。第三,贴放期限,六个月以内到期的中央政府债券和一个月以内到期的商业票据可以进行贴现及再贴现;放款及转抵押期限,以一个月为限,期满可以展期一次,但最长不得超过一个月。第四,贴现率及放款利率,经四行联合委员会逐日规定后,由中央银行挂牌公布,节假日的贴现率及放款利率则按前一日标准执行。第五,贴放担保品,贴现及再贴现的担保品为两类:商业跟单和汇票照票面贴现,中央政府债券中的签票或息票照票面贴现;作为放款及转抵押担保品的货物,必须是主要国产及进口物质,包括米、麦、杂粮、棉花、棉纱、布匹、丝茧、绸缎、面粉、五金、煤、煤油、汽油、植物油、花生、芝麻、大豆、茶、盐、糖等,作抵时按市价七五折计算。第六,贴放申请及申请手续,凡申请贴放的机关,应先填写申请书,经四行联合贴放委员会审定后,将审核结果通知中央银行和申请机关,中央银行接到通知后,审核申请机关送交的担保品,审核合格后,按照中央银行贴放章程办理贴现手续。①

　　1937 年 8 月 26 日,财政部颁布了《中、中、交、农四行内地联合贴放办法》,要求四行在内地各该分支行所在地,设立联合贴放委员会,并设主任一人,委员若干人,专门负责办理当地农矿工商各业贴放事宜。②为落实财政部的命令,四联总处在贴放办法基础上制订了办理内地贴放细则,并指定南京、汉口、重庆、芜湖、杭州、宁波、南昌、广州、无锡、郑州、长沙、济南等12 处,先行设立贴放分会,办理当地联合贴放业务。抗战爆发后不久,国民党军委会工矿调整委员会成立,专门主管战时工矿业的调整事宜。1937年年底,四联总处为国民党军委会工矿调整委员会筹拨资金 1 000 万元,其中,300 万元被用作固定资金,即借与各厂矿增加设备、建筑房屋;700 万元用作流动资金,内含信用及票据担保基金 100 万元,购料垫款基金 200 万元,货物押款基金 400 万元。③1938 年 3 月,工矿调整委员会改隶经济部,更名为工矿调整处,四联总处又续拨营运资金 2 000 万元,核定发展工矿事

　　① 重庆市档案馆、重庆市人民银行金融研究所:《四联总处史料》,中册,档案出版社,1993年,第342—344 页。
　　② 同上书,第344 页。
　　③ 孙果达:《民族工业大迁徙——抗日战争时期民营工厂的内迁》,中国文史出版社,1991年,第 191 页。

业的贷款共计4 930万元。①应该说,这些资金对于发展内地工矿业是大有裨益的,例如,1938年,四联总处所提供的低息贷款234万元,及其代向银行洽借的376万元,就用以改造和扩建了重庆电力公司和自来水厂,广西糖厂、油厂和酒精厂,云南纱厂,以及四川省的部分煤矿。②

　　这一时期的四联总处,由于仅是一个由四个国家银行组成的联合办事机构,在办理贴放时本身并无决策权,只是被动地执行财政部的有关工矿业贴放的命令。因此,这一时期的工矿业贴放政策具有临时性、非延续性和商业性的特点。尽管其贴放方针是"金融与农商工矿并重",但实际上贴放于工矿业的资金很少,仅占这一时期四联总处贴放总额的9.3%。③四联总处秘书长徐柏园在总结这一时期的贴放业务时也坦率地承认:自1937—1939年,放款途径,并未符合当时的理想,突出表现为"工矿业放款较少,商业放款较多,即同业放款,亦属不少。此外尚有以票据或其他资产作抵押,向银行借款以套买外汇及囤积居奇者,数更不鲜"④。四联总处的这种贴放状况,不利于大后方经济的发展,随着战时经济形势的变化,四联总处对其工矿贴放政策进行不断的调整以适应战时经济的需要。

(二) 制订、执行经济三年计划:1940—1942年

　　抗战进入相持阶段之后的几年内,中日之间在正面战场上基本上没有再爆发大规模的会战,双方经济实力的较量成为决定战争胜负的决定因素。基于此,蒋介石于1940年3月28日指示四联总处,指出"今后抗战之成败,全在于经济与金融之成效如何",四联总处自经过1939年第一次改组之后,其职责"不仅在金融,而整个经济之方针、计划,亦要由四行为唯一之经济基础也"。蒋介石要求四联总处制订一个经济三年计划,以"决定四行业务方针及各行业务发展的方向,来逐步发展经济,增加生产,安定金融,以奠定国家经济基础"⑤。遵照蒋介石的指示,1940年3月30日,四联总处第二次理事会通过了《关于三年经济金融计划的决议》,决定经济三

---

　　①　转引自刘祯贵:《试论抗战时期四联总处的工矿贴放政策》,《四川师范大学学报》1997年第2期。

　　②　转引自黄立人:《抗战时期大后方经济史研究》,中国档案出版社,1998年,第77页。

　　③　中央银行研究处:《Table 13. Amounts of Loans and Discounts Approved by the Joint Offices of the Four Governmental Banks (By kinds)》,《中央银行月刊》1947年第2卷第6期。

　　④　重庆市档案馆、重庆市人民银行金融研究所:《四联总处史料》,中册,档案出版社,1993年,第346页。

　　⑤　重庆市档案馆、重庆市人民银行金融研究所:《四联总处史料》,上册,档案出版社,1993年,第155页。

年计划"以工矿为中心"，并且"开矿不计成本，尤以采金为重"。1940 年 4 月 9 日，理事会又通过了《经济三年计划实施办法》，规定工矿建设事业，以经济部呈奉核定的三年计划为依据，所需各项资金的筹措分为三种：国库筹拨、四行投资和四行贷款。其原则是：由国库筹拨者包括五项事业：① 与国防有密切关系者；② 新创事业属于试办性质者；③ 一时不易获得盈余者；④ 寓有政府统筹管制性质者；⑤ 建设专款所办之旧事业已具规模但其资产不易估价者。由四行直接投资者包括三项事业：① 新创事业较有盈余把握者；② 已成事业扩充时，银行已经参股并可按照比例数额继续投资者；③ 国库筹拨以外之事业。由四行贷款者包括两项事业：① 业已完成之事业不必再参加新股者；② 各项事业周转所需之流动资金。①

依照上述原则，工矿建设事业三年计划中所需各项经费的国币部分分配数额如下：首先，国营工业三年计划全部所需经费国币部分为 16 654 万元，其中，由国库拨发 11 415.5 万元，四行投资 800 万元，四行贷款 4 438.5万元。国库拨款实行分年拨付，"受年月分配之限制，为迅速便利计，由资源委员会以每年预算 2/5 向四行透支应用"②，这样，国库拨款的 2/5 转变成为四行借款。国营工业所需四行投资和四行借款具体分配如表 3-26 和3-27 所示：

表 3-26　国营工业三年计划所需四行投资　　　　单位：国币元

名称	1940 年	1941 年	1942 年	共计
四川机器厂	1 000 000	1 500 000	—	2 500 000
云南硫酸锿厂	700 000	500 000	—	1 200 000
化工材料厂	—	1 500 000	—	1 500 000
成都炼油厂	500 000	—		500 000
犍为炼焦厂	400 000	300 000		700 000
计划中各酒精厂	1 600 000	—		1 600 000
共计	4 200 000	3 800 000	—	8 000 000

资料来源：重庆市档案馆、重庆市人民银行金融研究所：《四联总处史料》，上册，档案出版社，1993 年，第 170 页。

①　重庆市档案馆、重庆市人民银行金融研究所：《四联总处史料》，上册，档案出版社，1993年，第 166—167 页。

②　同上书，第 445 页。

表 3-27　国营工业三年计划所需四行借款　　　　单位:国币元

名称	1940 年	1941 年	1942 年	共计
钢铁厂迁建委员会	500 000	3 000 000		3 500 000
云南钢铁厂		1 000 000	2 000 000	3 000 000
纯铁炼厂	400 000			400 000
易门铁矿	100 000	1 000 000		1 100 000
中央机器厂	4 400 000			4 400 000
四川机器厂		2 000 000		2 000 000
云南硫酸锜厂			1 000 000	1 000 000
化工材料厂	180 000		500 000	680 000
甘肃油矿	1 000 000	900 000	840 000	2 740 000
成都炼油厂		1 500 000		1 500 000
动力油料厂	1 000 000			1 000 000
槿为炼焦厂		200 000		200 000
四川酒精厂	400 000			400 000
资中酒精厂	600 000			600 000
泸县酒精厂	130 000			130 000
开远酒精厂	500 000			500 000
计划中各酒精厂	2 000 000			2 000 000
湘南煤矿		200 000	200 000	400 000
宣明煤矿	200 000	200 000		400 000
中央电工器材厂	6 000 000	3 000 000	3 000 000	12 000 000
中央电瓷制造厂	500 000	800 000	1 200 000	2 500 000
中央无线电机厂	1 000 000	500 000	1 000 000	2 500 000
电力事业	1 040 000	890 000	405 000	2 335 000
共计	19 950 000	15 190 000	10 145 000	45 285 000

资料来源:重庆市档案馆、重庆市人民银行金融研究所:《四联总处史料》,上册,档案出版社,1993 年,第 170—171 页。

其次,资助民营企业。四联总处协助民营工业三年计划全部所需经费国币部分共为 3 800 万元。其中,由国库拨发 250 万元,四行投资 1 760 万元,四行贷款 1 790 万元。具体分配如表 3-28 所示:

表 3-28　协助民营工业三年计划国币部分拨款方式分配统计

单位:国币元

名称	国库拨款	四行直接投资	四行贷款
钢铁工业			
钢进中国兴业公司钢铁部			
渝鑫钢铁厂			3 600 000
铁　灰口铁		4 000 000	2 000 000
白口铁			2 000 000

（续表）

名称	国库拨款	四行直接投资	四行贷款
机械工业			
渝鑫钢铁厂机器部			1 100 000
顺昌铁工厂			800 000
恒顺机器厂			600 000
上海机器厂			500 000
新中工程公司			1 000 000
电力事业			
成都启明电灯公司分厂			
重庆电力公司分厂		2 500 000	800 000
广西水泥厂电厂		1 000 000	
化学事业			
云南橡胶厂		3 100 000	
电石及硝酸厂		2 000 000	
油漆颜料厂			
甘油厂			500 000
低温蒸馏厂			1 000 000
小型水泥厂	2 500 000	1 500 000	
纺织工业			
棉纺织类			4 000 000
麻纺织类		3 500 000	
合计	2 500 000	17 600 000	17 900 000

资料来源:重庆市档案馆、重庆市人民银行金融研究所:《四联总处史料》,上册,档案出版社,1993 年,第 172—173 页。

因内迁厂矿和后方的原有企业不少为民营企业,保证战时生产须发展民营企业,经济部甚至还提出"全国经济之基础以民营事业能否充分发展为最主要之标准"。四联总处针对此种情况,放宽对民营企业的贷款标准,使民营企业能较快、较易地获取国家银行贷款。1940 年,后方民营企业所得之贷款额仅为国营企业的 64.98%。从 1941 年起,这种情况发生了变化,1941 年、1943 年、1944 年,民营企业所获贷款分别是国营企业的 147.29%、300.63%、379.38%。[1]

事实上,四联总处对工矿事业的实际贷款远远超过了经济三年计划中所列的数额。如 1940 年四联总处核定的联合贴放款总额就达 109 547 200 元,其中,国营工矿 66 402 000 元,民营工矿 43 145 200 元。从 1941 年

---

[1]　王红曼:《四联总处与战时西南地区经济》,复旦大学出版社,2011 年,第 69 页。

开始，大后方通货膨胀已经比较严重，各工矿单位人工物料价格高涨，所以，经济三年计划中所确定的借款额已不敷分配。如按经济三年计划，1941 年四联总处对资源委员会所办的公营事业借款额为 1 429 万元，后核准的实际借款达 3 199 万元，增加了 1 770 万元。1941 年 8 月，为救济因物价工资上涨而经营处于艰难境地的工矿生产事业，经济部出面商请四联总处借款 6 000 万元，经四联总处第 97 次理事会决议，实际借款 2 810 万元，其中，2 160 万元贷予钢铁委员会专作垫付存铁价款之用，650 万元贷予燃料管理处，专作垫付存煤价款之用。整个 1941 年度，共贷款 21 564.4 万元，其中，公营事业 7 584 万元，民营事业 11 170.4 万元，救济工矿贷款 2 810 万元。①

四联总处除贷款协助经济三年计划案中所列公营、民营工矿事业外，对于"其余公私工矿事业，出品为军民必需而经营具有成绩者，亦直接或间接尽量贷助"②，如 1940 年，三年经济计划外的民营工矿业，四行共核准贷款案件 46 案，计 2 524.52 万元，超过了该年对三年经济计划所列民营工矿业的贷款总数 1 790 万元③；1940 年经四联总处核准的三年经济计划外国营工矿业贷款共达 1 145 万元(同年核准的经济三年计划国营工矿业借款为 5 495.2 万元)。具体分配如表 3-29 所示：

表 3-29　1940 年度三年经济计划外国营工矿业四行贷款统计

单位:法币万元

单位	贷款额	单位	贷款额
江西省府所辖各厂机器原料押款	200	中央工业实验所各示范工厂厂机押款	100
湖南第一纺织厂两次棉花及五金材料押款	30	常宁水口山铅锌矿局矿砂押款	40
西北制造厂紫铜押款	100	松潘区采金处收金周转金	30
江西裕民银行为省府储借各工厂原料转抵	10	资中酒精厂原料押款	15
燃料管理处协助煤焦增产资金	200	正中书局厂机押款	10
矿冶研究所冶铁厂厂机押款	50	总计	785

资料来源:重庆市档案馆、重庆市人民银行金融研究所:《四联总处史料》,中册,档案出版社,1993 年,第 445 页。

---

①　重庆市档案馆、重庆市人民银行金融研究所:《四联总处史料》,中册,档案出版社,1993 年,第 458—460 页。

②　同上书,第 457 页。

③　同上书,第 446 页。

由于外援不济，内援不足，1940—1942 年的三年间，是中国抗战最艰难的时期，四联总处制订并执行经济建设三年计划，集中资金发展后方工矿业，为坚持抗战提供了坚实的物资保证。

（三）继续协助工矿事业：1943—1945 年

1942 年经济三年计划完成之后，四联总处协助工矿事业贷款并未因此而缩减反而有所增加，其投资贴放"仍本协助政府推行金融经济政策之一贯方针，尽量扩大生产事业贷款，以增加后方生产，其余粮食、交通、盐务等项所需资金，亦尽可能予以协助"①。四联总处的贷款之所以集中于工矿事业，是因为太平洋战争之后，金融经济形势发生了深刻变动：一方面，日本截断了大后方的对外交通线，使进口物资来源锐减；另一方面，大后方通货膨胀压力越来越大，而物资供需失衡和商业投机正是造成通货膨胀的重要原因，于是，四联总处决定增加工矿事业放款以增加物资供给，压缩非生产性贷款以遏制商业投机。为此，四联总处重新修订了放款原则与方针，规定"凡与国防有关及民生必需之生产事业，应加紧协助，以谋战时经济之自给自足；所有普通放款，则暂行停做或紧缩，以便集中资力，先尽急需；至放款之前审查及事后考核，必须严格，期能确收增加生产之成效"②。

抗战后期的工矿事业贷款的一个显著特征是民营工业贷款额超过了国营工业贷款额。1943 年 2 月间，蒋介石电令四联总处，认为"四行 1942 年度工矿农生产贷款约占放款金额四成，且大部分为国营事业借款，与政府鼓励生产之宗旨不符，本年度放款应以增加为主，并不得少于金额三分之二"③。四联总处按照蒋介石的指示，制定了《1943 年度办理国防有关及民生必需之工矿生产事业贷款纲要》，规定四联总处今后的放款，以协助工矿事业为主且重点支持民营工矿业。1943 年 1 月至 11 月，核准放款总额为 895 000 余万元，其中的工矿放款共 555 000 余万元，约占全部放款总额的 62%以上。其中又以民营工矿业放款占多数，总计为 427 000 余万元，占 78%，公营工矿占总计为 127 000 余万元，占 22%。民营部分集中在几个部门：以购棉借款为数最巨，计 22 亿元；其次为谷麦借款，计 2.6 亿元；再次为中国兴业公司的添建轧钢设备及流动资金借款 1.6 亿元；四川

---

① 重庆市档案馆、重庆市人民银行金融研究所：《四联总处史料》，中册，档案出版社，1993年，第 474 页。
② 同上书，第 470 页。
③ 同上书，第 486 页。

丝业公司的春秋两季收茧缫丝借款 1.7 亿元。①四联总处 1944 年度的工矿事业放款，"仍以国防及民生有关且经营具有成绩，而确有协助必要者为限。对于公营事业，系按其确实需要尽量协助。至民营事业，经商准经济部开送各厂矿贷款框计数额表，参照核贷"，该年度核定工矿事业放款2 802 000 余万元，约占全部放款的 72%。就中民营工矿业放款为 1 093 000万元，公营工矿事业放款 288 700 余万元。②

需要特别说明的是，四联总处除了以信贷方式支持工矿企业，还直接投资工矿企业。据吴太昌先生的统计，抗战时期，中央银行、中国银行、交通银行、中国农民银行、中央信托局、中国邮政储金汇业局六行局对战时生产事业的投资为 8 亿元，折合战前币值为 3 550 万元。③ 中国银行投资参股的工矿企业至少 50 家，主要有豫丰纱厂、民生实业公司、中国汽车制造公司、中国兴业公司、四川丝业公司、中国棉业公司、中国联合炼糖厂、重庆电力公司、大中华茶叶公司、四川榨油厂、云南锡业公司、华新水泥公司、贵州企业公司、贵州煤矿公司、合山煤矿公司、广西面粉厂等。④中国农民银行投资的企业主要有西南麻织厂、四川丝业公司、贵州煤矿公司、广西水利林垦公司、川康兴业公司、重庆电力公司、中国兴业公司、建国机械农垦公司、渝西自来水公司、云南蚕丝新村公司等。⑤交通银行投资的工矿企业主要有中央电厂、昆明电厂、中央机器厂、中央无线电厂、全州冶炼厂、宜宾机器厂、动力油料厂、交通部第四炼油厂、交通部黔中机器厂、遵义酒精厂、交通部钢铁配件厂、川康铜锌矿务局、昆明化工材料厂、中央电工器材厂。⑥再以具体公司为例说明国家银行的投资情况：如中国纺织企业特种股份有限公司，1942 年设立，资本总额为 5 000 万元，分 5 万股，其中，中国银行2 250 股，国币 225 万元；交通银行 6 000 股，国币 600 万元；中国农民银行4 500 股，国币 450 万元；中央信托局 4 500 股，国币 450 万元。再如中国纸厂，1943 年设立，资本总额初定 5 000 万元，后增加至 1 亿元，其中，交通银

---

① 重庆市档案馆、重庆市人民银行金融研究所：《四联总处史料》，中册，档案出版社，1993年，第 476 页。

② 同上书，第 594 页。

③ 吴太昌：《抗战时期国民党国家资本在工矿业的垄断地位及其民营资本比较》，《中国经济史研究》1987 年第 3 期。

④ 中国银行行史编委会：《中国银行行史（1912—1949）》，中国金融出版社，1995 年，第 504页。

⑤ 中国人民银行金融研究所：《中国农民银行》，中国财政经济出版社，1980 年，第 208—213页。

⑥ 交通银行总行、中国第二历史档案馆：《交通银行史料》，第一卷（1907—1949 年），下册，中国金融出版社，1995 年，第 513—522 页。

行投资 1 800 万元。再如重庆缆车公司，股本总额为 4 500 万元，分为 4 500 股，每股 1 万元，交通银行认股 335 股，计 335 万元。[①]

（四）四联总处对贷款厂矿的监管

安全性原则是任何时候任何金融机构办理贷款业务时首先考虑的原则，而保证投资安全的一个最重要的手段就是对投资客户进行监督管理。抗战时期，四联总处对贷款厂矿的监管，除了要达到保证自身投资安全的目的，还在于防止贷款对象利用贷款进行商业投机。为了达到这双重目的，四联总处设计了一整套办法，对贷款对象实行严密的监管。

起初，四联总处在办理工矿事业贷款时，由于审查不实，考核不严，以至于出现如下弊端：① 工矿企业利用四行低利贷款，存入其他银行，或以高利贷出套取利差（如 1942 年 3 月四行贴放的平均利率月息八厘，远低于一般银行贷款利率）；② 工矿企业以生产事业为掩护，实行变相囤积，漫无限制，购储材料，久不开工，或虽开工，又不按照预定计划积极生产，使产品达到一定数量；③ 借款机关利用贷款，擅自移挪，投资附业；④ 将所得借款充当不当的营运，又不依照借款合同，履行还本付息。[②]为此，四联总处制定了一系列措施对所投资工矿企业进行严密的事前稽核和事后审核。1942 年 1 月，四联总处规定凡公营工矿事业投资申请借款案件，一律先由四联总分支处指派专门人员或委托有关主管机关，切实调查各该业之人事、组织、业务、财务、厂产、设备及经营成绩，凡适合下列条件者方予投放：① 业务适合原则第一条之需要，经营具有成绩者；② 组织健全，技术及出品优良者；③ 机器设备原料能继续补给，并已正式开工或最短期内开工者；④ 借款用途正当者。对于民营工矿企业，必须遵守下列各点：① 四联总处对于投放各机关之财务、业务、会计应负稽核之责，如认为有须改善之处，承受投放各机关应尽量接受；② 承受投放机关，生产物品应达一定限度，其每月产销数量、价值，应按期报告四联总处查核；③ 产品不得囤积居奇；④ 出品的配销及售价的规定，应按照物价主管机关的规定办理。[③]1942 年 3 月，四联总处第 117 次理事会又制定《关于查核各行局单独投资放款办法的决议》，规定"以后投资及借款申请案件，凡已经本总处理事会

---

① 交通银行总行、中国第二历史档案馆：《交通银行史料》，第一卷（1907—1949 年），下册，中国金融出版社，1995 年，第 1567—1584 页。

② 重庆市档案馆、重庆市人民银行金融研究所：《四联总处史料》，中册，档案出版社，1993 年，第 357 页。

③ 同上书，第 352 页。

否决者,各行局不得于事后另自承做。如认为确有必要时,得申述理由,提请理事会复议之"①。

为使借款的申请、审核、洽办各项都有一定准则,1942年8月13日四联总处第138次理事会通过了《四联总处办理战时生产事业贷款实施办法》,对工矿业贷款监管进行了较为全面的规定。内中第四条规定"各业在申请贷款时,应将借款详细用途、偿还借款财源及办法、保证人等项目分别陈述说明,并附具下列条件,以供审核"②。第五条规定"所有贷款申请案件,一律先由四联总分支处指派专门人员或委托有关主管机关,就各该业之人事、组织、业务、财务、厂产、设备、经营成绩等项切实调查。凡适合下列条件者,方能贷款"③。第十条规定"生产事业经四行贷款者,应遵守下列各点:① 四联总处对借款机关之财务、业务、会计有随时稽核之权。如认为有须改善之处,借款机关应尽量接受,并切实执行。② 借款人不得以资金购置非本业所用的设备或原料物质,并不得以现有设备、原料或物料,擅自转售谋利。③ 借款机关产量应保持预定限度,其每日产销数量、价值,应按期报告本总分支处查核;④ 产品应随时脱销,不得囤积居奇;⑤ 产品之配销及订价,应按照物质主管机关的规定办理"。第十一条规定"借款机关在合约有效期间,如有违规行为,四联总处得按情形轻重,移请主管机关依法究办,或饬其提前归还全部借款本息,并取消其续借款权利"④。

为防止借款工矿企业套取利息、囤积原料、挪移款项约定以外的用途等弊端,1942年9月17日第142次理事会制定了《生产事业贷款考核办法的决议》,拟具了三项办法:第一,凡原料、物料无论就地或其他产地取给,最多不得储存三个月至半年需要量以上;第二,工厂申请购置原料、物料借款时,应将最近实际生产能力,以及现存及拟购之物料材料种类、数量、价

---

①　重庆市档案馆、重庆市人民银行金融研究所:《四联总处史料》,中册,档案出版社,1993年,第354页。

②　这些条件是:(1)最近资产负债表、损益计算书及资产负债各科目分户明细表;(2)申请贷款时之会计科目余额表;(3)质押品清单,应详列名称、种类、数量及原价、时价等项;(4)工矿事业调查表及出品产销数量表;(5)其他有关之书表、报表、证件等。重庆市档案馆、重庆市人民银行金融研究所:《四联总处史料》,中册,档案出版社,1993年,第359页。

③　这些条件是:(1)组织健全,经营具有成绩者;(2)出品优良,成本及产量达到一定标准者;(3)机器设备齐全及原料能继续补给者;(4)贷款用途正当者;(5)确有贷款之必要者。重庆市档案馆、重庆市人民银行金融研究所:《四联总处史料》,中册,档案出版社,1993年,第359页。

④　违规行为包括:(1)未按照借款合约履行还本付息及其他各条者;(2)移用借款作规定用途以外之经营者;(3)以借款转存其他银行,或高利贷出套取利息者;(4)不努力增加生产者,企图囤积居奇待价者。重庆市档案馆、重庆市人民银行金融研究所:《四联总处史料》,中册,档案出版社,1993年,第361页。

值开列清单，报四联总处查核；第三，工厂借款成立后，应将每周生产数量报告代表行转报四联总处查核，如有囤积原料故意减低产量时，依照战时生产贷款办法第十一条办理。其派有稽核者，应由稽核者转报。① 1943 年 7 月 22 日，四联总处与经济部联合制定了监督工矿贷款办法八条，规定"各借款工矿单位，应将所得之贷款在四行两局开立账户，或照贷款契约规定之存款办法办理，非经核准，不得转存其他行庄；各借款单位所得之贷款，均应照约定正当用途支用，不得另充他用，尤不得转行贷放，图谋高利；不得用所得之贷款用于购储货物，囤积居奇"②。

为落实以上决议，四联总处组织了调查团赴各地调查重要工商业实况。根据调查所得资料，四联总处编写了工商调查通讯，至 1943 年 1 月共编写了工商调查通讯 153 期，内容包括被调查户的人事组织、业务、财务、厂产、设备、经营成绩等。1945 年上半年，四联总处对各借款厂矿进行了巡回稽核考察，并对被稽考企业的财务状况、经营业绩、管理情况、社会信用、存在的问题和将来之前景等做了鉴定，这些稽核结论成为四联总处确定投资企业资信程度的重要依据。③

对于在稽核中所发现的问题，四联总处进行了严肃的处理。如从 1942 年下半年到 1943 年 4 月份，四联总处会同经济部对重庆附近各借款厂矿进行稽核，发现中国机器厂、中央文具厂、敦煌印书局、裕隆铁号、新昌实业公司、大昌矿冶公司、中复兴业公司、贵阳和丰裕实业公司、四川群力工厂、成都复兴实业社及互惠工厂等存在问题。经请示蒋介石，对各资金运用不当的工厂按照情节轻重进行了收回贷款、警告或依法惩罚等处理。④

---

① 重庆市档案馆、重庆市人民银行金融研究所：《四联总处史料》，中册，档案出版社，1993 年，第 362 页。

② 同上书，第 371 页。

③ 被稽考工矿企业包括：甘肃油矿局、大昌矿冶公司、福华通工矿公司、中国制钢公司、中南橡胶厂、民生机器厂、顺昌铁工厂、中国工矿建设公司、华新建筑材料公司、华新制刷公司、嘉阳煤矿公司、川康兴业公司、大川实业公司、恒顺机器厂、中国红十字会总会、中国联合炼糖公司、协和药品公司、中央制药厂、公路总局第四炼油厂、动力油料厂、中央无线电器材厂、中央电工器材厂重庆厂、富源水力发电公司、中华职业学校实习工厂、江南电化工业公司、达昌铁工厂、中国兴业公司、华新电气冶金公司、四川丝业公司、民冶纺织染厂、华源织造厂、纺织实验所、公益纺织面粉机器制造厂、交通部钢铁配件厂、资渝钢铁厂、中央湿电池厂、惠工铁工厂、利人机器厂、华生电器公司、西亚电器厂、光明电器制造厂、西南化学工业制造厂、大明炼油厂、中国标准铅笔制造厂、瑞华玻璃制造厂、新昌实业公司、中国炼油厂、中国国货实验工厂、招商局机器厂、永利化学工业公司等 50 多家。详情请参阅中国第二历史档案馆：《四联总处会议录》，第 40 册，广西师范大学出版社，2003 年，第 246—262 页。

④ 重庆市档案馆、重庆市人民银行金融研究所：《四联总处史料》，中册，档案出版社，1993 年，第 368 页。

（五）四联总处工矿业贷款的成效与缺陷

资金稀缺是制约抗战时期工矿业发展的一个最重要的因素。据当时经济学家李紫翔对121家工矿企业资本构成的调查结果,借款占企业资本总额的比例平均达61.03%,最低的金属品制造工业为30.82%,最高的纺织工业为76.50%,多数工业的负债均达50%—70%,战时工业资本中资本家自有资本仅占资本总额的2/5,"可以说,如果没有借入资金任何工业都是不能进行生产的,这种借入资金中自然包含直接存款、预收货价等项目在内,但自银行业借入的无疑要占最大部分。这样,就表明战时工业几乎已完全依赖银钱业资本的融通资金"①。工矿企业从银行的借入资金中,商业行庄的贷款又占多少呢？根据当时另一经济学家康永仁的调查,1939年年底,商业行庄的商业放款占总放款的89.25%,工矿事业放款仅占0.13%;1940年年底,商业行庄的商业放款占总放款的96.86%,工矿事业放款仅占0.64%。② 1940—1942年是后方工矿业发展的景气时期,商业行庄对工矿业的放款有所增加,1941年年底,商业行庄的商业放款占总放款的89%,工矿事业放款占7%左右;1942年3月下旬,商业行庄的商业放款占总放款下降至52.19%,工矿事业放款增加至9.65%左右。1942年年底之后,后方工矿进入不景气时期,商业行庄对工矿业的放款重新趋向减少。③国家银行对工矿企业放款情况又如何呢？四联总处核定的工矿企业放款额1937—1939年为3 004.2万元,1940年猛增至14 669.7万元,1941年再增至15 782.7万元,1942年达91 806.8万元,1943年增至663 876.3万元。④ 工矿企业放款占国家银行放款的比重1937—1939年为4.72%,1940年上升至21.34%,1943年达到59.81%,1944年更是高达72.2%。⑤由此可见,国家银行才是抗战时期工矿企业的最主要的资金供给者,表3-30对此有清楚的反映:

---

① 李紫翔:《我国银行与工业》,《四川经济季刊》1944年第1卷第3期。
② 康永仁:《重庆的银行》,《四川经济季刊》1944年第1卷第3期。
③ 康永仁:《论银行授信业务的事前审核》,《新经济》1943年第10期。
④ 杨寿柟:《工业建设与金融政策》,商务印书馆,1945年,第21—23页。
⑤ 财政部统计处:《中华民国战时财政金融统计资料》,1946年内部版,第167页。

表 3-30　战时国家银行在工商业放款中的比重(1937—1945 年)

国家银行		省银行、商业银行	
百万元	%	百万元	%
1 471	66.3	749	33.7
1 696	66.6	851	33.4
2 578	71.8	1 014	28.2
2 801	71.8	1 102	28.2
3 095	60.4	2 029	39.6
7 606	71.0	3 111	29.0
15 950	75.6	5 140	24.4
29 481	78.2	8 227	21.8
151 142	90.3	16 201	9.7

资料来源:许涤新、吴承明:《中国资本主义发展史》,第三卷,人民出版社,2003年,第 500 页。

尽管表 3-30 中所统计数据包括了商业贷款,但总体而言,国家银行贷款额呈上升趋势而商业银行贷款呈下降趋势,这与康永仁的调查是相符的。因此,抗战时期工业生产的发展,四联总处功不可没。不过,工矿业贴放对工业生产的贡献率呈下降趋势,见表 3-31:

表 3-31　战时工矿事业贴放额与工业生产指数的比较

时期	工矿贴放		工业生产		工业生产对工矿贴放的弹性
	数额 (万元)	每年增加率 (dt/t)	指数 (o)	每年增加率 (do/o)	工业生产对工矿贴放的弹性 ($do/dt \times t/o$)
1937—1939	3 004.2				
1938			100.00		
1939			131.57	0.31	
1940	14 669.7		85.85	0.42	
1941	15 782.7	0.08	242.96	0.31	3.88
1942	91 806.8	4.82	302.77	0.25	0.05
1943	663 876.3	6.23	375.61	0.24	0.04

注:表中所列的工矿业贴放额系四联总处工矿业贷款额与商业行庄工矿业贷款额之和。

资料来源:罗元铮:《中华民国实录》,吉林人民出版社,1997 年,第 5271 页。

表 3-31 表明,1941 年工业生产对工业贴放的弹性系数达 3.88,这说明,工矿业贴放每增长 100%,工业生产增长率就达 388%。但 1942 年、1943 年工业生产对工业贴放的弹性系数降至 0.05 和 0.04,说明当工矿业贴放每增长 100%时,只能引起工业生产增长 5%和 4%,工矿业贴放对工业生产的贡献率越来越低。

另外,四联总处工矿事业贷款利率远远低于市场利率,这大大降低了借款单位的融资成本。抗战前夕,大后方市场利率月息平均在一分五厘以上。抗战时期,各地利率因物价的刺激而上涨。至1944年上半年,重庆市金融市场的商贷利率最低为三分五厘,最高则达七八分以上,成都放款利率通常为六七分至八九分,内江则由八九分至一十三分,泸县、富顺则由七八分至十分以上,万县、自贡为八九分,乐山、宜宾、涪陵均为七八分,南充利率最高时达一十八分。①如果按月息二分每月复利一次计算,一年之间,利息成本便在八倍以上。利率是投资的成本,利率越高投资成本越大,如此高的市场利率对工业界的负面影响是巨大的,正如当时一位工业家所言,"高利贷的名词对于工业界真是最大的恶魔……不知有多少工商业牺牲于高利贷的重压之下"②。表3-32统计了抗战时期后方五大主要城市市场利率变动情况:

表3-32　战时后方五大城市市场利率变动情况　　年息:厘数

年份	重庆	成都	西安	昆明	贵阳
1937	10.0	13.6	14.0	10.7	13.0
1938	12.0	12.0	13.5	10.4	15.0
1939	13.0	12.0	19.2	17.5	19.2
1940	15.0	12.0	25.0	24.2	25.0
1941	19.2	26.8	51.7	28.9	30.0
1942	28.0	36.6	57.6	34.3	33.9
1943	60.0	40.1	82.3	40.0	37.5
1944	84.0	80.2	82.2	80.1	66.0
1945	112.0	99.7	128.0	137.0	159.0

注:1945年为1—8月的平均利率。
资料来源:李荣廷:《我国后方之战时金融》,载银行周报30周年纪念刊,上海银行学会:《民国经济史》,1940年,第17页。

如果后方工业特别是军事工业因高利贷而无法正常经营,那将必然影响抗战大局,在此情况下,四联总处集中国家银行的资金,以低利率向工矿企业提供贷款。见表3-33:

---

① 杨泽:《四川金融业之今昔》,《四川经济季刊》1944年第1卷第3期。
② 徐世雄:《高利贷压制了工业界》,《钱业月报》1948年第19卷第6期。

表 3-33　抗战时期四联总处工矿事业贷款利率　　　月息：厘数

年份	最高	最低	一般	年份	最高	最低	一般
1937—1939	9	4	9	1943	35	7	20
1940	10	6	9	1944	50	7	20
1941	12	6	9	1945	48	7	34
1942	15	6	9				

资料来源：陈真等：《中国近代工业史资料》，第一辑，三联书店，1957 年，第 791 页。

四联总处的工矿业贷款利率不及重庆金融市场最低利率的 1/7，这降低了工矿企业的融资成本，保证它们能在高通货膨胀压力下正常生产。

四联总处的工矿事业贷款存在不少缺陷。第一，工矿事业贷款规模太小，其中，民营工矿事业得到的贷款尤其少（1943 年之前）。例如至 1941年，内迁工厂总共 448 家，已经复工者亦达 312 家，而得到四联总处工矿事业贷款者仅 69 家。1941 年四联总处对民营工矿企业贷款总额为71 199 210.03 元，民营工矿业总产值在 90 亿元以上，协助资金总额与全年产品总值之比仅为 0.76%。以 1941 年的桂林市为例，该市共大小工厂112 家，其中，民营工厂 88 家，占全市工厂总数的 78.58%，其中向经济部工矿调整处以及经由该处介绍而向四联总处先后借得迁移、添建、购料等贷款者，只有民营工厂 9 家，全部贷款数额仅 636 150 元，且其中 60 万元被3 家规模较大的工厂所借得。[1]第二，工矿事业贷款集中在少数几个行业的少数规模较大的企业。就行业而言，集中在机械五金、电气、化工、钢铁、采矿等领域，就资本额而言，资金不足 20 万元的工矿企业无法得到四联总处的贷款，只有少数规模较大的企业才能得到贷款。以 1941 年度核定的民营工矿事业单位贷款为例：冶炼工业贷款集中在 16 家企业，机械工业贷款集中在 6 家企业，纺织及制丝工业贷款集中在 9 家企业，食品工业贷款集中于 7 家企业，电力业贷款集中于 4 家企业，矿业贷款集中于 5 家企业，电工器材制造工业集中于 4 家企业。[2]第三，四联总处办理工矿业贴放，以抵押贷款方式为主，其结果是"常便于商号之囤积，同业之套押，而工厂矿场不易获得放款，尤以较小，本身资金竭蹶，无力筹措押款垫头之厂矿为

---

[1]　秦柳方：《工业贷款的新趋势》，《半月文萃》1943 年第 1 卷第 5、6 期。
[2]　中国第二历史档案馆：《四联总处会议录》，第 13 册，广西师范大学出版社，2003 年，第480 页。

甚"①。第四,贷款手续烦琐,有的甚至拖延四五个月之久,失去放款时效。四联总处也不得不承认"各行局办理放款案件,不免有迟滞情形,外界不满,多所责难,若不予以改善,至足影响政府金融经济政策之实行"②。

四联总处对工矿企业的放款与投资,直接导致了战时国家资本的膨胀。抗战爆发以前的1936年,国家资本主要集中在金融领域,在工矿业,国家资本约为3.2亿元法币,占全国工业资本的比重为15%。抗战时期,国家资本在工矿业的比重迅速提升,据汪敬虞先生的统计,至1942年,国家资本占后方工业资本总额的70%。其中,机器制造业占30%、化学工业占75%、电力和电器工业高达89%、冶炼工业更高达90%以上,国家资本实现了对全国工业的垄断。③ 国家资本垄断工矿业主要是通过资源委员会、战时生产局、工矿调整处直接举办工矿企业或参股工矿企业来实现。资源委员会、战时生产局、工矿调整处直接举办工矿企业或参股工矿企业,其资金来源又主要仰给于四联总处。资源委员会是抗战时期国家资本最重要的投资部门,其资金来源主要有三条:一是国库拨款,国库拨款一般先由四联总处垫付,然后由国库于贷款投放后拨款归垫,因此,国库拨款仍是四联总处放款,1936年6月到1945年年底共拨给119.1亿元;二是国家银行贷款,1943—1945年贷款达90亿元;三是借外债或易货贸易所得外汇,资源委员会从历次外债中得到约6 000万元资金(战前币值),1941年前从易货贸易中得到约1 200万元资金(战前币值)。在上列三条途径中,两条源自四联总处。④ 因有可靠的资金来源,资源委员会迅速成为近代中国最大的重工业企业集团,其产业覆盖了钢铁、煤矿、冶炼、机械制造、电器、化学等行业。战时生产局和工矿调整处的资金来源也主要来自四联总处的贷款。战时生产局的业务程序是,先由四行贷款,向各厂矿签订合同契约,付款订货,定期验收;工矿调整处也是先向四行贷款,然后投放到各企业。⑤ 可以说,没有四联总处的资金支持,资源委员会、战时生产局、工矿调整处在抗战时期不可能大规模地直接举办工矿企业或参股工矿企业,所以,四联总处的贷款是抗战时期工矿业国家资本膨胀的首要原因。

---

① 重庆市档案馆、重庆市人民银行金融研究所:《四联总处史料》,中册,档案出版社,1993年,第346页。

② 同上书,第365页。

③ 汪敬虞:《汪敬虞集》,中国社会科学出版社,2001年,第84页。

④ 许涤新、吴承明:《中国资本主义发展史》,第三卷,人民出版社,1993年,第497—498页。

⑤ 王红曼:《四联总处与战时西南地区经济》,复旦大学出版社,2011年,第100页。

四、抗战时期四联总处交通贴放政策
与大后方交通运输的开拓

　　"交通事业,关系国家隆替至为密切,值兹抗战时期,对于应付非常事变,交通使命尤属重要"①,所以,交通运输的畅通是争取战争胜利的一个关键因素,也是战时经济的一个重要要求。抗战时期,日本侵略者一方面处心积虑地封锁我国国际交通要道,另一方面丧心病狂地炸毁联系大后方与前线的交通线。为了保证交通运输的畅通,国民政府克服重重困难,在地势险恶的西南西北地区凿山越水,开辟国际、国内交通运输线。大后方的交通建设,历尽艰辛,社会各界予以了充分的支持,例如,如果没有数百万民工的浴血奋战,不可能在短短几年之内就建成上千里的铁路和上万里的公路,如果没有四联总处的交通贴放,也不可能在短短几年之内就筹集到巨款来开拓战时交通。

(一) 战时大后方交通运输的开拓

　　抗战时期的交通建设事业,头绪纷繁芜杂,不能一一详细介绍。下面就铁路、公路、航运、电信等方面的建设成就撮要胪陈。

　　1. 铁路建设

　　中国的铁路建设,始于光绪二年英国人倡导的淞沪铁路,至战前 1936年全国铁路里程,共计为 7 400 千米,集中于东北、华北、华中地区,抗战时期随着以上地区的相继沦陷,中国的铁路也丧失十之八九。国民政府西迁重庆,西南西北成为抗战中心。为开拓联系后方中心城市与前线的交通,打通联系国外的交通线,开发后方地区,国民政府决定修筑湘桂、黔桂、叙昆、滇缅、西北等铁路干线。此外,为便利矿产运输,国民政府还修建了一些铁路支线,主要有:陇海路咸铜支线,由咸阳接铜官煤矿;粤汉路白杨支线,由白石渡至杨梅山矿场,湘桂路之黄阳司支线,通达窑冲煤矿;还有茶江铁矿运输支线,以及柳州至来宾、大湾的联络水运的支线等。抗战期间,国民党政府共修筑铁路干线 2 326 千米,对于后方交通运输业的发展起到了重要的作用。②

<hr />

　　① 交通部:《抗战以来之交通概况》,《中华民国史档案资料汇编》,第五辑,第二编,财政经济(十),江苏古籍出版社,1994 年,第 137 页。
　　② 吴太昌:《抗战时期后方交通运输业的发展及国民党国家资本的垄断》,《开发研究》1992年第 4 期。

表3-34　抗战时期新筑铁路工程概况表(1937年10月—1945年3月)

全线地段及长度		已完成地段及长度		备注
线路名称	千米	起始地点	千米	修建时间
湘桂线 (衡阳—镇南关)	干线 1 027	衡阳桂林间 桂林永福间 永福柳州间 镇南关宁明间 柳州来宾间 零陵支线 大湾支线	361 45 169 67 70 14 20	1937.10—1938.10 1938.4—1939.6 1938.8—1940.1 1938.8—1939.4 1941.4—1942.10 1943—1944.3 1942.9—1943.3
湘黔铁路 (株洲—贵阳)	干线 1 005	株洲蓝田间	175	1936.7—1939.1
滇缅铁路 (昆明—苏达)	干线 880	昆明安宁间	36	1938.12—1942
叙昆铁路 (昆明—叙府)	干线 859	昆明曲靖间 曲靖沾益间	160 14	1938.12—1941.4 1944—1944
黔桂铁路 (柳州—贵阳)	干线 620	柳州宜山间 宜山金城江间 金城江独山间 独山清泰城间	95 71 228 80	1939.9—1940.10 1939.9—1941.1 1939.9—1943.6 1939.9—1943.3
宝天铁路 (宝鸡北—通埠)	干线 154	宝鸡石门间	42	1939.5—1944.12
陇海铁路咸同支线 (咸阳同官矿场)	支线 138	咸阳三原间 三原同官间	45 93	1939.5—1939.12 1939.5—1941.11
粤汉铁路 (株洲板塘铺干线) (白杨支线)	干线30 支线14	株洲板塘铺间 白石渡杨梅山间	30 14	1941 1942.8—1943.3
綦江铁路 (江口猫儿沱—綦江 三溪)	干线 85	猫儿汶五岔间	39	1942.7
浙赣铁路复轨工程 (上饶—江山)	干线 87	上饶玉山间 玉山江山间	42 45	1943.3—1943.7 1943.2—1944.1
总计			1 955	

资料来源:罗元铮:《中华民国实录》,吉林人民出版社,1997年,第5284—5286页。

2. 公路建设

我国公路建设始于民国初年,到抗战前夕,总计全国共建成公路11万千米,其中8.5万千米为土路,2.5万千米为有路面的公路。抗战时期,随着大片国土的沦陷,我国约有4万余千米公路沦陷入敌手。战前所修筑的公路集中在东南各省,后方各省公路里程短。抗战时期,后方铁路建设成本高、难度大,水运又素不发达,除长江上游外,其他水路均未开发利用,公路运输遂成为后方交通运输业的中心,国民党政府乃着手西南西北公路交通网的建设,公路建设是战时国民党政府在交通运输业投资最多的部门。在战时交通速度累计投资中,公路建设投资占的比重占到55.9%。[①] 抗战时期,国民政府在大后方采取了改善旧路、修筑新路同时并举的方针。改善旧路的目的在于建立公路干线网络。西北地区的干线网络以兰州为中心,包括甘新、西兰、川陕、华双、甘青、汉白等公路,共约5 400千米,耗费1 000余万元。在西南地区,以贵阳为中心,辐射至重庆、柳州、昆明、沅陵,以及连接桂林等主要公路干线,总长约4 500千米,耗费1 000余万元。抗战时期所新筑的公路,主要有联系国际交通的甘新、滇缅、桂越、中印等公路,以及国内公路如河(池)田(东)、川(泸县)滇(昆明)、汉(中)渝(重庆)、川(成都)甘(兰州)、乐(乐山)西(西昌)、桂(桂林)穗(贵州三穗)、贺(广西贺州)连(广东连县),等等。[②]

表3-35　1938—1944年历年公路新筑、改善里程

年度	新筑里程(千米)	改善里程(千米)
1938	973	5 584
1939	2 583	9 802
1940	949	9 313
1941	2 616	11 883
1942	755	15 347
1943	1 571	16 666.5
1944	2 228	20 306
总计	11 675	88 901.5

资料来源:罗元铮:《中华民国实录》,吉林人民出版社,1997年,第5301页。

3. 航运建设

抗战以前,我国航权被外国人控制,外国资本拥有的轮船总吨位超过了我国所有的轮船总吨位,至抗战前夕,我国拥有轮船的总吨位仅有60余万吨。战前,我国水运以沿海地区的大河大江为中心。抗战时期,随着沿江沿海大部分地区的沦陷,水运转以重庆为中心,嘉陵江至广元为四川陕

---

① 吴太昌:《抗战时期后方交通运输业的发展及国民党国家资本的垄断》,《开发研究》1992年第4期。

② 李平生:《抗战时期大后方经济》,广西师范大学出版社,1995年,第187—188页。

西水陆要道;东南沿长江至涪陵入黔江,经彭水、龚滩至龙潭入酉水,再经
沅江、湘江达衡阳,为四川湖南水陆要道,两者合为沟通西南西北的水陆路
线。这些水道大都水流湍急,航行极为艰险,交通部于 1942 年在嘉陵江、
沅江等处设置绞滩设备并炸掉了多处险滩,改善了航运条件。船只是水运
的工具,战时交通部在修造船舶方面亦下了不少力气。首先,赶修川江轮
船。招商局行驶川江的大型江轮,如江顺、江安、江新、江华、江汉、建国等,
均年久失修,不能使用,交通部对它们进行了船壳敲锈、油漆和整理机器等
修补工作。其次,修复被炸轮船。1939 年 8 月,川鄂江南被炸毁轮船 28
艘,经过政府补助或自行贷款,修复 80% 以上。再次,添制木船。交通部
于 1939 年设立川江、西江两造船厂,至 1944 年共制造大小木船 3 600 余
艘,约计 5 万吨。此外,还制造了浅水轮及煤气机船 15 艘,从而大为缓减
了战时后方水运不足的矛盾。① 又次,新辟轮船航线,共 3 500 余千米。主
要航线有:① 沅江线,湖南常德至沅陵段,水程 203 千米。② 湘宜线,长沙
经安乡、公安、松滋至宜昌航线,沟通了湘鄂水运。③ 嘉陵江线,战前嘉陵
江轮船航线止于合川,1939 年该航线延至南充,除枯水季节外,重庆至南
充间轮船可全线通航。该线的开辟有利于沟通西南与西北间的运输。
④ 金沙江线。交通部修浚了航道,宜宾至安边一段首先通航,嗣后航线又
延至屏山。②

　　近代中国航空异常落后,战前仅有三家航空公司,大小飞机 40 余架,
航空线路总长不过 12 931 千米。战时,由于日军的袭击,飞机损失过半,航
空线路丧失十之八九。国民政府迁都重庆以后,以重庆为中心进一步扩展
航空线路,主要航线有:重庆—昆明—腊戍(缅甸沦陷后改为丁江)—仰
光、南雄—香港、重庆—昆明—腊戍—加尔各答、重庆—西安—兰州—武
威—张掖—哈密、重庆—兰州、昆明—桂林。1939 年 12 月,中苏合资经营
的中苏航空公司正式成立,总基地设于新疆迪化,专营哈密经迪化、伊犁至
苏境阿拉木图的航线。1941 年 8 月中德断交,欧亚航空公司的德方资产
由国民政府接收,更名为中央航空公司。太平洋战争爆发,中国、中央两航
空公司在香港的飞机因空袭遭到严重损失,大型飞机几乎全被炸毁,随之
飞中国香港、越南、缅甸的航线也都相继停航,对外空运线路只存加尔各答
一条航线,中国航空公司除继续经营普通空运业务外,又受国民政府的命

---

　　① 交通部:《抗战以来之交通概况》,《中华民国史档案资料汇编》,第五辑,第二编,财政经
济(十),江苏古籍出版社,1994 年,第 152—153 页。
　　② 吴太昌:《抗战时期后方交通运输业的发展及国民党国家资本的垄断》,《开发研究》1992
年第 4 期。

令开始办理中印空运,从租借法案获得部分运输机,承担进出口物资的运输。滇缅战役至抗战胜利这段时期,中国、中央两航空公司新辟的国内航线有:昆明—丁江、宜宾—丁江、沪县—丁江、重庆—汉中—宝鸡、重庆—湛江—柳州、成都—雅安等。①

4. 电信建设

我国的电信事业中,有线电报创办最早,始于光绪五年,至战前有线路约 10 万千米;其次为市内电话,始于光绪七年,至战前有部办电话 36 处,市话交换机 74 000 号;再次为长途电话,始于光绪二十六年,至战前有线路约 5 万千米;创办最晚者为无线电报,始于光绪三十一年,至战前有部办电台 170 余座。但战前的电信建设集中于发达的沿海地区,抗战时期,为配合军事需要,交通部克服器材缺乏、财政艰窘等困难,在西南西北地区大力建设电信事业。在抗战的 8 年间,新建及移并报线 4.8 万千米,话线约 4 万千米,报话机械也大多得到改进和补充,基本上满足了战时递信容量的需要。②

(二) 四联总处的交通贴放

1. 抗战时期四联总处交通贴放方针的演进

1940 年 3 月四联总处制订《经济三年计划》,规定经济计划的首要目标,“在增进生产,便利运输”。《经济三年计划》列专章“交通建设”,对三年交通建设所需资金做了计划安排:铁路、公路、电讯及航空等四项交通事业,1940 年度需 475 208 000 元国币,7 804 000 美元;1941 年度需 453 407 000 元国币,242 000 英镑,6 192 000 美元;1942 年度需 400 034 000 元国币,185 000 英镑,6 351 000 美元。此外,军民运输所需汽油、机油及汽车配件计划 1940 年约需 1 500 万美元,1941 年为 1 300 万元,1942 年为 1 000 万美元。③ 1940 年 4 月初,四联总处与经济部、财政部、交通部召开联席会议,议决《经济三年计划实施办法》,认为“原拟铁路、公路、电政、航空三年计划,需款过巨”,人力、财力难以企及,因此“所有计划,自须重加考订”,会议重新拟定了五项原则,“作为交通部重拟计划与四行商洽投资之标准”。包括:

---

① 吴太昌:《抗战时期后方交通运输业的发展及国民党国家资本的垄断》,《开发研究》1992 年第 4 期。

② 交通部:《抗战以来之交通概况》,《中华民国史档案资料汇编》,第五辑,第二编,财政经济(十),江苏古籍出版社,1994 年,第 178 页。

③ 重庆市档案馆、重庆市人民银行金融研究所:《四联总处史料》,上册,档案出版社,1993 年,第 156—157 页。

第一，滇缅、叙昆、黔桂三铁路之建筑，可由银行投资，政府为之保本保息。其详细办法及用款数额，由交通部与四联总处商订办理。成渝及筑戎两铁路，当俟叙昆、黔桂两路将次完成，国外材料输入确有把握时，再议举办。第二，公路建筑及设备非直接营利者，由国库拨款办理。其运输事业如果经营得当，即可获利，应由银行投资或贷款办理。中国运输公司所需资金，可由四行贷放。其详细办法由交通部与四联总处商洽。第三，中国、欧亚两航空公司，每年每公司各添购大型飞机两架，约需美金120万元，可由交通部提出该两公司营业计算书，及历年收支实况与外币收入支付情形，商由四行贷款办理。第四，长途电话、无线电报及市内电话之推广建设，通盘筹划，自身可以维持，可由交通部指定区域，提供保证办法，商由四行贷款办理。第五，铁路所属机厂，运输公司所属修车厂等，为独立之经营单位者，所需流动资金或扩充设备费用，亦可由四行贷放。①

太平洋战争之后，国内经济金融形势发生了深刻变化，为适应时局变动的需要，1942年1月15日，四联总处制定通过《政府对日宣战后处理金融办法》，对包括交通放款在内的各种"放款之事，先审核，事后考查，必须严格，但手续及保证等应力求简便"，1月22日，四联总处又通过《四联总处核办投资贴放方针》，以规范各行局贴放业务。该方针规定，"各行局办理交通投资放款案件，其数额在五百万元以下者，得先行承做，按月汇报总处备案；凡超过五百万元之交通放款，均应于事前报请总处核准后再行承做；借款人直接向总处申请之交通放款案件，须经理事会核定后再交各行局承做"②。1942年5月28日，四联总处理事会通过《中、中、交、农四行业务划分及考核办法》，对各行业务进行划分，规定交通运输事业由交通银行单独办理，中央银行和中国农民银行的交通事业贷款与投资，移归交通银行接收办理，且投资数额在五十万元以上者，统由四联总处理事会核定，再交交通银行承做，数额在五十万元以下者，得先行承做，仍依照规定按期具报查核。四行业务划分的完成，标志着四联总处的交通贴放方针由联合贴放演变为单独贴放。

2. 四联总处交通贴放的具体情况

抗战时期四联总处核定的交通总况如表3-36所示。

---

① 重庆市档案馆、重庆市人民银行金融研究所：《四联总处史料》，上册，档案出版社，1993年，第168页。

② 同上书，第352页。

表 3-36　1937—1945 年四联总处核定的交通放款金额 单位:法币万元

年份	放款总额	折战前币值	交通贷款	折战前币值	百分比(%)
1937—1939	53 230	35 230	2 120	1 410	4.0
1940	69 640	13 580	1 730	340	2.5
1941	154 530	11 920	19 390	1 400	12.6
1942	266 200	6 830	27 460	680	10.3
1943	1 109 560	8 850	144 660	1 150	13.0
1944	3 302 450	7 650	90 890	210	2.8
1945	7 580 450	4 650	465 330	280	6.1

资料来源:重庆市档案馆、重庆市人民银行金融研究所:《四联总处史料》,中册,档案出版社,1993 年,第 612 页;许涤新、吴承明:《中国资本主义发展史》,第三卷,人民出版社,2003 年,第 491 页;罗元铮:《中华民国实录》,第五卷,文献统计,下册,吉林人民出版社,1997 年,第 5264 页。

抗战时期四联总处核定的交通放款总额达 75.158 亿元,占其全部放款总额的 6%,次于工矿、盐务和贸易放款,居第四位。四联总处的交通贴放有如下特点:其一,贴放数额在账面上呈绝对上升趋势,但扣除物价上涨因素之后所折合的战前币值则呈由升到降的趋势。1941—1943 年是四联总处交通贴放最多的年份,因为这三年是经济三年计划的落实时期。同时,随着太平洋战争之后越南、缅甸的沦陷,大后方对外交通线几乎完全被日军截断,仅依靠中印"驼峰"航线和西北公路与相连,为改善西北地区的交通状况,国民政府不得不斥以巨资。其二,就行业而言,交通放款主要集中于铁路和公路贷款。如 1940 年、1941 年、1943 年的交通放款中,铁路放款分别占放款总额的 57.40%、33.80%、60.27%;公路放款额分别占放款总额的 38.36%、12.41%、18.74% 左右;航运放款分别占放款总额的 3.00%、12.89%、14.31%;电信放款所占比例则很小,1941 年度仅放款 20 万元。[①]其三,交通放款绝大部分集中于国营交通事业,民营交通事业得到甚少,在四联总处所核定交通贷款业务中,仅民生公司、永昌实业公司、大达轮船公司、建兴商轮公司等少数公司能得到四联总处的贷款。

3. 四联总处交通贴放的作用

抗战时期交通建设事业经费的筹措,无外乎四条途径:一是政府财政拨款;二是民间投资;三是举借外债;四是银行贷款。由于资料阙如,无法计算出四联总处交通贷款在战时交通事业全部经费中的比重,但是可以估

---

① 根据重庆市档案馆、重庆市人民银行金融研究所:《四联总处史料》,中册,档案出版社,1993 年,第 448、463、480 页数据计算。

计到,这个比例是很低的。因为1937—1945年,交通部仅对公路投资的总额就达718.7亿元,而四联总处在抗战时期的交通贷款总额也只有75.2亿元,两者之比也不足11%,若再加上铁路、航运、电信事业的建设经费,这个比例将会相当小。所以,四联总处的交通贴放对整个战时交通的影响并不大。但是,由于四联总处的交通贷款是集中于少数几个项目上,而这些项目往往又是战时的主要交通线,所以四联总处的交通贷款对战时重大交通项目建设所起的作用又不可低估。如战时交通大动脉滇缅铁路的建设经费中,1938—1942年财政拨款和国外借款为47 368万元,而四联总处仅在1941年对滇缅铁路的贷款就达18 820元,其中包括督办公署赶工定期借款3 400万元,另赶工透借1亿元,后又增借5 420万元。[①]

五、抗战时期四联总处的其他贴放

抗战时期四联总处的贴放业务,除了农贷、工矿业贴放和交通贴放之外,还有贸易、盐务、粮食等贴放业务,前面三种贴放是生产性贴放,后面三种贴放则属于商业性质的贴放。生产性贴放直接关系到战时大后方经济开发,商业性贴放与大后方经济开发主要是一种间接关系。本文主要研究四联总处贴放政策与战时大后方经济开发,故而对四联总处的商业性质贴放业务在此不做详细论述。

(一) 四联总处的贸易贴放

1. 四联总处贸易贴放政策的演变

为增进生产,调整贸易,国民政府于1937年10月在上海设立贸易调整委员会,隶属于军事委员会。该会"对全国国际贸易事业负促进调整之责,并予以资金、运输之协助,补助其亏损"。该会成立之初,即由四联总处一次性拨给调整资金2 000万元。1938年3月,贸易调整委员会奉令改组,改隶财政部,更名贸易委员会,其营运资金又由四联总处分两次增拨至1亿元。[②]贸易委员会成立后,总揽一切有关对外贸易的行政管理权,并直辖复兴商业、富华贸易、中国茶叶三个出口专业公司,分别收购桐油、猪鬃、茶叶和其他土产用于对外贸易。1939年7月,为了适应易货偿债与控制

----

① 重庆市档案馆、重庆市人民银行金融研究所:《四联总处史料》,中册,档案出版社,1993年,第463页。
② 重庆市档案馆、重庆市人民银行金融研究所:《四联总处史料》,上册,档案出版社,1993年,第272页。

战略物资的需要,国民政府规定桐油、猪鬃、茶叶、矿产四类为统购统销货物。桐油、猪鬃、茶叶三种特产分别由贸易委员会复兴、富华、中茶三家公司统购统销,钨、锑、锡、汞等矿产由经济部资源委员会统购统运统销。从此,中国的出口贸易逐渐由过去的自由放任走上了国营贸易的道路,这是抗战时期我国出口贸易制度的一个重大变化。

1940 年 3 月 28 日蒋介石指示四联总处:"今后统制物价与出口货品价格之提高,收购农工矿产品应收购何物、何数,其范围、资本、地区、运输工具、方法皆须由总处详细研究规划。"① 3 月 30 日四联总处制订并通过《经济三年计划》,指出"商务贸易包括平价资金、出口农矿产购运资金以及一般工商业贴放等三项,计划二十九年(1940 年)平价资金二千万元,三十年(1941 年)和三十一年(1942 年)各为五千万元,出口农矿产购运周转资金与一般工商业贴放每年为一亿元",且贸易以"不计盈亏,尤重鼓励增产"为原则②。针对政府贸易机关事权不统一、走私之风日盛的状况,四联总处于同日还拟定了《关于协助政府促进贸易出口方案》,提出六条措施:"第一,统一贸易机关使事权集中;第二,中央与地方打成一片,彻底合作,以减少阻碍遂行贸易政策;第三,增加生产,改良品种,增进对外贸易上之价值;第四,增进运输使每年至少有十五万吨左右之运量,以应出口物资之需要;第五,严密管理主要物产之生产运销,加紧货运稽查之组织,以防止走私资敌;第六,收买价格须防止中间商人剥削,使实惠及民。"③在 1940 年 4 月 9 日所制定的《关于协助政府促进贸易案的审查意见》中,四联总处进一步补充规定了有关出口贸易的机关组织、人事、业务方面的具体内容。

太平洋战争后,国内经济形势发生了深刻变化。四联总处调整了其贴放政策,"贴放以直接用于增加必需品生产及抢购游击区物资者为限"④。1942 年 1 月 15 日,四联总处制定通过《政府对日宣战后处理金融办法》,再次强调包括贸易放款在内的各种"放款之事,先审核,事后考查,必须严格,但手续及保证等应力求简便"⑤。1942 年 5 月 28 日,四联总处理事会通过《中、中、交、农四行业务划分及考核办法》,完成各行专业划分。其中规定:"凡内地及进出口贸易事业、进出口有关之工矿业贷款,由中国银行承做",并规定"所有已往贸易之联合贴放及中央、农民两行贸易之单独放

---

① 重庆市档案馆、重庆市人民银行金融研究所:《四联总处史料》,上册,档案出版社,1993 年,第 155 页。

② 同上书,第 156、166 页。

③ 同上书,第 270 页。

④ 同上书,第 301 页。

⑤ 同上书,第 305 页。

款均移交中国银行办理"。此后,四联总处"为协助政府之物资购销工作得以顺利进行,关于中央及地方各机关举办必需日用物品之平价购销,对前后方重要物资之抢运,食糖等专卖物品之配运调节,以及公营民营贸易事业之经营外销易货等之申请资金,无不按其需要量予协助"[①]。四联总处之贸易贴放政策由四行联合贴放转变为由中国银行单独贴放。

2. 四联总处贸易贴放

四联总处贸易贴放概况见表3-37:

表3-37　四联总处历年贸易放款数额表　　　　单位:法币万元

年份	放款总额	折战前币值	贸易放款额	折战前币值	百分比(%)
1937—1939	53 239.6	35 230	16 640	1 090	3.1
1940	69 645.4	13 580	27 012	5 270	38.8
1941	154 543.3	11 920	10 725	820	6.9
1942	266 192.3	6 830	66 398	1 710	24.9
1943	1 109 564.4	8 850	55 179	440	5.0
1944	3 302 454.7	7 650	196 982	460	6.0
1945	7 580 450.6	4 650	569 980	350	7.5

资料来源:中央银行经济研究处:《中央银行月报》1947年新2卷6期第102页;重庆市档案馆、重庆市人民银行金融研究所:《四联总处史料》,中册,档案出版社,1993年,第612页;许涤新、吴承明:《中国资本主义发展史》,第三卷,人民出版社,2003年,第491页;罗元铮:《中华民国实录》第五卷,文献统计,下册,吉林人民出版社,1997年,第5264页。

四联总处贸易贷款主要分三种:一是平价资金,即用于收购物资以平抑物价的贷款,如先后拨给平价购销处营运资金4 900万元;二是统购统销资金,即用于收购政府统制的进出口商品的贷款,如1943年两次拨给中茶公司7 500万元,以收购国茶运苏联进行易货贸易;三是向沦陷区抢购物资的贷款,如汤恩伯奉令抢购物资借款5 000万元。[②]

3. 四联总处贸易贴放的作用

第一,四联总处的贸易贷款促进了后方商贸业的发展。战时后方工、农、矿、交、商各业均有较大发展,其中商业发展最快,出现了重庆、成都、西安、贵阳、昆明、桂林、兰州等商业中心。以当时最大的商业中心重庆为例:战时重庆商业25 929家,资本49 535.3万元,商业的家数和资本数最多,占

[①]　重庆市档案馆、重庆市人民银行金融研究所:《四联总处史料》,中册,档案出版社,1993年,第594页。

[②]　同上书,第570—577页。

各业总额的72.67%。[1] 1937—1939年,四联总处的平价购销放款加上实际用于商业活动的"一般事业"与"协助地方"放款以及同业放款甚巨,占该时期放款总额的78.61%。[2]尽管其中难免有商业投机因素,但客观上促进了后方经济的稳定与发展。

第二,贸易委员会等国营贸易机关利用四联总处核定拨付的资金与苏美等国进行易货贸易,购进了大量军火,增强了抗战实力。1937—1945年,我国共从苏联进口飞机、武器军火17 318万元,平均每年4 329.5万元。[3]从美国进口的物品1/3为军用品。除军用品外,进口的货物主要还有棉花、布、小麦、面粉、米谷、煤、水泥、燃油、汽车、钢铁、机器等。从苏美等国进口的物资支援了中国的抗战,中国出口的物品也有力地支持了这些国家进行反法西斯斗争。如果没有这些军火的购入,要坚持八年抗战是很难想象的。此外,四联总处还在一定程度上促成了1944年和1945年少量的贸易出超。1944年出超99.4万元,1945年1—8月出超176万元。[4] 这与四联总处的战时贸易政策不无关系,因为1942年至1945年8月在8 510万美元的出口总值中,至少有6 430万美元(即75.6%)输往美国和苏联,以偿还其于1942年前提供的主要为购买军需物资的信用贷款,而四联总处为购储这些出口物资提供了大量资金。虽然当时的出超是在对外交通几乎断绝、进口渠道大为减少的情况下出现的,且国统区的贸易额仅占全国贸易总额的19%[5],但这毕竟是1877年以来中国政府势力所及的范围内对外贸易史上前所未有的现象。当然四联总处的贸易贴放也存在许多弊端。如抗战初期的放款许多被用来从事商业投机,即使四联总处的四行二局本身也曾直接从事商业投机活动;对农副产品收购价格过低,"谷贱伤农",打击了生产者的积极性;贸易放款确实太少,且在有限的贸易放款中,大部分是贷给国营贸易机关,而民营贸易公司或商人所得甚少。

(二) 四联总处的盐务贴放

盐斤增产与运屯,关乎民食税收。油、盐、柴、米俗称开门四大事,缺一样都不行,1940年大后方一些地区的盐荒还引发了社会动乱。战时国民政府的税收总收入构成中,盐税收入所占份额一直很高,某些年份甚至占

---

① 董长芝、李帆:《中国现代经济史》,东北师范大学出版社,1988年,第174—175页。
② 黄立人:《抗战时期大后方经济史研究》,档案出版社,1998年,第76—77页。
③ 《近代史研究》1988年第6期,第200页。
④ 郑友揆:《1840—1948年中国的对外贸易与工业发展》,上海社会科学出版社,1984年,第194页。
⑤ 同上书,第170页。

半壁江山,1937 年、1938 年、1939 年、1940 年、1941 年、1942 年、1943 年、1944 年、1945 年历年盐税在税收总额中的比重分别为 29.89%、29.54%、21.58%、14.22%、12.59%、32.12%、11.65%、44.53%、52.89%。[①]正因为如此,四联总处"对于盐务机关及各地运商无不尽量贷款协助"[②]。抗战时期四联总处盐务贴放总况如表 3-38 所示:

表 3-38　1937—1946 年四联总处核定的盐务放款统计　　　单位:千元

年份	各项放款总计	盐务放款	盐务放款所占比重
1937—1945	125 354 323	22 724 650	18.13%
1937—1939	532 396	51 825	9.73%
1940	696 454	184 100	26.43%
1941	1 545 433	841 820	54.47%
1942	2 655 443	419 520	15.79%
1943	11 095 544	1 014 075	9.14%
1944	33 024 547	4 694 860	14.21%
1945	75 804 506	15 518 450	20.47%

　　资料来源:重庆市档案馆、重庆市人民银行金融研究所:《四联总处史料》,中册,档案出版社,1993 年,第 612 页。

　　四联总处的盐务贴放主要有三种:一是生产性贴放,即用于盐业生产的贴放。随着沿海各地的相继沦陷,"两淮、长芦等沿海海盐区及口北、晋北、河东等区相继一部或全部沦陷"[③]。盐场陷落,一方面使得后方人们食盐供应非常紧张,工业用盐非常紧缺,盐成为抗战时期的紧要战略物资。正因为如此,国民政府非常重视食盐的增产,1939 年财政部制定的第二期行政计划实施方案,特别提出"为充实军民食用起见,在川、粤、浙、闽、西北、滇、陕七区大量增产(食盐)"[④]。四联总处利用国家行局的雄厚资金,积极开展盐业贷款,大力支持盐业增产与运输。四联总处于 1937 年 8 月 9 日颁布《贴放委员会办理贴放办法》,该办法将盐作为放款及转抵押品之列,照市价七五折计算。1937 年 8 月 26 日颁布的《四行内地联合贴放办法》,再次明确将盐纳入贴放押品范围。1937—1941 年,四联总处核放的

　　① 丁长清:《民国盐务史稿》,人民出版社,1990 年,第 407 页。
　　② 重庆市档案馆、重庆市人民银行金融研究所:《四联总处史料》,中册,档案出版社,1993 年,第 446 页。
　　③ 中华年鉴社:《中华年鉴》,下册,中华年鉴社,1948 年,第 1135 页。
　　④ 《财政部第二期战时行政计划实施具体方案》(1939 年 3 月),《民国档案》1993 年第 4 期。

盐贷额一直高居各业贷款之首,其所占四联总处贴放总额的比例最高的1941年达到54.64%。[1] 1937—1945年,四联总处核放盐贷共2 272 465万元,仅次于同期的工贷,占同期贴放总额的18.13%。[2]后方的主要盐产地在四川,而四川的主要食盐生产地又在自贡,为满足战时后方食盐需求,自贡食盐产量需年增产300万担,加上食盐原有生产能力350万担,共计650万担,而实现食盐增产目标,亟须增加卤灶。增卤建灶,需要大量资金,盐商无力筹措,只能仰赖政府贷款扶持,贷款扶助井灶设备,是抗战初期四联总处盐贷的重要方向。[3] 川康盐务局先后报请财政部批准,向中央、中国、交通、农民四大国家银行贷款1 350万元,作为增产贷款资金,用于盐场增卤建灶之需。1941年,四联总处给盐务总局贷款2 200万元,作为增加盐产重要原料硝磺的流动资金。[4] 四联总处的巨额盐贷,是国统区盐业生产能够在极其困难的条件下得以稳步发展的一个重要原因。"总计后方各区产盐数量,自二十七年增产后年有增加,尤以川盐区成绩最佳。"[5]1937年川盐产量为770万担,1938年即达到900余万担,1939年更突破1 000万担大关,占当时全国盐产的一半。与此同时,云南、陕西等省产盐区产盐量稳步增长,满足了抗战期间的军需民食。据统计,大后方战时食盐每年的销量在1 800万市担左右,产量大都在2 000万市担以上,产销相抵,有盈无绌。[6]

二是商业性贴放,即用于食盐购屯的贴放。商业性盐务贴放所占的比重最大,以1941年盐务贴放情况为例:该年四联总处核定的盐务借款总额为15 199万元,商业性盐务贷款达12 259万元,占前者的80.66%。[7]其原因是中国几个最大的盐场即长芦、山东、两淮、两浙、福建、广东等在抗战时期随着这些地区的沦陷而落入敌手,大后方仅有甘肃、蒙古、四川、云南四个规模不大的盐场,所产之盐无法满足工业用盐需要和人们的生活需要,很多地方不得不实行盐斤配给制。为了防止盐荒,国民政府的盐务总局在各地大量收购、囤积盐斤以调剂供需,这就造成盐斤购屯贷款的增加。就

---

① 刘祯贵:《浅论抗日战争时期四联总处的盐贷政策》,《盐业史研究》,2012年第4期。
② 中华年鉴社:《中华年鉴》,下册,中华年鉴社,1948年,第1136页。
③ 同上。
④ 重庆市档案馆、重庆市人民银行金融研究所:《四联总处史料》,中册,档案出版社,1993年,第458页。
⑤ 中华年鉴社:《中华年鉴》,下册,中华年鉴社,1948年,第1136页。
⑥ 黄立人:《抗战时期大后方经济史研究》,中国档案出版社,1998年,第99页。
⑦ 重庆市档案馆、重庆市人民银行金融研究所:《四联总处史料》,中册,档案出版社,1993年,第447页。

盐务贴放的流向而言,始终是官多商少。因为在抗战爆发后不久,国民政府就着手控制盐业的生产与运销。从1942年1月1日起,开始实行盐专卖制度,盐务几乎完全被政府控制,民间力量很难染指盐务,自然,盐务贷款便集中于官办盐场和盐业公司,民营盐业公司或商号中,只有久人精盐公司、大业盐号、华丰盐号、利民盐号等少数厂商才能得到四联总处的贷款。

三是运输贴放,即用于盐斤运销的贴放。前已述及,中国盐场大多位于沿海,沿海省份陷落,盐场亦随之陷落,如何将沿海盐场所产之盐抢运到后方,成为抗战初期国民政府面临的一个重要问题。战前,主要采取传统的商运方式,但在战时,盐商无法组织大量人力与财力进行盐业运输。抗战爆发以后,"受时局影响,(商运)多形停滞",1937年9月,国民政府决定食盐"即由公家代运"[1]。食盐官运之后,所需经费来源于国家银行贷款和政府拨款,1937—1939年,四联总处共核定盐务放款5 182.5万元,这些盐务贷款基本用于战时抢运沿海盐斤需。在四联总处资金帮助下,沿海各省均按照要求"努力于食盐之抢运",抢运存盐达3万担左右,"一时民食,乃无问题"[2]。1940年度,四联总处分别向盐务机关和盐商提供盐务贷款14 830万元和369万元。

1940年,四联总处的盐业运输贷款:盐务总局贷款6 000万元,该笔贷款主要用于在湘、赣、浙、闽、粤、桂六省加屯半年食盐;川康盐务管理局贷款1 500万元,主要用于收屯济湘济楚所余盐傤;西北盐务管理局贷款300万元,专项用于"官运"盐斤;云南盐务管理局贷款300万元,用于在各区办理盐斤官收与官运;陕西盐务办事处贷款200万元,用于办理甘盐官运。[3]1941年年初,各地盐业运输机关与盐商反映原有借款受战争影响不敷运用,请求四联总处追加贷款。四联总处决定向盐务总局追加贷款4亿元,盐业运输所需资金统筹在此次盐务总局4亿元贷款中列支。为减轻各盐运机关的负担,过去各盐务机关贷款所发生的本息,四联总处同意在此次贷款中一并进行扣除。后来因战时通货膨胀而致物价不断增加,盐务总局请求四联总处增加贷款,四联总处把该项贷款总额陆续增加到18亿元。抗战后期,物价飞涨,盐运成本亦随之增加,四联总处加大了对食盐运销商的贷放。1943年,四联总处共核准盐务机关贷款4.78亿元,盐商贷款2.46亿元,该年度,四联总处还分别为贵州、湖南、江西食盐运销商提供借款5 400万元、6 050万元、6 100万元。1944年,四联总处共核定盐务放款

①　黄健、程龙刚、周劲:《抗战时期的中国盐业》,巴蜀书社,2011年,第177页。

②　孔祥熙:《抗战以来的财政》,胜利出版社,1942年,第33页。

③　黄健、程龙刚、周劲:《抗战时期的中国盐业》,巴蜀书社,2011年,第447页。

46.94 亿元,其中以各岸运销放款为数最巨。①

四联总处的盐贷政策,对增加内地盐场产量、畅销食盐销量、抢运沿海食盐至后方,起到了直接的促进作用,功不可没。但也要看到,四联总处所发放的盐业贷款,盐商获得的贷款远低于盐务机关,因而带有明显的垄断全国盐业的意图。而且,在盐业贷款过程中,国家银行与盐商、盐业机关互相勾结,囤积食盐,哄抬盐价,给生产和生活亦造成了不利。当然,不能因此而否定四联总处盐贷政策的绩效。

(三) 四联总处的粮食贴放

民以食为天,军粮民食的供应,是关系抗战的一件大事。所以,四联总处对“凡中央及地方政府调剂供需、平衡价格以及矿厂盐场购办工粮,无不视事实需要尽量贷助”②。抗战时期,四联总处的粮食贴放总况如表 3-39 所示:

表 3-39　1937—1946 年四联总处核定的粮食放款统计　　　　单位:千元

年别	各项放款总计	粮食放款	粮食放款所占比重(%)
1937—1945	125 354 323	5 091 201	4.06
1937—1939	532 396	16 410	3.08
1940	696 454	56 156	8.06
1941	1 545 433	152 750	9.88
1942	2 655 443	237 550	8.94
1943	11 095 544	800 550	7.21
1944	33 024 547	901 060	2.72
1945	75 804 506	2 926 725	3.86

资料来源:重庆市档案馆、重庆市人民银行金融研究所:《四联总处史料》,中,档案出版社,1993 年,第 612 页。

四联总处的粮食贴放分为四种:一是民食贷款,即用于收购粮食以调剂民食供需的贷款;二是军粮贷款,即用于各大战区购粮会收购粮食的贷款;三是赈济粮灾贷款,即用于收购粮食赈济粮荒的贷款;四是协助征实贷款,从 1942 年开始,国民政府在大后方实行田赋征实,其中,各省田赋管理处征购粮食周转金主要由四联总处来供给。

---

① 刘祯贵:《抗战时期四联总处与战时盐业运输》,《四川理工学院学报》2014 年第 1 期。

② 重庆市档案馆、重庆市人民银行金融研究所:《四联总处史料》,中册,档案出版社,1993 年,第 461 页。

第四章　四联总处与战时经济金融管理

抗战进入相持阶段后,经济实力成为决定战争胜负的关键因素。正如1940年3月28日蒋介石致四联总处函中所言:"今后抗战之成败,全在于经济与金融之成效如何""但是经济方面,最重要的为金融,这是我们今后所应该努力筹划的",蒋介石希望金融界能拟订一个战时经济金融计划,"决定四行业务方针及各行业务发展的方向,来逐步发展经济,增加生产,安定金融,以奠定国家经济基础"①。在蒋介石的直接领导下,1940年3月30日,四联总处制订了一个《金融三年计划》并在同日举行的理事会议上获准通过,4月9日,四联总处奉蒋介石命令又制订了《金融三年计划二十九年度实施计划》。这两个计划规定了国统区1940—1942年金融建设的大政方针,是四联总处尔后开展金融活动的基本依据。具体而言,主要包括五项内容:敷设西南西北金融网、平抑物价、领导经济金融战、推进节约建国储蓄运动、监管战时金融。

一、四联总处与战时西南、西北金融网的敷设

(一) 筹划敷设西南西北金融网

金融机构集中之处必须是工商业发达之地。近代以来,东南沿海一直是我国经济相对发达、交通相对便利的地区,金融机构"亦因而偏重沿海沿江各地",至于西南、西北各省,"除少数之重要城市设有分支行处外,其较偏僻之地尚少设置"②。抗战前夕,全国共有银行总行164家,分支行处1 627所,其中,55%的总行和22%的分支行集中在华东地区。西南各省的银行总数和分支行数,分别占全国总数的11%和10.4%。经济落后的贵

---

① 重庆市档案馆、重庆市人民银行金融研究所:《四联总处史料》,上册,档案出版社,1993年,第153—155页。

② 同上书,第194页。

州省,全省无一总行,分支行处都集中在交通便利的贵阳、遵义、安顺、都匀、盘县等地,就是经济相对发达的重庆,全部银行和钱庄也仅59家,其中旧式钱庄23家。① 表4-1对战前全国银行分布的不平衡状况有清楚反映:

表4-1 1937年全国各省银行分布情况数

省别	总行数	分支行数	省别	总行数	分支行数	省别	总行数	分支行数
江苏	66	421	浙江	24	151	河北	10	189
山东	4	58	河南	1	72	山西	1	40
陕西	2	48	甘肃	0	5	江西	3	79
湖北	3	69	湖南	4	40	四川	15	110
福建	4	70	广东	7	52	广西	2	42
云南	1	6	辽宁	0	18	吉林	0	9
黑龙江	0	3	热河	0	0	察哈尔	0	4
绥远	1	10	安徽	1	79	西康	1	0
贵州	0	4	新疆	1	8	其他	5	24

资料来源:中国银行经济研究室:《全国银行年鉴》(1937年),汉文正楷印书局,1937年,第A17—18页。

根据表4-1,不难计算出如下数据:战前设立在经济发达的江浙地区的银行总行达90家,约占全国总行数的55%,分支行572处,约占全国分支行总数的35%;西南地区所设立的银行总行为17家,约占全国总行数的10%,分支行162处,约占全国分支行总数的9%;而在西北地区所设立的银行总行仅5家,约占全国总行数的3%,分支行75处,约占全国分支行总数的4%,在青海、宁夏则没有设立新式银行。

抗战爆发后不久,国民政府西迁重庆,政治中心移至西南西北地区,需要银行为各级政府代理金库;沿海各省工厂随政府内迁,在广大西南西北地区重新择址设厂,也需要银行为其提供融通资金等服务;沿海银行大量内迁,据统计,在1938年仅内撤的四行分支行处就达200余家,大多集聚于重庆,需要政府对内迁银行的重新布局做出统筹安排。1938年4月19日,国民政府颁布《改善地方金融机构办法纲要》,针对金融机构布局偏重沿海而轻内地,造成中国经济过度不平衡的不合理性提出了改进办法。为落实《改善地方金融机构办法纲要》,1938年6月,国民政府在汉口召开第一次全国地方金融会议,会后,四联总处提出"筹设西南西北金融网之目的,一方面为适应军事集团运输之需要,同时负有活泼内地金融,发展后方

① 周天豹、凌承学:《抗日战争时期西南经济发展概述》,西南师范大学出版社,1988年,第99—101页。

生产之使命"①。四联总处还拟订了《筹设西南、西北及邻近战区金融网二年计划》,提出分三期在西南、西北地区设立216处金融机构,第一期在1938—1939年完成,第二期于1940年完成,第三期于1941年完成。1939年3月召开全国第二次地方金融会议上,国民政府又制订了《完成西南、西北金融网及邻近战区金融网之两年计划》,该计划要点有四:第一,凡后方与政治经济交通及货物集散有关之城镇乡市,倘无四行的分支行者,责成四联总处至少指定一个前往设立机构;第二,其地点稍偏僻者,四行在短期内若不能顾及,则责成各省银行务必前往设立分支行处,以一地至少有一行为原则;第三,在各城市乡镇筹设分支行处过程中,以合作金库及邮政储金汇业局辅助该地的金融周转及汇兑流通;第四,邻近战区的地方亦同此设立分支行处。②

为落实《完成西南、西北金融网及邻近战区金融网之两年计划》,四联总处在1939年10月至1940年6月间,多次召开专门会议,先后通过了《理事会关于加速完成西南西北金融网计划》《理事会关于四行筹设金融网遭遇困难的决议》《完成西南西北金融网方案》《四联总处关于完成西南西北金融网案的审查意见》《秘书处核议筹设金融网的报告》等议案。这些议案集中讨论了以下问题:第一,筹设西南西北金融网的目的。一是"适应军事运输交通之需要",广大西南、西北地区成为战时军政大本营,需要银行代理金库、调剂头寸;二是"活泼内地金融";三是"发展后方生产",东南沿海沦陷,西南、西北地区担负起了支持抗战的使命,而开发大后方需要银行融通资金。③第二,筹设金融网所遭遇的困难及克服对策。四联总处认为主要面临四大困难:一是"交通不便,人员往返、钞券运输,均感困难";二是"人员缺乏,通晓后方各地金融经济情形,并能耐劳忍苦者殊不易见";三是"房屋难觅,偏僻地区,欲租赁简陋房屋,亦非易事。且库房设备,必须比较完妥,而建筑库房之材料,常不能如期运往目的地";四是"治安问题,偏远各区,崔荐未靖,派往人员,不能不有比较周密之戒备,于库存之保管,钞券之接济,尤多顾虑"④。针对这些困难,四联总处提出了以下对策:培训行员以解决人事问题,在四联总处的支持下,中央银行开办了学员训练班,考取受训者达140余人,交通银行举办了撤退行处员生训练班,中国农民银行也计划招考学生,分批训练;对于房屋问题,四联总处认为四行

---

① 重庆市档案馆、重庆市人民银行金融研究所:《四联总处史料》,上册,档案出版社,1993年,第191页。
② 郭荣生:《四年来西南西北金融网之建立》,《财政评论》1941年第6卷第4期。
③ 重庆市档案馆、重庆市人民银行金融研究所:《四联总处史料》,上册,档案出版社,1993年,第191页。
④ 同上书,第187—188页。

在偏远地点设立机关，不必过于注重外观，但求简朴合用而已。库房设备，比较重要，在未能建筑正式库房之前，可与当地政府机关商借比较妥慎的房屋，或暂以保险箱替用。总处函请行政院通令各地政府机关切实协助；对于运送钞券，及人员安全的保障问题，总处"当一体函请政府通令办理，四行可随时报由本总处洽办"；对于交通问题，"今后当随时代各行向军政、交通运输机关切实商洽，利用飞机、汽车及其他运输工具，运送急要之钞券及人员等。四行本身亦应未雨绸缪，预定办法，以免临时张皇，缓不济急"①。第三，规定了新设行处的业务范围。包括："努力收兑金银、积极办理储蓄、充分运存钞券，并推行小额币券，收换破损钞券、恪遵贴放原则，办理贴现、便利内地汇款，防止资金逃避，努力办理农林、工矿贷款业务，注意当地经济状况，及物价指数，随时报告四联总处、邻近战区各行处应密切注意敌伪经济金融情报。"②

（二）敷设西南西北金融网的次第推进

按照四联总处于 1940 年 3 月 30 日拟订了《完成西南西北金融网方案》，共分三期敷设西南西北金融网。第一期计划至 1940 年 3 月底已经基本完成，共计在后方各省设立分支行处达 171 处，其中，四川 60 处、云南 25 处、贵州 21 处、广西 22 处、广东 4 处、湖南 5 处、陕西 15 处、陇西 11 处、青海 11 处、宁夏 1 处、西康 5 处；由于交通困难或治安问题，使得原计划内有 16 处未能按期完成；在原计划以外增设的分支行处，共计 25 处；原计划以外正在筹设之分支行处，共计 17 处。③ 对第二、第三期增设行处，方案指出应添设 40 处，其中川省设 5 处，滇省设 2 处，黔省设 4 处，桂省设 5 处，粤省设 1 处，湘省设 3 处，鄂省设 1 处，陕省设 5 处，甘肃、青海、西康、新疆各设 3 处，宁夏设 2 处。鉴于各地经济、政治、军事状况不同，加上扩大农贷办法纲要实施后各地亦有增设金融机构的需求，四联总处复决定在第二、三期计划之外，再在川省酌增 10 处，滇、黔、陕、陇各增 5 处，粤、桂、湘、鄂各增 3 处，青海、宁夏、西康各增 1 处，共计 45 处。其中以 25 处增列在第二期计划内，以 20 处增列在第三期计划内。为保证该方案实施效果，四联总处还提出三点注意事项：① 各地如已有指定行处前往设立者，或该处已有成绩卓著的商业银行者，四行可不再前往设立，以免重复。② 在内地各处设立行处，原有种种困难，在一经认定后，应即按期前往筹设，不得借

① 重庆市档案馆、重庆市人民银行金融研究所：《四联总处史料》，上册，档案出版社，1993年，第 189 页。
② 同上书，第 192 页。
③ 同上书，第 191 页。

故推诿。③ 新设行处应注重办理收兑金银、储蓄、贴放、农林工矿业贷款、运存钞券、推行小额币券、便利内地汇款防止资金逃避等业务,注意收集当地经济状况、物价指数及敌伪经济金融情报,随时报告四联总处。① 1940年年底第二期完成,第三期也于1941年年底完成。截至1941年12月31日,四行在西南、西北增设行处共计达245处,其中,中央银行69处,中国银行85处,交通银行37处,中国农民银行54处。②表4-2反映了第三期计划完成后,后方各省四行分支机构的分布情况:

表4-2　中中交农四行分支行处的分布(1941年12月31日止)

省别	中央银行	中国银行	交通银行	中国农民银行	合计
四川	28	29	13	38	108
西康	2	1	2	3	8
云南	6	14	1	5	26
贵州	4	8	6	6	24
广东	3	10	2	10	25
广西	8	12	11	7	38
福建	7	19	7	10	43
浙江	3	14	7	12	36
安徽	1	2	—	1	4
江西	5	13	4	8	30
湖南	9	8	6	10	33
湖北	2	1	—	4	7
河南	7	—	—	1	8
陕西	7	19	8	5	39
甘肃	6	9	4	4	23
宁夏	1	1	—	1	3
青海	1	1	—	1	3
国外	—	17	2	—	19
总计	100	179	73	126	478

注:(1)自我国对日宣战后,四行已遵令与沦陷区各地分支行处断绝往来,所有沦陷区行处并未列入;(2)凡四行在后方各地已经正式成立或已经先行营业之分行、支行、办事处、办事分处、分理处、寄庄以及国外之经理处均予列入;(3)交行在西康康定暂先设通讯处;(4)中行在河南,农行在安徽,各设有农贷办事处;(5)自新加坡及荷印相继不宁,中行在国外行处仅余6处,现该行仰光经理处暨百尺路经理处分处以及仰光交行均已撤移腊戍。

资料来源:《四联总处三十年度工作报告》,载重庆市档案馆、重庆市人民银行金融研究所:《四联总处史料》,上册,档案出版社,1993年,第197—198页。

---

① 四联总处秘书处:《四联总处重要文献汇编》,四联总处秘书处,1947年,第358—359页。
② 重庆市档案馆、重庆市人民银行金融研究所:《四联总处史料》,上册,档案出版社,1993年,第195页。

　　从表4-2可以清楚地看到,经过1939年至1941年年底两年多时间的努力,四联总处在西南四省设立了196处分支机构。1940年1月,国民政府颁布实施《县银行法》,西南地区的县银行如雨后春笋般迅速增加,至1942年5月,西南地区登记领照的县银行25家,占国统区的89.3%;已开业的银行9家,占国统区的17.6%;筹备中的银行34家,占国统区的42.5%。截至1943年4月,以上各省筹设县银行总计达223处,其中注册的86处,开业的79处,筹备的58处。四川一省就有97处。金融网点日渐密布。① 在广泛设立县银行的同时,从1940年起,四联总处又在后方设立简易储蓄处,要求"在人口超过五万以上之地区,而无其他金融机构者,可择区内交通便利之地点设立简易储蓄处""凡小市、县、乡、镇、路矿、工厂或学校集中区域、大宗特产的生产地、集散地及临近战区地带,均由各行认定地点分别设置简易储蓄处,这种储蓄处可兼营小额汇兑与放款业务,以调节各地金融"②。简易储蓄处的设置成效显著,至1941年,中国银行、交通银行、中国农民银行、中央信托局在四川、云南、贵州、广西等省设立了88处简易储蓄处。③ 邮政储金汇业局还在后方各省广泛设立邮局网点,1941年时,川、滇、贵、桂四省邮政网点为445家,1943年增加至620家,邮政网点所办理的储金业务对于活泼地方金融,吸收零星小额汇款,起到了积极的作用,弥补了各行局网点的不足。④ 经过两年多的努力,至1942年,西南地区基本形成以四行两局为核心,以省市县银行为卫星,以简易储蓄所、邮政局网点为最基层的战时金融网络体系。这个金融网络体系以重庆为中心,以后方各省省会城市为网络的第二层,向各省的县乡辐射,形成网络的第三层,层层推广延展,形成较为密植的金融网络。⑤

　　1939—1941年,西北地区由于"地处偏远,交通梗阻,或限于当地政治关系,按期普设,不无困难",四联总处在西北五省仅设立了68处分支机构,且绝大部分集中于陕甘两省,铺设西北金融网的任务远未完成。1942年,日军攻占缅甸,侵入滇西,西南地区岌岌可危。国民政府不得不把注意力投向西北地区,并确立了"建国基础在西北"的方略。蒋介石就此事专函四联总处,要求增设西北金融机构,以配合西北经济开发。四联总处在

---

　　① 王红曼:《四联总处与战时西南地区经济》,复旦大学出版社,2011年,第48页。
　　② 重庆市档案馆、重庆市人民银行金融研究所:《四联总处史料》,中册,档案出版社,1993年,第221页。
　　③ 同上书,第238页。
　　④ 本书编写组:《抗日战争时期国民政府财政经济战略措施研究》,西南财经大学出版社,1988年,第96页。
　　⑤ 王红曼:《四联总处与战时西南地区经济》,复旦大学出版社,2011年,第51页。

1942 年 9 月 3 日召开的第 139 次理事会上,为了统一认识,专门讨论了筹设西北金融网的意义,"自西南国际运线中断后,西北对外交通,益显重要。且为我国战时主要资源蕴藏所在,现经政府积极规划,从事开发,经济之发展可期",四行应该按"既定计划,采取主动,就辅助国防生产之需要,察酌实情,自动前往筹设行处,或作其他布置,俾金融力量与政府政策相配合,期收相辅相成之效"①。在 1942 年 9 月 24 日召开的第 143 次理事会上,四联总处详细讨论了敷设西北金融网的若干具体问题:首先,关于设行地点问题,达成五项决议。第一,确定兰州为西北金融中心,向西推进,增设金融机构至迪化、哈密,以迪化为新推动之枢纽,以哈密为接济券料之总站;第二,确立了四行在新疆设行的原则,中央银行择政治中心和交通据点设行,以利接济券料、供给各行头寸及军政费用,中国银行择国际路线及重要边镇设行,以发展国际贸易及外汇等事业,交通银行择交通孔道及轻重工业区设行,以发展交通、工矿生产事业,中国农民银行择水利、垦牧、农产地带普设机构,以发展农业生产,促进国民经济。其次,关于在新疆设行的先决问题,包括在新疆发行法币、运输钞券、银行与政府关系等问题。最后,关于四行在西北的主要任务。根据蒋介石的指示,会议议决了四行在西北的两项首要任务,一是从速筹办西北移民垦殖贷款,二是从速开发水利,以发展甘肃河西一带经济。②在四联总处的统一领导下,西北金融网的敷设取得了一定的进展。表 4-3 对此有清楚反映:

表 4-3　四行分支机构和邮政储金汇业局储蓄机构分布(1943 年 12 月)

省别	中央银行	中国银行	交通银行	中国农民银行	合计	较 1941 年增加数
陕西	7	15	12	30	64	33
甘肃	4	12	7	20	43	20
宁夏	1	1	1	1	4	1
绥远	1	—	—	1	2	2
青海	1	1	—	1	3	0
新疆	2	—	—	—	2	2

资料来源:《四联总处三十二年度工作报告》,载重庆市档案馆、重庆市人民银行金融研究所:《四联总处史料》,上册,档案出版社,1993 年,第 208—209 页。

---

① 重庆市档案馆、重庆市人民银行金融研究所:《四联总处史料》,上册,档案出版社,1993 年,第 199 页。

② 同上书,第 199—201 页。

(三) 成效与评价

四联总处积极推进西南西北金融网建设,取得了一定的成效,到1945年抗战结束时止,西部各省金融机构又有了更多的添设,共有银行银号与钱庄2186家,其中四川1244所、西康57所、广西74所、云南188所、贵州123所、陕西281所、甘肃151所、青海4所、宁夏18所、新疆46所。详见表4-4:

表4-4　西部各省经营银钱业务机构分布统计(截至1943年8月)

省别	总计			银行								银号		钱庄	
				国营		省营		市县营		商营					
	合计	总行	分支	总行	分支	总行	分支	总行	分支	总行	分支	总行	分支	总行	分支
总计	2 186	473	1 713	7	551	12	401	193	190	107	544	76	15	78	12
四川	1 244	297	947	7	276	2	117	123	181	83	347	24	14	58	12
西康	57	8	49		15	1	11	4		2	23	1			
广西	74	2	72		19	1	53	1							
云南	188	23	165		60	1	6	3	7	19	92				
贵州	123	10	113		59	1	24	5	1	2	29	2			
陕西	281	122	159		58	3	67	56			33	49	1	14	
甘肃	151	9	142		48	1	75	1	1	1	18			6	
青海	4		4		4										
宁夏	18	1	17	8	1	7				2					
新疆	46	1	45	4	1	41									

注:原文数字有出入,如分项与总数不同,现以分项数字相加而为总数。

资料来源:谭熙鸿:《十年来之中国经济》,南京古旧书店1990年影印,上册《十年来之商业》,第47页,转引自:杨斌《试论抗战时期西部地区金融业的发展》,《民国档案》2003年第4期。

四联总处在西南西北地区广泛敷设金融网络,对于发展西部金融事业、开发战时大后方经济起了促进作用。首先,通过在西南西北敷设金融网,在一定程度上改变了近代以来金融机构布局偏重沿海的严重失衡状况,不过在改变全国范围金融机构布局不平衡的同时也引起了西南西北地区内部布局的不平衡。截至1943年年底,在西南设立的金融机构达394处,但在西北的金融机构却只有118处;在西南地区内部,金融机构主要集中在四川、广西和贵州(分别为211处、95处和72处),云南和西康却较少(分别为40处和16处),在西北地区内部,金融机构则主要集中于陕西和甘肃,宁夏、青海、新疆、绥远则非常少[①];在各个省内,金融机构则主要分

① 重庆市档案馆、重庆市人民银行金融研究所:《四联总处史料》,上册,档案出版社,1993年,第208—209页。

布于几个经济相对发达、交通较为便利的中心城市,偏远地区鲜有金融机构设立分支行,如四川的金融机构将近一半设立在成都、万县、宜宾、乐山、泸县等城市,贵州下辖 1 市 81 县,仅 12 个地区设立了金融机构。①

其次,四行在西南西北地区设立的分支行处,对融通资金、扩大法币流通区域、扶植生产事业,都起到了一定的作用。第一,敷设的金融机构,有利于政府对工矿企业的资金投放。抗战期间,沿海大量民营工矿企业和国营企业内迁,分散在西南西北各个地方,及时的资金周转和调剂,对企业发展生产至关重要。而这些铺设的金融机构,就像人身上的血管一样,把资金这种血液源源不断地输到那些厂矿企业去。抗战期间由中中交农四行联合核定发放的贴放金额计为法币 125 352 389 854 元,用途包括调剂粮食及农业贷款、协助产盐贷款、协助交通事业贷款、发展工矿事业贷款、协助地方建设事业贷款、平定物价及收购物资贷款及一般事业贷款等。② 如果没有这些金融机构,政府要在西南西北地区发展农业,改进交通状况,几乎难以推进。第二,敷设的金融机构,有利于推行政府的货币政策。抗战以前,国家银行发行的法币在西部地区流通较少。据邮政储金汇业局 1937年报告,当时法币在大后方各省流通最好的省份是四川,平均占到 89%,较差的如云南,法币只占当地流通纸币的 20%;在广西,法币占当地纸币流通量的 2%。③ 金融机构在西南西北地区广泛敷设之后,大量的法币借助西部当地银行向广大乡村与城镇流动,减轻了通货膨胀压力。当然,后方各省某些新设银行因资本有限,在后方出现通货膨胀时,它们往往将其业务向商业银行方向转变,利用吸收的资金,参与商业行为,囤积居奇,甚至自营商业,或代客买卖货物,反而助长了物价腾涨。这种行为实际上与四联总处当初极力筹设金融网的良好愿望背道而驰,令当政者始料未及。

二、治理战时通货膨胀

(一) 战时通货膨胀成因分析

在战时经济状态下,物价上涨无法避免,在第二次世界大战时期,所有参战国都出现了通货膨胀。抗战时期,中国物价上涨尤其突出,可以将战

---

① 郭荣生:《四年来西南西北金融网之建立》,《财政评论》1941 年第 6 卷第 4 期。

② 《财政部统计处关于战时金融统计表》,财政部档案,中国第二历史档案馆藏,转引自杨斌:《试论抗战时期西部地区金融业的发展》,《民国档案》2003 年第 4 期。

③ 杨荫溥:《本国金融概论》,邮政储金汇业局,1943 年,第 6 页,转引自杨斌:《试论抗战时期西部金融业的发展》,《民国档案》2003 年第 4 期。

时物价上涨划分为四个阶段。第一阶段:1937年7月到1938年10月,物价基本稳定;第二阶段:1938年11月到1939年11月,物价涨势逐渐加剧;第三阶段,1939年12月到1940年7月,物价飞涨;第四阶段,1940年8月到1945年7月,物价狂涨。[1]

关于抗战时期通货膨胀的成因到底是什么,学术界见仁见智。分析抗战时期通货膨胀的成因,首先要界定什么是通货膨胀,迄今学术界没有一个准确的定义,现在人们广泛接受的、符合国际习惯用法的通货膨胀定义是:通货膨胀是一个一般物价水平持续上升的过程,也等于说,是一个货币持续贬值的过程。[2]通货膨胀是一种非常复杂的现象,关于它的形成机理和扩展原因,西方经济学家提出了多种经济理论加以解释。主要有:第一,需求拉上和成本推进的通货膨胀。需求拉上的通货膨胀是指通货膨胀的原因由于总需求超过了总供给,就是"太多的货币追求太少的货物"。当物品和劳务的需求超过按现行价格可得到的供给时,通货膨胀缺口就被拉开了,于是物价总水平上涨以填补这一缺口。成本推动的通货膨胀是指由生产要素价格上涨所引起的物价水平普遍上升。当代西方经济学家萨缪尔森和索罗在这个理论基础上,进一步提出了混合型通货膨胀,即需求和成本因素混合的通货膨胀。第二,理性预期理论。理性预期学派经济学家对通货膨胀形成机理提出了独特的见解,他们认为经济活动中的公众都是"经济人",已经掌握了大量的信息,对物价的变动趋势形成了"理性预期",因此政府的政策效应被理性预期所抵消,甚至根本不能产生效应。第三,货币主义的通货膨胀论。货币主义的代表人物弗里德曼认为,货币需求与决定它的变量之间存在稳定的函数关系,不会发生难以预料的急剧变化,因此货币供给就自然而然成为决定物价水平的主要因素。在货币主义者看来,通货膨胀完全是一种货币现象,并且政府是通货膨胀的最大根源。根据物价的上涨幅度,通货膨胀一般可以划分为三种类型:第一种是温和的通货膨胀,即通货膨胀率在10%以下;第二种是奔腾的通货膨胀,即物价上涨率达到两位数,但低于100%;当物价以倍数上涨时,物价就难以控制,演变成为恶性通货膨胀。在全面战争时期,物价上涨上百倍、上千倍,甚至上万倍,这是恶性通货膨胀中的特例——超级战争型恶性通货膨胀。抗战时期,大后方的通货膨胀经历了从温和通货膨胀到奔腾通货膨胀再到

① 本书编写组:《抗日战争时期国民政府财政经济战略措施研究》,西南财经大学出版社,1988年,第309—310页。
② 见莱德勒(Laidler)、帕金(Parkin)1975年发表的《通货膨胀概览》(*Inflation Survey*)第741页,转引自唐旭等:《金融理论前沿与课题》,中国金融出版社,2002年,第1页。

恶性通货膨胀三个阶段,最后演变成超级战争型恶性通货膨胀。1937年至1940年年底,物价上涨控制在10%以下,属于温和通货膨胀,1941—1943年,物价上涨达到两位数;1944年起,物价如脱缰之野马,无法控制,至抗战结束前夕,后方物价上涨了1600多倍,属于典型的超级战争型恶性通货膨胀。

因抗战时期通货膨胀经历了四个阶段,因而其形成机理非常复杂,早在抗战时期,通货膨胀的成因就引起了学术界和政界及业界的广泛关注,产生了许多研究文献,新中国成立以后特别是改革开放以后,学者们从历史视角对抗战时期通货膨胀的成因进行了重新研究。[①]定性地看,抗战时期通货膨胀成因主要是:

1. 物质供需失衡造成需求拉上型通货膨胀

抗战爆发后,军需、民用急剧扩张,经济落后的大后方无法足额提供战略与民用物资,物资供应全面短缺,造成巨大的物质供需缺口,加之沦陷区数以亿计的游资充斥大后方,使得总需求超过了总供给。特别是抗战进入相持阶段以后,大后方物资供应日趋紧张,首先,伴随军事上的节节失利,东南沿海各省沦入敌手,而东部沿海省份是中国产业最繁华、工商业最发达的地区,据国民政府实业部的不完全统计,抗战前在实业部登记注册的工厂全国共计2435家,其中,东部沿海各省为2241家,占总数的92%。[②]这些地区的沦陷,极大地削弱了国统区的物质供应能力,导致社会上物资奇缺。其次,交通运输线被日军截断,减少了国统区的物质来源。连接大后方的交通线主要是三条,第一条是长江水运,第二条是自湘入西南的铁路运输,第三条是自缅甸入西南的国际运输线。武汉会战之后,日军占领武汉,实际上切断自东南入西南的水运线,尽管湘黔铁路未被切断,但因湖南居于湖北之下,武汉沦陷,意味着东南地区和北方物质不能越过武汉,直接减少了后方的物质来源。1940年,日军攻占印度支那北部并屯兵于此,

① 杨菁的《试论抗战时期的通货膨胀》(《抗日战争研究》1999年第4期);冯宪龙的《抗战时期国民政府通货膨胀政策评析》(《社会科学辑刊》1997年第3期);周忠等的《通货膨胀与国民党政权的覆亡》(《嘉应大学学报》1995年第2期);潘国琪的《抗战初期国民政府财政政策考辨》(《抗日战争研究》2003年第1期);徐旭阳的《评抗日战争时期国民政府的财政政策》(《湖北师范学院学报(哲社版)》1994年第2期);张兆如等的《抗战时期国民政府的财金政策研究》(《河北师范大学学报》1996年第3期);苏黎明的《抗战时期国民政府外债举借述评》(《中国社会经济史研究》2001年第1期);张公权的《中国通货膨胀史》(文史资料出版社,1986年);吴冈的《旧中国通货膨胀史料》(上海人民出版社,1953年);杨培新:《旧中国的通货膨胀》(增订本)(人民出版社,1985年);赵小勇的《抗战初期大后方通货膨胀新论》(《安徽师范大学学报》2004年第5期)。上述论文从不同视角分析了抗战时期通货膨胀的成因。

② 史全生:《中华民国经济史》,江苏人民出版社,1989年,第419页。

中印交通运输线因此被切断。1941 年 12 月 8 日珍珠港事件之后，日军攻占香港和上海外国租界区，使国统区失去了与海路相通的最后据点，从上海走私运进大后方的商品从此终止。1942 年，日军又攻占缅甸，切断中缅公路。从此以后，中国与外界的交通运输线只剩下两条：一条是甘新公路通达苏联边境的陆路运输线，另一条是飞越喜马拉雅山通向缅甸的空中航线，这两条运输线的运输能力极其有限，这就导致进口物品锐减，1944 年的进口量比 1941 年降低达 78%，仅为 1937 年中国总进口量的 6%。进口量的锐减，使供应缺乏情形更加严重。① 再次，粮食等农作物产粮的下降加剧了国统区物质供应的困难。抗战爆发以后的最初两年，国统区农业收成较好，特别是 1938 年和 1939 年西南地区连续两年粮食大丰收，粮价比较稳定。但 1940 年，后方各省普遍出现旱灾，大后方 15 个省的粮食产量均因大旱普遍下降，15 省的稻谷夏收较 1938 年下降 20%。占大后方粮食总产量 1/5 的四川省，1940 年的粮食产量不及 1938 年的 68%。② 1941 年 7 月，国民政府在大后方推行田赋征实，也就是田赋不再征收货币改征粮食，这就意味着粮贵钱（即纸币）贱，刺激了投机者的囤积居奇，投机家们大量购买并囤积粮食，导致了粮食乃至食品价格急剧上涨。1941 年重庆的食品价格，比 1940 年攀升了 1 400%。③ 后方物质供应日趋困难，但物质需求却日趋膨胀，首先是随着中央各机关的西迁，大量公职人员涌入大后方，然后是 1 000 多万沦陷难民涌入后方，拉上了消费品的需求。1938 年 10 月武汉会战之后，抗日战争进入物质消耗的相持阶段，军需物质的需求与日俱增。在物质供给减少，而物质需求增加的背景下，物价必然被拉上。四联总处副主席、财政部长、中央银行总裁孔祥熙将物资供不应求视为物价上涨的主要原因。他在 1942 年 9 月曾说"我国现在物价飞涨，然一般人之收入，较战前激增，收入既增……消费愈多，其刺激物价愈甚……又因物价步步上涨，人民莫不多购买货物以备长期之消费，致市上物资，感觉供不应求……外间以物价腾贵之主要原因，由于通货膨胀，实非切当之批判"。1943 年 5 月，他又说"通货价值之高低，不在黄金白银之多寡，而是在实物供应之是否丰富……现在物价的变动，其原因就在供求的有无问题"④。

2. 大后方人们对物价上涨的心理预期

在战时，物质供应长期紧张，物价涨势迅猛，因而社会心理势必恐慌，

① 张公权：《中国通货膨胀史（1937—1949）》，文史资料出版社，1986 年，第 27 页。
② 蒋君章：《近五年来我国粮食生产概况》，《经济汇报》1941 年第 5 卷第 6 期。
③ 费正清：《剑桥中华民国史》，第 2 卷，上海人民出版社，1992 年，第 641 页。
④ 刘振东：《孔庸之先生演讲集》，文海出版社，1972 年，第 383、406 页。

加之战争在短期内不会结束,人们预期到钞票将会继续增发,物质供应将会持续紧张。为了避免因货币贬值而造成损失,人们纷纷抢购物质,以储货保值,手中尽量不持有货币,这就加速了货币的流通速度,推动物价以更快的速度上涨。这正如美国经济学家唐·帕尔伯格所言,"由于担心通货膨胀,公民们对于固定面值的金融工具持怀疑态度。明智的人士到此时已经丢掉了货币幻觉"①。四联总处也意识到心理作用对通货膨胀的影响。四联总处副主席孔祥熙把战时物价上涨归咎于民众的心理作用,他在1941年曾说:"一般人民认识不足,心理上极易发生毛病,所以物价遂不合理地上涨。过去许多人说,这是通货膨胀,法币太多的结果。其实如果通货膨胀,法币过多了,那么物价上涨,应该是很普遍的,但是现在中国的物价,各地之间,相差很远,例如四川比较高,难道四川的法币太多,通货膨胀了,其他物价较低的地方,通货就没有膨胀吗?"他还以当时的米价涨落为例论证其观点:"难道说前天通货膨胀了,这几天通货又紧缩了吗?这又可以证明物价上涨并非通货膨胀的关系。"他还举出重庆借贷利率高达3分,其他地方高达4分、5分的事例,说明通货的不足,据此,孔祥熙认为"(通货膨胀)这种不合理的现象,完全是心理作用所造成"。1943年5月,他又说:"心理上的作用也很大,大家对于物价看涨,情势因之更坏,许多人都不明白,天天乱嚷通货膨胀,岂非可笑?"②通货膨胀会产生明显的收入分配效应,它会使人们的实际收入下降,而名义收入没有变化甚至可能有大幅度提高。据当时经济学家吴大业的研究,各阶层实际收入变化如4-5所示:

表 4-5　重庆各种人实际收入的指数

年份	工厂工人	非工厂工人	服务业者	公务员	教师
1939	100	100	100	100	100
1940	124	143	93	77	87
1941	95	181	64	49	64
1942	76	147	29	21	32
1943	78	91	21	16	27
1944	75	83	20	11	19
1945	69	74	57	10	17

资料来源:吴大业:《物价继涨的经济学》,商务印书馆,1945年,第34—36页,转引自许涤新、吴承明:《中国资本主义发展史》,第三卷,下册,人民出版社,2003年,第486页。

---

① 〔美〕唐·帕尔伯格:《通货膨胀的历史与分析》,孙忠译,中国发展出版社,1998年,第108页。

② 刘振东:《孔庸之先生演讲集》,文海出版社,1972年,第305—306、407页。

从表4-5看到，各阶层民众受通货膨胀的影响，实际收入水平急剧下降，特别是公务员和教师，实际收入水平下降了80%以上。在这种情况下，人们把货币当作烫手的山芋，到手便出手购买物质，加速货币流通速度，推高物价。

3. 汇率政策的改变加剧通货膨胀

1935年11月的法币改革，中国货币由银本位制变为汇兑本位制。当时，中央银行与中国银行负责制定官方汇率，并被授权通过无限量的买卖外汇以保持法币的官方汇率，即法币1元兑换14又1/14便士或者29又1/2美分。汇兑本位制对法币币值的含义在于：法币的币值稳定取决于法币与英镑和美元的汇率，如果汇率稳定，则法币币值稳定，如果汇率下降，则法币贬值，反之法币升值，如果法币与英镑和美元的汇价不再存在，法币成为无限制发行的货币，法币势必急剧贬值。抗战初期，中英外汇平准基金继续存在，并在上海继续实行无限制的外汇买卖政策，尽管法币与英镑的比价有所下跌，但汇率一直稳定地保持在8—9便士的水平，因而法币价值只是缓慢地下降。这说明，抗战初期，通货膨胀率缓慢上升，"基金的自由外汇买卖使得货币有序贬值，汇率保持相对稳定，这又提升了公众对本国货币的信心，促使公众接受或支持本国货币。也正是这种信心制止了物价飞涨的狂潮"[1]。太平洋战争以后，上海外汇市场取缔，法币失去兑换性，这使得法币在沦陷区已无价值，伪币取代法币在沦陷区流通，而流通于沦陷区的法币却被赶回国统区，据杨格的研究，沦陷区的法币（大约占总法币的30%）流向国统区，加剧了国统区的通货膨胀。[2]

4. 超额货币发行导致通货膨胀

战时通货膨胀的形成原因尽管复杂，但主要是一种货币现象。有研究者在研究抗战时期通货膨胀成因时曾指出，"战争因素并非导致通货膨胀的决定性因素。在战时，如果能维持流通中的纸币量与社会经济生产对纸币的需要量的比例总体平衡，即使商品缺乏，也能够避免通货膨胀。因此，考察战时国统区的经济生产对法币的需求量与法币发行数额的比例，显得尤为重要"[3]。抗战以前，国民政府财政收入的主要来源是关税、盐税、统税三大税收，抗战爆发后，关税、盐税、统税三项税收的税源地逐渐沦陷，使

① 〔韩〕禹济昌：《英国战时金融政策与中国四十年代恶性通货膨胀的成因》，《上海经济研究》2001年第11期。
② 胡佛研究所档案室：《L.朗林（lauglin Currie）的文件》，BOX 71，A.N，杨格备忘录，1941年3月3日转引自〔韩〕禹济昌：《英国战时金融政策与中国四十年代恶性通货膨胀的成因》，《上海经济研究》2001年第11期。
③ 冯宪龙：《抗战时期国民政府通货膨胀政策评析》，《社会科学辑刊》，1997年第3期。

国民政府的税收来源急剧减少,税收构成财政收入的主要来源,三大税收的锐减使中央财政收入骤然下降。抗战时期,国民政府采取增加旧税、举办新税等多种税收筹划措施,起到了弥补亏空的作用,但毕竟杯水车薪难以弥补日益巨大的财政支出。1937 年,国民政府税收总收入仅 4.1 亿元,1939 年,只有 4.3 亿元左右,扣除物价上涨因素,实际税收额呈下降趋势,较 1936 年度的实际收入 10.41 亿元,减少了 60% 左右。[①] 1938 年之后,随着战事的延伸,战争消耗日见浩繁,财政支出与日俱增,正常的财政收入无法满足巨额的财政开支,财政赤字越来越大。解决财政赤字的办法主要有三:一是增加税收;二是发行公债;三是增加发行。其中,前两种方式无法弥补巨额财政赤字,在此背景下,国民政府不得不通过银行垫款来弥补赤字。整个抗战时期,银行垫款成为解决财政赤字的主要办法。1938—1945年,国民政府历年财政赤字额分别为 8.72 亿元、22.79 亿元、38.73 亿元、88.2 亿元、192.51 亿元、419.44 亿元、1 387.26 亿元、6 583.67 亿元,银行垫款额分别为 8.53 亿元、23.10 亿元、38.34 亿元、94.43 亿元、200.81 亿元、408.75 亿元、1 400.9 亿元、10 432.57 亿元。[②] 银行垫款最终通过增加银行发行来解决,或者说,银行垫款倒逼发行银行增加通货发行量,流通中发行额的增加直接拉上了物价水平。

　　既然战时通货膨胀主要是一种货币现象,那么,货币因素到底对战时通货膨胀起了多大的作用? 这是定性研究所无法回答的问题,也是迄今所有关于抗战时期通货膨胀成因分析的研究文献所没有回答的问题。下面我们以抗战时期历年货币发行量为解释变量,以抗战时期物价指数为被解释变量,利用回归计量经济模型对货币的发行量和物价指数之间的关系进行实证研究,为我们正确和全面认识两者之间的关系提供可靠的依据。

表 4-6　1937—1945 年法币发行额、发行指数及物价总指数

年月	发行额 （10 亿元）	发行指数	物价总指数	年月	发行额 （10 亿元）	发行指数	物价总指数
1937.7	1.45	1.03	0.97	1941.12	15.1	10.71	28.48
1937.12	1.64	1.16	0.98	1942.1	16.0	11.35	29.21
1938.1	1.68	1.19	0.98	1942.6	24.9	17.65	41.62
1938.6	1.73	1.23	1.03	1942.12	34.4	24.40	57.41
1938.12	2.31	1.64	1.04	1943.1	35.7	25.32	58.93
1939.1	2.31	1.64	1.08	1943.6	49.9	35.38	112.50

---

① 《中国财政简史》,中国财政经济出版社,1980 年,第 255 页。
② 陆仰渊等:《民国社会经济史》,中国经济出版社,1991 年,第 555、557 页。

（续表）

年月	发行额（10亿元）	发行指数	物价总指数	年月	发行额（10亿元）	发行指数	物价总指数
1939.6	2.70	1.91	1.20	1943.12	75.4	53.46	200.33
1939.12	4.29	3.04	1.77	1944.1	81.6	57.85	218.24
1940.1	4.45	3.16	1.79	1944.6	122.8	87.07	544.70
1940.6	6.06	4.30	3.36	1944.12	189.5	134.36	548.60
1940.12	7.87	5.58	10.94	1945.1	202.9	143.86	658.60
1941.1	8.2	5.82	11.08	1945.7	462.3	327.77	1 645.00
1941.6	10.7	7.59	17.26				

注:(1)法币发行单位10亿元;(2)法币发行指数,基期1937年6月=1;(3)物价总指数以重庆市基要商品为例,基期1937年6月=1。

资料来源:吴冈编:《旧中国通货膨胀史料》,上海人民出版社,1958年,第92—95、165—170页。

（1）数据的选取

以1937年7月到1945年7月之间的25个样本点的货币发行量(hb)和物价指数(wz)为研究对象,根据历史资料我们描绘时间序列hb和wz的折线图4-1。从图4-1可以看出,这两个时间序列是不平稳的。同时,描绘出两者粗略关系的散点图4-2,从图4-2可以看出,这两个时间序列之间的线性关系非常明显。

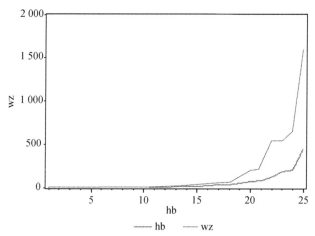

图4-1　时间序列 hb 和 wz 的折线图

（2）时间序列的平稳性检验(ADF检验)

C. J. Granger 和 Newbold 通过多次模拟分析,发现非平稳的时间序列之间经常发生伪回归现象而引致错误的结论,因此对经济变量的时间序列

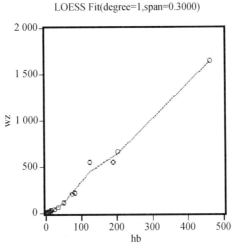

图 4-2　时间序列 hb 和 wz 的散点图

进行传统的最小二乘回归分析之前,首先要进行单位根检验,以判别序列的平稳性,只有平稳的时间序列数据才能进行回归分析。若时间序列数据非平稳且同阶单整,可以进一步进行协整检验,以验证时间序列变量之间是否存在某种长期稳定的关系。在此,我们采用了 ADF(Augment Dickey-Fuller)检验,结果见表 4-7。为了便于分析,在检验过程中我们对原序列取对数,因为取对数后更容易得到平稳数据,且不会改变原序列的性质和相互关系。

表 4-7　序列平稳性 ADF 检验结果

变量　(c,t,p)	检验类型		ADF 检验统计值	ADF 临界值			单整阶数
	AIC	SC		1%	5%	10%	
Lhb　$(c,0,2)$	−1.0574	−0.8590	5.1309	−3.7667	−3.0038	−2.6417	I(1)
∇Lhb　$(c,t,1)$	−1.1614	−0.9630	−8.0118	−4.4415	−3.6330	−3.2535	I(0)
Lwz　$(c,t,0)$	0.5056	0.6259	−2.5968	−4.3942	−3.6118	−3.2418	I(1)
∇Lwz　$(c,0,0)$	0.8628	0.9615	−4.7532	−3.7497	−2.9969	−2.6381	I(0)

注:(1) Lhb 表示原变量货币发行量(hb)的对数,Lwz 表示原变量物价指数(wz)的对数;(2) ∇Lhb 表示 Lhb 的一阶差分,∇Lwz 表示 Lwz 的一阶差分;(3) 检验类型括号中的第一项 c 表示检验平稳性时估计方程中的常数项,当其为 0 时表示不含常数项;第二项 t 表示时间趋势项,当其为 0 时表示不含时间趋势项;第三项表示自回归置后的长度;选择检验类型时利用 AIC 和 SC 准则,选择使得 AIC 和 SC 取最小的检验类型。

　　由表 4-7 可知,Lhb 和 Lwz 在 5% 的显著性水平下没有通过平稳性检验,而一阶差分变量 ∇Lhb 和 ∇Lwz 在 5% 的显著性水平下都拒绝了存在单位根的假设,这表明 Lhb 和 Lwz 的一阶差分是平稳的,即 Lhb 和 Lwz 是一阶单整。因此可以进一步检验两个变量之间是否存在长期稳定关系。

(3) 协整检验

根据协整理论,如果两个时间序列的单整阶数相同,并且它们之间存在协整关系,则这两个非平稳序列之间存在长期稳定的关系,从而可以有效地避免伪回归问题。对变量之间协整性和协整向量的估计,较流行的两种分析方法为 Engle-Granger 两步法(简称 EG 两步法)和 Johansen 的系统分析方法。本文利用 EG 两步法对 Lhb 和 Lwz 的协整关系进行检验。

首先,作 Lwz 对 Lhb 的回归分析可得:

$$\text{Lwz} = -0.8902 + 1.4127\text{Lhb} + \hat{\mu}_t \qquad (4\text{-}1)$$
$$\text{std} \quad (0.1197) \quad (0.0382)$$
$$t \text{ 值} \quad (-7.440) \quad (37.0211)$$
$$R^2 = 0.9835, \quad \bar{R}^2 = 0.9828, \quad \text{AIC} = 0.6646, \quad \text{SC} = 0.7621,$$
$$\text{D. W.} = 0.6814, \quad F = 1\,370.56$$

方程(4-1)中回归系数下面第一行的 std 值表示回归系数的标准差,第二行的 t 值表示回归系数对应的 t 统计量的值,在 1% 和 5% 的显著性水平下,都通过了显著性检验。

再对 $\hat{\mu}_t$ 进行单位根检验,利用 AIC 和 SC 准则确定自回归的最优滞后项为一阶滞后,对 $\hat{\mu}_t$ 做一阶自回归得:

$$\hat{\mu}_t - 0.3555\hat{\mu}_{t-1} + e_t$$

ADF 统计量为 -2.2079,在给定显著性水平为 5% 时的临界值为 -1.9559。因为 ADF 统计量值 $-2.2079 < -1.9559$,所以接受 Lwz 和 Lhb 之间存在协整的假设。协整向量为 $(-0.8902, 1.4127)$,误差修正项 $\text{ecm}_{t-1} = (\text{Lwz} + 0.8902 - 1.4127\text{Lhb})_{t-1}$。

(4) 建立误差修正模型

误差修正模型(ecm)是一种具有特定形式的计量经济模型,它的主要形式是由 Davidson *et al.* (1978) 提出的,称为 DHSY 模型。虽然是先有误差修正模型,然后才用协整理论去解析误差修正模型,但现在误差修正模型已成了协整分析的一个延伸。协整反映了时间序列变量之间的长期均衡关系,如果由于某种原因出现了偏离均衡的现象(计量时存在误差),则必然会通过对误差的修正使变量重返均衡状态,所以误差修正模型将变量短期的波动和长期均衡结合在一个模型中。协整检验可知货币发行量(Lhb)与物价指数(Lwz)之间存在协整关系,在描述货币发行量和物价指数之间的关系时,物价指数的短期波动∇Lwz_t除了受误差修正项的影响外(ecm反映变量在短期波动中偏离它们长期均衡关系的程度),还受到解析变量货币发行量的短期变动∇Lhb_t以及各变量滞后变化的影响,所以模型设定为:

$$\nabla Lwz_t = \beta_0 + \beta_1 ecm_t + \sum_{i=1}^{p} \beta_2 \nabla Lwz_{t-i} + \sum_{i=0}^{q} \beta_3 \nabla Lhb_{t-i} + \varepsilon_t$$

其中ecm_t为误差修正项,β_1为调整速度系数,其绝对值越大调整速度越快,p和q是滞后变量的阶数。

利用最小二乘估计法(OLS)进行估计并剔除不显著的解析变量,利用AIC和SC准则确定滞后项的最优值,得到如下的误差修正模型:

$$\nabla Lwz_t = 1.2458 \nabla Lhb - 0.3483 ecm_{t-1} \tag{4-2}$$
$$std \quad (0.1594) \quad\quad (0.1608)$$
$$t\text{ 值} \quad (7.8148) \quad (-2.1655)$$
$$R^2 = 0.5357, \quad \bar{R}^2 = 0.5146, \quad AIC = 0.0876, \quad SC = 0.1857,$$
$$D.W. = 1.7874, \quad F = 25.3850$$

方程(4-2)中回归系数下面第一行的std值表示回归系数的标准差,第二行的t值表示回归系数对应的t统计量的值,在1%和5%的显著性水平下,都通过了显著性检验。

(5)格兰杰(Granger)因果关系检验

回归方程的拟合程度很高,并不能说明回归解析变量与被解析变量之间存在因果关系的可能性就大,充其量只能说明两者之间的依存度较高。C.W.J.Granger(1969)对变量之间的因果关系做了定义,并就这种因果关系的存在性提出了检验方法,即Granger因果关系检验,后来由Sims(1972)推广。格兰杰因果关系的检验在考察序列x是否为序列y产生的原因时采用这样的方法:先估计当前的wz值被其自身滞后期所能解析的程度,然后验证通过引入序列hb的滞后值是否可以提高wz的被解析程度。如果是,则称序列hb是序列wz的格兰杰成因,此时x的滞后期系数具有统计显著性。一般地,还应该考虑问题的另一方面,即序列wz是否是hb的格兰杰成因。我们只要进行如下的双变量回归:

$$wz_t = \alpha_0 + \alpha_1 wz_{t-1} + \cdots + \alpha_k wz_{t-k} + \beta_1 hb_{t-1} + \cdots \beta_p hb_{t-p}$$
$$hb_t = \alpha_0 + \alpha_1 hb_{t-1} + \cdots + \alpha_k hb_{t-k} + \beta_1 wz_{t-1} + \cdots \beta_p wz_{t-p}$$

其中k和p是序列的最大滞后阶数。检验的原假设是序列hb(或wz)不是序列wz(或hb)的格兰杰成因,即$\beta_1 = \beta_2 = \cdots = \beta_p = 0$。利用计量经济软件EView3.1计算结果如表4-8所示。

表4-8 格兰杰因果关系检验结果

原假设	Obs	F-Statistic	Probability
hb 不是 wz 的格兰杰成因	23	179.989	1.3E-12
wz 不是 hb 的格兰杰成因		9.97441	0.00122

由表4-8可以看出货币发行量和物价指数互为格兰杰因果关系。

(6)模型结果分析

首先,时间序列物价指数(wz)和货币发行量(hb)都是一阶单整的非平稳过程。

其次,回归方程 Lwz = − 0.8902 + 1.4127Lhb + $\hat{\mu}_t$ 揭示了作为解释变量的货币发行与被解释变量物价指数之间的相关系数1.4127,这就是说货币发行量增长1%,物价指数上涨1.4127%。物价上涨的幅度大于货币发行量增长的幅度,这表明引起物价上涨的因素除了货币因素外还有其他原因,但货币因素是最主要的原因。

再次,在短期模型(4-2)中,系数1.2458可以反映货币发行量的短期波动对物价指数短期波动的影响程度比较大。由于货币发行量与物价指数之间存在长期的协整关系,误差调整系数 − 0.3483可以反映货币发行量、物价指数的短期波动偏离它们长期均衡关系的程度,同时也反映了均衡误差对物价指数的控制程度,也就是说,误差调整系数的绝对值越大,它们之间的短期偏离向长期均衡调整的速度越快。

最后,货币发行量和物价指数互为格兰杰因果关系。这是因为"财政支出膨胀及发行数量增加,俱足以使物价上涨,而物价上涨,又必增加财政支出及发行额,此财政金融与物价相互影响也"[①]。

(二) 四联总处治理抗战时期通货膨胀的对策

自1940年起物价的持续上涨,引起了蒋介石的高度警觉。在给四联总处秘书长徐堪的电报中,蒋介石指出"近来物价高涨……实为后方社会最严重之问题。吾人必须以最大之决心,及不惜资金之牺牲,以求迅速确实之彻底调整"[②]。作为战时最高金融机构的四联总处,蒋介石要求其担负起平抑物价的重要责任。在1940年3月16日蒋介石致四联总处的信中,其要求"四联总处应于每星期邀集有关机关主管人员详细商讨平定物价之

---

① 重庆市档案馆、重庆市人民银行金融研究所:《四联总处史料》,下,档案出版社,1993年,第257页。

② 同上书,第240页。

有效方法,切实进行"①。抗战时期,四联总处协助国民政府主要从两个方面来治理通货膨胀。

1. 从物资的供需来治理通货膨胀

四联总处认为,后方物价趋涨的主要原因之一就是"后方生产不足,消费扩张,致货源短缺,供不应求"②,因此,治理通货膨胀就"必须从消极方面,限制消费,厉行节约。积极方面,增加生产,畅通货源。并以严禁居奇囤积为治标之法,以尽力保持必需品之供给量为治本之法"③。根据这个原则,四联总处主要采取了如下措施:

(1)严厉打击囤积居奇

四联总处认为囤积居奇与物价上涨之间存在恶性循环关系:其一,物价愈涨,囤积愈甚;其二,生产资金因被用于囤积而减少,这就会导致生产能力普遍下降,生产能力下降,则物品之供给减少,从而引起物价上涨;其三,囤积之物资会因为居奇而涨价,生产这些物资的利润就会相对较高,这就会引导生产者竞相生产可供囤积之物品,其他物资的产量将会下降,造成供给失衡,从而引起物价上涨。④正因为如此,四联总处认为必须严厉打击囤积居奇,在第24次理事会上议决了六项措施:其一,取消四川和贵州两省的屯粮计划;其二,查处后方的囤积粮食事件;其三,呈请经济部严格取缔粮食及日用必需品的囤积居奇及买空卖空行为;其四,四行在川黔两省境内停止粮食押款;其五,各地合作社储押之粮食,除估计本年秋以前各社员需用者外,令其限期出售;其六,四行逐步紧缩同业放款,以免商业银行及钱庄等利用四行资金购屯货物或转贷商民购屯。⑤银行钱号囤积居奇造成物价上涨引起了蒋介石的高度关注,1939年11月,蒋介石向四联总处和经济部下达手令,说"各地银行多有囤积各种货物居奇特价之情事,如不根本清除,则物价日昂,危害于国计民生者至大,应由经济部与四联总处负责查明各银行钱号以囤积及抵押等方式居奇之货物,限令半月内呈报详数及其仓库与地点等,由经济部统筹办理,调剂物价"⑥。根据蒋介石的要求,四联总处会同财政部、经济部、四行代表于1939年11月15日、18日举行会议,决定对重庆、成都等后方大城市银行钱号囤积货物的情况进行调

---

① 重庆市档案馆、重庆市人民银行金融研究所:《四联总处史料》,下册,档案出版社,1993年,第231页。
② 同上书,第295页。
③ 同上书,第300页。
④ 同上书,第250页。
⑤ 同上书,第232页。
⑥ 同上书,第373页。

查，调查发现，各主要银行大都设有仓栈，兼营商业，囤积了大量棉花、纱布、纸张、水泥、火柴等物资。1940年7月颁布的《非常时期管理银行暂行办法》明确规定，银行不得直接经营商业或囤积货物，并不得以代理部、贸易部或信托部的名义，自行经营或代客买卖货物。在战时物价不断高涨的情况下，银行出于利益有时甚至是生存的考虑，想方设法规避管制，以各种名义囤积物资，1943年9月3日，蒋介石向财政部下达的手令中说"据报陕甘各省之商业银行皆兼营商业，故抬物价，以致扰乱金融"。1944年9月26日，财政部渝钱庚一字55466号训令重庆市银行业、钱业公会，称"据各方报告，仍有少数行庄，罔顾大体，只图私利，投机取巧""囤积粮食，早经悬为严禁，银钱行庄承做以粮食为质押品之放款，亦经明令禁止。近以粮价回跌，据报一般商人又有囤积粮食，希图居奇情事，而银行钱庄本身及从事人员，亦有此类行为，果系实情，实属违法营私，罪无可赦，本部自当密切注意检查，如果发现此类行为，定予依法从重惩处"①。从这些文字中我们看到，尽管采取了严厉措施制止银行钱号囤积物资，但收效似显著。

（2）管制物价

国民政府的物价管制经历了三个阶段：评价阶段，即由地方行政机关、社会团体、商会、行业公会共同组成评价委员会，按当地市场情况议定一个地区的价格；平价阶段，即政府通过行政手段调集物资投放市场，改变市场供需结构，从而平抑物价；限价阶段，即政府以强制手段限制物价上涨。②四联总处在管制物价上的主要措施是：其一，支持平价购销处平抑物价。1939年12月，在经济部内成立了平价购销处，主办西南西北各省必需品的平价购销事宜，平价购销处本身并不购买物资，而是委托福生庄、农本局、燃料管理处及中国国货联营公司代为购买服用、粮食及日用品等物资，然后以平价卖出达到平抑物价之目的。平价购销处的营运资本，全部由四联总处以低利率贷给。除此之外，"其他公私机关凡以平价供销日用各地为目的而需用资金者，总处亦均尽量协助"。1940年2月，平价购销处将部分业务分别委托福生庄农本局及中国国货联营公司办理，由四联总处拨付2 000万元营运资金，在上海、柳州、衡阳、北碚等地设立四个办事处，并在浙江金华、广西梧州、江西鹰潭、云南昆明等地设立购运处，从事粮食采购运输工作，试图通过政府抛售粮食来平抑粮价。1940年3月，四联总处贷

---

① 转引自刘平：《近代中国银行监管制度研究（1897—1949）》，复旦大学出版社，2008年，第250页。

② 本书编写组：《抗战时期国民政府财政经济战略措施研究》，西南财经大学出版社，1988年，第335—342页。

给协和药品公司流动资金港币 90 万元,专为采购药品,廉价供后方之用,周息 6 厘,期限 1 年;1940 年 4 月,以押汇方式贷给战时医疗药品管理委员会 50 万元以救济内地药荒;1940 年 7 月,江西省第四战区设立交易公店以平抑物价,四联总处贷给 10 万元作为流动资金,等等。①

其二,拟订安定物价方案。1940 年 8 月 22 日,四联总处拟订了《加强各业同业公会组织统制日用品交易以安定物价建议案》,建议国民政府通过加强各业同业公会组织和统制日用品交易来控制物价。该方案包括三项要点:① 运用深入社会并具有历史的各业同业公会,加强其组织,使成为有效力能负责的市场机构,分别统制市场交易;② 确定基价差价制度,使各地平价机关得视当地产销仓储运输利润等情形,确定适合当地环境的整售零售公价,通令各业同业厂商切实执行,以收安定物价之效;③ 普遍推行发票及标价制度。若售价超过公价,购买者可以凭发票检举,对违法商人严厉处罚,实行标价制度可以便于民众协助政府监督物价,以免厂商暗中抬价。②

其三,协助政府统制粮食。由于平价购销处掌握的物资毕竟有限,其供应难以填补市场的需要,“所以即使平价供应的物品低于市价,却不能抑低一般市价”③。在此情况下,国民政府实施物资统制,企图以此来掌握物资的供需主动权。“粮食为物价中心”,国民政府试图从管制粮食入手逐步达到统制所有战略物资的目的。但对于统制粮食的办法,众说纷纭,莫衷一是,主要有三种:① 实行“粮食公有”,禁止粮食自由买卖;② 发行粮食券,强制征发粮食;③ 以高价收购粮食。四联总处认为这些措施均不可行,就“粮食公有”而言,四联总处认为当时国统区的环境“并不构成公有之条件”,如果贸然进行,收购所需之款项、储藏所需之仓库、运输所需之工具、管理所需之人力等,政府均难以负担。就发行粮食券而言,四联总处认为不仅“在技术上有困难”,而且发行粮食券会助长通货膨胀,所以,“发行存粮证券计划,无论从技术上或政策上研究,目前均不宜采行”④。至于以高价收购粮食,更会直接增加法币发行额,加速通货膨胀,刺激物价上涨,助长囤积藏匿之风。要从根本上解决战时军需民用粮食问题,“最适当之

---

① 重庆市档案馆、重庆市人民银行金融研究所:《四联总处史料》,下册,档案出版社,1993年,第 284—285 页。
② 同上书,第 281 页。
③ 寿进文:《抗日战争时期国民党统治区的物价问题》,上海人民出版社,1957 年,第 38 页。
④ 重庆市档案馆、重庆市人民银行金融研究所:《四联总处史料》,下册,档案出版社,1993年,第 273 页。

方法,莫如田赋改征'本色'(即征收实物办法)"①。四联总处还分析了田赋征实的两个优点:① "法简易行"。粮价高涨之时,"并不加重人民负担",粮价跌落之时,"农民亦不致有折钞纳税转多亏累之弊";② 在赋实增加的同时减少政府支出,从而降低通货膨胀压力。②在四联总处递交田赋征实建议后的第三天,国民政府行政院第 409 次会议通过了"各省得酌征实物,其征率分别专案核定"方案,开始在国统区实行田赋征实,后来的历史事实证明,田赋征实是减轻国统区通货膨胀压力的有效措施。

(3) 购买生产原料,增加物资供给

为了增加生产原料的供给,孔祥熙多次指示四联总处敦促"各行局应尽量运用金融力量,控制物资,以便协助生产,平抑物价"。1942 年 12 月 10 日,第 154 次理事会通过了"各行局代购生产原料办法纲要",1943 年 2 月,四联总处设立了原料购办委员会,3 月 4 日召开的第 165 次理事会上,又通过了"自购生产原料办法草案",正式启动购料工作。原料购买委员会购买生产原料的形式分"代购"和"自购"两种。代购是指生产单位在申请购买生产原料的借款时,先将生产所需原料情形列表连同委托购料申请书呈报四联总处核准后,由被指定的行局代为购办,并酌收手续费。自购系指先由原料购办委员会调查估计生产机关"生产原料之产储量,并就生产机关之生产能力及所需原料数量",指定行局"预作适时之采购运储",然后配售给生产单位。至 1944 年年底,购办金额共计达 248 404.5 万元,其中代购 68 991 万元,自购 179 413.5 万元。购办的物资主要有棉花、液体燃料及原料、煤焦、五金原料、纸张、食油原料、化学原料、羊毛、蚕茧、谷麦等,其中以棉花为最多,购棉金额达 14 亿元,约占购办总金额的 80% 左右,其次、又次、再次为五金原料、煤焦、液体燃料及原料,但与购棉相比,相去甚远。③1944 年,后方物价飞速上涨,粮油供应出现紧张,为了保证重庆军民食油原料的供应,四联总处核定贷款 6 000 万元,由各经办行局派员在川西、川东、川北一带积极采购食用油。此外,四联总处还协助昆明裕滇纱厂购棉,垫借金额 40 000 000 元,主要是交通银行和中国银行承办;对广西纺织公司购棉,垫借金额为 7 000 000 元,主要是交通银行和中国银行承办;对四川丝业公司购茧垫借金额为 8 721 万元,由中国银行承办;成都建成面

---

① 重庆市档案馆、重庆市人民银行金融研究所:《四联总处史料》,下册,档案出版社,1993 年,第 274 页。
② 同上。
③ 四联总处秘书处:《四联总处 1944 年度办理购料业务概况》,《金融周刊》,1945 年第 6 卷第 12 期。

粉厂购麦得到的垫借金额为 150 万元,由交通银行承办;中信局订购四川矿业公司煤矿 3 000 吨,垫借金额为 2 756 700 元,由各行局分摊。各行局贷款对巴县电力公司各厂购储煤 3 100 吨;对重庆电力公司各厂,购储冬存煤 1 万吨;在成都及内江订购各项煤炭 10 550 吨;另在成都购进道林纸等 3 000 令,价值 3 000 余元,运往重庆市以备供应。① 四联总处统筹购买生产原料的原意在于掌握物质供给以平抑物价,但在实际操作过程中,各行局所购物质并未全部及时配售给生产单位,而是自己囤积以谋私利。鉴于此,1945 年 5 月,四联总处撤销生产原料购买委员会,停办购买原料业务。

(4) 建议国民政府厉行节约、鼓励生产、畅通运输

在 1941 年 11 月召开的四联总处第 102 次理事会上议决通过《四联总处关于当前平价工作实施纲要之补充意见》,就如何厉行节约、鼓励生产、畅通运输向国民政府提出了建议。四联总处认为应该从两个方面来厉行节约:① 就人民生活而言,必须禁止奢侈品的制造运销与消费、限制若干种非必需品的销售制造或实行专卖以减少消费、限制宴会及不必要的应酬、限制不必要人工的雇用、普遍提倡节用必需物品及推行代用品等;② 就政府机关及公私团体而言,必须裁减骈枝及不急需的机关与团体、限制不急要之建设、裁汰冗员酌配于有关生产工作、紧缩机关组织及预算、减少不必要之会议、节简公文手续、撙节公用物品等。

关于鼓励生产,四联总处建议国民政府从两个方面入手:① 鼓励必需农业品的生产。包括普遍推行农业增产计划及垦殖工作、加紧改进农业技术以改良主要农产品的种籽及农耕工具为首要、修治水利、健全农村合作组织等。② 扶助工矿业。包括按规定价格尽量供给的原料、按规定价格尽量供给粮食及其他日用必需品、规定工价并禁止各矿商之间高价抢雇工人、介绍银行放款、介绍洽购机件或原料所需的外汇、介绍要保兵险、给予必要的奖励金或其他补助等。

关于畅通运输,四联总处建议政府从三方面努力:① 关于国际线路。包括凡平价机关自运或由其核定的厂商所运的必须物品及原料,应在一定吨位的限额内,与军用品同时抢运、平价机关或由其核定的厂商,如自备车辆运输必需物品或原料,应尽量放行、沿途检查应力求单一化。② 关于抢购沦陷区物资。包括商人由沦陷区购运后方必需的物资,应由沿途各军政机关负责保护、由运输机关予以便利、平价机关并应自行设法尽量抢购必

---

① 转引自王红曼:《四联总处与战时西南地区的通货膨胀》,《中国社会经济史研究》2006 年第 4 期。

需物品、平价机关应将此种抢购所得物品的成本与后方收购物资的成本通盘计算,规定价格供应市场。③ 关于内地运输。包括阻滞运输的军事及政治的因素,应尽力设法改善、增加运输工具,并协助民营运输事业、增进运输效能,并严格奖惩运输员工等。①

2. 从通货的角度来治理物价上涨

四联总处认识到"通货增加,亦为物价上涨之一种原因",所以,"倘不亟谋撙节各种开支,同时以种种方法增高旧税税率或增定新税,开辟财源,使国库收支相当平衡,则继续增发之通货,必继续引起物价之上涨",但"增加税收,紧缩发行一节,因税区税源之紧缩,尤难以适合战时庞大之支出"②,四联总处能做的就是如何想方设法回笼通货及紧缩商业信用。

(1) 吸收游资以收缩通货

四联总处采取了三种措施:① 加强推动各种储蓄业务;② 建议政府实行强迫储蓄;③ 推行美元储蓄。关于此,下文将做详细探讨。

(2) 紧缩信用

为紧缩信用,四联总处规定了国家行局和商业行庄投资放款的三项原则:① 为积极紧缩信用并协助增加生产起见,四行投资放款应以协助国防有关及民生必需品的生产事业为主,所有普通放款及不急需的投资,应暂行停止,已放出的款项,期满应立即清结。且必要时,得视放款的对象与用途,分别于到期前收回放款的部分或全部。② 为使投资放款能收实效,对于公私事业的投放款项,事前审查与事后考核必须严格,但办理手续应力求简捷。③ 凡属增产军民必需的民营事业,由四行投资放款协助者,其出产的物品应达一定限度,产品不得囤积居奇。且每月产销数量价值,应按期报告四联总处查核。而出品的配销及售价规定,应按物资主管机关的规定办理,以求投资放款与掌握物资政策的严格配合。③

(三) 成效与评价

应该说,国民政府对通货膨胀治理是十分重视的,并且采取了一系列措施,客观地讲,抗战时期通货膨胀的治理取得了一定的成效,但总体而言,治理是失败的。其原因有三:

第一,对抗战初期的通货膨胀重视不够,坐失了治理通货膨胀的最佳

---

① 重庆市档案馆、重庆市人民银行金融研究所:《四联总处史料》,下册,档案出版社,1993年,第300—302 页。
② 同上书,第297 页。
③ 同上书,第314—315 页。

时机。抗战爆发后的一年时间内,国民政府"对于收入财源丧失以及由于收支不敷而造成的通货膨胀恶果都抱着消极地听之任之的态度",直到1938年年底,"才开始觉悟到对于冷酷的通货膨胀问题加以认真探讨"①。由于对通货膨胀的严重性认识不够,导致了措施的失当,在1941年之前,实行评价是国民政府治理通货膨胀的主要措施,而这种评价措施仅仅以法令规章劝导商民,是一种被动的措施,结果是政府对物资的评价跟着物价的上涨而上扬,物价越评越高。例如,西安市在评价前,猪肉每斤市价11元,牛肉7元,羊肉6元;评价后,猪肉每斤上涨到23元至30余元,牛肉15元至20余元,羊肉13元至18元。②如果在战初物价温和上涨的阶段就采取1942年以后实行的平抑物价措施,应该不至于出现物价完全失控的局面。

第二,物资供求始终严重失衡,使治理效果大打折扣。"欲求物价平稳而供求接近,必须统制物资。统制物资而不谋供求接近,则欲物价平稳,不特舍本逐末,亦且缘木求鱼。徒事平抑物价而不谋供求接近,其遗祸尤烈。今政府于物价之平抑与物资之统制,均以付诸实施,而物价之剧烈波动未已,何也?……主要原因在于供求未能接近。"③

第三,治理措施严重失当是造成物价失控的主要原因。根据对抗战时期通货膨胀形成机理的计量分析结果,我们清楚地看到,货币发行量每增长1%,物价指数就上涨1.4127%,这说明滥发纸币是造成恶性通货膨胀的最重要因素,因此,治理通货膨胀的主要侧重点应该在于控制货币发行量。但在抗战初期,国民政府对滥发通货造成物价上涨的事实却是"常常讳言或忽视其存在",即使到物价上涨非常厉害的抗战中后期,朝野"对于通货膨胀影响物价上涨的程度,仍持着不同见解",不少人"低估通货膨胀对于物价上涨的重要影响"④。1939年1月召开的国民党五中全会认为"供应军费,收买物资,使用多量法币,则筹码之流通,自无不足之虑"。会议还决定战时军费开支通过增发法币来满足。⑤ 增发法币是否诱发通货膨胀,财政部长、四联总处副主席、中央银行总裁孔祥熙矢口否认"发行公

---

① 张公权:《中国通货膨胀史(1937—1949年)》,杨志信译,文史资料出版社,1986年,第4页。
② 重庆市档案馆、重庆市人民银行金融研究所:《四联总处史料》,下册,档案出版社,1986年,第324页。
③ 殷锡琪:《统制物质与平抑物价》,《财政评论》1943年第9卷第1期。
④ 寿进文:《抗日战争时期国民党统治区的物价问题》,上海人民出版社1957年版,第17页。
⑤ 杨荫溥:《民国财政史》,中国财政经济出版社,1985年,第156页。

债与法币发行之增加,并无连带关系,因此恶性通货膨胀之现象,并未发生"。他还表示政府"对于法币发行,始终抱谨慎态度,抗战二年发行额与战前比较,虽有增加,然以后方各省向系缺乏货币流通,及当前开发生产需要之故,为数实不为多,绝未发生恶性通货膨胀之弊害"①。1944年,后方物价高涨,比战初上涨了500多倍。

　　面对如此严重的通货膨胀,政府当局肯定要深入分析其原因,政府主要官员是如何认识战时通货膨胀成因的呢?孔祥熙做如下解释"物价之上涨,原因甚多,主要者为供求不能相应,即生产不能增加而消费仍无节制。而一部分人士不明真相,每归咎于通货膨胀,甚至认为政府对于通货之发行不能控制,任意增加。其实政府对此始终采取谨慎政策,惟以我国平时经济基础本甚薄弱,社会情形复杂,战时之支出,无法全部以租税与公债抵补,势不能不藉发行以为一部分之挹注,即在其他经济基础坚厚之国家,于战争期间,亦莫不走此途径,故吾人目前生活之艰苦,原系作战时期必有之现象。而以千百年来国人不重生产,偏重消费之积因,尤不能侥幸避免"。②孔祥熙的话包含了两层意思:其一,孔祥熙认为战时通货膨胀的主因是供求失衡所致;其二,过量发行不是通货膨胀的主因,政府也没有滥发钞票,即使多发了也是无奈之举。四联总处的分析也同样认为"币额膨胀之主因,不外财政之透支与物价指数之上升,而以后者为甚"③。思想上的认识不清导致了行动上的裹足不前。增加税收、发行公债、发行货币是解决战时财政困难的三大主要手段,当增税和发行公债都遇到困难时,国民政府选择了开动印钞机来弥补财政赤字的办法。尽管采取了强制储蓄、紧缩信用等手段来回笼货币,但货币投放量却同时以几何级数增长,这无异于"用左手打倒了自己的右手"④。那么,"当初中国的通货膨胀究竟是不是可以避免呢?按照张介高(中央银行高级职员)、周顺兴(中央大学经济学教授)、杨(即杨格,1929—1947年任国民政府的金融顾问)等的看法,如果当局有勇气提高税收、坚决控制货币和信贷的增长,那么通货膨胀是可以被控制在一个较为温和的层次上的。从其他国家的经验来看,这是有可能实现的,有鉴于第一次世界大战的教训,绝大多数欧洲国家都在第二次世界大战期间和战后成功地将通货膨胀限制在合理的限度内,只有匈牙利

---

①　刘振东:《孔庸之先生演讲集》,文海出版社,1972年,第250—251、259页。
②　孔祥熙:《最近之财政金融》,中央训练团党政训练班讲演录,单行本,1944年5月印。
③　重庆市档案馆、重庆市人民银行金融研究所:《四联总处史料》,下册,档案出版社,1993年,第338页。
④　〔美〕唐·帕尔伯格:《通货膨胀的历史与分析》,孙忠译,中国发展出版社,1998年,第114页。

和希腊构成引人注目的例外"①。

三、推进节约建国储蓄运动

节约对于社会经济的重要意义,亚当·斯密在 1776 年所发表的《国民财富的性质和原因的研究》一书中有精辟的论述,他认为:"资本增加的直接原因,是节俭……节俭可增加维持生产性劳动者的基金,从而增加生产性劳动者的人数。他们的劳动,既然可以增加工作对象的价值,所以,节俭又有增加一国土地和劳动的年产物的交换价值的趋势。节俭可推动更大的劳动量;更大的劳动量可增加年产物的价值。"②若将节约下来的收入用于储蓄,"加入已有资本,或进而投资",则可"以维持多数生产劳动者",若"贷予他人",则自己可因之"得利息"。在斯密看来,节约可以增加资本,资本增加再直接或间接投资于生产事业,不仅可以增加就业人数,而且还可以增加社会财富。所以,他认为"节约家是一国一社会的恩人"。在战时经济状态下,节约储蓄的社会经济意义不仅在于此,还可以增加政府财政收入、减轻通货膨胀压力等。所以,第一次和第二次世界大战时期,各主要参战国都把节约储蓄政策作为一项基本的战时经济政策。抗战时期,国民政府掀起了一场如火如荼的节约建国储蓄运动。就笔者管见所及,研究节约建国储蓄运动的专题论文仅一篇,涉及这一主题的文献也不多。③ 目前,尚无专题论文研究四联总处与节约建国储蓄运动的关系,目前学术界尚未对此进行专题研究。笔者根据手边资料,对节约建国储蓄运动的发起原因、开展过程和成效进行梳理,以期抛砖引玉。

(一) 国民政府发动节约建国储蓄运动的原因

1. 节约储蓄可以撙节消费

个人的可支配收入一般主要有两个用途:消费和储蓄,两者之间是此

---

① 〔美〕唐·帕尔伯格:《通货膨胀的历史与分析》,孙忠译,中国发展出版社,1998 年,第118 页。

② 〔英〕亚当·斯密:《国民财富的性质和原因的研究》,上卷,王亚南、郭大力译,商务印书馆,2004 年,第 311—312 页。

③ 方霞:《抗战时期后方的节约建国储蓄运动》,《抗日战争研究》2009 年第 3 期。还有一些研究文献也涉及这一主题,重要者有:《抗日战争时期国民政府财政经济战略措施研究》课题组:《抗日战争时期国民政府财政经济战略措施研究》,西南财经大学出版社,1988 年,第 99—102 页;张弓、之先:《国民政府重庆陪都史》,西南师范大学出版社,1993 年,第 382—383 页;杨斌:《抗战时期国民政府储蓄政策述评》,载《江西社会科学》1995 年第 12 期;朱伯康、施正康:《中国经济通史》,下卷,第 665—667 页,复旦大学出版社,2005 年。

消彼长的关系,用于消费的多则储蓄额减少,节制消费则储蓄额增加。在战争环境下,物质消耗量异常庞大,并且,能否源源不断地供给物质是决定长期战争胜负的一个关键因素。所以在战时,"由于保卫国家民族之迫切要求,人民应负有贡献一切于国家的义务。平时收支相抵有余的,固要储蓄;即使在平时收入仅足以供消费之用,甚至收入不足以供消费的,也得降低其生活的享受,尽量节约其消费,力求剩余,储为国家之用"①。

2. 节约储蓄可以积累资本,增加产出

在战前,我国的近代工业绝大部分集中在东南沿海地区,战争爆发后,沿海民族工业或毁于炮火,或遭受掠夺。为支持抗战,国民政府一方面鼓励沿海工业内迁,另一方面大力开发西南西北地区,建立现代产业,实行所谓"抗战建国"方略。而大规模的生产建设需要大量的资本供给,在储蓄——投资——产出链条上,储蓄是基础,没有大规模的储蓄,就无法形成巨额的投资,从而影响总产出的增加。为了扩大资金来源,蒋介石号召人民"际此非常时期,以极端之节约,极端之刻苦,从事于生产资本之蓄积与产业之发展"②。近代中国民间资本的显著特点是额少而分散,所以,"只有通过节约储蓄运动,才能使国民潜在的资本,从散漫到集中,从无组织无计划的运用到有组织有计划的运用"③。

3. 节约储蓄可以吸收剩余通货,减轻通货膨胀压力

抗战时期,国民政府财政收支状况严重失衡,解决战时财政困难的办法,正如孔祥熙所言,"向来不外三法:一、加税;二、借债;三、增加发行"④。抗战时期巨额的财政支出中,仅 1/5 来自税款,其余全部仰给于借债和发行。发行钞票是中央银行直接增加基础货币供给,基础货币是高能货币,它会通过存款货币银行的货币创造乘数创造几倍于本身的货币,这必然会导致恶性通货膨胀。在抗战时期,发行内外债同样也会造成通货压力,这是因为"我国工商各业,不甚繁荣,社会资金,索极匮乏,人民又有窖藏之遗习,更少应募公债之热诚,人民自动以资金承购公债者,为数不多,故其大部分,仍由银行承销,即由银行增加通货,制造信用,以消化政府之债券",致使银行对政府的垫款,由战前的 6.3 亿元,增加至 1940 年年底 34.8 亿余元,构成了巨大的通货压力。⑤此外,沦陷区数以亿计的游资不断涌向大

---

①　刘攻芸:《战时节储运动》,《经济汇报》1941 年第 5 卷第 12 期。
②　陈友三:《论战时我国之储蓄事业》,《财政评论》1941 年第 5 卷第 2 期。
③　刘攻芸:《战时节储运动》,《经济汇报》1941 年第 5 卷第 12 期。
④　《国民党五届六中全会财政部财政报告》,《民国档案》1986 年第 4 期。
⑤　陈友三:《论战时我国之储蓄事业》,《财政评论》1941 年第 5 卷第 2 期。

后方,也增大了通货膨胀压力。在此背景下,国民政府试图通过回笼货币来缓减通货膨胀压力,而鼓励储蓄,则不仅可以回笼货币,而且银行还可以以回笼的通货"转而购买债券或投资于有利之生产事业",达到一石二鸟的效果。

4. 英国成功典范的鼓励

处于战时经济状态的国家,"无不倡导节约,以辅助货币政策之成功"①。在第一次世界大战中,英国就曾推行节约储蓄运动并收到了良好的效果。"上次欧洲大战时,英国指导之节约运动,最为普遍,国民节约会分会达 1 055 所,宣传可达 500 多万人,分别在各地实际上指导如何节约的方法,而把节约下来的钱,购买小额储蓄券,效力很大。"② 1938 年 12 月,英国著名经济学家凯恩斯提请英国政府在全国推行强制储蓄计划,获得了议会上院通过,并且收效甚大。至 1941 年,尽管已开战两年半,但英国批发物价的指数,仅高于战前 48%,生活费用指数也仅高于战前 37%,其物价之所以如此稳定,"不能不归功于人民生活管制的得法和推行储蓄的努力"③。英国的成功典范对中国是一个莫大的鼓励。

(二) 四联总处推进节约建国储蓄运动的措施

1. 四联总处与发轫阶段的节储运动(1938 年 7 月至 1940 年 6 月)

(1) 节储法令的颁布与节储机构的设立

抗战时期的节约建国储蓄运动发轫于 1938 年 7 月,其标志事件是国民党国防最高委员会通过了《节约储蓄纲要》。9 月 27 日,国民党第五届中央常务委员会议决颁布了《节约建国运动大纲》,决定"创办节约建国储金,奖励人民储蓄,由政府保证其本息之安全"④,它"规定了社会节约资金运用的办法,是节储运动中的根本原则"⑤。根据这个纲要,国民政府先后于 1938 年 12 月 29 日颁布了《节约建国储金条例》,1939 年 9 月 12 日颁布了《节约建国储蓄条例》,使节约、储蓄、建国成为一个三位一体的整体。为了落实以上法令,推进全国储蓄业务,1939 年 9 月,四联总处特设特种储蓄处,负责各行局办理储蓄业务的改进、督促、成绩考核及联系等事宜。到 11 月,四联总处又设立储蓄设计委员会,负责研讨各种储蓄法令与技

---

① 赵兰坪:《节储运动与货币政策》,《财政评论》1941 年第 5 卷第 3 期。
② 罗敦伟:《物价统制之总检讨》,《财政评论》1941 年第 5 卷第 1 期。
③ 刘攻芸:《战时节储运动》,《经济汇报》1941 年第 5 卷第 12 期。
④ 郭家麟:《十年来中国金融史略》,中央银行经济研究处,1943 年,第 203 页。
⑤ 邱正伦:《二年来节约运动之检讨》,《财政评论》1941 年第 5 卷第 3 期。

术。11 月 10 日,国民党中央宣传部会同金融界联合在重庆成立了全国节约建国储蓄运动委员会,设委员 21—31 人,常委 5—7 人,总干事和副总干事各 1 人,在后方各省广泛设立分会,各地分会由各省党部主持,受总会支配,办理各省的宣传策动事宜,主管有关全国节约建国储蓄运动的一切宣传事项,并在各地广泛组建分会,由当地最高党务机关主持。全国节约建国储蓄运动委员会成立后,通过报纸发行特刊、演话剧、演电影、举行球赛等各种方式来售卖节约建国储蓄券,还派人赴各地上街演说,使节约建国储蓄运动逐步引起了人们的注意。①按国民政府的规定,所有办理建国储金的机构、发行节约建国储蓄券的机构、经办节约建国储蓄券的机构、发行及经售特种有奖储蓄券的机构都是节储的经办机构。它们主要是:中央银行、中国银行、交通银行、中国农民银行、中央信托局、邮政储金汇业局、中央储蓄会及其他金融机构。

(2) 节储工作的展开

这个阶段,国民政府主要采取了三大节储措施:第一,发行节约建国储金。节约建国储金系根据《节约建国储金条例》而举办。按照《节约建国储金条例》(以下简称为《条例》)的规定,此项储金分甲乙两种,由中央、中国、交通、中国农民四银行及邮政储金汇业局办理,其他公私立银行经财政部核准,亦可经收。甲种储金 3 年后随时可取本息,10 年内随时可以加存,每半年复利计算一次,利上加利;乙种储金分“整存整付”“整存零付”“零存整付”“存本取息”四种,期限 3—10 年,由储户自由择定;无论甲乙两种储金,除以法币存储外,还“得以外国货币存储,期满后仍以外国货币偿还本息。其以生金银存储者,并依财政部兑换法币补充办法及金类兑换法币办法,照加手续费,并入本金计算”。概括起来,节约建国储金有四个特点:一是用途固定,《条例》第五条明确规定了此项储金只能运用于以下领域:即开垦土地、兴修水利、发展农林畜牧、发展有关国防之生产事业、工矿业及交通事业、开展联合产销事业及其他有关经济的建设事宜;二是会计独立,《条例》第四条规定,此项储金“应按独立基金管理,不得与各该行局一般业务之盈亏混合”;三是政府保证,《条例》第二条规定此项储金“除由经收之各该行局直接向储户负责外,并由政府保证其本息之安全”;四是利息优厚,《条例》第四条规定,“各银行及邮政储金汇业局经收节约建国储金,应给予比普通储蓄为优之利息”②。

---

① 邱正伦:《二年来节约运动之检讨》,《财政评论》1941 年第 5 卷第 3 期。
② 重庆市档案馆:《抗日战争时期国民政府经济法规》,档案出版社,1992 年,第 693—694 页。

　　第二,发行节约建国储蓄券。节约建国储蓄券系根据《节约建国储蓄券条例》和《节约建国储蓄券施行细则》而举办。节约建国储蓄券实际上是节约建国储蓄金的一种,所以,其投资范围与本身安全的保障,均与节约建国储蓄金相同。《节约建国储蓄券条例》规定:节约建国储蓄券分甲乙两种,券额分五元、十元、五十元、一百元、五百元、一千元、一万元七类,甲种券为记名式,可挂失补发,凭券领款,期满六个月后即可提取本息,如果不提款,利息仍可滚存,最长可到 10 年;乙种券为不记名式,可以自由转让赠与,存期 1—10 年,到期后照券额兑付。节约建国储蓄券由中国银行、交通银行和邮政储金汇业局发行,由国内商业银行及殷实钱庄等代为经销,海外华侨和战区内人民,则可用通信的方式购买。节约建国储蓄券除能作为公务上的保证金外,还可以作为地方银行发行辅币券的保证准备,其最大的优点是它具有流动性,即持券人在储蓄期间,可以利用节约建国储蓄券作购物等其他用途,同时仍可获取利息,所以节约建国储蓄券的推销工作进展较为顺利。[1]

　　第三,举办外币定期储蓄存款。经四联总处提议,1939 年 10 月 27 日,财政部颁布《外币定期储蓄办法》,决定由中、中、交、农四行办理外币储蓄存款业务。该办法把外币定期储蓄分为两种:一是外币定期储蓄存款,即储户以英、美、法及其他政府核准之外币存入银行,到期对照原存外币支取本息,此项存款利率分别是二年期四厘、三年期五厘、四年期六厘、五年期七厘;二是法币折合外币定期储蓄存款,及由存户以法币按照政府银行商汇牌价折购外币存入银行,到期时至原存款地点原银行支取本息,每户折购存储额以法币 2 万元为最高限额,此项存款利率分别是三年期二厘、四年期二厘半、五年期三厘。由于外币来源稀少,且法定牌价与市场价格相差悬殊,故吸收的外币定期存款数量有限,法币折合外币储蓄存款,也因年限较长,利率较低,且有最高限额限制及各行局缺乏外汇准备,所以不能大量推行。[2]

　　总体而言,发轫阶段的储蓄成绩很不显著,1938 年、1939 年的储蓄存款结余额分别只有 248 243 185 元、303 048 145 元。其中,90% 以上来源于普通储蓄,而节约建国储蓄成绩在这两年则几乎可以忽略不计。[3]

---

　　[1]　重庆市档案馆:《抗日战争时期国民政府经济法规》,档案出版社,1992 年,第 695—696 页。

　　[2]　重庆市档案馆、重庆市人民银行金融研究所:《四联总处史料》,中册,档案出版社,1993 年,第 288、291 页。

　　[3]　同上书,第 184 页。

2. 四联总处与高潮阶段的节储运动(1940 年 7 月至 1942 年年底)

(1) 节储机构的扩充与调整

第一,全国节约建国劝储委员会、节约建国储蓄团的成立与调整。为扩大节约建国储蓄运动,国民政府于 1940 年 7 月 23 日授命四联总处组织成立了全国节约建国劝储委员会,蒋介石亲自任主席,主持设计推动及配合全国节约建国储蓄运动委员会和各行局进行劝储工作。该会委员由四联总处全体理事担任,设总干事 1 人,副总干事 2—4 人,其职责是决定劝储计划、指示劝储方针和考核劝募工作。该会主要开展三类活动:一是宣传,即利用报纸、杂志、小册、通讯、讲演、广播、电影、戏剧等工具以鼓励国民热烈情绪,踊跃参加。二是劝储,具体办法有四:① 由政府长官及地方人士提倡;② 利用机关团体集体劝储;③ 利用乡村保甲普遍劝储;④ 利用竞赛奖励方法。三是收储,即由各行局扩展收储机构,并利用通讯储蓄等办法加紧推行。① 该会内设的干事部是总会的办事机构,干事部内分总务、劝储两科,掌理设计、组织、指导、考核等工作。② 1940 年 9 月 16 日,由全国节约建国储蓄运动委员会和全国节约建国劝储委员会联合发起成立了节约建国储蓄团,设总团于重庆,蒋介石任名誉总团长,孔祥熙任总团长,在中央各党部机关和各省市设属团,由最高行政长官亲自担任属团团长,各属团在所辖范围内,斟酌择定高级单位组织分团,分团之下设支团,为储蓄的基层单位。各属团上受总团指挥,下则督促所属分支团,计划及办理认储与向团外劝储事宜。尽管节储机构已普遍设立,但组织重复,事权难以统一,阻碍了节储工作的普遍开展。

1941 年 8 月,四联总处为增进效率起见,决定调整节储办理机构。首先,全国节约建国储蓄运动委员会归并全国节约建国储蓄劝储委员会。1941 年 6 月,四联总处制定了全国节约建国储蓄劝储委员会与节约建国储蓄运动委员会合并办法两项,并决定将后者并入前者,节储运动委员会各省分会并入各该省劝储委员会分会,未设劝储委员会分会的地方,将该分会改组为劝储分会,该分会原有委员由劝储会酌情聘为分会委员。并规定各省劝储分会,一律聘请各该省主席兼任主任委员,增设副主席一人,在归并或改组后,由分会推定。调整后的全国节约建国储蓄劝储委员会负责劝储及宣传工作的计划制订、业务指导及考核等事宜。其次,储蓄团归并劝储会。储蓄团的组织与工作,与劝储会大体相同,节约储蓄运动委员会并入

---

① 中国第二历史档案馆:《四联总处会议录》,第 10 册,广西师范大学出版社,2003 年,第 164 页。

② 同上书,第 163—164 页。

劝储会之后,储蓄团也没有独立存在的必要。1941年11月,国民政府对节约建国储蓄团进行调整,将省市节约建国储蓄团并入各该地劝储委员会,中央及海外储蓄团改隶劝储委员会总会。至此,劝储机构得以统一。截至1942年12月底,劝储委员会在苏、浙、赣、鄂、湘、川、康、闽、粤、桂、滇、黔、鲁、晋、豫、陕、甘、宁、青、绥等省及重庆市设立了分会23个,各市县支会943个,分支会遍布前方与后方,蒙藏地区则仍由蒙藏委员会储蓄团负责推行。各省市县设立分支会情形如表4-9所示①:

表4-9　各省市设立分支会情形

省份	支会数	省份	支会数	省份	支会数	省份	支会数	省份	支会数
广西	100	陕西	81	云南	111	湖南	77	贵州	38
江西	77	河南	69	广东	69	福建	69	西康	27
浙江	62	四川	66	甘肃	54	安徽	43		

资料来源:中国第二历史档案馆:《四联总处会议录》,第16册,广西师范大学出版社,2003年,第58页。

第二,组织节储实践会。为使节约建国储蓄运动广泛地开展起来,在1940年9月18日的"九一八"纪念活动会上,蒋介石发表告全国同胞书,号召人民积极参加节约建国储蓄运动。在10月10日的国庆节庆典会上,蒋介石通电全国,指出节储运动的"意义重大",它是"表现我国力民气,发展经济建设,贯彻抗战胜利之要图",号召广大人民"多节约一分之浪费,即为建国多培养一分之元气,多储蓄一分之现款,即为抗战多增长一分之实力"②。为落实蒋介石的号召,四联总处于1941年3月13日第68次理事会上制定了《发动民众组织节储实践会办法纲要》,要求各县市劝储委员会策动各界人士于各该地广泛组织节储实践会,吸收广大人民参加节储实践会。依照该办法纲要规定,节储实践会应普设于全国各市、县,会务由各该地劝储分会代办,并受劝储总会指导;实践会会员应该遵从三大信条:厉行俭朴生活、尽量采用土产、节省非必需品之享用;会员每月至少应储国币1元,储蓄种类不加限制,凡节建储金、储蓄券、特储券及普通储蓄均可,但应向中、中、交、农四行及中信、邮汇两局或其代理机关存储。③至1941

---

①　重庆分会之下未设支会,湖北、青海、绥远、山西、山东、江苏、宁夏、河北8省分会系由储蓄团改组而成,其下未设支会。中国第二历史档案馆:《四联总处会议录》,第16册,广西师范大学出版社,2003年,第58—59页。

②　陈禾章、沈雷春、张韶华:《中国战时经济志》,文海出版社,1973年,第27页。

③　中国第二历史档案馆:《四联总处会议录》,第7册,广西师范大学出版社,2003年,第161页。

年7月底,节储实践会会员人数超过100万人,比原订计划增加了10倍以上。①

第三,设立简易储蓄处。抗战爆发以后,国统区一方面因工资物价持续高涨,"一般农工商贩差不多都渐渐有余资留在手中",另一方面"因为过去金融机关,仅限于少数都市,农工商贩也限于过去呆存窑藏的习惯",造成"社会上流通筹码不够,建设生产资金缺乏"②。鉴于此,1940年8月15日,四联总处颁发了《吸收农工商贩小额存款办法纲要》,要求各行局特别注意推行小额节约建国储蓄券。但由于农工商贩分散于民间,要有效地推广小额储蓄,就必须要普遍设立储蓄网,为此,1940年9月5日,国民政府颁布《四行普设简易储蓄处办法》,要求中国银行、交通银行、中国农民银行和中央信托局应该在人口超过五万以上的地区、工人众多的矿区或铁路与公路线工人集中段站、学校集中的文化区域、大宗特产品的生产地或集散地、商务繁盛钞券流通较多的内地口岸、超过五百工人的大工厂普遍设立简易储蓄处,办理储蓄业务,以吸收农工商贩的小额存款。③截至1941年年底,四行局在后方各省设立了简易储蓄处197处,其分布如表4-10所示:

表4-10　1941年12月四行局简易储蓄处的分布

省别	中央信托局	中国银行	交通银行	农民银行	合计	省别	中央信托局	中国银行	交通银行	农民银行	合计
四川	2	27	13	4	46	江西	—	7	3	6	16
云南	—	12	—	2	14	湖南	—	9	14	2	25
贵州	—	2	3	3	8	湖北	—	—	—	1	1
广东	—	—	11	6	17	陕西	—	3	4	1	8
广西	—	9	11	—	20	甘肃	—	3	9	—	12
福建	—	4	2	1	7	总计	5	86	80	26	197
浙江	3	10	10	—	23						

资料来源:重庆市档案馆、重庆市人民银行金融研究所:《四联总处史料》,中册,档案出版社,1993年,第238页。

①　中国第二历史档案馆:《四联总处会议录》,第10册,广西师范大学出版社,2003年,第166页。
②　邱正伦:《二年来节约运动之检讨》,《财政评论》1941年第5卷第3期。
③　重庆市档案馆、重庆市人民银行金融研究所:《四联总处史料》,中册,档案出版社,1993年,第222页。

简易储蓄利率以活期周息五厘,定期一年周息一分为原则,但可以参照地方情形酌量增减,不受一般储蓄条例限制,这种灵活的利率制度,使得小额储蓄推行较为顺利。

第四,组织劝储队。为普遍推行节约建国储蓄券业务,1942年1月8日四联总处第108次理事会制定通过了《各市县组织劝储队领销节约建国储蓄券通则》,要求各市县劝储支会就当地乡镇公所及各机关、团体、学校、工厂组织劝储队,依次编号登记,并按照其范围、人数及资力分配推销目标,作为竞赛的标准。劝储队领销的储蓄券,以甲种为限,一律以现金领销。领销手续包括:① 由市县劝储支会在组织劝储队时,预发每队空白领销单一本,并平均指定领销行局;② 劝储队领券时,预将先领券额张数填明领销单,连同现金,向指定行局领购推销,各劝储队所需周转现金,由原机关于公款内垫拨;③ 行局收款时,照代销券办法,给予千分之五手续费,但每月领销超过十万元以上者,仍以十万元计算,该项领销单,由收款行局盖章证明送市县劝储支会列为竞赛成绩,照章给奖;④ 现金领销的储蓄券,均由行局签字盖章,并加当日的发行日期,领而未销的储蓄券,在原机关结账时,视同剩余现金。①《各市县组织劝储队领销节约建国储蓄券通则》施行之后,各地迅速组织劝储队,至7月底,全国各地约成立了5万队。②

(2)节储工作的蓬勃开展

首先,开展节约建国储蓄运动竞赛。战时节约建国储蓄举办的最初两年,成效并不显著。为更好地推进该项工作,1940年9月12日,四联总处制定了《全国节约建国储蓄运动竞赛及核奖办法》,在全国各地开展储蓄竞赛运动。③ 1941年9月18日起至1941年1月28日止,为第一期全国节约建国储蓄运动竞赛期,竞赛成绩颇佳,实收储金209530000元,超过了原定计划2亿元。④ 各储蓄团成绩如表4-11所示:

---

① 中国第二历史档案馆:《四联总处会议录》,第13册,广西师范大学出版社,2003年,第38页。

② 中国第二历史档案馆:《四联总处会议录》,第16册,广西师范大学出版社,2003年,第59页。

③ 《全国节约建国储蓄运动竞赛及核奖办法》把储蓄竞赛分为团体与个人两类。团体以节约建国储蓄团为竞赛单位,相互比较,个人以其认储数额之多少为竞赛标准;中央各院部会及各省节约建国储蓄团之成绩,由总团评定,各分支团之成绩,由其上级储蓄团评定,个人成绩由其所参加或所在地之储蓄团,查实转报总团核定;团体和个人认储成绩优良者,政府分等级予以奖励。重庆市档案馆、重庆市人民银行金融研究所:《四联总处史料》,中,档案出版社,1993年,第196页。

④ 中国第二历史档案馆:《四联总处会议录》,第10册,广西师范大学出版社,2003年,第165页。

表 4-11　第一期节约建国储蓄竞赛运动中央各机关团体储蓄团、

各省市储蓄团核奖等级表(1940 年 9 月 18 日—1941 年 1 月 28 日)

中央各机关储蓄团名称	等级	推行成绩	各省市储蓄团名称	等级	推行成绩
中央党部节约建国储蓄团	甲	738 万元以上	云南省节约建国储蓄团	甲	2 400 万元以上
外交部节约建国储蓄团	甲	630 万元	甘肃省节约建国储蓄团	甲	1 019 万元以上
交通部节约建国储蓄团	甲	620 万元以上	陕西省节约建国储蓄团	甲	953 万元以上
经济部节约建国储蓄团	甲	340 余万元	广西省节约建国储蓄团	甲	947 万元以上
财政部节约建国储蓄团	甲	313 万元以上	重庆市节约建国储蓄团	甲	4 983 万元以上
教育部节约建国储蓄团	甲	86 万元以上	四川省节约建国储蓄团	甲	1 940 万元以上
三民主义青年团节约建国储蓄团	乙	56 万元以上	广东省节约建国储蓄团	甲	1 842 万元以上
新生活运动总会节约建国储蓄团	乙	50 余万元	福建省节约建国储蓄团	甲	1 119 万元以上
军委会西南进出口物质运输总经理处节约建国储蓄团	乙	35 万余元	湖南省节约建国储蓄团	甲	1 003 万元以上
			江西省节约建国储蓄团	乙	802 万元以上
卫生署节约建国储蓄团	丙	7.8 万余元	河南省节约建国储蓄团	乙	280 万元以上
蒙藏委员会节约建国储蓄团	丙	6 万余元	宁夏省节约建国储蓄团	乙	102 万元以上
中央军官学校节约建国储蓄团	丙	6 万余元	绥远省节约建国储蓄团	乙	10 万元
			浙江省节约建国储蓄团	丙	628 万元以上
			安徽省节约建国储蓄团	丙	223 万元以上
			贵州省节约建国储蓄团	丙	433 万元以上

资料来源：中国第二历史档案馆：《四联总处会议录》，第 7 册，广西师范大学出版社，2003 年，第 461—464 页。

　　第一期的竞赛成绩使国民政府和蒋介石大受鼓舞,1941年2月6日,蒋介石再次饬令四联总处继续设法推进节储竞赛运动,要求"实施储蓄竞赛办法,或以每二月为一期,务使储蓄总数每期皆能增加"。四联总处迅速制定了《全国节约建国储蓄运动1941年度竞赛及核奖办法》,决定从3月份起,每两月为一期,以年终为总结算期,连续开展节储竞赛运动,竞赛目标是每期增收储款1亿元,并增加节储实践会会员2万人。①1941年12月,国民党五届九中全会通过了《推进节储办法》,把节约建国储蓄运动列为最重要的社会活动,要求全国各有关机关及党团员、学生必须努力宣传推行,并把推行成绩作为考核各省、市、县行政长官政绩的重要指标,与此同时,在美洲、澳洲、南洋等华侨集中的地方对侨胞实行公开劝储。②在国内各界人士和海外侨胞的大力支持下,1941年度节储竞赛取得了较好成绩,"共吸收储款七亿二千五百四十二万余元,较全年总目标之六亿六千万元,增多六千五百四十二万余元,节储实践会会员共增加四十万零四千二百八十三人,较全年总目标之一十三万五千人,超出二十六万九千二百八十三人"③。在所有竞赛单位中,以重庆成绩最优,超过预定目标7 000余万元,广东次之,超过1 800百余万元;广西第三,超过1 000万元。江西、甘肃、陕西、湖南、贵州、云南、河南、江苏等单位,各超过100万—800万元不等,湖北、安徽、山东、蒙古、西藏等单位,也各超过1万—50万元。上海成绩与目标持平。只有海外成绩比预定目标少4 500万元,福建少1 100万余元,四川少530万元,宁夏少110万元,西康少98万元,浙江少87万元,青海、山西、绥远各少10万元。④详情见表4-12:

---

　　①　中国第二历史档案馆:《四联总处会议录》,第7册,广西师范大学出版社,2003年,第35—38页。
　　②　郭家麟:《十年来中国金融史略》,中央银行经济研究处编,1943年,第208—209页。
　　③　重庆市档案馆、重庆市人民银行金融研究所:《四联总处史料》,中册,档案出版社,1993年,第142页。
　　④　同上书,第142—144页。

表 4-12　1941 年度全国推行节约建国储蓄运动竞赛成绩表

单位:国币千元

竞赛单位	竞赛目标	竞赛成绩	差额	竞赛单位	竞赛目标	竞赛成绩	差额
海外	200 000	155 000	− 45 000	贵州	15 000	18 300	+ 3 300
重庆	60 000	130 460	+ 70 460	河南	12 000	13 180	+ 1 180
广东	50 000	68 090	+ 18 090	上海	11 000	11 000	0
云南	50 000	52 000	+ 2 000	安徽	6 000	6 200	+ 200
四川	50 000	44 650	− 5 350	湖北	5 000	5 500	+ 500
广西	25 000	35 000	+ 10 000	宁夏	3 000	1 900	− 1 100
福建	45 000	33 950	− 11 050	西康	2 000	1 020	− 980
甘肃	25 000	32 190	+ 7 190	绥远	600	500	− 100
江西	22 000	30 830	+ 8 830	山西	500	370	− 130
浙江	30 000	29 130	− 870	青海	600	250	− 350
陕西	25 000	28 940	+ 3 940	山东	100	220	+ 120
湖南	23 000	26 490	+ 2 490	蒙藏冀苏	200	210	+ 10

资料来源:重庆市档案馆、重庆市人民银行金融研究所:《四联总处史料》,中册,档案出版社,1993 年,第 143—144 页。

1942 年,四联总处继续举办第三届节约建国储蓄竞赛,竞赛总目标为 48 亿元。其中,甲种竞赛专以节约建国储蓄及美金储券为主,目标为 18 亿元,由各级劝储会、储蓄团及劝储队参加竞赛;乙种竞赛以各种储蓄业务为内容,目标为 30 亿元,由各行局参加竞赛。尽管太平洋战争对储蓄运动带来了巨大的不利影响,但各行局还是艰难地完成了储蓄竞赛目标。其中,甲种竞赛超过预定目标 37 094 049 元,乙种竞赛少于预定目标 24 000 000 元,总体而言,超过 1 300 余万元。[①]

其次,举办特种有奖储蓄。1940 年 9 月 5 日,四联总处第 45 次理事会通过了由秘书处拟具的《中央储蓄会增办特种有奖储蓄券案》,经理事会主席蒋介石批准,决定从 1940 年 10 月起由中央储蓄会[②]增办特种有奖储蓄。10 月 3 日,四联总处第 49 次理事会议决通过《中央储蓄会增办有奖储蓄券办法》,对增办特种有奖储蓄做了详细规定:① 发行机关:中央储蓄

① 1942 年甲项储蓄竞赛实际完成 1 837 094 049 元,乙项竞赛至年底完成 2 976 000 000 元。分别见重庆市档案馆、重庆市人民银行金融研究所:《四联总处史料》,中册,档案出版社,1993 年,第 184、165 页。

② 中央储蓄会是中央信托局的附属机构,1936 年由国民政府特许成立。由中央信托局一次拨足基金 500 万元,总会设在上海,全国各地设分会、支会或代理处,抗战时期,总会迁至重庆,1945 年抗战胜利后停止营业。

会。② 每期券额:每期储蓄券总额为国币 500 万元,共计 10 万张 50 万条。
③ 储券面额:每张 50 元,分为 10 条,每条 5 元。④ 发行期数:暂定每两个
月发行一期。⑤ 奖金数额:每期开奖一次,以券额 25% 计算,共计奖金国
币 125 万元,免扣所得税,其奖金分配如下:一等奖 1 张,可得国币 20 万
元;二等奖 2 张,各得国币 5 万元;三等奖 5 张,各得国币 2 万元;四等奖 10
张,各得国币 5 000 元;五等奖 40 张,各得国币 2 000 元;六等奖 70 张,各得
国币 1 000 元;七等奖 100 张,各得国币 500 元;八等奖 1 000 张,各得国币
100 元;九等奖 10 000 张,各得国币 50 元。⑥ 开奖日期:每期开奖日期于
开始发行时登报公告。⑦ 兑奖期限:每期于开奖后 10 日凭储蓄券兑领奖
金,自开始兑奖之日起一年内不来兑奖者作废。⑧ 还本付利。中奖储蓄
券不再还本,其未中奖之储蓄券,均自开奖日起,满足五年时,凭券兑付本
金不另给息。期满三年内不兑领者作废。⑨ 兑奖还本。中央储蓄会、中
央信托局、中国银行、交通银行、中国农民银行、邮政储金汇业局为兑奖及
还本机关。⑩ 储券用途:未到期的储蓄券,可充公务上一切保证金之用,
并可自由买卖抵押。①在发行之初,特种有奖储蓄券的推行不太理想,中央
储蓄会销售特种有奖储蓄券情况如表 4-13 所示:

表 4-13　1941 年中央储蓄会销售特种有奖储蓄券情况

期别	开奖月别	承销数额 (法币:元)	实销数额 (法币:元)	认购数额 (法币:元)	实销与承销 之比(%)
第一期	一月	1 520 000	1 247 890	272 110	82.10
第二期	三月	1 500 000	1 121 680	378 320	74.78
第三期	五月	1 500 000	1 073 225	426 775	71.55
第四期	七月	1 500 000	1 036 585	463 415	69.10
第五期	九月	1 490 000	969 685	520 315	65.08
第六期	十一月	1 500 000	1 022 935	477 065	68.19
合计		9 010 000	6 472 000	2 538 000	71.80

资料来源:重庆市档案馆、重庆市人民银行金融研究所:《四联总处史料》,中册,档
案出版社,1993 年,第 148 页。

1940 年度特种有奖储蓄总成绩为 1 311 708 元,1941 年度为 58 439 820

----

① 重庆市档案馆、重庆市人民银行金融研究所:《四联总处史料》,中册,档案出版社,1993
年,第 296—297 页。

元,1942 年度为 120 308 664 元。①

再次,举办美金节约建国储蓄。1942 年春,英美财政大借款成立,国民政府企图利用对外借款来稳定币值,阻止物价上涨,于是决定从美国贷款的 5 亿元中拿出 1 亿元作为基金,发行美金节约建国储蓄券以回笼法币。国民政府饬令四联总处特种储蓄设计委员会拟订了发行美金节约建国储蓄券办法原则 10 条,规定美金节约建国储蓄券由中国银行、交通银行、中国农民银行及中央信托局、邮政储金汇业局发行,储户依照中央银行牌价以法币折购;美金节约建国储蓄券分定期二年、三年、四年三种,存二年者周息四厘,三年者五厘,四年者六厘,每半年复利一次,到期时,储户向原发售行局支取本息,行局按中央银行牌价折合法币支付;五行局发行美金节约建国储蓄券,由财政部先行拨足基金 1 亿元美金存入中央银行,并设立专户以备各行局结付储券本息时支用,储券额增加时由财政部随时增拨。② 1942 年 3 月 31 日,行政院颁布《发行美金节约建国储蓄券办法》,从 4 月 1 日起正式开始收储美金,法币对美金比价为 100 元法币折合美金 5 元。在发售之初,由于市场价格与官定价格相差不远,所以吸收的美元存款不多,主要靠搭销方式发售美元节约建国储蓄券。1942 年下半年,美汇市价不断升高而官价却没有变化,加上国际战局的好转,人民为保存币值,踊跃存储,美元储蓄券发售数额大增,不到几个月即告足额。1943 年 8 月 2 日美元节储券停止发售时止,发行总额达 9 159 万美元。③

最后,继续举办外币定期储蓄存款。1942 年英美财政大借款成立之后,外币头寸有了固定来源,为大力推行外币定期储蓄存款提供了保障。1942 年 2 月 19 日,四联总处第 114 次理事会议决通过了《关于修正外币定期储蓄存款办法第二项的决议》,对外币定期储蓄办法第二项进行了三点修正:第一,调整存款年限及利率,原三年期二厘、四年期二厘半、五年期三厘改为一年四厘、二年五厘、三年六厘。第二,取消 2 万元的最高折购限额。第三,1941 年 10 月 1 日商汇牌价取消后,存款到期按中央银行牌价折合法币支取。④修正之后,外币定期存款年限及利率均以放宽,并取消了折购限额,但所吸收的存款数额,仍未见大增,如表 4-14 所示:

---

①　重庆市档案馆、重庆市人民银行金融研究所:《四联总处史料》,中册,档案出版社,1993年,第 184 页。
②　同上书,第 303—304 页。
③　中国近代金融史编写组:《中国近代金融史》,中国金融出版社,1985 年,第 239 页。
④　中国第二历史档案馆:《四联总处会议录》,第 13 册,广西师范大学出版社,2003 年,第370 页。

表4-14 1940—1943年四行局外币定期储蓄存款结余额

年份	总计		美元		英磅	
	美元	英磅	以原币存入	以法币折合存入	以原币存入	以法币折合存入
1940 年年底	5 332 461	9 261 611	617 448	4 715 343	183 986	762 185
1941 年年底	7 842 406	915 102	966 313	6 876 093	152 920	762 185
1942 年年底	7 030 233	875 164	154 140	6 876 093	1 129 719	762 185
1943 年年底	1 728 130	825 930	155 716	1 490 128	1 055 313	82 873

资料来源:重庆市档案馆、重庆市人民银行金融研究所:《四联总处史料》,中册,档案出版社,1993年,第294—295页。

1942年美元储蓄发行后,为避免重复分歧起见,1943年5月6日四联总处第173次理事会决议,停止开办外币定期储蓄。若各行局自愿举办,则可商准中央银行自行办理。

总之,高潮阶段的储蓄成绩还是比较理想的,就储蓄总成绩而言,1940年年底储蓄存款总结余额为554 665 930元,1941年年底达1 229 054 862元,1942年年底达3 064 523 086元。[1]

3. 四联总处与停滞阶段的节储运动(1943年至1945年8月)

(1)节储方式的转变与节储法令的修正

太平洋战争之后,后方物质供应因国际交通线被日军切断而日益紧张,物价因之猛涨,通货膨胀愈演愈烈,储蓄人实际利益亦因之受损,这使得人们的储蓄热情大为降低,储蓄业务停滞不前。此时,国民政府已把推进储蓄作为抑制通货膨胀、维持政府信誉的重要手段,便改而采取强制储蓄的办法。1942年11月,四联总处第150次理事会修正通过了《强制储蓄条例》,决定从1943年起,储蓄推行方式"以劝储与强制并进"[2]。《强制储蓄条例》对强制储蓄做了如下规定:① 强制储蓄业务以中央信托局、中国银行、交通银行、中国农民银行、邮政储金汇业局为办理机关。② 强制储蓄的实施范围是:完纳赋税的地主;完纳土地增值税的收益者;完纳契税的买主或承典人;完纳房捐的业主;完纳营利事业所得税的所得者,或非常时期过分利得税的利得者;完纳遗产税继承人,或受遗赠人;其他由政府命令指定者。③ 强制储蓄征收比例是:完纳赋税的地主,照应纳田赋金额强

---

[1] 重庆市档案馆、重庆市人民银行金融研究所:《四联总处史料》,中册,档案出版社,1993年,第184页。

[2] 同上书,第245页。

制储蓄 30%；完纳土地增值税的收益者，照应纳土地增值税额强制储蓄 30%；完纳契税的买主或承典人，照应纳契税额强制储蓄 30%；完纳房捐的业主，照应纳房捐额强制储蓄 30%；完纳营利事业所得税的所得者，或非常时期过分利得税的利得者，照应纳税额强制储蓄 30%；完纳遗产税继承人，或受遗赠人，照应纳遗产税额强制储蓄 30%。强制储蓄存款，其还本付息期限，一律定为 3 年，交付储款时付给 3 年期节约建国储蓄券。强制储蓄存款除由办理机关直接负责外，并由政府保证其本息安全。① 至抗战后期，由于通货膨胀，人民的主动储蓄额逐渐减少，强制储蓄成为抗战后期的一种主要节储方式。②

为改善特种有奖储蓄成绩，1943 年 7 月 1 日，四联总处第 180 次理事会再次修正通过了《中央储蓄会特种有奖储蓄券办法》，对原办法③做了如下修正：① 每期券额，每期储蓄总额为 2 000 万元，共计 100 万张，每张 20元。② 奖金数额，每期开奖一次，以券额 25% 计算，共计奖金国币 500 万元，免扣所得税。其奖金分配如下：一等奖 1 张，可得国币 100 万元；二等奖 2 张，各得国币 25 万元；三等奖 5 张，各得国币 5 万元；四等奖 25 张，各得国币 10 000 元；五等奖 40 张，各得国币 5 000 元；六等奖 100 张，各得国币 2 000 元；七等奖 1 000 张，各得国币 200 元；八等奖 10 000 张，各得国币 40 元；九等奖 10 张，各得国币 20 元。③ 还本期限，期满 3 年内不兑领者作废。④ 储券用途，未到期的储蓄券，可充公务上一切保证金之用，并可自由买卖抵押，其积存同期储券满国币 500 元以上或不同期储券 1 000 元以上者，均得向中央储蓄会换取定期存单，在计算不同期储券还本日期时，

---

① 中国第二历史档案馆：《四联总处会议录》，第 17 册，广西师范大学出版社，2003 年，第455—260 页。

② 其实，早在 1941 年 5 月，四联总处储蓄设计委员会就提出了一个《强制储蓄条例草案》，该案将强制储蓄的实施范围圈定为 5 个领域：(1) 政府征购粮食及收购物质的价款。(2) 官商合办或民营之工厂、公司、商号、行栈等营业的盈余。(3) 党政军及公有事业机关，暨公营或民营工厂、公司、商号、行栈等员工的俸薪。(4) 自由职业者的所得。(5) 各种押金及保证金。

该草案提交四联总处第 79 次理事会上审查时，四联总处认为"如实施强制储蓄，对于节建储蓄信用之维持与普遍之推行，恐反有窒碍之处"，故强制储蓄之议被搁置了 2 年。至 1942 年，一般储蓄利率与市场利率之差额越来越大，使得各行局推行储蓄"益感困难"，为实现储蓄预期目标，四联总处才不得不采取强制储蓄办法。中国第二历史档案馆：《四联总处会议录》，第 8 册，广西师范大学出版社，2003 年，496 页。

③ 1942 年 11 月，四联总处对 1940 年 10 月 3 日所制订的《中央储蓄会增加特种有奖储蓄券办法》做了小范围的修正：(1) 发行期数：发行期数为每月发行一期。(2) 奖金数额：一等奖提至50 万元。(3) 还本付息：中奖储蓄券不再还本，其未中奖的储蓄券，均自开奖日起，满足 10 年时，凭券兑付本金，另给红息，每张国币 2.5 元。财政部《财政年鉴》编纂处：《财政年鉴》，第三编，下册，第 10 篇，1948 年，第 158 页。

以最后一期的储券为准。① 1945 年 1 月，再将每期发行额增至 5 000 万元，每张 50 元，一等奖提高至 200 万元。1945 年年底，特种有奖储蓄券停止发行，还本付息统归中央信托局各地分局及代理处办理特种有奖储蓄券总共发行 48 期，吸收游资 10 亿元以上。② 其中，1943 年度吸收游资 296 188 000 元，1944 年度吸收 564 065 000 元。③

（2）节储工作的艰难开展

首先，推行乡镇公益储蓄。针对 1943 年节约建国储蓄停滞不前的状况，1944 年 1 月 26 日，蒋介石向财政部、四联总处下了第 8405 号手令，要求在各县发起普遍储蓄运动以扩大储蓄成绩，以县为单位，小县以 500 万元至 2 000 万元为标准，中县以 3 000 万元至 5 000 万元为单位，大县以 5 000 万元至 1 亿元为标准。④ 2 月 10 日，财政部、四联总处、内政部召开联席会议，拟订了《乡镇公益储蓄运动实施纲要草案》，并依照该纲要拟具了《普遍推进全国各县市乡镇公益储蓄办法》，其中包括如下要点：① 推行乡镇公益储蓄的目的是普遍推进全国各市县节约建国储蓄运动，增进乡镇公益，养成人民储蓄习惯及配合新县制的推行。② 乡镇公益储蓄，由中央信托局、中国银行、交通银行、中国农民银行和邮政储金汇业局办理。③ 乡镇公益储蓄定期 3 年，利率周息一分，每半年复利一次，由经办行局利用甲种节约建国储蓄券，加盖"乡镇公益储蓄"记，作为储蓄凭证，到期凭券兑付本息。④ 各行局所吸收的此项存款，应将其中的 15% 拨交市县政府，转发乡镇财产保管委员会，充作乡镇造产资金。⑤ 富有的绅商地主，根据其收入直接劝储一定数额，普通农工商人，实行按户劝储，平均每月每户至少应认储 100 元，赤贫者免储。⑥ 各省市、县政府及乡镇公所推进乡镇公益储蓄定为中心工作，列入行政考核，根据成绩好坏切实奖惩；认储乡镇公益储蓄成绩优良者，由政府从优嘉奖。⑤ 1944 年 2 月 28 日，乡镇公益储蓄运动正式发动。按计划，1944 年度各市、县推行乡镇公益储蓄 200 亿元，但实际完成额仅 12 亿余元，不及计划的 1/16。1945 年度所吸收的此项存款也不过 74 亿余元。⑥奉蒋介石的命令，四联总处于 1945 年年底

---

① 中国第二历史档案馆：《四联总处会议录》，第 22 册，广西师范大学出版社，2003 年，第 97—98 页。

② 财政部《财政年鉴》编纂处：《财政年鉴》，第三编，下册，第 10 篇，1948 年，第 158 页。

③ 重庆市档案馆、重庆市人民银行金融研究所：《四联总处史料》，中册，档案出版社，1993 年，第 184 页。

④ 同上书，第 257 页。

⑤ 同上书，第 311—316 页。

⑥ 同上书，第 184 页。

停办乡镇公益储蓄。

其次,举办黄金存款。1943年秋,国民政府从英美借款中拨出2亿美元,从美国购买黄金在市场上公开抛售,以吸收游资。经四联总处与财政部会商,拟具了黄金存款及法币折合黄金存款办法两种,经四联总处第236次理事会决议通过,于1944年9月14日举办以黄金为单位的储蓄存款。该项存款分黄金存款和法币折合黄金存款两种,除中央银行自行办理外,还委托三行两局代办,举办地点为重庆、成都、昆明、贵阳、桂林、西安、兰州等后方七大城市。黄金存款以黄金存入,其存额不得少于十足黄金一市两,尾数以厘为止,厘以下四舍五入。法币折合黄金存款,也以十足黄金一市两为单位,两以下的零数不计,还本付息时,黄金单位如有尾数,照支取时比价以法币找给。黄金存款不定限额,法币折合黄金存款,每一总行局暂定20万市两,各行局照此限额,自行分配于各经办分支行局机构,满额停做。①黄金存款迎合了人们重视黄金的心理,开办之后,收存成绩颇佳,截至1945年6月,收回法币达800余亿元,对于紧缩通货,调节发行,起到了一定作用。表4-15统计了法币折合黄金存款的吸收情况。

表4-15 1943—1945年法币折合黄金存款统计表 单位:国币千元

时期	合计	中国银行	交通银行	中国农民银行	中央信托局
1943年12月底	613 461	2 680	7 186	141 392	462 203
1944年12月底	1 618 268	3 205	506 262	214 338	804 463
1945年1月底	1 689 074	3 229	642 490	148 892	894 463
1945年2月底	2 138 042	3 441	625 260	215 810	1 293 531
1945年3月底	2 830 334	3 787	768 138	243 908	1 826 727
1945年4月底	2 803 286	3 764	1 618 445	214 426	1 061 151
1945年5月底	3 190 321	4 057	1 561 220	346 729	1 278 315
1945年6月底	4 558 041	4 861	1 276 099	503 475	2 773 606
1945年7月底	5 291 072	5 556	1 776 649	528 273	2 977 549

资料来源:重庆市档案馆、重庆市人民银行金融研究所:《四联总处史料》,中册,档案出版社,1993年,第331页。

该项储蓄存款举办之后,因黄金官价和黑市价相差悬殊,很快出现投机风潮,加之从1945年春天开始,各地银根亦趋紧迫,存款到期无法支付。为安定金融市场,国民政府于1945年6月25日起,停止办理法币折合黄金储蓄存款业务。

---

① 重庆市档案馆、重庆市人民银行金融研究所:《四联总处史料》,中册,档案出版社,1993年,第325—326页。

　　再次,搭销储蓄券。从 1942 年年底到 1943 年年初开始,国民政府利用一切机会搭销储蓄券。主要方式有:第一,购粮价款搭销储蓄券。1942 年 7 月 16 日四联总处第 134 次理事会决定,该年度征购粮食应付价款,除支付法币外,必须搭销储蓄券,各省政府从粮食库券、美金公债及节约建国储蓄券中任选一种,其中甲种储蓄券以 5 亿元为限。[1]第二,发售黄金搭销储蓄券。1944 年 10 月 5 日四联总处第 240 次理事会决议,中国农民银行和中国国货银行在代理政府发售黄金时,必须按照 10% 的比例搭销储蓄券。[2]第三,盐务总局搭销储蓄券。1944 年 11 月 16 日四联总处第 246 次理事会决议,该年度盐务总局必须搭销储蓄券 3.25 亿元,以产运销商为对象,产商以从价 5% 为标准,运销商则以合法利润的 15% 为标准。[3]第四,专卖事业管理局搭销储蓄券。1944 年 12 月 7 日四联总处第 249 次理事会议决通过《专卖事业管理局搭销储蓄券办法》,要求专卖事业管理局必须搭销3 年期节约建国储蓄券,搭销标准是:火柴及卷烟产制商以其应得利润 10% 为标准,运销商以其应得利润的 15% 为标准,全国各分支机构一律实行。[4]

　　最后,发行节约建国储金邮票。1943 年,邮政储金汇业局根据《加强推行储蓄业务办法》发行节约建国储金邮票。该储金邮票不零售,不得与普通邮票同样行使,仅限作过分消费搭配储蓄之用,凡收储此项储金邮票满 1 元时,持票人即可持向各地邮政储金汇业局换取甲种节约建国储金存折一个,以后即可随时以此项邮票存入。3 年期满,随时可取本息。[5]

　　停滞阶段的节储成绩是不太理想的,1943 年度四联总处推行储蓄业务的目标是使储蓄总额达 80 亿元[6],实际成绩 84 亿余元[7],略有超额;1944 年度预期目标是 230 亿元[8],实际完成 187 亿余元[9],少于计划数 43 亿元,两相比较,差额达 39 亿元。尽管 1943 年、1944 年、1945 年的储蓄总额在成倍增加,但若扣除物价上涨因素,储蓄总额则呈下降趋势。如把1937 年存款指数对物价指数之比定为 10% ,那么 1941 年为 39% ,1943 年

①　重庆市档案馆、重庆市人民银行金融研究所:《四联总处史料》,中册,档案出版社,1993年,第 242 页。

②　同上书,第 264 页。

③　同上书,第 265 页。

④　中国第二历史档案馆:《四联总处会议录》,第 34 册,广西师范大学出版社,2003 年,第188—189 页。

⑤　杨斌:《抗战时期国民政府储蓄政策述评》,《江西社会科学》1995 年第 12 期。

⑥　中国第二历史档案馆:《四联总处会议录》,第 17 册,广西师范大学出版社,2003 年,第454 页。

⑦　重庆市档案馆、重庆市人民银行金融研究所:《四联总处史料》,中册,档案出版社,1993年,第 184 页。

⑧　中国第二历史档案馆:《四联总处会议录》,第 35 册,广西师范大学出版社,2003 年,第143 页。

⑨　重庆市档案馆、重庆市人民银行金融研究所:《四联总处史料》,中册,档案出版社,1993年,第 184 页。

降为9%，1945年为13%。[①]

（三）与战时日本节约储蓄运动的简单比较

日本的国民节约储蓄运动，从日本发动侵华战争之日起就开始酝酿。正式决定把实施节约储蓄政策作为战时日本的中心经济政策，是在1938年4月，日本财政部长贺屋于4月19日向国会提出推行节约储蓄的议案，要求日本国民节约储蓄80亿日元以补充战费，该议案被批准施行，标志着战时日本节约储蓄运动的开始。由于资料阙如，无法对战时中日两国储蓄运动做全面深刻的比较，在此，仅从宏观上进行简单对比。

第一，从形式上看，两者都属于有偿的强制性储蓄。储蓄可以划分为自由储蓄与强制储蓄两种形态。自由储蓄由个人意志决定，受个人所得额、个人边际消费倾向、个人预期等因素的影响。西方经济学理论认为，$S_{(储蓄)} = I_{(投资)}$ 是一国社会经济实现均衡的基本条件。若 $S < I$，经济就会失去均衡，此时，国家就会积极干预宏观经济，其手段无非就是压缩投资，增加储蓄，在自由储蓄无法使储蓄总额增加的情况下，国家必然会采取强制储蓄措施。在战时经济状态下，军费开始庞大、物质消耗巨大，资金成为最稀缺的资源之一，为保持战时经济的正常运行，强制储蓄成为各国政府竞相采取的措施。强制储蓄有两种形态，一种是通过金融手段来实现的无偿强制储蓄，即运用通货膨胀政策，贬低社会购买力，通过价格手段，降低国民消费水平，将国民消费转移为政府消费或生产资金，以维持储蓄与投资的均衡。在通货膨胀状态下，货币贬值，使得债权人（货币所有者）利益受损，而债务人（货币支出者）则获利，社会财富通过再分配转移至政府，这是一种无偿的强制储蓄。另一种是通过财政手段来实现的有偿强制性储蓄，即运用财政措施暂时固化社会购买力，将其移作政府当期消费或扩大下期生产规模，以维持储蓄与投资的均衡，待到以后经济复苏时，将其解冻而归还原先所有者。中国的节约建国储蓄在1943年之前是一种以劝为主但带有强制意味的有偿储蓄[②]，1943年之后则彻底转变为强制性有偿储

---

① 抗战胜利后，人们对未来充满信心，压抑已久的储蓄情绪得以释放，导致1945年9月以后储蓄额急剧增加，所以，1945年比例实际上具有特殊性。数据来源于杨斌：《抗战时期国民政府储蓄政策述评》，《江西社会科学》1995年第12期。

② 尽管没有执行强制储蓄政策，但实际上，在劝储过程中也明显带有强制意味，这在1942年2月7日四联总处制定的《加强推行储蓄业务办法》中可以窥见。该办法硬性规定公司企业行号、公务员及各业员工、自由职业者、农户、绅富、产权转移及房地产之租赁、过分消费、收购物质必须接受劝储，各地主管社会运动机关及有关机关、社团各业公会，协助各地劝储会督促实施。其不切实履行者，得予劝告或发动社会力量加以制裁。重庆市档案馆、重庆市人民银行金融研究所：《四联总处史料》，中册，档案出版社，1993年，第239—240页。

蓄。日本的战时节约储蓄运动从一开始就是强制性有偿储蓄。按照《日本国民消费节约运动实行纲领》的规定，"以① 公司、银行、工厂等企业主体或工作场所，② 以市町村等地域，③ 青年团、学校、妇女会等各种团体为单位，组成一种储蓄会，鼓励国民将其薪水所得或其他每月收入，采取强制储蓄方式实行储蓄"①。

第二，从性质上看，两者有根本的区别。中国抗日战争是一场捍卫国家主权、争取民族独立的战争，节约建国储蓄运动是国民政府为争取抗战胜利而不得不实行的一项重要战时经济措施，在性质上是正义的，符合中华民族的最高利益原则。日本国民节约储蓄运动是由日本军阀发起的，以强制措施迫使日本国民搏节消费，以供应日本军阀侵华战争物质需要的运动，在性质上是非正义的，损害了最广大日本国民的根本利益。

第三，从内容上看，两者也有差别。中国的节约建国储蓄运动把节约、建国、储蓄三位连成一个整体，节约、储蓄的最终目的是建国。而建国包括两层含义：一是赢得抗战的胜利，建立一个独立的民族国家；二是开发西南西北地区，把落后的大后方建成一个能支持长久抗战的经济基地。近代中国积贫积弱，资金异常稀缺，要在艰苦的战争岁月中建国，需要人民"以极端之节约，极端之刻苦，从事于生产资本之蓄积与产业之发展"。所以，中国的节约建国储蓄运动节约的对象主要是资金，最终目的是建国。日本最匮乏的是物质，第二才是资金，所以，日本的国民节约储蓄运动的中心是消费节约，即"减少消费，以济物质缺乏的恐慌，同时增加国民的储蓄能力，使军事所需资金得以挹注"②。为实现消费节约的目的，1938 年 10 月 5 日，日本政府规定了消费节约方针：其一，节约有关军需品、输入品及以输入品为原料的国内制造品的消费，凡是与军需有关的物质，除因为军需之外，均应尽力节约。同时，为振兴输出起见，其他各种用品，国内消费亦须极力节约。其二，节约战时所得增加的消费。由于时局关系而收入增加者，若其生活水平提高，则一般需要增加，供给不足必然引起物价上涨，所以对于因时局关系而收入增加者便不得不要求其节约消费。为使进口减少，《日本战时国民消费节约运动实行纲领》规定，国民必须遵守表 4-16 所示规定：

---

① 符涤尘：《战时日本的节约储蓄运动》，《财政评论》1939 年第 1 卷第 4 期。

② 同上。

表4-16　日本战时国民消费节约实行纲领

衣	家主	(1) 洋服、帽子、襟衫、汗衫等毛织品,皮鞋、非十分必要品,可勿新制; (2) 勿买白金制品、金表、金链、金袖扣、金别针、金边眼镜、金笔等
	主妇	(1) 尽量不添置毛绒衫裤;(2) 若使用哔叽,得使用人造纤维制品与生丝及人造纤维混合织成的制成品;(3) 洋装大褛等,能添置新件,也最好不要添置;(4) 不添置浴衣及其他棉织品的衣服;(5) 小心使用手帕及其他棉制品;(6) 不买金箔、金丝制造的织品;(7) 不买金指环、金手镯、金头饰、金别针等;(8) 不用舶来化妆品
	儿童	(1) 儿童洋服,须用人造纤维制成品或其混合织品缝制;(2) 不添置新革制皮鞋及皮制书包;(3) 不使用金属或橡胶制造的玩具
食	食具	(1) 不买锡、镍、铁、铜制的食具及茶器;(2) 不使用舶来食品
	食品	(1) 不买舶来罐头食品及糖果等; (2) 不买舶来酒类、香烟及红茶等
	燃料	炊具用的煤炭、瓦斯、煤油及电气等,须大力节约
住	屋子	(1) 不能建造新屋和改造旧居; (2) 屋檐、屋顶不能使用铜制品
	家具	(1) 不用皮毛织品制成品及铁制椅子;(2) 不能添置金屏风、其他金装饰品、铁铜等装饰品;(3) 不换新的毛织品、窗帘及绒毛等
	暖炉	(1) 煤油、瓦斯、煤炭、电气等,不可乱用; (2) 不能添置铜铁制造的火炉
其他		(1) 不买舶来运动用具;(2) 除要事外,不乘汽车;(3) 不滥用纸张;(4) 不合用的旧洋装、旧和服、旧襟衫、旧自行车、旧钉子、旧软木塞、旧杂志、旧报纸等,都要卖掉,不能抛弃;(5) 糖果及香烟的包锡、化妆品及牙膏管、胎胶等,集中起来卖掉;(6) 多余的东西卖掉

资料来源:符涤尘:《战时日本的节约储蓄运动》,《财政评论》1939年第1卷第4期。

(四) 成效与评价

储蓄是收入中未被消费的部分,它与收入之间是一种同向变动的函数关系,储蓄函数的公式是:

$$s = s(y) = y - c \tag{4-3}$$

其中,s 表示储蓄,y 表示收入,c 表示消费

根据式(4-3),收入是储蓄的正函数,消费是储蓄的反函数。从收入来源看,投资是收入的主要来源,即资金资本化的程度。中国是一个农业国,现代工业极端落后,资金资本化程度很低,资本积累率和再生产扩大率极低,导致财富形成速度极其缓慢,国民所得故而很少。此外,近代中国是一个半殖民地半封建国家,在帝国主义国家长期的经济侵略下,中国民族资

本主义经济不发达,使本国国民资金资本化的途径被阻塞,国民所得因之更少。就消费而言,消费与人口数量成正比例关系,中国人口众多且绝大部分是处在温饱线以下的下层人民,所得仅够甚至不够维持消费,基本上没有储蓄能力。而占人口极少数的官僚、绅士、商人的消费方式和消费习惯不甚合理,浪费现象严重,降低了其储蓄能力。

发展储蓄的另一个条件是人们的储蓄意志,徒有储蓄能力而没有储蓄意志,储蓄形成不了,当然,徒有储蓄意志而无储蓄能力,更不可能形成储蓄。储蓄意志与人民的教育程度有关,"国民教育程度高者,则皆知储蓄之重要,均有储蓄之习惯"。近代中国农民占总人口80%以上,多数人缺乏现代金融知识,"不知现代银行之作用与资金之运用,只知窖藏之旧法"。就储蓄能力而言,"我国产业落后,生产力萎缩,工商业不繁荣,大部分人民求生尚不暇,哪有余力以储蓄乎"①? 此外,进行储蓄要承担通货膨胀风险,如果储蓄所得的利息收入低于因通货膨胀所带来的损失,就没有人愿意储蓄。抗战时期特别是1942年以后,物价指数以几何级数递增,名义利率虽不时提高,但利率增长率远远落后于物价指数增长率,导致储蓄的实际利率为负,负的实际利率必然会压抑民间的储蓄冲动。造成了抗战时期的"富商巨贾,多以大量资金,从事外汇投机与购货囤积,牟取高利"②。此外,战时形势变幻莫测,人事无定,人们的储蓄存款往往因原存款银行迁移等原因而造成诸多不便,存款不如保留现款,以便随时使用,所以"其节衣缩食的所得,大都是以私储或窖藏的形式存在,很少能够加以适当的运用"③。

综上分析,我们可以明确,在近代中国发展储蓄事业并非易事,在抗战时期发展储蓄事业则更是难上加难。作为节约建国储蓄运动组织者的四联总处清楚地认识到,在战火纷飞的岁月,增强社会储蓄能力显然是不现实的,增加储蓄在短期内只能依靠人们储蓄意志的提高。所以,从节约建国储蓄运动发轫之日起,四联总处就把"教育全国民众,使知节约储蓄之重要"④作为运动的一个目的。为此,四联总处在重庆设立全国节约建国劝储委员会总领一切,并在各部委和省市设立分会,在各县市设立支会,在民间广泛组建节储实践会,利用宣传各种工具,借各种纪念节日及民众集会

①　陈友三:《论战时我国之储蓄事业》,《财政评论》1941年第5卷第2期。
②　同上。
③　邱正伦:《二年来节约运动之检讨》,《财政评论》1941年第5卷第3期。
④　同上。

灌输节约建国储蓄的重大意义。这些活动使人们认识到了储蓄的意义,这从广大民众对节储运动的支持态度就可以看出。中央储蓄会李来甫在调查报告中称:"(储蓄券)已深入民间,受社会之欢迎,虽贩夫、卖卒自动认购。"①这个报告虽有夸张之嫌,但从一个侧面反映了节约建国储蓄运动在形成人们储蓄习惯上的作用。

在四联总处的积极组织和海内外各界人士的大力支持下,节约建国储蓄运动在艰难的环境中取得了来之不易的成绩。

表4-17 战时国家行局储蓄结余额、法币发行总额及
储蓄增额与法币发行总额比率

年份	储蓄结余额 (元)	储蓄增额 (元)	法币发行额 (亿元)	储蓄增额/ 法币发行额(%)
1937 年年底	228 891 852	—	16.4	13.96
1938 年年底	248 243 185	19 351 333	23.1	0.84
1939 年年底	303 048 145	54 804 960	42.9	1.28
1940 年年底	554 665 930	251 617 785	78.7	3.19
1941 年年底	1 229 054 862	674 388 932	151.4	4.45
1942 年年底	3 064 523 086	1 835 468 224	343.6	5.34
1943 年年底	8 435 385 554	5 370 862 468	753.8	15.63
1944 年年底	18 796 900 000	10 361 510 000	1 894.6	5.46
1945 年年底	73 422 500 000	54 625 600 000	10 319.3	5.29

注:储蓄结余额是一个累加数字,当年与前年的储蓄结余额之差才是当年储蓄额。
资料来源:历年储蓄结余额来源于:重庆市档案馆、重庆市人民银行金融研究所:《四联总处史料》,中册,档案出版社,1993 年,第 184 页;历年法币发行额来源于吴冈编:《旧中国通货膨胀史料》,上海人民出版社,1958 年,第 92—95 页。

根据表 4-17 不难发现,通过节约建国储蓄运动,国民政府回笼了巨额货币,这对于缓减抗战时期的通货膨胀压力起到了一定的作用。

国民政府开展节约建国储蓄运动的另一个目的是"吸收人民的储金,以充建国之用途"②,如表 4-18 所示:

---

① 中国第二历史档案馆:《四联总处会议录》,第 11 册,广西师范大学出版社,2003 年,第 107 页。
② 邱正伦:《二年来节约运动之检讨》,《财政评论》1941 年第 5 卷第 3 期。

表 4-18　战时国家行局储蓄结余额、工农贷款总额及
储蓄增额与工农贷款总额比率

年份	储蓄结余额 （元）	储蓄增额 （元）	工农贷款总额 （百万元）	储蓄增额/ 工农贷款总额 （%）
1937 年年底	228 891 852	—	—	—
1938 年年底	248 243 185	19 351 333	—	—
1939 年年底	303 048 145	54 804 960	264.9（1937—1939 年）	11.44
1940 年年底	554 665 930	251 617 785	314.2	7.37
1941 年年底	1 229 054 862	674 388 932	718.0	9.39
1942 年年底	3 064 523 086	1 835 468 224	1 605.1	11.43
1943 年年底	8 435 385 554	5 370 862 468	8 084.7	6.64
1944 年年底	18 796 900 000	10 361 510 000	26 536.0	3.90
1945 年年底	73 422 500 000	54 625 600 000	42 561.5	12.83

注：由于 1937—1939 年工农贷款是一个三年贷款的总数，为统一统计标准，分子应该是 1939 年年底的储蓄结余总额，而非储蓄增额。

资料来源：历年农贷余额见中国人民银行金融研究所：《中华民国史资料丛稿——中国农民银行》，中国财政经济出版社，1980 年，第 149、150 页；工矿贷款额见许涤新、吴承明：《中国资本主义发展史》，第三卷，人民出版社，2003 年，第 491 页。

表 4-18 显示，储蓄占生产性投资的比例绝大多数年份在 10% 以下，这说明节约建国储蓄运动对生产的促进作用是相当有限的。

四、开展对敌经济金融战

1938 年，武汉、广州相继失守，抗战进入相持阶段。这标志着日本"速战速决"战略彻底破产，转而采取"以战养战"新战略，即掠取中国的人力、物力、财力与中国作战，以灭亡中国。为此，日本侵略者几近疯狂地采取措施，它切断了国统区的出海口，加紧对大后方的经济封锁；发动金融货币战，想方设法破坏法币信用；大肆走私，疯狂地掠夺国统区物资。在此情况下，金融经济战关系到国民政府的生死存亡。蒋介石对此有清楚的认识，他多次强调，战争进入相持阶段后，决定战争最终胜负的是经济，认为经济要占七分，而军事只占三分。[1]他在致四联总处的信中更明确地指出，"今后抗战之成败，全在于经济与金融的成效如何"[2]。对于抗战时期的敌我经

---

[1]　罗敦伟：《封锁与反封锁》，《战时经济》1941 年第 1 卷第 5 期。
[2]　蒋介石致四联总处工作手令稿，1940 年 3 月 28 日，转引自黄立人：《抗战时期大后方经济研究》，中国档案出版社，1998 年，第 78 页。

济战，已有论著涉及，但主要限于探讨国民政府与日伪之间的经济战。①对于四联总处与抗战时期经济战之间的关系，迄今尚无专文深入探讨。其实，四联总处在1939年改组后，便成为战时最高财政金融决策机构，它直接参与、组织、领导了经济战。1939年9月8日国防最高委员会核定的《战时健全中央金融机构办法纲要》中明确规定四联总处"今后之工作计划，旨在金融与经济并重，不仅支持我国之战时金融，更在防止敌伪之经济侵略"②。正因为如此，蒋介石把四联总处与他主管的军事委员会相提并论，"常称本总处为经济作战之大本营"③。既然四联总处有如此重要性，它在抗战时期经济战中的作用就不应该被漠视，鉴于此，作者在广为搜集资料的基础上，试图对此做细微探讨。

（一）领导货币金融战

日本对中国的经济侵略主要表现为两种形式：一是掠取物资；二是破坏法币。"无论为掠取物资还是破坏法币，均必有一种为敌支配之货币作工具不可，故货币战实为敌我经济战中之主力战。"④四联总处在货币金融战中起了领导、组织作用。

货币战主要是围绕两个本质问题展开：法币地盘问题和法币价值问题，两者相互作用，互为因果。若法币一旦失去其流通地盘，则其价值必动摇，若法币价值发生动摇，则必影响其信用，引起人民拒用，法币的流通地盘必然缩小。抗战时期的敌我货币战，以太平洋战争为界限，分为两个阶段。太平洋战争之前，法币在上海有外汇市场，日伪利用法币套取外汇，故此时日伪对法币在沦陷区的流通没有严厉禁止。所以，这一阶段货币战的主题是法币信用问题，兼及法币流通地盘问题。此时，就国民政府而言，是时上海租界还未被日寇占领，政府便可利用设立在公共租界的沪四行来继续维持法币在沦陷区的流通，所以"维持上海法币对外汇的比价，以确保法币在沦陷区的价值，并于同时防止敌人以法币套取外汇"便成为太平洋战

---

①　陈建智：《抗日战争时期国民政府对日伪的货币金融战》，《近代史研究》1987年第2期；戴建兵：《金钱与战争——抗战时期的货币》，广西师范大学出版社，1995年；李平生：《烽火映方舟——抗战时期大后方经济》，广西师范大学出版社，1995年。

②　重庆市档案馆、重庆市人民银行金融研究所：《四联总处史料》，上册，档案出版社，1993年，第61页。

③　转引自中国人民银行总行金融研究所：《近代中国金融业管理》，人民出版社，1990年，第263页。

④　刘子中：《日伪收回华中华南军用票原因之分析》，《金融周刊》1943年第4卷第38期。

争前对敌经济作战的一大原则①；就日伪而言，之所以不在沦陷区禁绝法币，一是因为它可利用法币在上海外汇市场套取其所需外汇。1938年7月，日本政府通过了《适应时局的中国的谋略》方案，这个方案认为为了使中国丧失抗战能力，推翻国民政府，应"设法造成法币的崩溃，取得中国的外汇，由此在财政上使中国现中央政府自行消灭"②。使中国法币崩溃的办法，就是大量吸收中国大后方的法币，利用上海外汇市场套取中国外汇。齐春风的研究表明，1941年之前，日本从大后方获得的净法币达10.9亿元。③ 二是由于法币在华中、华南地区信用基础坚固，无法在短期内禁止法币的流通，因为"欲禁止法币，必须有一种伪钞代替不可，其时伪中储券尚无法与法币等值联系，寄生于法币之外汇基础上，自身既尚未能完全独立，流通范围仅限于苏、皖、浙之一部分地区，自无力取法币之地位而代之"，故"敌一时不愿亦不能禁用法币"④。因此，日伪对法币的总策略是，在暂时无奈的条件下，对法币是既利用又破坏。

尽管日伪不能禁止法币，"但其处心破坏法币信用，以破坏我金融则为无时或充之事"。日伪的破坏方式主要有四个：第一，套取外汇，这是日伪破坏法币信用的最主要攻势。中日战争爆发以后，日本由于军费开支巨大，外汇问题日趋恶化。1938年日本入超6亿日元，开战第一年就耗损日本外汇储备的50%。在此背景下，日本想方设法套取中国外汇。随着伪蒙疆银行、伪中国联合准备银行、伪华兴商业银行、伪中央储备银行先后成立，日伪在沦陷区陆续大量发行伪钞、日钞和军用票。据统计，至1941年上半年，各伪银行发行的伪钞加上日寇发行的日钞、军用票总额达1 583 446 000元。⑤日伪强迫沦陷区人民以法币兑换其所发行的各种钞票，然后用法币套取外汇，以达到套空外汇基金，破坏法币信用，扰乱金融的目的。据不完全统计，1938年6月到1940年5月的两年间，日伪套取外汇的金额至少达到2亿元之巨。⑥

第二，贬低法币价值。日伪强制规定法币与日钞、伪钞的差额，籍以使法币贬值，引起民众对法币的拒用。1938年6月，伪中国联合准备银行规

---

　　① 重庆市档案馆、重庆市人民银行金融研究所：《四联总处史料》，上册，档案出版社，1993年，第479页。

　　② 〔日〕外务省：《日本外交年表和主要文书（1840—1945）》，下卷，东京原书房，1969年，第78页。

　　③ 齐春风：《抗战时期大后方与沦陷区间的法币流动》，《近代史研究》2003年第5期。

　　④ 刘子中：《日伪收回华中华南军用票原因之分析》，《金融周刊》1943年第4卷第38期。

　　⑤ 郑永皋：《对敌货币封锁战之研讨》，《战时经济》1941年第1卷第5期。

　　⑥ 寒芷：《战后上海的金融》，香港金融出版社，1941年，第14页。

定,法币在华北流通不能直接计价流通,必须兑换成伪行所发行的银联券,在兑换的过程中,日伪人为贬低法币价值。1938年8月,伪国民政府财政部颁布旧通货贬值令,对中、交两行的北方票贬值10%,次年2月,又再贬值30%。① 据四联总处1940年11月的调查,在山西敌伪势力区,规定伪币六元换法币十元;在洛阳道清路一带,法币一元作三角使用,伪联合准备银行的伪钞有时竟高涨法币七倍以上;在广东,法币价值悉听敌人及汉奸操纵,涨落不定,军用票一元合法币一元三角七分。②此外,敌伪还用造谣的手段,扰乱市面,破坏法币信用。如1938年8月24日,日军在湖北天门县发布的布告中称:"目下中国法币价值日渐低落,将来政权失败,一定会变为废纸。所有中国良民速将中国法币拒绝,尽量积蓄日本军需票,以免意外损失。"③

第三,伪造法币。由于法币信用坚挺,难以禁绝,日伪于是伪造法币以破坏法币信用。据四联总处的调查,1940年4月,敌伪在广东曲江地区大量伪造交通银行和中国农民银行之一元券法币④;1940年5月,敌兴亚院华中联络部部长津田静枝由日本运来伪造1928年(原文如此,疑为1938年——引者)中央银行钞票500万元,于5月2日悉数点交其三井洋行及大康、同兴、公大等纱厂混用,以破坏我法币信用⑤;1941年8月10日,日本伪造中国银行法币3000万元,运至厦门,再设法输入内地行使⑥。上海重庆路120号楼是敌伪伪造法币的一个据点,1940年12月21日该楼起火,被焚毁的伪造法币竟有100余万元,由此可见该据点伪造法币规模之大。⑦ 日伪在北京、天津、济南、徐州、石家庄、开封、太原、邢台、安阳、新乡、集宁、邯郸等地二十多个城市设立假钞制造机关,至抗战结束时,日伪在华伪造的假钞达二三十种之多,金额约达40亿元。⑧

第四,禁止法币流通。1935年"华北事变"后,国民政府在华北的势力受到严重削弱,因此,法币改革并未在华北强力推行,这使得法币在华北的信用远不及其在华中、华南的信用坚固,故而日伪较易在华北地区驱逐法

① 中国近代金融史编写组:《中国近代金融史》,中国金融出版社,1985年,第253页。
② 重庆市档案馆、重庆市人民银行金融研究所:《四联总处史料》,上册,档案出版社,1993年,第444页。
③ 同上书,第411页。
④ 同上书,第431页。
⑤ 同上书,第437页。
⑥ 同上书,第470页。
⑦ 《百余万伪钞尽付一炬》,《申报》,1940年12月22日,第12版。
⑧ 郭静洲:《华北、华中地区的中日货币战》,《东南文化》1995年第3期。

币。从 1938 年开始,日伪在华北地区及一些沦陷区强制禁止法币流通,强迫人民将法币兑换成军需票和伪钞,方能购物。北平伪政府于 1939 年 1 月 18 日颁布《禁用法币令》,规定自 3 月 11 日起,绝对不准法币流通,违者一经查出,不仅全数没收,且有生命危险。[1]有些地方还限制人民持有法币,如在开封,明令规定人民不能持有法币,如发现持有 1 元法币者没收,持 60 元以下者处徒刑或罚款,持有 60 元以上者处死刑。[2] 后由于中交两行放宽法币汇往上海的限额,提高了法币在华北的价格,使法币与伪钞之汇价不但未跌反而上升,比价由 102 涨至 110 以上,至 5 月涨至 130 以上。伪政府被迫取消禁止法币流通办法而改为强迫法币贬值办法。[3]在华北以外的其他沦陷区,也曾发生了日伪禁用法币的事件。如 1940 年 1 月敌伪在武汉禁用法币,并勒令各商民人等即持法币至伪兑换处兑换日军用手票。[4]

针对日伪的货币战攻势及破坏法币的种种伎俩,1940 年 4 月 5 日,蒋介石电令四联总处从速在各战区设立经济委员会专门应对日伪货币战。按蒋介石的要求,四联总处在第二战区、第四战区、第五战区、第五战区、第八战区、第九战区、第十战区和苏鲁战区分别设立经济委员会,为使各战区经济委员会有序开展工作,四联总处颁布了《筹备增设战区经济委员会办法案》和《战区经济委员会工作纲领》,规定战区经济委员会的任务是在战区设置缉私、物资、运送、金融四大阵网,以推进“严密缉私”“购储物资”“促进生产”“调整金融”四项中心工作[5]。国防最高委员会第 31 次常务会议通过《战区经济委员会组织规程》,规定战区经济委员会由四联总处与财政部共同负责主持,而以蒋介石的名义行驶命令。四联总处积极采取措施予以回击,主要措施包括:首先,协助政府管理外汇,统制资金,增强法币信用基础,扩大法币流通空间,打击伪钞流通。1937 年 11 月,上海陷落,沪四行搬迁至上海公共租界,继续营业以维持沪上外汇市场,成为抵制敌伪货币侵略的前锋。法币是一种金汇兑本位制度下的不兑现纸币,其价值由外汇汇率来表示,法币能否保持稳定,在其汇价是否稳定。抗战初期,为维持法币的对外价值,国民政府没有实行外汇管制,继续实行外汇自由买

---

① 郑永皋:《对敌货币封锁战之研讨》,《战时经济》1941 年第 1 卷第 5 期。
② 本书编写组:《抗日战争时期国民政府财政经济战略措施研究》,西南财经大学出版社,1988 年,第 484 页。
③ 重庆市档案馆、重庆市人民银行金融研究所:《四联总处史料》,上册,档案出版社,1993 年,第 407 页。
④ 同上书,第 416 页。
⑤ 同上书,第 428 页。

卖政策。在"七七事变"至"八一三事变"的 36 天中,售出外汇即达 750 万英磅,引起敌伪套汇风行。①为防止日伪套取外汇,国民政府于 1938 年 3 月 12 日决定实施外汇管制,实行外汇的限制供给,但外汇数量终究有限而需求却是无底洞,所以政府在 1938 年到 1941 年曾三次维持汇率而又三次放弃维持汇率。外汇维持政策之所以时断时续,是因为外汇来源不足。

在解决外汇供给问题上,四联总处是尽了力的。1938 年 10 月的 100 万英镑外汇基金,是由中国银行的垫款和汇丰银行的借款组成。1939 年 3 月的 1 000 万英镑外汇平准基金,其中有中交两行的 500 万英镑的份额。在 1941 年 9 月成立的中英、中美外汇平准基金中,中方出资 2 000 万美元,其中 600 万美元由中国银行垫付。②华侨汇款向为国民政府国际收支之大宗,四联总处多次"督促中交两行和邮政储金汇业局秉承政府吸收侨汇之国策,在海外及闽粤两省增设分支机构,力谋便利侨胞汇款"。各行局吸收侨汇的成效较为显著,如 1941 年 1 月至 6 月底,中行共吸收侨汇 70 292 000 元,交行在 1941 年 1 月至 8 月底,共吸收侨汇 37 317 000 元,1941 年 1 月至 11 月邮政储金汇业局共吸收侨汇 170 203 000 元。③涌入的巨额侨汇,无异于给国民政府雪中送炭。

四联总处认为,为维持法币信用,实行维持沪上外汇市场的措施是完全必要的,但严防后方法币流入敌手从而严防敌伪以法币套外汇也是十分重要的,为此四联总处饬令各战区经济委员会详细调查法币走私情况并要求它们加强缉私工作,以防法币流入沦陷区。在接近沦陷区的游击区各省,四联总处允许各省银行发行不能兑换外汇的省券,以防止法币流入沦陷区。其次,针对敌伪伪造法币的行径,1938 年四联总处会同财政部颁发了《日人伪造法币对付办法》,其中第一条规定:"四行设法阻止新法券转入沦陷区内,及在接近沦陷区域之行处,多备旧券发行,使沦陷区域所有流通者,尽属旧券则日人新制之伪券,不易滥用混珠。"第九条规定:"现在流通市面之四行法币种类繁多,因人民辨认较难,致伪券混用反易,故对付日人伪造法币办法,自划一钞票版式实为治本之道。"④再次,打击日伪所发行的钞票。为此,四联总处采取了如下措施:第一,1939 年 1 月 7 日会同财政部颁布《取缔日伪钞票办法大纲》,规定"各战区之军队或其他机关,如

① 中国人民银行金融研究所:《美国花旗银行在华史料》,中国金融出版社,1990 年,第 471 页。

② 宋汉章:《五十年来中国金融之演进》,《国际金融》1989 年第 3 期,第 46 页。

③ 重庆市档案馆、重庆市人民银行金融研究所:《四联总处史料》,下册,档案出版社,1993 年,第 191、192、193 页。

④ 郑永皋:《对敌货币封锁战之研讨》,《战时经济》1941 年第 1 卷第 5 期。

查有为日方收藏转运或行使日伪钞票者,除将钞票全数没收外,并应将人犯送由当地或就近军法机关,依惩治汉奸条例第 2 条帮助日本国扰乱金融论罪,其意在图利以法币及金银或汇兑方式换取日伪钞票者亦同"[1]。第二,编制材料,不断在各战区及游击区向人民宣传国民政府财政稳固,信用充足,借款成立,法币必涨以及敌伪财政崩溃,金融恐慌,贸易萎缩,倭币有变成一战时期马克、卢布成为废纸之可能,至于敌军用票及华北联银券、华中华兴券或伪中储券则不但是废纸而且是犯罪证券,号召沦陷区人民一律拒用日伪钞票。[2]

太平洋战争爆发以后,日军占领上海公共租界,沪上外汇市场无形消失,敌伪已无以法币套取外汇的可能,加之沪四行的撤离,使沦陷区的法币成为孤军,于是,日伪利用这一机会极力排挤法币,企图将法币驱逐出沦陷区。因此,法币与伪钞争夺沦陷区地盘便成了太平洋战争后中日货币战的主题。

日伪进行货币战的方式主要是:第一,压低法币价值。日本在占领沪租界之初,规定伪币与法币等值流通,但从 1942 年 3 月起,法币大肆贬值,3 月 22 日,敌伪规定法币 100 元合伪券 77 元,5 月 20 日伪中央储蓄银行挂牌改为合 74 元,21 日改为合 71 元,22 日改为合 66 元,23 日改为合 60 元,24 日又公布自 25 日起改为合 53 元,几乎逐日变革,至 6 月初,伪银行将法币对法币比值压为 2∶1。[3]在沦陷区其他各地,敌伪同样也贬低法币价值。如在武汉,敌伪成立钱帮公所操纵货币市价,法币在 1939 年年底实值 97%,1940 年秋贬值为 85%,1942 年年初贬值为 42%。[4]法币与军用票的比价在 1941 年 12 月至 1942 年 2 月间,保持在军用票 1 元合法币 4 元之比率,1942 年 3 月 8 日,正金银行提高军用票价格,军用票每元合法币 5 元,4 月 3 日改为每元合法币 7.75 元,至 5 月 22 日,改为每元合 8.42 元,23 日合 9.26 元,25 日合 10.48 元。[5]日伪贬低法币价值之目的,是以少量伪钞换取更多的法币,以收购后方物资,但其终极目的,则是使法币在沦陷区不能使用,使大后方不能在沦陷区抢购物资。

第二,禁绝法币。主要手段有:其一,焚毁法币。据浙江省政府 1941

---

①　郑永皋:《对敌货币封锁战之研讨》,《战时经济》1941 年第 1 卷第 5 期。

②　中国银行行史编写组:《抗战时期的中国银行(三)》,《国际金融》1989 年第 1 期,第 45—46 页。

③　重庆市档案馆、重庆市人民银行金融研究所:《四联总处史料》,上册,档案出版社,1993 年,第 496 页。

④　同上书,第 485 页。

⑤　同上书,第 497 页。

年年底报告,日军在余杭当众焚毁法币,并扬言今后除准携藏敌军用票外,法币均需焚毁。在江苏、厦门登等地也发生了类似事件。其二,限制法币用途。敌伪规定:沦陷区火车船票,上海虹口车票,南市水电费支付,虹口房租,糖、香烟、洋蜡、生油等物资的购买,一律用军用票。其三,伪财政部于 1942 年 3 月 3 日公告,规定凡人民完粮纳税及其他对于政府之支付,一律限用伪券。其四,伪财政部于 1942 年 3 月 11 日公布"防害新币治罪条例",强制规定凡邮局、米店面包及英美商人被接收的公司工厂等,以收受伪券为限。其五,各地汇款,一律以伪券汇款为限,法币则拒绝代汇。①

第三,在沦陷区强制推行伪币,禁止法币在沦陷区流通。日伪破坏法币,采取分期办理之原则。由苏皖浙三省及京沪两市入手,次第向西向南推进。其办法大抵为先限期实行法币与伪币的全面兑换,期满后则严厉禁用。日伪于 1942 年 5 月 27 日公布"整理法币办法",定于 1942 年 6 月 1 日起实施,规定苏皖浙三省及京沪两市以伪中储券为唯一通货,限期禁止法币流通。日伪在沦陷区禁止法币的情况如下:京沪 2 市兑换期自 1942 年 6 月 8 日至 21 日,自 25 日起禁止使用,其中沪市兑换至 24 日截止;苏州、无锡、常熟、太仓、昆山、常州、江阴兑换期均为 1942 年 6 月 8 日至 21 日,但其中也有的延至 31 日,开始禁用期在 8 月以前;杭州及嘉兴、镇江的兑换期是 6 月 8 日至 21 日,自 1942 年 8 月 1 日起禁止使用;厦门兑换期是 1940 年 7 月 10 日至 23 日,自 23 日起禁止使用;广东省沦陷区的兑换期是 7 月 10 日至 23 日,但因各县情形不同,直至 1942 年 8 月 20 日才全面停止兑换,9 月 1 日起全部禁止使用;青浦、吴江、嘉善、松江以及嘉兴、昆山、吴县之一部分地区的兑换期是 1942 年 6 月 8 日至 21 日,后延长至月底,8 月 15 日起禁止使用;武汉 3 镇的兑换期为 1942 年 8 月 10 日至 23 日,自 24 日起禁止使用,后兑换期延长至 31 日,并于 9 月 7 日至 13 日继续由中储支行办理兑换一周;九江、南昌、沙市、应城 4 地的兑换期起于 1942 年 9 月 16 日,截止日期不详;湖北省沦陷区除武汉以外的 51 县的兑换期自 1942 年 10 月 22 日开始,截止日期也不详。②

太平洋战争爆发后,四联总处分支行处被迫陆续从沦陷区撤退,使中国在货币战中越来越被动。面对日伪的货币进攻,我方已难以在沦陷区再主动采取措施回击。但四联总处还是千方百计破坏沦陷区伪币的信用。四联总处从金融学原理出发,对沦陷区伪币做了科学分析,认为欲维持纸

---

① 重庆市档案馆、重庆市人民银行金融研究所:《四联总处史料》,上册,档案出版社,1993年,第 497—498 页。

② 同上书,第 516—517 页。

币价值,发行如为兑换纸币,则必须保有充分的现金准备;如属不兑换纸币,则必须保有足够的外汇头寸,以备无限制卖出;如系不兑换纸币而外汇复受统制,则其信用的维持,主要靠国家的法制力量,以及财政金融经济的健全,而尤以国家政权的稳定与人民对于政府的信仰为前提。伪币属于不兑换纸币,对内准备不足,对外则赖与法币联系,靠套取外汇来勉强维持。太平洋战争爆发后,伪币信用就只能靠伪政府强制力量维持。[①]对此,四联总处大力采取宣传攻势,向沦陷区人民宣传伪政府是一个朝不保夕的傀儡政权,宣传敌伪钞券的缺点,并扰乱军用票与伪钞之比价,破坏沦陷区人民对人民敌伪钞的信仰。

太平洋战争后日伪在沦陷区驱逐法币的做法,使沦陷区内数以亿计的法币涌向大后方[②],造成大后方巨大的通货膨胀压力。如何处置沦陷区法币并如何防止其内流,成为抗战后期的一个重要金融问题,并引起了蒋介石的重视。1942 年年初,蒋介石电令四联总处"设法或禁止其(指沦陷区法币——引者)流向内地或采取适当方法使敌感觉其等于废纸,复准其在沦陷区流通,以打击军用票及伪票。我发行新法币亦宜加印重庆字样,以资控制"[③]。四联总处第 112 次理事会讨论了蒋介石的指示,认为"准其(指沦陷区法币——引者)在沦陷区流通以打击军票及伪钞"的对策行不通,因为如果法币如同废纸,沦陷区人民皆拒绝使用,不但不能与敌伪钞券对抗,而且难免大量内流,所以还须维持法币信用。"我发行新法币亦宜加印重庆字样"的做法也不适宜,因为根据第三战区经济委员会的报告,湖州敌伪已布告禁止印有重庆字样的法币流通,其他各地亦有类似情况,这不利于抢购物资。四联总处提出了如下对策:其一,取消防止私运暨限制法币出口各项规定,银钱行号,政军机关运送法币,或商旅携带者,无论是在边地内流通,或前往各口岸以及输出国境,或前往游击区,均准其自由携带,不加数额限制,并免予请领护照。……只有携运法币进口或由各游击区携往后方各地之情形,应严密查报。其二,限制法币内流与禁止物资出口,这既可避免敌寇用法币套购我物资也可防止法币内流,减轻通货膨胀压力。对于沦陷区的法币内流现象,四联总处认为不能绝对禁止。因为如此则会引起沦陷区人民的恐慌,导致沦陷区法币价值尽失,所以对于由沦

---

①　伍野:《最近伪中储券价值大跌之原因》,《金融周刊》1943 年第 4 卷第 48 期。

②　据四联总处调查,流通于沦陷区的法币约有 15 亿元,其中华北约 3 亿元,华中约 10 亿元,华南约 2 亿元,占全国法币总额的 1/3。参阅重庆市档案馆、重庆市人民银行金融研究所:《四联总处史料》,上册,档案出版社,1993 年,第 177 页。

③　重庆市档案馆、重庆市人民银行金融研究所:《四联总处史料》,上册,档案出版社,1993 年,第 481 页。

陷区内流的法币,如果是沦陷区人民将其所有资金依存内地或移到内地经营正当事业,则应该不加限制,其余则严厉防止。[①] 1942 年下半年,法币内流以及敌方以法币在战地抢购物资等问题更加突出,蒋介石再次电令四联总处设法防止。四联总处提出了如下对策:沦陷区人民因不堪敌伪压迫倾诚来归者,每人携带之法币数目在 10 000 元以内者(为由沦陷区到达后方必须之旅费),由海关验明放行;在 10 000 元以上者,应即缴存海关,由海关询明其携运最终目的地,代为觅定银行承汇至该地点,并以汇款总数 70% 作为一年以上定期存款,30% 作为活期存款,此项活期每日准提取 10% 作为生活费用;对于由沦陷区运法币来后方者,应由后方收款人先将数目、用途、起卸地点专门报告财政部核准,才能进入,未经报准者,以私运论处。[②] 实践证明,这样办理的结果较好,使流入后方的法币,既不致泛滥于市场,也没有被敌人利用以盗购物资。

(二) 协助物资战

日本国土面积小且资源贫乏,经受不起战争对物资的巨额消耗,为了保证侵华战争中战略物资的筹集与供给,日本侵略者苦心竭虑,伎俩百出。一是确立"以战养战"战略,加强对中国的经济侵略。二是于 1938 年 12 月 16 日设立了"兴亚院",作为其对华经济战的直接统帅机关,并在东北、华北、华中设立"联络部",就地指挥经济战,掠夺中国物资。在"联络部"的领导下,"华中振兴会社"组织了 13 家子公司,"华北开发会社"组织了 18 家子公司,并将沦陷区的军管工厂和所谓委托经营工厂也归入这两大会社门下。至 1939 年年底,沦陷区的矿山、水电、纺织、水泥、火柴等重要工业,掌握在日本手里者,除中小厂家不计外,已达 150 多家。[③] 三是强制实行经济统制。日本组建了所谓"米粮统治委员会"和"棉花统治委员会",禁止棉花、粮食、食油流入大后方,而日本侵略者则以市场价的 1/3 强制征购棉花和粮食。1939 年,日伪的"华中棉花协会"抢购棉花 190 万担,约占当地棉花产量的 95%。[④] 四是加强经济掠夺。1941 年 12 月日本宣布在沦陷区施行《重要物资申请办法》;1942 年公布《重要物资处理办法》;其后,日本侵略者又明令禁止占领区物资向大后方输出,统制的物资有大米、面粉、

---

① 重庆市档案馆、重庆市人民银行金融研究所:《四联总处史料》,上册,档案出版社,1993 年,第 483 页。
② 同上书,第 509 页。
③ 张锡昌:《战时的中国经济》,科学书店,1943 年,第 277—279 页。
④ 库桂生、姜鲁鸣:《中国国防经济史》,军事科学出版社,1991 年,第 304 页。

糖、盐、蛋、布匹、棉纱、钢铁、水泥、猪鬃、生丝、棉花等,几乎无所不包。自此,沦陷区物资几被日寇掠夺殆尽。

面对日寇的物资掠夺,国民政府亦进行了有效的反击,其中,四联总处的作用功不可没。太平洋战争以前,国民政府亟待解决以下问题:一是怎样粉碎敌人在沦陷区的经济封锁政策？二是如何防止敌人向后方倾销非战略物资,从而防止敌人以此取得法币去套取外汇？三是如何对敌人进行经济封锁以防止后方物资流失？四是怎样从沦陷区抢购大后方所需物资？在解决这些问题的过程中,四联总处作用表现在:首先,督导各战区经济委员会进行对日伪物资战。1940年4月2日宋子文建议在各战区设立经济委员会,蒋介石对此高度重视,于4月5日电令四联总处秘书长徐堪,要求从速设立,由四联总处与财政部负责主持。在四联总处第25次理事会上通过了"筹备增设战区经济委员会办法案",决定在第一、二、三、四、五、八、九战区分别设立战区经济委员会。在经济委员会工作纲领中,规定经济委员会负有战区经济战的使命,一切工作应与军事策略密切配合,运用战区各种力量,构成一种坚强组织,以摧毁敌方,保卫自身;还规定战区经济委员会的四项中心工作:购储物资、严密缉私、促进生产、调整金融。[①]在四联总处的督导下,战区经济委员会开展了卓有成效的对敌物资战。1941年后,各战区经济委员会陆续结束,四联总处此项督导工作才随之解除。

其次,协助政府进行经济封锁。在第29次理事会上通过了"银行业协助经济封锁实施办法"。规定:第一,各银行办理信用放款,应由借款人于契约上载明不贩卖敌货或偷运物品资敌,如有违犯,誓愿受法律严厉制裁。第二,各银行承做抵押放款,或贴现业务,应由借款人于契约上载明非敌货字样,其由口岸内运者,并应取得当地商会或同业公会开具的非敌货证明书。第三,各银行须派谙练当地商情的行员,负责调查顾客有无违反封锁政策的行为,作执行业务时的根据;第四,各银行遇有下列情形的顾客,应特加注意,如认为有违反经济封锁政策的情节,应即密报当地主管经济封锁机关或有关机关侦察:(1)非商人而与商行有巨额往来者;(2)由内地对口岸或由口岸对内地汇款,次数频繁,且数额巨大者;(3)商人与非同业有巨额往来者;(4)突然提取或存放巨款者;(5)汇款人或收款人同是一人而其姓名地址时常变更者。[②]

最后,提出抢购沦陷区物资的对策。对敌经济封锁不能消极防止,而

---

① 重庆市档案馆、重庆市人民银行金融研究所:《四联总处史料》,上册,档案出版社,1993年,第429—430页。
② 同上书,第435—436页。

应主动出击,四联总处要求战区各省经济委员会训练勇敢有为青年,深入战地,吸收战区人力物资为抗日所用。[1]

太平洋战争以后,大后方的国际通道被日寇占领,尽管开辟了"驼峰"航线来空运物资,但无法满足后方物资需求。从1942年开始,大后方物资极度缺乏。敌伪针对大后方的艰苦境遇,在沦陷区实行更加严厉的物资统制,对大后方进行更加严密的物资封锁。据四联总处山西特约调查员报告,敌伪于1943年年初在华北对一切物资的流出加以彻底封锁,并尽量吸收与破坏我方一切物资,对已有物资实行严格统制,实行"配给"制。[2]在此背景下,如何从沦陷区抢购物资和严禁后方物资走私成为敌我物资战的新主题。

1942年4月23日,四联总处协助行政院制定了《抢购物资详细办法》(以下简称为《办法》),包括四项内容:第一,关于矿产品。《办法》认为钨、锑、锡是军工业必需品,产区均在后方,今后应主力加强禁止输出;煤铁在沦陷区有大量生产但笨重不便抢购,应采取破坏方式;盐为后方必需品,应注意抢购内运。第二,关于农产品。《办法》认为由于埃及布、印度棉、美国棉均已不能输入敌国,故其对沦陷区的依赖程度较前更甚,它必然会鼓励沦陷区农民多种棉花并抢购我沦陷区棉花,在后方,应该严禁棉花出口,在沦陷区,政治、军事力量不能及,只能利用宣传方式劝服农民勿种棉花,并从事抢购;桐油应该继续禁止出口;茶丝可以听任输出,以换回后方所需物资;粮食方面,敌人自占领越南、泰国后,对沦陷区依赖程度已不如前。第三,关于工业品。《办法》认为后方并无手工业品输出,而必须自沦陷区输入甚多,如纱布、五金、药品、颜料等。第四,关于抢购沦陷区物资的资金。主要有三个来源:① 内移资金改为物资输入;② 华侨汇款回国时,可任其汇往上海再利用此项资金购货内运;③ 以货易货,故以后对沦陷区的物资的输出应酌量放松。[3]

在1943年,花纱布的抢购成为物资战的焦点。原因有二:一是后方花纱布严重短缺。就棉花而言,1942年后方十二省原来的棉产量,根据农本局估计,共为2 056 000市担,而同年需求则达2 952 000市担,供需相较尚差896 000市担。就棉纱而言,后方人口总数估计在1.6亿左右,占全国人口1/3以上,后方至少需要棉纱861 900件,而后方年产量为38万件(机纱

---

① 重庆市档案馆、重庆市人民银行金融研究所:《四联总处史料》,上册,档案出版社,1993年,第419页。
② 同上书,第511页。
③ 同上书,第494页。

和土纱之和),差 48 万件。棉布如果每人每年只用 2.4 平方码计算,也只勉强够用。①二是 1943 年 8 月 10 日伪南京国民政府公布"收买棉纱棉布实施纲要"后,开始以低价强购上海所存棉纱,根据敌伪所公布的数字,已收买数量达 60 万件,沪市存纱大半被其收买,纱布商纷纷破产,纱布商自杀达 400 余起,承做纱布抵押贷款的钱庄均无法收回其放款,银行钱庄因此倒闭者达 300 余家。沦陷区纱布商闻讯后,为免遭损失,很多人将纱布移避后方,而上海尚未被登记的棉纱,多半化整为零,设法逃避。②针对这种大好情况,四联总处于 1943 年 9 月 2 日理事会上通过了《理事会关于抢购沦陷区纱布的决议》,要求银行应该大力帮助抢购纱布。其中第二条规定:抢购纱布的资金,暂定为 1.5 亿元,由货运管理局、花纱布管制局及四联总处购料委员会各从前期营运资金中筹拨 5 000 万元;第五条规定:各地国家银行及地方银行,得在前方相当地点自行抢购纱布。③四联总处、战时货运管理局和花纱布管制局合作抢购纱布取得了相当战绩,据 1944 年 11 月四联总处秘书处《关于抢购沦陷区花纱布情形的报告》透露,四联总处垫付给战时货运管理局的 5 000 万元贷款,在上海购进布匹 2 万匹,进口无色府绸、冲哗叽等 16 768 匹,估计价值超过 148 480 000 元。④

(三) 妥善处理 1941 年沪上四行血案

1937 年 11 月中国军队从上海撤退后,沪四行遵照四联总处指示,搬至上海公共租界内继续营业,以维持沪上外汇市场。此时的沪四行不仅是联系国统区与沦陷区经济与金融的脐带,而且是粉碎日伪货币进攻的先锋,是插在敌人心脏的一把利刃。因此,日伪把租界内的四行视为其实行货币金融侵略的最大障碍。伪报社论也承认"重庆方面挟其银行(指沪四行——引者)与军事之实力,令银行系统以租界为掩护,而起莫大作用",所以"欲割断此脐带,若仅就外交的或经济的技术方法……亦无效,惟有视作一革命之问题,加以考虑"⑤。敌伪开始蓄谋血洗沪四行。

1941 年 3 月 21 日深夜至 22 日清晨,位于极司非而路(今万航渡路)

① 重庆市档案馆、重庆市人民银行金融研究所:《四联总处史料》,上册,档案出版社,1993年,第 528 页。
② 伍野:《抢购沦陷区花纱布内运情形》,《金融周刊》1943 年第 4 卷第 47 期。
③ 重庆市档案馆、重庆市人民银行金融研究所:《四联总处史料》,上册,档案出版社,1993年,第 523 页。
④ 同上书,第 536 页。
⑤ 《中华日报》1940 年 1 月 3 日,转引自中国银行上海国际金融研究所行史编写组:《中国银行上海分行行史(1912—1949 年)》,经济科学出版社,1991 年,第 115 页。

的中国银行集体宿舍——中行别业遭到伪特务机关大批武装人员侵袭,共捕去 128 人,除少数几人因是中行亲属,在被捕后数日内先获释放外,其余 100 多人均被拘押在特务机关作为人质。在中行别业里发生大批行员被捕的同时,江苏农民银行 11 名职员在宿舍被特匪枪杀,事后据传说,这些凶手本欲枪杀中国农民银行职员,误把江苏农民银行当作中国农民银行,使 11 人死于非命。两天以后,即 3 月 24 日,中央银行亚尔培路(今陕西南路)的分行和白克路(今凤阳路)的办事处都发生爆炸案,伤亡 20 余人,中国农民银行也发现炸弹,但没有爆炸,故未造成伤亡。24 日,中央银行在上海的三处分行也遭受恐怖袭击,分别是:法租界亚尔培路分行被炸,死亡 7 人,伤 20 人;公共租界白克路分行被炸,死 3 人,伤 26 人,重伤 6 人;公共租界静安寺路分行被炸,死亡 6 人,伤 60 余人。交通银行公共租界南京路分行也被炸。

　　沪上四行连日遭袭击,以至人人自危。① 沪上四行致电蒋介石,"此后沪四行业务应如何处理以策安全之处,仍祈裁夺电示祗遵"。蒋介石对此非常重视,责令四联总处"对于四行驻沪各行,应由四联总处从速召集紧急会议,决定在沪营业方针与行员安全办法之处置为要"。四联总处遵蒋电令于 3 月 26 日举行临时紧急会议,孔祥熙亲自主持,出席人员有财政部及四大银行要员钱永铭、张嘉璈、徐堪、陈行、顾翊群、徐继庄、戴志骞、周守良、霍宝树、赵仲宣、戴铭礼、徐柏园等人。四联总处高度赞扬了沪四行不畏艰险的爱国行为,认为"四行同仁不避艰险,照常营业",尽到了"为国家社会服务之职责"。对于沪四行今后的营业方针做了具体的安排:第一,四行应斟酌实际情况,设法紧缩存款汇款业务,所有人员应陆续后撤,择其干练机警者留沪办事;第二,库存应力求减少,公债及账册设法放至安全地点。关于被绑及死伤人员的善后工作,四联总处做了周密的安排:第一,被绑架人员咨请外交部转商英、法大使转饬交涉释放,并指示各行就近相机尽力营救,劝慰被害职员家属;第二,被害人员由各行优待抚恤,并由各行查明姓名列单报告,由总处呈请政府核议抚恤褒扬;第三,受伤人员由各行妥为医治,并负担其全部医药费。关于沪四行及职员今后的安全问题,四联总处做了如下安排:第一,咨请外交部转英、美、法大使转饬沪领事馆切实保障租界内商业及从业人员的安全;第二,各行人员此后应慎密戒备,加强警卫,以免类似事件发生;第三,各行应在美军防区内预备行员宿舍,以

---

① 喻春生:《1941 年上海银行大血战内幕》,《档案春秋》2005 年第 8 期。

策安全。①

　　经各方斡旋,至1941年4月8日,伪特工总部同意将拘禁的中行员工114人交保释放,但限令须居住原处,随传随到。仅隔几天,伪中央储备银行会计副主任张永刚在医院被暗杀,周佛海一听说此事为军统特务所干,大为光火,决定“以血还血”,扬言要“杀三人以报复,以杀止杀”。4月16日晚,伪特工部派人至中行别业传唤前拘留的主任级行员9人,当晚分批送回中行别业,其中最后一批曹善庆、张莜衡、张立玮3人于中行别业内下车时遭特务枪击,造成两死一伤。事发后,沪四行集议,急电四联总处“同人集议,在此情形之下,人人自危,均不敢到行,在沪主管人员无法强制工作,只得暂停营业”,现在“四行在沪勉强支持,照常营业,任何牺牲,原所不惜,敌伪暴行,本属意中之事,惟闻敌伪有如被害一人,须以三人抵命之说,似此循环仇杀,迄无宁止。四行行员,既非武装将士,在此毫无保障下,人人自危,无法工作,确属实情。事机万急,似宜权衡轻重,由政府赶筹稳定办法……”②。会议决定于4月17日起全部停业,上海金融市面因之深受影响。

　　四联总处得报后,召开第73次理事会紧急磋商,四联总处认为沪上四行为全国金融枢纽,关系整个法币信用、后方物价,无论如何必须继续维持,万难停顿。再次复电慰勉,希望沪四行“晓以大义,共体时艰,继续努力”。随即指示沪四行“① 营业人员从紧配备,即寄寓营业室内,不必外出;② 营业地点可商租界当局多派警卫保护,严密防范;③ 其余内部工作,职员可分散居住,分地办公,个人居住及办公地点应严守秘密,只须各行经、副理知悉,以便联络接洽即可,万勿集中一处;④ 所有因上列办法或其他为谋同仁安全设备之各项开支,可不必计较,其继续办公之同仁并准特给奖金,以示鼓励,此节亦由各行斟酌情形,授权在沪负责人员权宜办理;⑤ 外汇应由各行缜密准备撤退,速由各行分别向中外商业银行接洽,商定委托解付汇款及支付存款办法,万一到必须实行撤退时,所有四行对商民、对存户应负之解付责任,仍可由中外商业银行代为办理,以示四行始终对人民服务之精神;⑥ 饬知其他方面,对四行用人之安全特别注意,不必畏虑,至各沪行副理等电请辞职一事,并盼切实慰劝”③。四联总处把意见上呈蒋介石,蒋表示赞同,四联总处最后遵照蒋介石指令,由杜月笙出面调

---

　　① 　重庆市档案馆、重庆市人民银行金融研究所:《四联总处史料》,上册,档案出版社,1993年,第449—450页。

　　② 　喻春生:《1941年上海银行大血战内幕》,《档案春秋》2005年第8期。

　　③ 　同上。

解,一场"银行大血战"遂告结束,4月28日,沪四行恢复营业,上海市面上出现了法币、中储券共存的局面。这从1941年4月29日《申报》第7版题为《中中交农昨日已全部复业》的报道可以印证:

> 中央、中国、交通、农民等四国家银行上海分行,奉命于昨晨九时起,一律宣告复业,自各该银行昨日复业后,证实中国政府不论在何种环境下,决心继续维持上海之金融,故连日外间各种无稽谣言,殆以不攻自破。……人心安定,黑市外汇放长,各项物资回降,人民生计,社会安宁,均受惠匪浅。①

(四) 成效与评价

四联总处作为抗战时期对敌经济战的领导者和参与者,在抗战中所起的作用是不言而喻的。在货币战的前一阶段,沪四行坚持敌后经济斗争和金融斗争,竭力维持沪上外汇市场,维护了法币在国际国内的信用基础,粉碎了敌伪破坏法币信用的阴谋。在第二阶段,由于四联总处分支行处的撤离,使中国在沦陷区的货币战中既无招架之功,也无还手之力,在此极端被动的环境下,四联总处采取在沦陷区宣传策反的攻势破坏伪币信用,取得了一定的效果。例如,1942年夏季敌伪规定法币兑换伪币的比率为1:2,至1943年年底,伪中储券1元已跌至法币1元以下。②四联总处在中日物资战中也取得了明显的成绩。在处理1941年沪上四行血案的过程中,四联总处没有屈服于敌人的威胁,积极从中斡旋,最后稳住了四行在沪上的据点,粉碎了敌伪企图摧毁沪上四行的阴谋。但是,我们也应该看到,四联总处在敌我经济战中所采取的战略是防守的,而不是进攻的,就作战的地位来说是被动的,而不是主动的,因此在经济战中经常处于被动应付的境地。如当敌人加紧勒取法币以套取外汇时,四联总处则千方百计充实外汇基金,防止外汇基金减少,当敌人扰乱法币汇市时,四行反而抛售外汇,收回法币,稳定黑市外汇。并且其反击措施所收之成效也是有限的。比如稳定法币汇率,四联总处尽管使出了浑身解数,但还是没能阻止汇率的大幅度跌落,1938年1元法币合英镑10.386先令,至1941年12月7日仅合3.15625先令;1938年100元法币合29.307美元,至1941年12月7日仅合5.28125美元。③再比如,敌伪在上海大肆伪造法币,破坏法币信用,公

---

① 《中中交农昨日已全部复业》,《申报》1941年4月29日,第7版。
② 伍野:《最近伪中储券价值大跌之原因》,《金融周刊》1943年第4卷第48期。
③ 洪葭管、张继凤:《近代上海金融市场》,上海人民出版社,1989年,第214页。

共租界巡捕房将伪造的法币样本交到四联总处驻沪分处,并告诉其伪造机关之地点,四联总处却只能听之任之,究其原因,正如四联总处驻沪分处给四联总处复信中所言"……地址系属越界筑路,情形特殊,非租界警政机关所及,……某机关在该址破获一伪造法币巢窟,赃证中有属中行辅币券印板及属中行钞券铜模,……只以地点关系,颇难采取积极有效措施,严密注意"①。面对敌人的肆意破坏,四联总处"惟有严密注意"之外,无可奈何!因此,四联总处难以作为,是由抗战大环境决定的,非其所愿,也非其所及。

五、监管战时金融

抗战时期,中国经济由平时经济全面转轨为战时经济形态。在战时经济状态下,国家必须集中一切财力、物力、人力来支持战争,而要达到高效的集中,就必须对经济实施全面的统制。金融为经济的核心,统制经济必先统制金融。抗战时期,国民政府先后颁布实施了一系列金融法规,对金融实施严厉监管。② 作为抗战时期最高财政金融决策机构的四联总处,实施金融监管便是它的一个主要职责,就笔者管见所及,只有三篇文献涉及这一主题。③ 其中,姜宏业在考察了四联总处贴放业务、发行业务和汇兑业务的基础上,研究了四联总处对战时宏观金融的管理状况。黄立人就抗战时四联总处在督导国家行局、管理商业行庄和金融市场方面所发挥的作用做了介绍。这些文献的共同特点是只就抗战时期四联总处金融监管的某一个问题进行了探讨,本文将战时金融监管置于战时经济的大背景下,探讨其模式及内涵,分析其成本与收益,希望以此来窥视抗战时期金融监管之全豹。

(一) 四联总处的金融监管职能

金融监管模式,即金融监管体制,指的是金融监管的制度安排,它包括

---

① 中国银行上海国际金融研究所行史编写组:《中国银行上海分行行史(1912—1949年)》,经济科学出版社,1992年,第116页。

② 抗战时期国民政府颁布了近50部有关金融监管的法规,主要有:《非常时期安定金融办法》(1937年8月)、《修正非常时期管理银行办法》(1941年12月)、《非常时期管理银行办法》(1940年8月)、《加强银行管理办法》(1944年12月)、《统一发行办法》(1942年7月)、《中央银行管理外汇办法》(1938年3月)、《监督银楼业收兑金类办法》(1938年11月)、《战时保险业管理办法》(1943年12月)等,其中,《修正非常时期管理银行办法》是最基本的金融监管法规。

③ 姜宏业:《四联总处与金融管理》,《近代史研究》1989年第2期;中国人民银行金融研究所金融历史研究室:《近代中国的金融市场》之"四联总处的金融市场管理"部分;黄立人:《四联总处的产生、发展与衰亡》,《中国经济史研究》1991年第2期。

金融监管当局对金融机构和金融市场施加影响的机制以及监管体系的组织结构。根据监管主体的多少，金融监管模式大致可以分为单一监管模式和多头监管模式。单一监管模式是由一家金融监管机关对金融业实施高度集中监管的模式。多头监管模式是根据从事金融业务的不同机构主体及其业务范围的不同，由不同的监管机构分别实施监管的模式。抗战时期的金融监管由四联总处、财政部、中央银行、外汇管理委员会、发行准备委员会和储蓄存款保证准备保管委员会等多个部门承担，属于典型的多头监管模式。

四联总处是抗战时期设立的最重要的金融监管机构。四联总处成立于1937年8月，起初，四联总处只是一个起着联络和协调作用的松散的办事机构，1939年9月，国防最高委员会核定"战时健全中央金融机构办法纲要"10条。改组成立四联总处，改组以后，四联总处地位大为提升，"举凡战时金融之设施，以及经济之策划，均为总处任务，所谓决定政策，指示方针，与考核工作是也"①。此时的四联总处已经是一个名副其实的战时最高财政金融决策机构。其金融监管权力包括以下方面：① 调剂四行银行券；② 设计全国金融网；③ 集中运用全国资金；④ 审核四行发行准备；⑤ 发行与领用受托的小额币券；⑥ 进行联合贴放；⑦ 审核内地及口岸汇款；⑧ 审核外汇申请；⑨ 联合投资战时特种生产事业；⑩ 调剂战时物资；⑪ 管理所收兑的生金银；⑫ 推行特种储蓄；⑬ 办理其他四行所应办的事项；⑭ 复核四行预算决算。②

财政部是抗战时期另一个重要金融监管机构，内设钱币司和银行监理官专门负责实施金融监管。其中，钱币司的监管内容包括以下11项：① 规划整理币制及化验硬币；② 稽核货币及生金银的进出口；③ 监督造币厂及印刷局；④ 审核发行纸币及检查准备金状况；⑤ 监督银行储蓄业务及信托业务；⑥ 监督交易所保险业及其他特种金融事业；⑦ 调剂国内外金融；⑧ 管理全国内外汇兑；⑨ 调查货币金融；⑩ 监督各种奖券；⑪ 货币金融其他事项。③1943年年初，财政部为"实施金融政策，加强管制全国银钱行庄业务"，在重庆及各重要都市设置了银行监理官，并在各省地方银行和

---

① 重庆市档案馆、重庆市人民银行金融研究所：《四联总处史料》，上册，档案出版社，1993年，第54页。
② 同上书，第54—55页。
③ 童蒙正：《金融动员与调整金融机构问题》，《金融知识》1942年第1卷第5期。

重要商业银行设置了驻行监理员。①按照《财政部银行监理官办公处组织规程》的规定,银行监理官的职掌包括 9 项:① 事前审核管辖区内银钱行庄放款业务;② 事后抽查管辖区内银钱行庄放款用途;③ 审核管辖区内银钱行庄日计表及存放汇兑等表;④ 督促管辖区内银钱行庄提缴普通存款准备金及储蓄存款保证准备金;⑤ 检查管辖区内银钱行庄账目,并会同主管官署检查向银钱行庄借款厂商之账目;⑥ 报告管辖区内银钱行庄业务状况;⑦ 调查报告管辖区内金融经济状况;⑧ 向财政部建议金融应兴应革事项;⑨ 其他部令饬办事项。根据《财政部驻银行监理官规程》,驻行监理官享有如下权力:① 审核驻在行放款业务;② 考查驻在行放款用途;③ 审核驻在行日计表及存款汇兑等表;④ 督促驻在行提缴普通存款准备金及储蓄存款保证准备;⑤ 检查驻在行账册簿籍、仓库库存及其他有关文件物件;⑥ 报告驻在行业务状况并陈述改进意见;⑦ 向财政部建议金融应兴应革事项;⑧ 其他部令饬办事项。②驻省地方银行监理官除以上规定任务外,还有以下监理任务:① 审核发行或领用壹元券辅币券数目;② 检查发行或领用壹元券辅币券准备金;③ 审核关于壹元券辅币券以新换旧各事项;④ 封存及保管已印未发之壹元券辅币券及印刷戳记;⑤ 监督领用壹元券辅币券是否照章运用;⑥ 监督信托部受政府委托办理的业务。③

1942 年实行四行专业化之后,中央银行也具备了部分金融监管职能,其监管重点是金融市场,包括:① 调剂资金供求;② 推行票据制度;③ 督促各银行缴纳存款准备金;④ 考核各银行钱庄放款、投资、存款及汇款业务是否遵照《非常时期管理银行暂行办法》及其他有关法令办理。④

外汇管理委员会是抗战时期的最高外汇管理机构,它成立于 1941 年 9 月,其职掌包括以下 10 项:① 审定外汇管理政策;② 审核申请购买外汇;③ 处理出口货物的结汇;④ 督导华侨汇款;⑤ 处理国外封存资金;⑥ 处理国外购料借款;⑦ 督促收集金银;⑧ 管理银行外汇业务;⑨ 控制外汇市场;⑩ 调研外汇管理状况。外汇管理委员会虽为统筹外汇管理机关,但对

① 财政部将国统区划分为 17 个区,即重庆区、内江区、宜宾区、成都区、万县区、兰州区、西安区、洛阳区、贵阳区、衡阳区、昆明区、桂林区、曲江区、吉安区、屯溪区、永安区和迪化区,重庆市由财政部直接管辖,故没有另设监理官,在其他 16 区都设置了银行监理官办公处,并明确划分了各区银行监理官所管辖的范围,详情请参阅重庆市档案馆、重庆市人民银行金融研究所:《四联总处史料》,下册,档案出版社,1993 年,第 458—459 页。
② 重庆市档案馆、重庆市人民银行金融研究所:《四联总处史料》,下册,档案出版社,1993 年,第 454 页。
③ 同上书,第 455 页。
④ 重庆市档案馆:《抗战时期国民政府经济法规》,上册,档案出版社,1992 年,第 647—648 页。

平准基金运用无权管理。①

此外，发行准备委员会和储蓄存款保证准备保管委员会也是抗战时期的两个重要的金融管理机构。发行准备委员会的职掌是保管、检查法币准备金和办理法币发行与收换事宜；储蓄存款保证准备委员会职掌是保管、监督、检查储蓄存款保证准备金。②

在所有的金融监管机构中，四联总处和财政部是级别最高、履行职责时间最长的金融监管机构，而其他的监管机构则只负责某项具体职责，且存在时间都不长。根据钱币司、银行监理官、四联总处的各自职掌的划分，财政部和四联总处在战时金融监管上有所分工，财政部主要主管金融行政和一般的金融立法，而四联总处主要管理金融业务，如货币发行、外汇统筹、资金调拨、金融市场的管理和调剂等。在监管实践中，四联总处和财政部互相配合，所以，它们之间仅是一种模糊的分工。

金融监管是金融监督与管理的总称，它有狭义与广义之分。狭义的金融监管系指金融主管当局依据国家法律法规的授权对金融业（包括金融机构以及它们在金融市场上的业务活动）实施监督、约束、管制，使它们依法稳健运行的行为的总称。广义上的金融监管除主管当局的监管之外，还包括金融机构的内部控制与稽核、行业性自律组织和社会中介机构对金融业的监督等。有效的金融监管应该涉及金融业的各个领域，但其中的存款货币银行、非存款货币银行金融机构、短期货币市场、资本市场和证券业以及各类投资基金、外汇市场、衍生金融工具市场、保险业等是重点监管对象。

（二）对银行机构③的监管

抗战时期的银行体系由三个层次的银行机构组成：国家行局（四行两局），商业银行，省地方银行和县银行。四联总处对银行机构的监管也基本上是分层次进行的。

1. 对国家行局的监管

（1）业务管理

抗战以前及抗战爆发以后的一段时期，中、中、交、农四大国家银行在业务上没有明确的界限划分，这种状况产生了一系列问题，如利润率高的

---

① 童蒙正：《金融动员与调整金融机构问题》，《金融知识》1942年第1卷第5期。

② 同上。

③ 这里的"银行"泛指金融机构，在1908年清政府颁布的《银行则例》中，规定"凡是经营存款、放款、票据贴现、汇兑、拆借等业务的机构都视为银行"，所以，"银行"除了新式银行还包括了钱庄、票号、银号、钱铺等，这一定义在北洋时期和国民政府时期也基本沿用。1947年国民政府颁布的《银行法》第一条也明确规定"本法称银行，谓依公司法及本法组织登记，并依本法经营银行业务之机构"。

业务四行都争做,利润率低的业务无行问津。基于此,1942年5月28日,四联总处拟定了《中中交农四行业务划分及考核办法》,对四行业务进行明确分工,以谋求四行专业化发展。其中规定中央银行的业务范围是:① 集中钞券发行;② 统筹外汇收付;③ 代理国库;④ 汇解军政款项;⑤ 政府机关以预算作抵或特准之贷款;⑥ 调剂金融市场。中国银行的业务范围包括:① 受中央银行的委托,经理政府国外款项的收付;② 发展与扶助国外贸易,并办理有关事业的贷款与投资;③ 受中央银行的委托,经办进出口外汇及侨汇业务;④ 办理国内商业汇款;⑤ 办理储蓄信托业务。交通银行的业务范围包括:① 办理工矿交通及生产事业的贷款与投资;② 办理国内工商业汇款;③ 公司债及公司股票的经募或承受;④ 办理仓库及运输业务;⑤ 办理储蓄信托业务。中国农民银行的业务范围包括:① 办理农业生产贷款与投资;② 办理土地合作金融业务;③ 办理合作事业的放款;④ 办理农业仓库及农业保险业务;⑤ 吸收储蓄存款。①为落实《中中交农四行业务划分及考核办法》关于四行放款投资业务划分及已往放款投资转移的规定,1942年7月28日,四联总处制定了《四行放款投资业务划分实施办法》(以下简称为《实施办法》),对四行放款投资的标准、放款投资的数量限制、中(国)、交、农三行向中央银行再贴现的利率限制等做了详细的规定。《实施办法》规定四行放款投资的标准是:凡政府机关以核定经费预算及税收指抵借款,中(国)、交、农三行及其他金融机关重贴现重抵押,或同业抵押拆放方式透借款项,及政府特准的贷款,由中央银行承做;凡内地及进出口有关的工矿事业贷款与投资,由中国银行承做;凡交通运输公用及一般工矿事业贷款与投资,由交通银行承做;凡农业生产、农田水利、土地金融、合作事业及农具制造、农业改良、农产加工及运销的贷款与投资,由农民银行承做。规定各行接受放款及投资的条件是:数额在100万元以上者,应事前报请四联总处理事会核定后再行承做,如被理事会否决的放款,四行不得另自承做。②

(2) 发行管理

由中央银行统一发行货币,是一国经济健康发展的必要条件,也是一国金融现代化的必然要求。清末和北京政府时期,国家银行、商业银行、地方银行和外国在华银行均可发行货币,不仅导致中国货币市场的长期紊

---

① 重庆市档案馆、重庆市人民银行金融研究所:《四联总处史料》,上册,档案出版社,1993年,第562页。

② 中国第二历史档案馆:《四联总处会议录》,第16册,广西师范大学出版社,2003年,第65—66页。

乱,而且导致金融风潮频发。在此背景下,历届北京政府曾试图统一货币发行权,但因北京政府的孱弱而未能实现。南京国民政府上台以后,于1928年组建中央银行,1933年实行"废两改元"改革,1935年实行法币改革,为中央银行统一货币发行扫清制度障碍。中央银行真正获取货币发行垄断权,是在抗战时期。1942年5月28日,四联总处拟订了《统一发行实施办法草案》(以下简称为《草案》),《草案》要点如下:第一,中、交、农三行已发、未发及订印未交钞券的处理。《草案》规定:三行已发之各种钞券仍照旧流通;三行定制未交钞券,自1942年7月1日后全部由中央银行接收,中央银行在接收后,必须得继续使用或发行。第二,准备金的移交。《草案》规定:三行在1942年6月30日以前的发行准备金,应于7月底以前全部移交中央银行接收,中央银行按各行40%之保证准备数额给予周息五厘之利息,以三年为限。第三,三行因业务需要资金的供应。《草案》规定:由中央银行以重贴现、同业拆放、财政部垫款作抵和四联总处核定贷款转作押款的四项办法供应三行资金,其利率照原定利率减低二厘至四厘。① 6月14日,财政部公布了《统一发行办法》,明确规定自1942年7月1日起,所有法币的发行统一由中央银行集中办理。6月18日,四联总处第130次理事会修正通过了《统一发行实施办法》,提出了三行在交出准备金后弥补资金不足的5项办法:即调整人事、节约开支;酌量提高贷款利率;增加三行资本;努力推进应办业务;开支如仍有不足,可酌用津贴办法。② 上述办法经财政部核定后,于9月27日函转四行照办,至此,货币发行统一由中央银行集中办理。统一发行之后,四联总处又规定三行两局必须按比例向中央银行缴存存款准备金,"为集中行局头寸、便于金融政策之运用起见,早经规定中交农三行及中信、邮汇两局头寸一律存入中央银行"。四联总处还规定,各行局头寸集中中央银行后,如各行局周转调拨出现困难时,可向中央银行申请拆款及办理转抵押再贴现。据统计,截至1944年3月底,各行局头寸存放中央银行总额为304 100余万元,至10月底,达516 200余万元。③

抗战时期,因运输困难经常导致各地钞票不足,以致不断发生钞荒,严重影响了后方金融经济的稳定。1940年8月1日,四联总处理事会通过《关于推行银行本票意见的决议》,决定四行在支付款项时尽量以各行本

---

① 重庆市档案馆、重庆市人民银行金融研究所:《四联总处史料》,中册,档案出版社,1993年,第38—40页。
② 同上书,第49页。
③ 洪葭管:《中央银行史料(1928—1949)》,下册,中国金融出版社,2005年,第788页。

票代替支付,以调剂券料缺乏,弥补法币的不足。该项决议规定:① 由四联总处组织四联总库,专门负责发行特种本票,经四联总处核准,可在必要地点酌设分库;② 特种本票分为票面一百元、二百元、五百元、一千元、五千元、一万元六种,由总库斟酌当地需要情形,分发各分库,或由分库向总库领用,或经四联总处核定数额,准由分库印发;③ 凡四行应付款项,除财政部核准及百元以内之零数可付法币外,其余一律以特种本票付给之,应严格限制法币的支出;④ 推行本票后,四行对于新存户,应按收入票类,分别开户,支取时亦分别付给,对旧存户支取法币,亦得规定搭付本票;⑤ 四行应付党政军各款,应搭付本票,其固定成分,由政府核定之;⑥ 以本票作汇作存,得无限制收受,但汇款至他省时,交付该省行使之本票;⑦ 此项本票,分省行使,载明某省字样,只可本省行使。① 以本票代替钞票,是战时无奈之举,利弊互见,其弊在:法币容易与本票发行差价贴水,从而引起兑换的投机;因本票面额巨大,影响物价上涨;本票容易伪造;市面头寸大半变为汇划,活动资金不能内流;银行对存户强制搭付本票后,各商业银行存款必受严重影响。② 正因为认识到了本票的弊端,抗战胜利以后,四联总处立即整理本票。1945 年 11 月 8 日,四联总处颁布《关于国家行局及商业银行发行本票问题的决议》,开始对商业银行签发本票实行限制,决定中央银行签发、原核定各行局签发的定额本票逐渐收回,不再增发;商业银行开发本票,应以即期为限,不得开发远期本票;开发本票,应有十足兑付准备,即每日本票余额,不得超过其库存现金及同业往来轧进数额之和;据报各商业行庄及省地方银行亦偶有开发定额流通本票之事,拟由财政部通令严予取缔;开发本票,应随时据实列账,由财政部通令遵照,违者送法院依法究办。同日,四联总处还颁布了《关于收回各行局所发定额本票等项的决议》,规定各行局所发行的定额本票,一旦运输畅通,各地券料供应无缺时,应即陆续收回。③战争结束以后,四联总处便着手限制并陆续收回本票,是规范货币发行监管的重要举措。

（3）人事管理

第一,调整与考核四行工作人员。1942 年 7 月 21 日四联总处制定了《中中交农四行人员考核与提拔办法》,规定由四联总处负责监督四行人员的考核与调整事宜。考核内容包括以下四项:考核各行主管人员推行金

　　① 重庆市档案馆、重庆市人民银行金融研究所:《四联总处史料》,中册,档案出版社,1993年,第14—15 页。
　　② 同上书,第15—16 页。
　　③ 同上书,第59—61 页。

融政策的成绩、考核各行主管人员有无违犯金融政策及法令行为、考核各行负责人员升降奖惩、考核各行职员的思想及表现等。调整的内容包括五项:调派四行职员、限制四行职员人数、主管各行各级职员的任用、核定各行高级职员的服务地点、在必要时调度各行高级职员等。①第二,划一各行局人事制度。1943 年,在四联总处的组织下,各行局指派代表组织了一个各行局人事制度设计委员会,该委员会先后举行了会议 12 次,按照"划一""简单""紧缩"三原则,并参照"公务员任用法""文官官等俸禄表"和"公务员铨叙法规"等标准,拟订了人事规则草案 21 种,有关职员"任免""服务与奖惩及考绩""保证""请假""薪给"等规则草案 17 种,这些规则自1944 年 1 月起开始实施。第三,训练银行人员。1942 年 5 月 28 日,四联总处理事会议决成立"银行人员训练所",9 月 17 日通过了《银行人员训练所章程》;1943 年 1 月从高中毕业生中招收了第一期中级班学员,2 月 8 日开学,实际受训人员 103 人;12 月 16 日又招收了第二期中级班学员共 103人;1944 年 1 月第一期高级班新生 42 人入学;同月,高级会计班新生 40 人入学;至 1944 年已训练高、中级学员 290 人。②台湾由于长期被日本侵占,其金融制度与中国其他地区完全不同,有鉴于此,四联总处于 1944 年 11月决定在银行训练所附设台湾金融干部调训班,调集各行局一部分从业人员加以训练。③

(4) 经营规则

第一,规范国家行局的预算。1943 年 10 月 14 日,四联总处制定实施《四行开支预算决议》,规定四行的开支分"营业""日用""特别"三科目,按科目编制开支预算,呈送四联总处理事会核定,并报财政部备案;四行制定了节约开支的 11 项原则,涉及节约文具、印刷、减少旅游、广告、捐款、交际、应酬、警务等费用,以及限制汽车使用。④ 为保证预算执行到位,四联总处随时指派会计、审计人员前往银行督查开支账目及单据。第二,统一会计科目。1941 年 12 月 11 日,四联总处筹备组织划一各行局会计稽核制

---

①　重庆市档案馆、重庆市人民银行金融研究所:《四联总处史料》,上册,档案出版社,1993年,第 674—675 页。

②　同上书,第 690—691 页。

③　四联总处第 245 次理事会制订通过了《银行人员训练所"台湾金融干部调训班"调训办法修正草案》,该草案规定招收学员名额为 30 人至 50 人;训练期为四至六个月;训练科目包括台湾史、台湾政治经济、台湾金融问题、闽南方言和日文等内容。重庆市档案馆、重庆市人民银行金融研究所:《四联总处史料》,上册,档案出版社,1993 年,第 692 页。

④　重庆市档案馆、重庆市人民银行金融研究所:《四联总处史料》,上册,档案出版社,1993年,第 703—704 页。

度设计委员会,负责拟定银钱业划一会计科目,主要以四行两局、各省地方银行及商业银行一致适用为原则。四联总处理事会先后颁布《关于一般银行会计科目名词的决议》《关于银行储蓄与信托两部会计科目名词的决议》《暂行各行局统一会计制度》《暂行各行局稽核通则》《四联总处会计长办事处组织章程》等规程。这些法规为会计稽核方面的统一树立了标准,特别是在确定会计稽核的意义、时期、范围、职责等项做了一致的规定,对于国家会计系统的确立有一定的作用。1945 年 4 月 26 日公布的《理事会关于各行局 1945 年度预算的决议》显示,该年度预算已是参照统一会计制度拟订,经核尚无不合。[1] 这说明统一会计制度对国家行局预算方案已经产生作用。

2. 对商业行庄的监管

抗战时期国民政府对商业行庄的监管主要体现在四个方面。

（1）对商业行庄市场准入的监管

抗战时期,四联总处对商业银行的市场准入进行严厉监管。1942 年 6 月 4 日四联总处颁布《商业银行设立分支行处办法》（以下简称为《办法》），规定商业银行设立分支行处,实收资本必须超过 50 万元,每超过 25 万元,方可再增设一处。商业银行分支机构的营运基金数额视业务范围大小酌拟,呈请财政部核定之。《办法》颁布前业已呈准设立之分支行处,可免受前项规定的限制,但必须将商业银行总行拨给各分支行处的营运基金数额呈报财政部备案。商业银行呈请设立分支行处的地方,如财政部查核其工商业及一般经济金融情形,认为无增设必要者,不准设立。商业银行呈请设立分支行处,应备业务计划书、当地经济金融调查报告书、本行已设分支行处详细表等各项书表一并呈核。[2]《商业银行设立分支行处办法》对商业银行设立分支行处的市场准入条门槛及应遵循的法定准入程序进行详细规定,符合现代银行业市场准入制度的国际惯例,有利于战时商业银行的健康发展。

（2）对业务的监管

抗战时期,商业行庄在业务上都存在不同程度的有悖于战时经济健康发展的行为:第一,囤积货物。据 1939 年 1 月经济部和四联总处对重庆市银钱号调查的结果显示,重庆市商业行庄囤积了布匹 20.6 万余匹、棉花

---

① 重庆市档案馆、重庆市人民银行金融研究所:《四联总处史料》,上册,档案出版社,1993年,第735—737页。

② 重庆市档案馆、重庆市人民银行金融研究所:《四联总处史料》,下册,档案出版社,1993年,第434页。

7 500 余包、棉纱 4 800 余包、纸张 6 300 余令,及相当数量的五金杂货,商业行庄的囤积行为助长了物价的高涨。[①]第二,放款对象以商业行号和同业为主,工矿业放款数量较少。1941 年 7 月至 1942 年 2 月,重庆市 17 家商业银行的放款总额为 1.4 亿余元,其中商业放款为 67 812 000 元,占放款总额的 47%,同业放款为 29 621 000 元,占放款总额的 21%,工业放款为 39 042 000 元,占放款总额的 27%,私人及其他放款为 7 296 000 元,占放款总额的 5%。[②]资金不仅是抗战时期最重要的生产要素,也是最稀缺的资源,商业行庄的放款行为极不利于后方生产建设。第三,放款方式以信用放款[③]为主,抵押放款为辅,这不仅有悖于现代商业银行放款原则,而且容易引发金融风险。第四,利用汇款业务逃避资金管制。其方式大致有二:一是垫款汇解而不订合法之放款契约,即银行把资金汇给了工商业户或私人但没有订立放款契约;二是买入汇款而无合法的汇款票据,即资金已经从银行汇出去了但没有汇款票据。这些实际上都是变相的信用放款,由于它假借汇款名义,其实际用途很难监管,所以,"其风险程度远在信用放款以上"[④]。

为制止商业行庄直接经营商业,并引导其资金投资于生产事业,《修正非常时期管理银行暂行办法》(以下简称为《办法》)第 3 条规定"银行运用存款,以投资生产建设及联合产销事业为原则。其承做抵押放款,应以各该行业正当商人为限。押款已届满期请求展期者,并应考察其货物性质,如系民生日用必需品,应即限令押款人赎取出售,不得展期,以杜囤积居奇",《办法》第 4 条规定"银行不得直接经营商业或囤积货物,并不得以代理部、贸易部或信托部等名义自行经营或代客买卖货物""银行承做汇往口岸汇款,应以购买日用必需及抗战必需物品之款为限"[⑤]。根据这些原则,四联总处和财政部先后制定一些具体措施:其一,发行实业证券,劝导

---

① 重庆市档案馆、重庆市人民银行金融研究所:《四联总处史料》,下册,档案出版社,1993 年,第 374 页。
② 同上书,第 415 页。
③ 商业行庄的信用放款以商业信用放款为主,生产信用放款所占比例很小。根据四联总处 1942 年 6 月的调查报告,内江聚兴诚银行放款余额为 370 余万元,全系信用放款,其中商业信用放款占 99 万元;桂林各行庄的 1 430 余万元放款中,商业信用放款占 1 150 余万元;昆明各行庄放款总额为 175 000 000 余元,其中信用放款达 107 000 000 余元。详见重庆市档案馆、重庆市人民银行金融研究所:《四联总处史料》,下册,档案出版社,1993 年,第 429 页。
④ 重庆市档案馆、重庆市人民银行金融研究所:《四联总处史料》,下册,档案出版社,1993 年,第 474 页。
⑤ 重庆市档案馆:《抗战时期国民政府经济法规》,上册,档案出版社,1992 年,第 652—654 页。

各商业银行组织银行团联合承销;推行承兑票据,并组织联合承兑机构,吸引商业银行资金投放于民生国防有关事业。①其二,规定信用放款不得超过放款总额的50%,即信用放款总额在同一时期内不得超过抵押放款总额,在1942年5月23日颁布的《管理银行抵押放款办法》和《管理银行信用放款办法》中对抵押放款和信用放款做了更加详细的规定。②其三,严厉监管商业银行利用汇款做信用放款的行为。财政部采取了如下措施:第一,银行经营买入汇款业务,无论即期或定期,应以买入同业汇款为限;第二,银行经营买入普通工商业或农业汇款,以买入合乎《非常时期票据承兑贴现办法》规定的承兑汇票为限;第三,银行经营汇出汇款业务,无论信汇汇票或电汇,不得于汇款人没有将汇款交到之前就先行汇解;第四,银行经营汇出汇款业务,如须为汇款人先行垫付一部分或全部款项时,应先将垫付的款项,依照规定办理手续后,再行办理汇解手续。③

（3）对准备金的监管

《非常时期管理银行暂行办法》第2条规定:"银行经收存款,除储蓄存款应照储蓄银行法办理外,其普通存款,应以所收存款总额20%为准备金,转存当地中中交农四行任何一行,并由收存行给以适当存息。"④为了落实这个精神,四联总处于1941年4月制定了收存准备金办法7条:① 存款准备金之缴存,先就四行分支处所在地举办。② 四行都已设行的地方,以中央银行为负责承办行;无中央银行地方,以中国银行为负责承办行;无中国银行地方,以交通银行为承办行;其仅有四行中之一者,即由该行负责承办。③ 负责承办行由财政部授予稽核各缴存准备金银行账目之

---

① 重庆市档案馆、重庆市人民银行金融研究所:《四联总处史料》,下册,档案出版社,1993年,第452页。

② 《管理银行抵押放款办法》规定:银行承做抵押放款,必须以下列证券物品之一为抵押品:有价证券、银行定期存单、栈单、提单、商品或原料,但另经主管机关定有管制办法者,应依照各该办法办理;银行承做抵押放款,不得以下列证券物品为押品:本银行股票,禁止进口物品,违反禁令物品,容易腐坏变质之物品。《管理银行信用放款办法》规定:银行承做个人信用放款,除因生活必须每户可贷2 000元外,其余一律停做;银行承做工商信用贷款,数额超过5 000元以上者,必须要同业厂商做担保,且借款只能用于增加生产或购运必须物品,放款期限最长不得超过三个月,每户放款不得超过该行放款总额5%,各户总计不得超过50%。重庆市档案馆:《抗日战争时期国民政府经济法规》,上册,档案出版社,1992年,第677—678页。

③ 重庆市档案馆、重庆市人民银行金融研究所:《四联总处史料》,下册,档案出版社,1993年,第474—475页。

④ 《非常时期管理银行暂行办法》只规定普通存款必须缴纳准备金,1942年财政部和四联总处规定,比期存款和信托存款也必须缴纳与普通存款同量的准备金,1943年财政部和四联总处又规定,各商业行庄和省地方银行也应将储蓄存款的20%缴存中国农民银行,用于投资农贷。重庆市档案馆、重庆市人民银行金融研究所:《四联总处史料》,下册,档案出版社,1993年,第394、395、468页。

权。④ 省银行存款准备金，应缴存于该总行所在地承办行。商业银行存款准备金，除就近缴存于该行所在地之承办行外，并得汇总缴存于指定地方之承办行。⑤ 四行所收存款准备金摊存之比例如下：四行全设的地方——35%、30%、20%、15%；设立三行的地方——40%、30%、30%；设立两行的地方——60%、40%；设立一行的地方——100%。⑥ 各缴存准备金银行应送报表，应一律送交负责承办行，由该行以一份送财部，一份送四联总处，一份留存备查。⑦ 存款准备金由负责承办行接洽办理，其余各行应协助办理。① 1942 年，四联总处划分了四行职能，实行四行专业化后，存款准备金集中缴存于中央银行，中国银行、交通银行和中国农民银行所收存之准备金，自 1942 年 6 月 21 日起一律转存于中央银行。②

（4）对银行利率的管制

第一，调整银行的存贷款利率。太平洋战争以后，上海的外汇市场消失，日伪失去了利用伪币换取法币再以法币套取外汇的可能，于是，日伪大肆驱逐流通于华北、华南、华中地区的法币，使数以十亿计的法币回流到后方，这就造成了后方更大的通货膨胀压力。③因此，吸收游资、回笼通货，成为缓减通货膨胀压力的必要措施。此外，由于黑市利率远高于法定利率，资本逐利的本性又使大量的游资流向商业行庄，商业行庄以高利兜揽到存款后，或是将其用于商业投机，或是以高利贷放给生产者，这又反过来拉上了物价。在此情况下，国民政府不得不多次提高存贷款利率，以吸收游资、平抑黑市利率。如 1940 年 9 月，四联总处颁布《提高存款利率办法》，将活期存款利率照原定利率提高至四厘半，定期存款利率照原定利率提高至一分。④ 此后，根据利率市场的变动法定利率也不断调整，至 1945 年年初，法定存款利率达二分八厘，放款利率达三分二厘。⑤

第二，调整同业拆借利率。首先，划一四行之间的存欠利率。四行之间彼此业务上的往来存欠，大抵照周息二厘至五厘计息，最高周息与最低周息的差距达二倍以上，弹性太大。1943 年 2 月，四联总处决定划一四行

---

① 重庆市档案馆、重庆市人民银行金融研究所：《四联总处史料》，下册，档案出版社，1993年，第 387—388 页。

② 同上书，第 425 页。

③ 据四联总处统计，1940 年前后流通于华北、华南、华中地区的法币约有 15 亿元，占法币总额的 1/3 左右。重庆市档案馆、重庆市人民银行金融研究所：《四联总处史料》，上册，档案出版社，1993 年，第 177 页。

④ 重庆市档案馆、重庆市人民银行金融研究所：《四联总处史料》，下册，档案出版社，1993年，第 515 页。

⑤ 罗敦伟：《当前利率问题》，《金融周刊》1944 年第 6 卷第 9 期。

之间的存欠利率,一律按周息四厘计算。① 其次,调整三行两局存放于中央银行存款的利率。四行专业化之后,四联总处规定三行两局必须将存款余额存放于中央银行。1943年规定存放利息为周息六厘,后由于市场利率的上扬,以至于三行两局所付存款利息超过了从中央银行所得利息,1945年中央银行将三行两局存放中央银行利率增高至八厘。② 再次,核定四行对同业存款的利率。1940年,四联总处核定四行对同业存款利率为最多不得超过四厘,1943年调整为最高不得超过六厘,1944年调整为最高不得超过八厘。③

第三,管制商业行庄的比期存放款利率。④ 比期存放款的利率一般要高于普通存放款利率,1936年,重庆比期利率平均为6.61%,1943年竟高达25.2%。⑤ 由于比期高利率的存在,使商业行庄难以以市场利率开展业务,不得不以高利兜揽存款,结果引起了整个市场利率的高涨,这对于飞涨的物价来说无异于火上浇油。1942年2月财政部会同四联总处颁布了《比期存放款管制办法》,规定比期存款的利率,由当地银钱公会于每届比期前二日分别报请当地中央银行核定,比期后之日拆,按日计算,亦不得超过本比核定的利率;比期放款的利率,至多不得超过该届比期存款利率二厘。⑥《比期存放款管制办法》的颁布并没有遏制住比期利率的上涨。1942年5月内江地区商业行庄的比期放款利率高达三分六厘,1942年9月有些地区的比期利率竟高达十分以上。在此情况下,1942年10月,四联总处会同财政部、各行局主管人员制定了《平抑比期利率办法草案》,提出管制比期利率具体办法。⑦ 同年12月,四联总处会同财政部召集重庆市银钱同业会议,决定废除比期制度。1943年1月,重庆市率先执行,各地

①　重庆市档案馆、重庆市人民银行金融研究所:《四联总处史料》,下册,档案出版社,1993年,第522页。

②　重庆市档案馆、重庆市人民银行金融研究所:《四联总处史料》,下册,档案出版社,1993年,第527页。

③　同上书,第522—524页。

④　比期存放款是四川商业行庄所特有的一种业务,起源于18世纪,当时山西票号到四川开展业务时,由于交通困难及汇兑不便,遂创设了比期制度,后成为四川银钱业相沿习用的一种结算制度,每半个月结算一次,称为一比。抗战时期,外省银行入川,也大多放比期于川帮银行,以获取高利。

⑤　康永仁:《论重庆的比期利息与物价》,《新经济》1943年第3卷第3期。

⑥　重庆市档案馆、重庆市人民银行金融研究所:《四联总处史料》,下册,档案出版社,1993年,第398页。

⑦　包括行政措施三条:即严禁高利存放、切实取缔囤积居奇、加强银行管制;金融措施四条:即逐渐废止比期制度、合理调剂资金需求、加紧吸收游资、相机平抑金融波动等。重庆市档案馆、重庆市人民银行金融研究所:《四联总处史料》,下册,档案出版社,1993年,第521页。

不久也相继废除,代之而起的是日拆制度,即由中央银行按日核定利率并挂牌公告。

3. 对省县地方银行的监管

省县地方银行为地方金融基层组织,于国家金融全局关系重大。抗战时期,四联总处把地方银行也纳入了其监管的范围。

(1) 管理地方银行辅币发行

1936 年 1 月,中国农民银行取得钞票发行权。同年 2 月,财政部颁布《中国农民银行接收各省省银行发行部分办法》,规定除浙江、湖北、河南、湖北、陕西等省银行保留部分发行权外,其余各省省银行或类似省银行的发行权全部统归中国农民银行接收。1936 年年底,财政部由规定各地地方银行地钞悉数废除,仅保留发行一元券及辅币券之权,基本结束了近代以来的混乱发行。抗战爆发以后,国民政府为防止敌伪吸收法币套取外汇,对省地方银行发行的限制有所放宽。1939 年 3 月,第二次地方金融会议决定:允许战区省地方银行发行一元券或辅币券,但限用于敌占区和作战区,不得在后方发行;各省省银行或地方银行钞券,以在本省流通为限。此项规定不仅有利于防止敌伪换取法币,也有利于对活跃战区金融。但在实际中发现,"嗣查各省地方银行发行钞券,多未遵照部定办法办理,缴纳准备金也甚纷歧,倘不预谋节制,深恐影响整个金融制度"①。

1940 年 7 月 18 日四联总处第 38 次理事会修正通过《管理各省省银行发行一元券及辅币券办法》15 条,并附整理办法 3 条。该办法对省银行发行钞券之印制、保管和发行准备的性质、缴存与保管均有详密规定。钞券印制保管方面,该办法规定,"各省省银行或地方银行发行或增发钞券,应先拟具运用计划及拟印券类、数额,呈请财政部核定之""发行钞券及准备之缴存、保管事宜,由发行准备管理委员会监督之""地方银行钞券以在本省流通为限"。省地方银行呈经核准印制的钞券,"应由财政部交由中央信托局代印,如必须就地印制者,应呈准财政部会由中央信托局派员监印,所需印制费用,均由各该发行行负担""钞券印竣后,所用票版,应会同中央信托局及发行准备管理委员会指定之人员暨原承印机关签封,交中央信托局保管,并呈报财政部备案""地方银行钞券印妥,由中央信托局送交发行准备管理委员会指定保管之银行保管。各该发行行向保管行缴存准备金领取发行"。发行准备方面,采行当时国际上最为先进的现金准备和保

---

① 重庆市档案馆、重庆市人民银行金融研究所:《四联总处史料》,中册,档案出版社,1993年,第 12 页。

证准备双重担保制度,该办法规定,各省省银行或地方银行发行钞券应缴现成准备六成,其中金银、法币不得少于发行总额百分之四十,货物栈单不得超过发行总额百分之二十;保证准备四成,其中公债以中央银行核准发行之公债为限,各省市政府发行者依票面七折作价,存单以中、中、交、农及中央信托局存单为限。其中第十条规定,"各省省银行或地方银行于每月底应各制发行券及准备金明细表一式五份,保管行留存两份,其余三份分送财政部、发行准备管理委员会和四联总处"。

各省银行原来发行之钞券,其整理办法三项如下:① 各省省银行或地方银行应在管理办法公布后三个月内,制具发行券及准备金明细表(包括历次定制未收、定制销毁、存出、库存、流通、准印及未印各券,并现金、保证准备金各项详数)报请发行准备管理委员会核转财政部,由财政部通盘筹划,重行核定发行数额。② 各省省银行或地方银行以前发行钞券之准备金尚未缴足者,其短缺之数得暂作留存券,但须在管理办法公布后六个月内补缴准备金至留存券递减为发行总额百分之二十。③ 各省省银行或地方银行在以前接收案内曾以票本抵充准备金者,如已将接收券领回发行,所有票本抵充部分之准备金,仍由该行如数补缴。为监管各地方银行领用、发行和运用一元券及辅币券以及其准备金之缴交,财政部派各省地方银行监理员驻行监督,按旬将一元券、辅币券之流通,库存及交存准备金各数,列表呈报,并按月将监督情形编制检查报告呈核。①在四联总处的监管下,各省银行或地方银行发行钞券具有充实之准备。据统计,截至1941年9月底,各省发行钞券流通数额总计为 427 347 470.56 元。② 1942 年 7 月14 日财政部颁布《中央银行接收省钞办法》,省银行或地方银行的发行权废除。

(2) 监管地方银行业务

1942 年 3 月 2 日,中央银行县乡银行业务督导处正式成立,对县乡银行予以扶植、督导和管理。其主要工作包括:① 扶植方面,对各县行未尽明了的登记手续,详加指示并协助办理;筹拨事业基金 500 万元,酌情在筹股困难的县行中加入一定的提倡股。② 督导方面,根据各县行所送营业报告及各项表报,分别予以指示,以资改进;派员分途前往视察而予以指导,并根据视察报告,分函指示其改进办法;若无法派员前往视察,则拟订

---

① 重庆市档案馆、重庆市人民银行金融研究所:《四联总处史料》,中册,档案出版社,1993年,第11—14页。
② 中国人民银行总行参事室:《中华民国货币史资料》,第二辑,上海人民出版社,1991年,第310页。

视察纲要,分函中央银行各分行处分别视察其附近县行。③ 管理方面,划一县行会计制度,以促进其业务的健全;拟具分区管理办法,就中央银行设有分行或办事处及办理收解存汇的国税经收处等所在地,暂行划分为重庆等87区,每区指定该行分行处1家,负管理之责。1942年四行专业化后,中央银行负有协助财政部管理金融市场的责任,其中包括调剂资金供求,推行票据制度,督促各银行缴纳存款准备金,考核各银行、钱庄放款、投资及存款、汇款业务是否遵循政府有关法令办理等事项。1944年11月,国家总动员会议通过《加强银行监理办法》,规定各区银行检查处设处长一人,由财政部派充;副处长一人,由当地中央银行经理兼任。并就区内银行分布情形,做到每行每年至少检查二次,检查所用经费由中央银行负担,作正式开支。①

4. 对金融市场的监管

金融市场是一个大系统,包罗许多具体的、相互独立但又相互关联的市场。抗战时期的金融市场主要由票据贴现市场、外汇市场、内汇市场、货币市场、金银市场、证券市场等构成。为了维护战时金融市场的稳定,四联总处采取了许多措施对金融市场实施了严格的监管。

(1) 对票据贴现市场②的监管

抗战初期,四联总处主要以借款契约方式办理生产事业贷款,这种传统贷款方式的特点是贷款必须要到期之日才偿还,其结果是导致"资金呆滞,不能周转,于金融之灵活应用,生产事业之扶植发展,均多障碍"。为改变这种状况,四联总处认为对于"生产事业贷款,似可在可能范围内,尽量采取票据贴现方式以代替质押透支,以期资金运用灵活"③。1940年2月,四联总处第14次理事会议决通过了《推进银行承兑贴现业务暂行办法》,开始着手在后方筹设票据贴现市场。1942年9月,四联总处制定了《理事会关于流动资金贷款拟采用票据贴现方式的决议》,10月又制定了《四联总处生产事业票据保证承兑及贴现暂行办法草案》(以下简称为《草案》),《草案》共16条,对生产事业因交易行为而签发的票据的种类、发票人应具

---

① 重庆市档案馆、重庆市人民银行金融研究所:《四联总处史料》,下册,档案出版社,1993年,第481页。
② 票据贴现指银行承兑未到期的商业票据。票据贴现的基本特性是利息先付,即将票据进行贴现时必须扣除自贴现日起至票据到期日的利息,票据到期后,票据开出者必须向贴现银行按票据面额付款。在票据贴现市场中,充当买方的一般是商业银行、贴现公司等专门从事短期借贷活动的金融机构。
③ 重庆市档案馆、重庆市人民银行金融研究所:《四联总处史料》,下册,档案出版社,1993年,第577、573页。

备的条件、票据期限、票据承兑的担保、票据贴现率等做了详细的规定。《草案》第一条规定票据的种类有 6 种：① 生产机关因购货而商准殷实行庄保证生产机关承兑，由卖主向生产机关签发的票据；② 生产机关因购货而商准殷实行庄承兑，由卖主向行庄签发的票据；③ 生产机关因购货而商准殷实行庄承兑，由生产机关向行庄签发付给卖主的票据；④ 生产机关因售货，由买主商准殷实行庄保证买主承兑，由生产机关向买主签发的票据；⑤ 生产机关因售货，由买主商准殷实行庄承兑，由生产机关向行庄签发的票据；⑥ 生产机关因售货，由买主商准殷实行庄承兑，由买主向行庄签发付给生产机关的票据。《草案》第二条规定交易行为专指生产事业为购买必须的机器零件原料或其他有关生产的货物，及售卖其制成品所成的交易行为。《草案》第三条规定票据的发票人、保证人及承兑人，必须为合法的生产机关、合法的商业机关及合法的银行钱庄，并曾依法登记，领有营业执照，加入当地同业公会者为合格。《草案》第四条规定票据的期限，自承兑之日起算，为购买必须的机器零件原料或其他有关生产的货物而签发的票据，最多不得超过 180 天，为买卖其制成品而签发的票据，最多不得超过 90 天。《草案》第五条、第九条规定，持票人向银行申请贴现时，必须提供货物作为第一担保品，必须提供买方所出的票据来源申请书、买主及贴现人所出的用途申请书、货物栈单或运输提单、保险单等要件作为第二担保品。《草案》第十二条规定，票据贴现率的最高限额由四联总处会商四行斟酌金融市场需要规定之。[①] 这个《草案》对于规范战时生产事业票据市场起到了重要的作用。

统一发行以后，四行实行专业化，中央银行被赋予了监管金融市场的职能，而推行票据再贴现和公开市场买卖是中央银行发挥调控功能的两个最重要的工具。鉴于此，1943 年 4 月，财政部会同四联总处制定了《非常时期票据承兑贴现办法》（以下简称为《办法》），进一步扩容战时票据承兑市场。《办法》第二条规定票据指随附于合法商业行为签发的票据，其种类有三：工商业承兑票据，即商人因交易行为所发生的债权债务，由债权人向债务人发票请其承兑的票据；农业承兑票据，即农民组织的合法团体，因直接或间接协助农民产销而发生的债权，向订有承兑契约的农业金融机关发票，及因出售产品而发生的债权向债务人发票，请其承兑的票据；银行承兑汇票，即商人因交易行为发生债权债务，由债权人或债务人向订有承兑

---

① 重庆市档案馆、重庆市人民银行金融研究所：《四联总处史料》，下册，档案出版社，1993年，第 574—576 页。

契约往来的行庄发票请其承兑的票据。这里所定义的票据明显超出了四联总处在前所定义的生产事业票据的范围。《办法》第五条规定了票据期限,自承兑之日起算,最多不得超过 90 日;但农业承兑票据以 180 日为最长期限。《办法》第六条明确规定银行遇到下列两种情况时,不得贴现票据:一是承兑人或申请贴现人于请求贴现时,在银行所负债务,包括主债务和从债务,合并计算已超过其资本额一倍以上者;二是因其他业务上的正当理由,银行不便接受者。第九条规定银行承兑票据收取的手续费最高不得超过票面额千分之五。《办法》第十一条规定票据之贴现率,由当地银行公会及中央银行会商公告,重贴现率由中央银行公告。①在这三种票据中,银行承兑汇票占绝对多数,而"银行经营承兑业务,原系放出信用,银行于签印承兑时,因不须付出现金,稍不审慎,易涉浮滥,倘负责人随时承兑不予入账,尤属不易稽考,不惟其本身业务有欠稳妥,且信用浮滥亦更兹流弊"。为加强票据信用,财政部更加严格管制银行办理承兑业务,除要遵照《非常时期票据承兑贴现办法》外,还得遵照 1943 年 10 月 27 日财政部所颁布的《银行办理承兑业务管制办法令》:① 各银行票据承兑数额,以各该银行前期决算时实际资产总额 1/4 为该行承兑最高额;② 各银行办理承兑业务,必须逐笔登账;③ 银行承兑的票据到期,由承兑银行负付款全责。如果承兑行不能如期履行付款责任,财政部依法从严惩处。②

　　1933 年,华商银行为了方便票据清算成立了上海票据交换所。1941 年太平洋战争以后,上海被日本占领,上海票据交换所也被日伪接管。在此背景下,国民政府不得不在重庆重新开设票据交换所。1942 年重庆票据交换所设立,场所设在中央银行内。票据交换所设立之后,大后方票据交换日益活跃,但票据承兑问题亦随之产生,1943 年 10 月 22 日,为健全银行票据承兑业务,四联总处与四行两局合议筹备成立票据承兑所。承兑票据需对票据提供方进行资信认定,因此,很有必要设立征信所,四联总处在筹设票据交换所的同时也在着手筹设征信所。1943 年 12 月 15 日四联总处拟定了《四联总处规定组设联合票据承兑机构办法》和《四联总处拟订之联合票据承兑所组织章程》。1944 年 10 月 2 日,联合票据承兑所正式开业,承兑所内设业务、会计、总处三组,并附设联合征信所。新开办的征信所,虽零星开展了一些业务但无章程可循,对银行金融活动极为不利。基于此,1944 年 11 月 23 日,四联总处拟定《联合征信所组织章程》,明确

---

① 重庆市档案馆、重庆市人民银行金融研究所:《四联总处史料》,下册,档案出版社,1993 年,第 578—580 页。
② 同上书,第 588 页。

了征信所组织体系,该章程规定联合征信所的最高决策机构是所务委员会,委员会成员由四联总处、四行两局、联合票据承兑所及重庆银钱业代表组成。凡有关联合征信所的一切重要人事调度安排、业务方针的制定、财务收支审核等,均由所务委员会决定。联合征信所设经理一名,由联合票据承兑所理事会决定任免,经理根据所务委员会的决定,负责日常事务。[①]四联总处与财政部、中央银行等相关金融管理机构此后又陆续修正了以上一些法规草案,不断规范票据市场的发展。

（2）对外汇市场的监管

1935 年法币改革规定法币的对外汇价,法币 1 元合英磅 1 先令 2.5 便士,0.2975 美元。由中央银行实行汇价钉住政策,由中、中、交、农四行无限制买卖外汇。抗战爆发后,开始时仍维持外汇钉住政策,由中央银行无限制买卖外汇,上海不少投机者利用这个机会以法币购取外汇作为资金逃避的手段。1938 年 3 月华北伪政权成立了联合准备银行,发行无担保的不兑现货币,强迫沦陷区人民使用,以伪币换取法币,再以法币套取外汇。这些情况导致了外汇的大量流失,为堵塞漏洞,从 1938 年 3 月 14 日起,国民政府实行外汇管理政策,随着战时外汇市场形势的变化,外汇管制日趋严密。归纳起来,抗战时期的外汇管理大体经历了三期,第一期以维持法定汇率、稳定币值为目标;第二期以控制汇价、安定汇市尾目标;第三期以进行全面管制为目标。[②]

抗战时期,管理外汇市场的机构更迭异常频繁,统计如表 4-19 所示:

表 4-19 抗战时期外汇市场管理机构更迭表

机构名称	设立时间	职掌	备考
中央银行外汇审核处	1938 年 3 月	办理各银行购买外汇的审核摊汇事宜	1939 年 7 月 1 日取消,其原办审核工作归并外汇审核委员会办理
财政部外汇审核委员会	1939 年 5 月	办理进口物品审核购买外汇的审核事宜	1939 年 12 月起仅负初步审核责任,审核决定权移交四联总处汇兑处办理;1940 年 10 月外汇管理委员会成立后即被撤销而将其原办理审核工作移交该会办理
贸易委员会出口结汇科	1938 年 4 月	办理出口结汇的各项行政工作	1941 年 10 月裁并入外汇管理委员会

---

① 中国第二历史档案馆、中国人民银行江苏省分行、江苏省金融志编委会:《中华民国金融法规档案数据选编》,下册,档案出版社,1989 年,第 915—916 页。

② 童蒙正:《中国战时外汇管理》,财政评论出版社,1944 年,第 39 页。

（续表）

机构名称	设立时间	职掌	备考
中英平衡基金委员会	1939 年 4 月	稳定中英汇率	1941 年 8 月并入平准基金委员会
四联总处汇兑处	1939 年 12 月	办理外汇的审核摊汇事宜	1941 年 10 月外汇审核工作移交外汇管理委员会
外汇管理委员会	1941 年 10 月	统筹外汇管理,但对平准基金的运用无权管理	一直维持至抗战结束
平准基金委员会	1941 年 8 月	平准法币汇率,管理市场外汇	1943 年 11 月 30 日,该会取消,业务并入外汇管理委员会

　　抗战时期对外汇市场的管理主要体现在三个领域:第一,售汇管理。为堵塞外汇流失漏洞,1938 年 3 月 12 日,财政部会同四联总处颁布了《购买外汇请核办法》和《购买外汇请核规则》,开始对外汇支出实施管理。其中规定了购买外汇的三条规则:① 外汇的卖出,自 1938 年 3 月 4 日起,由中央银行总行于政府所在地办理,但为便利起见,得由该行在香港设立通讯处,以司承转。② 各银行因正当用途,于收付相抵后需用外汇时,应填具申请书送达中央银行总行或其香港通讯处。③ 中央银行总行接到申请书,应即依照购买外汇请核规则核定后,按法定汇价售与外汇。[1] 1939 年起,国民政府对进口商品的售汇也实施管理,1939 年 7 月 4 日,公布了《进口物品申请购买外汇规则》,又于 1940 年 2 月 19 日公布了《进口物品申请购买外汇规则施行细则》,对进口物品购买外汇做了如下规定:① 进口物品,不在禁止输入之列而为国内所必需者,才能申请购买外汇;② 申请购买外汇时,应先将所购物品名称、数量、入口及运往地点填具申请书,连同证明文件,送请外汇审核委员会审核或由银行代转;③ 外汇审核委员会核准购买外汇时,应填具"特种核准外汇通知书",分别通知申请人及指定之中、交办理;④ 经核准购买的外汇,由指定的中国银行或交通银行按照法定价售给,但申请人必须按售价与中、交两行挂牌价格差额之平衡价。[2]

　　第二,结汇管理。1942 年 2 月 17 日,外汇管理委员会修正颁布了《结汇货物出口报运办法》,明确规定了必须结汇的出口货物的种类,包括蛋品、羽毛、肠衣、皮革、皮毛、染料、药料、油蜡、子仁、木材、茧丝、麻等 12 种。

---

① 重庆市档案馆:《抗战时期国民政府经济法规》,上册,档案出版社,1992 年,第 679 页。
② 同上书,第 682 页。

对于结汇出口货物,无论由政府贸易机关运销,还是由商号自行运销,《办法》规定均须按照中央银行挂牌汇率向中国或交通银行售结外汇,但由农民小贩肩挑背负运赴毗连海陆边界之国外市场销售,总计重量在30千克以下,价值不超过国币200元者,准予免结外汇出口。[1]

第三,管制汇率。汇率过高与过低都不利于中国战时经济,如果汇率过高,将使物价受进出口物价高昂的影响而趋涨;如果汇率过低,将使国内工业无法生存,出口货物无法推销。在战时经济条件下,政府不可能实行自由汇率政策,只能推行严格的管制汇率政策。1938年3月实行外汇有限制供给后,外汇市场上出现了外汇黑市,并且黑市汇率要远高于中央银行规定的法定汇率,这给出口商造成极大的损失但给进口商带来了巨大利益,因为出口商按法定汇价结汇时要少得国币而进口商少付国币。为补偿国家和出口商的损失,1939年8月,中央银行又规定了商汇牌价,中央银行售汇时和出口商结汇时以法定汇率计算。法定汇率与商汇牌价的差额,中央银行售汇时由进口商补偿,出口商结汇时由中央银行补偿。1941年平准基金设立后,中央银行决定取消外汇黑市,当然,取消外汇黑市只是中央银行的一厢情愿,外汇黑市并未真正取消,财政部长孔祥熙曾无奈地说,中国的外汇黑市,因"有租界、有治外法权,许多地方政府权力不能达到,因此无法取缔。……更非政府一纸命令,可以办得到的"[2]。10月1日,中央银行又决定取消商汇牌价,外汇统一由中央银行按挂牌市价供给。

(3)对内汇市场的监管

内汇市场即国内汇兑市场,国内汇兑是银行经营的三大核心业务之一,也是银行的一项主要收入来源。银行经营汇兑业务,总是想尽办法避免运现的成本,从而降低汇款交易成本,提高客户服务质量,增强银行信誉。在抗战时期,汇兑业务由于战争关系尤为复杂困难,四联总处采取多种措施,加强对银行汇兑业务的监管。抗战爆发后,内汇市场上资金投向和需求出现了许多亟待解决的新问题:第一,内地资金大量外逃,而资金是发展内地经济的最重要的生产要素也是内地最稀缺的资源;第二,发展内地生产所必须的生产资料和满足内地人民生活需要消费资料,仰给于沿海及海外市场的供给;第三,内地交通闭塞给运输钞票带来极大的不便,使货币市场头寸周转困难,而军政汇款、商业汇款、机关工作人员赡养家属汇款、慈善事业汇款等却刻不容缓;第四,内汇市场上的黑市汇率带动了后方

---

① 重庆市档案馆、重庆市人民银行金融研究所:《四联总处史料》,下册,档案出版社,1993年,第169页。

② 郭家麟:《十年来中国金融史略》,中央银行经济研究处,1943年,第122页。

物价的上涨。这些问题如果得不到妥善解决,极有可能导致整个战时金融的瘫痪甚至危及抗战大局。为此,1939 年 7 月 18 日,四联总处制定了《便利内汇暂行办法》,对内汇市场实施严格管理。其中规定:① 由口岸汇内地者免收汇费。① ② 内地与内地之间汇款按财政部规定的汇率尽量通汇。③ 由内地汇口岸者则限于购置日用必需品及抗战必要物品②,并且必须遵守申请内汇手续:内地进口厂商向口岸进货时,在订货单寄出之前,必须先将拟进口货物名称、数量、价值等向当地四联分处申请内运货价准汇单;申请经四行核准发给准汇单,同时通知口岸四行登记;口岸出口商接到内地进货商订货单后,在起运之前,先持发票向当地四行索取起运证明书;口岸四行对出口商的上项申请,经查明确系内地四行所发出的准汇单据后,发给起运证明书;货物运到内地,由进口商持发票及起运证明书,并货价准汇单,向当地四行申请查核,四行查核之后,即由四行摊汇,中央银行 35%、中国银行 30%、交通银行 20%、农民银行 15% 汇出汇款。《便利内汇暂行办法》是抗战时期监管内汇市场的纲领性文件,在此基础上,四联总处又制定了一系列规程③,以完善对内汇市场的监管。概括起来,四联总处主要从四个方面对内汇市场实施监管。

划一内汇汇费

1940 年 3 月,四联总处第 24 次理事会通过《国内统一征费实施细则》,该《细则》把国内汇款划分为五类:口岸汇款,即由国内任何地方向口岸及附近地带的汇款;口岸间汇款,即各口岸及其附近地带之间的相互汇款;本省汇款,即国统区内各省之间的汇款;他省汇款,即由某省汇往其他任何省区的汇款;腹地汇款,即由各口岸与战区以及各该附近地带汇往后方各省的汇款。各种汇款的征费标准是:口岸汇款如为交汇划,则每 1 000元收手续费 1 元,运送费 49 元,共 50 元,如为交划头,则每 1 000 元收手续费 1 元,运送费 99 元,共 100 元;口岸间汇款由当地四行按市况及成例酌定之;本省汇款每 1 000 元收手续费 1 元,运费 4 元,共 5 元;他省汇款每

---

① 按《便利内汇暂行办法》规定:口岸与内地分别包括:上海、香港、宁波、温州、福州、泉州、广州、龙洲、鼓浪屿、汕头等处为口岸,除沦陷区和口岸以外的地区为内地。

② 按《便利内汇暂行办法》规定,日用必需品及抗战必要物品包括 19 种:(1) 国产本色棉布,(2) 国产漂白或染色棉布,(3) 国产印花棉布,(4) 国产棉花,(5) 国产棉线,(6) 棉纱,十支至三十二支为国产,(7) 黄紫铜条、竿、丝、钉、片、板、管子,(8) 各种生熟钢,(9) 各种马口铁、三角铁,(10) 锌块、片、板,(11) 各种机器及其配件,包括各种锉刀、砂轮、坩锅,(12) 车床、钻床、刨床及其配件,(13) 电灯、电话、无线电及其配件,(14) 化学工业用品及药剂,(15) 医药卫生材料,(16) 各种染料,(17) 家用及洗衣肥皂,(18) 书籍纸张,(19) 交通器材。

③ 包括《国内统一征费实施细则》《四行钞券集中运存站及改善军政大宗汇款实施办法》《各分支处办理公私机关服务人员家属赡养费口岸汇款审核须知》等。

1 000 元收手续费 1 元,运费 9 元,共 10 元;腹地汇款各口岸四行参照市场情形,随时酌定适宜办法。行政机关的口岸汇款、本省汇款、他省汇款手续费全免,运费减半;银行同业的口岸汇款、本省汇款、他省汇款手续费减半,运费照收;军事机关和慈善机构的口岸汇款、本省汇款、他省汇款的手续费运费全免,邮电费照收。[①] 1941 年 1 月,四联总处第 61 次理事会对内汇征费标准进行了 7 项修正:手续费仍收 1‰;运费改为隔省 19‰,省内 9‰;另收邮电费;军事党务慈善机构手续费运费全免;行政机关汇款手续费全免,运费收 1/4;国营事业机关汇款手续费全免,运费照收;国营事业机关由口岸汇入内地款项,应尽可能交由四行承汇。[②] 至 1942 年,内汇市场随战局的变化而变幻无常,加之黑市汇率也越来越高,固定的汇率使四行内汇业务难以为继。四联总处第 113 次理事会决定"此后各地四行核收汇费,应由各该地分支处根据当地情形,并参酌国内汇款收费变通原则之规定,酌量变通办理。惟同一地点各行收取汇费必须一致,不得分歧"[③]。四联总处 1942 年 10 月 15 日和 1942 年 10 月 22 日分别制定了《修正各地四联分支处办理汇款收费原则》和《关于核定中交农三行与中央银行互汇收费办法》等决议,汇费征收标准随市场行情而灵活变通。

平抑内汇黑市

　　四行对后方商人汇往口岸汇款实施管制,但口岸汇款的需求却并未因管制而减少,同时后方资金外流也未因汇款限制而减少。商业银行利用这个机会以高于法定汇率的汇价承做汇款,内汇黑市产生。1939 年下半年,申汇黑市平均达每 100 元收 40 余元左右,10 月份申汇黑市最高竟达每 100 元收汇费 60 元之巨。[④] 太平洋战争之后,进口物资来源中断,商民大量收购各地存货以囤积居奇,于是纷纷前往柳州、衡阳、金华、西安等地抢购物资,使得这些地方的汇款需求猛增,商业银行趁机抬高汇费,如金华的黑市汇价每 1 000 元收 120 元,衡阳、柳州每 1 000 元收 40 元,西安每 1 000元收 70 元。

　　汇费高涨使进口物资成本提高,推动后方物价上涨,因此,内汇市场黑市汇率非平抑不可。四联总处采取两项措施:首先,开放口岸商汇,取消对正当商汇的限制,调整后方与口岸的法币购买力,以畅通汇款,防止商民辗

---

　　① 重庆市档案馆、重庆市人民银行金融研究所:《四联总处史料》,下册,档案出版社,1993年,第 14—15 页。
　　② 同上书,第 31 页。
　　③ 同上书,第 66 页。
　　④ 同上书,第 34 页。

转套汇。1941 年 8 月 28 日,四联总处颁布《关于开放港沪商汇案的决议》,提出了开放港沪商汇的三项办法,即:① 凡一般经营日用必需品及必需原料,或承办政府机关订货之厂商,请汇港沪等地购货款项,经由总处或当地四联分支处核明用途后,准予照汇;② 汇款人于交汇时,应详细报明购办货物种类、数量等项,并应于六个月内,将出口地点、商号、发票、关单及其他证明文件等,报请总处,或原申请之地四联分支处查核;③ 按月由平准基金委员会在港沪抛售美金,收回法币。①

其次,变通四行汇款收费标准。具体办法是:四联总处授权重庆四联分处逐日斟酌前一天市场汇价情形,厘定当日四行商汇汇价,大致以照市价八折为原则,并由各行挂牌公告,尽量收汇,汇费的最高限额为本省汇款每 1000 元收 10 元,他省汇款每 1000 元收 20 元。②1942 年 2 月 19 日四联总处又颁布《关于压平重庆对各重要都市汇款黑市汇价办法的决议》。

> 查自太平洋战事爆发后,一般商民鉴于外洋物资来源中断,为先期收购各地现存货物,致各该地汇款之需要颇巨,商业银行遂抬高汇费承汇。市场汇价,计金华为每千元收费一百二十元,衡阳、柳州为每千四十元,西安为每千七十元,影响后方物价。兹为压平内汇黑市,便利商民,减轻日用必需品成本,以平抑物价起见,拟嘱由渝四行逐日斟酌前一天市场汇价情形,厘定当日四行商汇汇价,大致以照市价八折为原则,并由各行悬牌公告,尽量收汇,压平黑市汇价,至本处统一收费办法原规定最高额为止(即本省每千收费十元,他省每千收费二十元)。③

1942 年 3 月 13 日由四联总处又公布《关于渝四行为平抑汇价厘订汇率办法的报告》,规定"畅通内地商汇确属必要,四行承做商业汇款,可不必受统一收费办法规定之限制,由当地四联分支处按照市情斟酌规定汇率"④。四联总处对汇率的监管的效果是较明显的,以重庆对柳州、衡阳的汇价为例:1942 年 5 月初每 1000 元收费 39 元左右,6 月底跌至 18 元左右,8 月底跌至 10 元左右,11 月底跌至 9 元左右,12 月份略有回升,也只有13 元左右,1943 年 4 月份跌至 11 元左右。重庆对桂林、广州、洛阳、老河

---

① 重庆市档案馆、重庆市人民银行金融研究所:《四联总处史料》,下册,档案出版社,1993 年,第 34 页。

② 同上书,第 67 页。

③ 同上。

④ 同上。

口、西安、金华、永康等城市的汇价也呈现下降的趋势。①

管理军政汇款

军政汇款,关系抗战大局,丝毫不能懈怠。但抗战初期,一方面由于交通阻塞,运钞困难,钞券难以接济,以至于贻误军需解付;另一方面由于军政汇款数额巨大,普通筹划头寸的方式难以应付。鉴于此,1940 年 8 月 8 日,四联总处第 45 次理事会通过《四行钞券集中运存站及改善军政大宗汇款实施办法》,决定采取集中运存钞券的办法来解付军政款项,确定重庆、成都、万县、西安、兰州、洛阳、昆明、贵阳、桂林、曲江、沅陵、衡阳、赣州、永康、永安、屯溪、老河口、立煌等 18 处为四行集中钞券运存站。各地军政大宗汇款,均全部由 18 处运存站拨付,以保证军政汇款畅通。② 1940 年 9 月 19 日,四联总处第 47 次理事会制定了《划一军政各机关汇款审核及分配汇解补充办法》,规定了四行解付汇款的次序:军款第一,党政款项第二,收购出口或平价物资款项第三,盐斤增产购运及国防工业增产等所需款项第四,其余各种款项第五。③ 1942 年实行四行专业化,由中央银行单独代理国库,军政款项本应由中央银行单独办理。但考虑到中央银行尚未普遍设立分支行处,筹设汇兑网又需要时间,在此情况下,1942 年 7 月 2 日,四联总处制定了《重庆四行汇解军政款项实施办法》,规定了摊汇军政款项的两项原则:凡中央银行设行地区,军政款项由中央银行汇解;凡中央银行尚未设行地区,则由中交农三行分摊承汇。1941 年度经四联总处核准由重庆汇往各地的军政汇款总额为 5 653 375 000 元,1942 年度为 12 088 355 000 元,1943 年度为 22 317 136 000 元。④ 抗战后期,四联总处随着形势的变化而修订军政款项汇解办法,1944 年 6 月 1 日,颁布《理事会关于修正中交农三渝行代汇军政汇款由中央银行调拨资金办法的决议》,同年 6 月 10 日又颁布《理事会关于修正中中交农四渝行汇解军政款项实施办法的决议》。

---

① 重庆市档案馆、重庆市人民银行金融研究所:《四联总处史料》,下册,档案出版社,1993 年,第 71 页。

② 同上书,第 17—19 页。

③ 同上书,第 21 页。

④ 军政汇款包括四个部分:军事机关汇款、政府机关汇款、国营或公营事业机关汇款和慈善机构汇款,其中以军事机关汇款为主。以 1943 年为例:军事机关汇款占 80%,政府机关汇款占 14%,国营或公营事业机关汇款占 4%,慈善机构汇款占 2%,其他年份比例也大致相似。重庆市档案馆、重庆市人民银行金融研究所:《四联总处史料》,下册,档案出版社,1993 年,第 65、111、116 页。

管理公私机关服务人员赡家费汇款

1938 年国民政府西迁重庆,但许多机关公务员的家属却仍然留在沦陷区,为了维持公务员家属的日常生活,必须办理赡家费汇款。1940 年 5 月 1 日,四联总处第 25 次理事会通过《各分支处办理公私机关服务人员家属赡养费口岸汇款审核须知》,规定公私机关服务人员在办理赡家费前必须先填写申请书并交所在机关,各机关按月汇总转送邮政储金汇业局和各地四行办理。能申请办理赡家费汇款的机关包括:当地党政机关及其所辖附属机关、军事机关、文化事业机关、国营或公营事业机关、内地工厂和慈善机构。汇款数额按申请人每月薪水实收数额,照规定比例计算,所有公费及津贴不得并入(赡家费按薪水的 5% 计算,最高限额为 200 元——引者注);且收款人必须是申请人的直系亲属。[1]随着各地物价的不断上涨,各公私机关职员薪水亦随之增加,当然货币购买力亦随之下降,赡家费数额也应随之调整。1941 年年初,四联总处将赡家费最高限额调高至 300 元,按月薪的 5% 和津贴的 3% 交汇。1941 年 9 月,将赡家费最高限额提高至 400 元,按月薪与津贴及平价米代金等交汇,其以薪水交汇部分,仍以 5% 为限,但最高限额不得超过 200 元,以津贴及代金交汇部分,最高限额以 200 元为限。1941 年度经四联总处核准的赡家费汇款总额为 765 万余元,其中汇往上海的赡家费占总额的 74%。[2]太平洋战争爆发后,上海沦陷,汇沪赡家费汇款不得不停办,公务员家属基本生活失去保障。各机关公务员强烈要求四联总处克服困难恢复办理汇沪赡家费汇款。1942 年 5 月,四联总处会同财政部拟具了恢复办法:解付总额以 100 万元为限,由财政部饬令重庆市 22 家商业银行平均分摊代为汇解,邮汇局不再办理此项业务;汇沪赡家费申请审核事宜仍由四联总处负责;商业银行办理此项汇款,收取汇费 10%,由汇款人负担 2%,其余由财政部和四行补贴。[3]

5. 对货币市场的管理

抗战时期对货币市场的监管主要表现为对钞券供应和调剂的管理,这也是四联总处的主要工作之一。抗战以前,法币流通集中于华中、华北、华南一带。1937 年 6 月法币发行总额为 14 亿元,流通于华北者约为 4 亿元,流通于华中者约为 8 亿元,流通于华南者约为 1 亿元,流通于西南、西北诸

---

①　重庆市档案馆、重庆市人民银行金融研究所:《四联总处史料》,下册,档案出版社,1993年,第 16—17 页。

②　同上书,第 58—59 页。

③　同上书,第 75—76 页。

省者,实甚有限。①西南、西北地区交通阻隔,运输不便,使钞券供应时常难以为继,太平洋战争以后,主要国际交通线被日本截断,使钞券运输更加困难。因此,保证钞券的足额、及时供应,成为四联总处管理货币市场的首要任务。为此,四联总处采取以下办法来保证钞券供应:

（1）增加承印钞券单位

抗战爆发以前,四行钞券多数由英国德纳罗公司承印。1939 年第二次世界大战爆发之后,英国本土遭德国空袭,德纳罗公司因战事影响,无法按合同足额印制法币。据 1940 年 8 月中央银行统计,"该公司共短交四行钞券五千余万张",币值估计在 5 亿元左右,法币筹码不足,严重影响了中国金融的正常运转。四联总处不得不采取以下措施:第一,商请德纳罗公司在仰光设立分厂。第二,向美国钞票公司订印钞券。第三,在国内筹印钞券。从 1941 年起,中央信托局印制处、中华书局、商务印书馆、大东书局、京华书局、大业公司等国内著名印刷厂开始承印钞券。

改善钞券运输。四行在国外订印的钞券,大额券大部分由香港用飞机运入,小额券则经滇缅公路内运。滇缅公路被截断后,空运成为大后方的唯一国际运输线,而国民政府却只控制两家航空公司,即欧亚航空公司和中国航空公司,运力十分有限,使钞券供应益加困难。四联总处一面于 1941 年 12 月 11 日成立了运输统一管理委员会,专门负责钞券空运事宜,一面要求蒋介石划拨专机运输钞券。蒋介石于 1942 年 3 月 26 日命令中国航空公司每日至少拨专机一架由加尔各答空运钞券,再由腊戍转运昆明。从 1942 年 3 月 9 日至 4 月 18 日共飞行 33 次,运券 978 箱,约 7 亿元。②但由于战局变化,中印钞券运输时断时续,"致积存印地各地钞券为数颇巨,无法畅运入国"。至 1943 年 1 月 12 日止,仅加尔各答一地就积存了 15 吨钞券。③中国国内钞券运输则主要靠卡车进行,1940 年四联总处制定了《增置车辆加强运输机构办法》,分别给中央银行、中国银行、交通银行、农民银行配备了 140 辆、80 辆、95 辆、115 辆运钞车,并且商请运输统制机关予以种种便利,如对于回程空车免予征用,在各公路渡口准予提前过渡等。④

---

①　转引自中国人民银行总行金融研究所金融历史研究室:《近代中国的金融市场》,中国金融出版社,1989 年,第 366 页。

②　重庆市档案馆、重庆市人民银行金融研究所:《四联总处史料》,中册,档案出版社,1993 年,第 121 页。

③　同上书,第 131—132 页。

④　同上书,第 114 页。

（2）发行本票

在平时经济状态下,本票属于由存户请求银行开出的银行票据的一种,随发随兑,与现金没有本质的区别,但抗战时期发行的本票,则是"欲借此以补法币之不足,且有以替代法币筹码之趋势"①,本票成为了法币的替代品。1940年8月1日四联总处第40次理事会通过了《关于推行银行本票意见的决议》,决定由四行各自在法币供应比较紧张的地区发行本票以替代法币;并且要求所有同业往来,一律以本票结算;顾客要求以小额本票换额本票,银行必须随时通融照办,不得以手续烦琐而推委之。②经四联总处核准,先后在景德镇、屯溪、沅陵、永安等地发行本票,对于活泼当地金融,救济市面,起了相当作用。③

（3）发行法币大券

小额法币,量多质重,不易运输,四联总处为满足巨额军政款项需要,于1940年起在兰州、西安率先发行大面额法币,与小额法币搭配使用,以应急需。据调查,至1940年10月28日止,四行共发行了伍十元券、一百元券、伍百元券共2 441 300 000元。④至抗战中后期,随着物价的不断上涨,大券发行量亦随之增多。大券上市后,日伪禁止大券在沦陷区流通,购货商民在沦陷区采购货物,不得不将大券兑换成小券,这样,使大小券供求出现失衡,由此产生了大小券兑换差价问题。如1942年6月,老河口百元大钞兑换小钞,贴水达10元之多。军人与奸商趁机勾结四行人员作奸犯科,操纵金融,从中牟取暴利。如鄂北部队领到小钞之后,即运到漯河地区秘密出售,兑换大钞,再以大钞运回随枣,强迫人们以足额兑换。针对此,四联总处和财政部多次会商,拟具了如下办法:请军政部严密查禁各部队以小券换大券事件;严密查禁四行职员舞弊事件;鉴于沦陷区拒用印有重庆

---

① 重庆市档案馆、重庆市人民银行金融研究所:《四联总处史料》,中册,档案出版社,1993年,第14页。

② 同上书,第16页。

③ 经四联总处核准,1942年7月在景德镇发行了五元、十元本票共20万元;1942年7月在安徽屯溪地区由于券源断绝,为应付军政款项,中国银行和中国农民银行各发行小额十元、五元本票100万元;1944年8月,由于湘北被日寇占领,中央银行钞票无法运至江西,为安定江西金融,中央银行在江西发行本票但数额不详;1944年10月,中国农民银行在沅陵发行五千元、一万元和五万元本票共1000万元;1945年3月,中国农民银行在永安发行五百元和一千元本票1亿元。分别见重庆市档案馆、重庆市人民银行金融研究所:《四联总处史料》,中册,档案出版社,1993年,第46、50、54、55、56页。

④ 其中包括:已发行额195 988 900元;未发行额1 695 341 100元;订印未交及新印额550 000 000元。重庆市档案馆、重庆市人民银行金融研究所:《四联总处史料》,中册,档案出版社,1993年,第86页。

字样的大券,以后停止在钞券上加印重庆字样;四行尽量充分供给小券。①
由于国民政府官员的腐败,这些措施收效甚微。

6. 对金银市场的监管

抗战爆发以后,充实外汇准备,稳定法币汇价,购买战略物资,成为十
分尖锐而紧迫的问题。为此,1938 年 5 月,四联总处设立了收兑金银处,
专事收兑金银(主要是收兑黄金),以统制黄金市场。

(1) 管理金银生产

为大量增加金银产量,1939 年 11 月 7 日,收兑金银处拟定《增产统收
金类意见》,提出了增加生产的办法。第一,发展公营金矿。西部产金区
域,分布于四川、西康、湖南、广西、云南、河南、陕西、贵州、青海、新疆各省,
但截至 1939 年年底,由政府开办的金矿,仅四川松潘采金处、西康金矿局、
沅桃区采金处、青海东区采金处、南溪区采金处等数处,且经营不久,采量
不多。为大量增产,四联总处决定增设以下国营矿局:淅商区采金处——
经营丹江流域如淅川、商南、安康、郧县、均县、郧西、竹山等县金矿;在四川
设立两个采金处,以开采大金川和大渡河流域的淘沙金。成立甘肃、云南
广西探勘队,勘探这些地区的金矿储藏情况。第二,发展民营金矿。《增产
统收金类意见》提出了发展民营金矿四项措施:一是督促民营金矿。包括
① 限期完成设权领照等手续;② 督促并奖励领照金矿如期开采;③ 考查
各矿生产情况;④ 监督其产金,不得偷漏隐匿。二是组织民营金矿。包括
① 切实调查登记;② 依照矿业法规及采金暂行办法,划区设权;③ 组织完
备者,得享受技术指导与贷款协助;④ 统计生产;⑤ 奖惩。三是指导民营
金矿。包括① 选择矿区;② 测绘矿图;③ 呈请手续;④ 施工计划;⑤ 设备
工具;⑥ 应用水力;⑦ 改良旧法;⑧ 参用机器;⑨ 管理工人;⑩ 官厅报表。
四是资助民营金矿。民营金矿有因资金缺乏而不能尽量开采,或中途停业
者,四联总处予以资助。②国营金矿的产金量远不及民营金矿,如 1939 年
采金局国营矿区全部产金"仅约千两,而民营矿区产量达三十万两,是国营
矿区之产量,实不过民产千分之二三"③。基于此,1940 年 4 月,四联总处
对国营金矿和民营金矿进行了明确的分工:国营金矿着重开采脉金,因为
脉金蕴藏丰富但开采技术难度较大,所以"非请采金局积极开发不足以见

---

　　① 重庆市档案馆、重庆市人民银行金融研究所:《四联总处史料》,中册,档案出版社,1993
年,第 122 页。
　　② 重庆市档案馆、重庆市人民银行金融研究所:《四联总处史料》,下册,档案出版社,1993
年,第 618—619 页。
　　③ 同上书,第 631 页。

成效,而宏产量";民营金矿则着重开采砂金,因为"砂金产区地方散漫,而淘采便易,宜利用民营,以期普遍,而收速效"。此外,四联总处还要求采金局对民营金矿提供资金贷款或技术指导,并且不能因为贷款和技术援助就将民营金矿划为官矿。①

(2) 管制金价

抗战初期的金价,在牌价之外另给请兑人手续费和特奖金,为鼓励大宗缴兑,规定请兑人所得手续费和特奖金与所缴黄金数量成正比。商民为得到差价,往往大肆积聚黄金,这在一定程度上又刺激了金价的上涨。1939 年 1 月,收兑金银处划一黄金收兑费用,规定请兑人手续费和特奖金,不论数量多少,一律为 5%,均包括于核定牌价内,代兑人手续费 5% 和炼铸费 5‰及收兑行处手续费 1%,则在牌价之外计算。②金价水准,以不超过伦敦与沪港市价为原则。不过,沪港金价一般要远高于四联总处所核定的牌价,1940 年 4 月,上海的金价为每两 767 元,香港金价为每两 748 元,而四联总处所核定的牌价为每两 572.40 元,每两差价达 100 余元,引起了后方黄金的大量走私。③ 但随着法币的持续贬值,上海的标金价格则陡涨,特别是 1941 年下半年英美封存中国资金之后,涨风更甚,以至于金价黑市超过牌价二三倍。在此情况下,必须对黄金牌价作重新调整。收兑金银处认为,核定收兑牌价不能追随黑市金价,理由是:① 黑市金价与外汇黑市相呼应,受投机买卖的操纵,每日变动颇大,所以不应作为内地金价的唯一标准;② 内地金价是产地价格,产地金价应以生产沙金时的生活资料及一切运输炼铸等成本计算,不能以与内地绝缘的外汇及沪港金价为唯一标准;③ 黑市金价会随着牌价的上调而上涨,不可能是两者相平,更不可能使牌价高于黑市金价。④四联总处第 95 次理事会决议,收兑牌价不宜追随黑市,以不超过世界金价折合国币价格为上限。1941 年 8 月以后,由于世界金价相对稳定,黄金牌价未再上调。⑤

---

① 重庆市档案馆、重庆市人民银行金融研究所:《四联总处史料》,下册,档案出版社,1993 年,第 632 页。

② 如核定价为 380 元,则请兑人手续费与特奖金 38 元,包括在内;代兑费 19 元,炼铸费 1.9 元,及收兑行处手续费 3.8 元在外,计算金价为 342 元,共计总价为 404.70 元。重庆市档案馆、重庆市人民银行金融研究所:《四联总处史料》,下册,档案出版社,1993 年,第 621 页。

③ 重庆市档案馆、重庆市人民银行金融研究所:《四联总处史料》,下册,档案出版社,1993 年,第 630 页。

④ 同上书,第 644 页。

⑤ 同上书,第 649 页。

（3）统制收兑

抗战爆发以前，黄金可以自由买卖。抗战时期，国民政府于1939年8月公布《取缔收购金类办法》，规定金类的收购专由四联总处收兑金银处指定中、中、交、农四行的分支行及其委托的各地金融机关、银楼、典当等办理。同年10月又取缔各银行、钱庄、典当业接受金质器饰或生金的抵押放款。这些政策的实施，标志着国民政府黄金政策由自由买卖转变为收兑统制。统制黄金收兑的具体办法包括：第一，实行分区负责收兑。收兑金银处将国统区划分为十个区，即四川区、陕甘区、云贵区、湘鄂区、两广区、赣皖区、浙闽区、康藏区、豫晋绥区、青宁区等，各区分别指定四行负责收兑。四行的分工原则是：已设立中央银行的地方，由中央银行负责收兑，未设立中央银行但有中国银行、交通银行、农民银行的地方，由中国银行或交通银行负责收兑，边区地方则由农民银行负责收兑，四行均未设立的地方，委托代兑机关办理；四行均设有分支行处或三行或二行设有行处着，除由一行负责收兑外，其他行处协同收兑。①

表4-20 抗日战争时期收兑金银量值（1938—1943年）

年别	总计	生金	银类
1938年	16 144 751.90元	31 464.8741市两,6 152 948.30元	9 991 803.60元
1939年	92 794 071.03元	314 917.3703市两,88 277 294.09元	4 516 776.94元
1940年	121 202 517.52元	267 148.8501市两,119 913 437.46元	1 289 080.06元
1941年	53 727 293.39元	84 152.2005市两,48 066 114.67元	5 661 178.72元
1942年	3 107 590.87元	4 875.9914市两,3 078 783.44元	28 807.43元
1943年	726 461.66元	1 040.1535市两,689 463.46元	36 998.20元
总计	287 702 686.37元	703 599.4399市两,266 178 041.42元	21 524 644.95元

资料来源：重庆市档案馆、重庆市人民银行金融研究所：《四联总处史料》，下册，档案出版社，1993年，第661页。

太平洋战争以后，外汇市场不复存在，1942年英美财政借款成立，外汇头寸相对充裕，国民政府认为没有必要再通过收兑金银来充实外汇储备。加之沪、港沦陷，大陆国际交通线被完全切断，大规模进口战略物资已不可能。在此情况下，国民政府不再为扶植金银生产和收兑金银而增加发行从而增大通货膨胀压力。1942年3月，四联总处撤销收兑金银处，所有收兑金银事宜移交中央银行办理。1943年5月，财政部通令将所有前颁

---

① 重庆市档案馆、重庆市人民银行金融研究所：《四联总处史料》，下册，档案出版社，1993年，第627页。

统制金银收兑、取缔黄金买卖的法令一律停止执行，标志着国民政府黄金政策完全转向，不再统制黄金市场。1943 年 6 月，国民政府恢复黄金自由买卖政策，政府权贵利用黄金自由买卖政策，大肆囤积黄金，大量金砖落入豪门私囊，为权贵们提供了发国难财的机会，而且出售牌价不断调高为内情人所知，酿成 1944 年轰动一时的黄金舞弊案。[①]

7. 对证券市场的监管

从理论上讲，票据贴现市场只能为企业解决短期融资困难，企业要解决长期资金周转问题就必须依靠证券市场。抗战时期的"后方生产实际情形，对于长期资金，需要迫切，为数亦巨，此凭票据承兑，不足以应需要，而专赖银行融通，力量复属有限，是以建立证券市场，以鼓励社会人士投资于生产证券，庶几以证券方式吸收社会大量游资，籍供长期资金之需，实属要图"[②]。重庆的证券交易所早在抗战爆发初期就已经停业，1941 年 4 月该所曾召开股东临时会要求复业，舆论界也有人提出为吸引游资及海外华侨资金，应该设立证券交易所。在此情况下，1943 年，四联总处和财政部也开始考虑在重庆筹设证券市场，但至抗战胜利时，后方仍然没有设立证券市场。因此，抗战时期基本上不存在对证券市场的监管问题。

（四）四联总处金融监管的特征与成本-收益分析

抗战时期的金融监管有两个突出显著特征。一是在监管方式上是典型的行政命令式监管。在平时经济状态下，金融监管的主体是多元化的，既可以是政府部门，也可以是行业组织，还包括金融机构本身。但战时经济的特殊性决定金融监管主要只能靠行政部门以命令方式进行，金融机构能做什么，不能做什么，都由国民政府来规定，如果金融机构违反了政府规定，就会受到严厉的惩罚。抗战时期，国民政府先后颁布了诸如《非常时期安定金融办法》《修正非常时期管理银行办法》《非常时期管理银行办法》《加强银行管理办法》《统一发行办法》《中央银行管理外汇办法》《监督银楼业收兑金类办法》《战时保险业管理办法》等金融法规，就是试图通过行政命令的方式来实现对金融业的控制。这种行政命令式的金融监管对维护抗战时期金融体系的稳定是必要的，但无法有效解决两个问题：首先是信息不对称问题，即监管者不但不可能掌握其所需要的充分信息而且其所掌握的信息甚至有可能少于被监管者所掌握的信息；其次是经验不对称问

---

① 姜宏业：《四联总处与金融管理》，《中国经济史研究》，1989 年第 2 期。

② 重庆市档案馆、重庆市人民银行金融研究所：《四联总处史料》，下册，档案出版社，1993 年，第 597 页。

题,即被监管者在他们的业务范围内比监管者拥有更多的经验,经验欠缺者不可能对经验丰富者实施有效的监管。这两个问题得不到有效解决,必然会增大金融监管的成本。

二是过分强调政府在金融业监管中的作用,忽视金融同业组织对金融业的自律作用和金融机构的内部控制与稽核作用。蒋介石和国民政府大员"被中国传统信念和现代独裁思想相合并起来的奇怪逻辑所支配",认为"只要有绝对权威,什么东西都会有"①。为了树立所谓政府绝对权威,国民政府颁布了系列法规严厉管制金融同业组织,一方面确实在一定程度上起到了制止金融同业组织和金融机构为谋求自身私利最大化而破坏国家金融体系的作用,但在另一方面也使金融同业组织的自律作用和金融机构的内部控制作用被严重削弱,结果增大了抗战时期的金融监管成本。这是因为政府监管实际上是外部监管,而金融同业组织对金融业的自律作用和金融机构的内部控制与稽核则是内部监管,如果外部监管以内部监管为基础,就能降低监管成本,如果不注意发挥内部监管的作用,商业行庄的内部控制就不会成为一种自觉行为,外部监管也就难以奏效。

以波斯纳和斯蒂格利茨为代表的芝加哥学派所建立的监管经济学理论认为,实施金融监管在带来收益的同时也要付出成本,并且,金融监管越严格,其成本也就越高。监管经济学建立了如下模型来解释金融监管严格程度与监管成本、收益之间的关系(见图4-3):

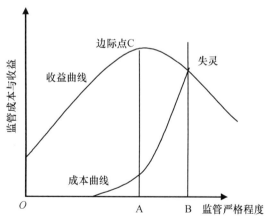

图4-3　监管严格程度与监管成本收益

---

① 张公权:《中国通货膨胀史(1937—1949年)》,杨志信译,中国文史出版社,1986年,第5页。

监管经济学模型显示，金融监管成本与金融监管严格程度呈同向变动关系，即金融监管越趋向严格，金融监管成本就越随之上升，而监管收益则与金融监管严格程度之间先呈同向变动关系，当收益达到边际点时，两者之间就会呈反向变动关系。如图 4-3 所示，收益先升至 C 点，逐步接近收益与成本之差最大，A 点所对应的监管程度为最优状态；随着监管程度的加大，收益开始下降，收益与成本之差也逐步缩小。当监管过于严厉（达到 B 点）时，监管成本会等于收益，更严格的监管会使监管成本大于收益。B 点对应的两条曲线的交点即为监管失灵状态。战时经济的特殊性使金融监管必须以维护金融稳定为第一目标，为实现这一个目标，监管当局必须采取严厉的措施实施金融监管。上面的模型显示，监管成本与监管程度呈同向变动关系，因此，抗战时期严厉的金融监管同样引起了高成本，具体而言，主要表现为以下两个方面：

第一，金融监管机构在执法过程中的寻租、腐败成本。诺思在研究历史上国家的作用时提出了著名的"诺思悖论"：即没有国家办不成事，有了国家又有很多麻烦。之所以产生"诺思悖论"，是因为控制国家的人结成了利益集团，一旦利益集团控制了国家，它就完全可能会利用手中的权力谋取自身私利，从而滋生腐败。抗战时期，主要金融监管机构如财政部、四联总处、中央银行基本被孔祥熙集团控制，孔祥熙本人身兼三职，既是财政部部长，又是四联总处副主席，还是中央银行总裁。孔氏集团的核心成员也在金融监管机构担任要职，如徐堪就是四联总处秘书长，孔祥熙的两个义子郭子美、郭景琨分别担任中央银行和财政部要员，这为孔氏集团借监管之机牟取私利大开方便之门。1943 年，财政部将"1942 年同盟胜利美金公债"交给中央银行国库局分发各地银行发行，总额为 1 亿美元，折合法币 20 亿元。1943 年 10 月 15 日，财政部命令国库局停售美金公债，剩余的约 5 000 万美元的债券全部交中央银行业务局购进。国库局局长受孔祥熙的指使，利用职权以低价购进，高价卖出，牟取暴利。据估计，此项贪污数目达法币 264 700 余万元。[1] 1944 年，为遏制黄金市场上金价上涨，国民政府决定管制金价，统一由中国农民银行挂牌出售黄金，一般人买不到黄金，而孔氏集团经营的裕华银行却能大量购进，再以高价售出，"此一波折，国家失去了不少黄金，裕华得数万万之净益"[2]。

---

① 陈雅赓：《孔祥熙鲸吞美金公债一幕》，《孔祥熙其人其事》，中国文史出版社，1990 年，第 146 页。

② 《傅斯年档案》，第 1—40 页，转引自杨天石：《近代中国史事钩沉——海外访史录》，社会科学文献出版社，1998 年，第 550 页。

　　第二,金融机构的规避管制行为所引起的成本。金融监管机构和金融机构是两个不同的利益主体,它们有各自的效用函数,因而它们都会尽最大努力来谋求自身利益的最大化。这表现为:金融监管机构总是想方设法将金融机构的一切行为纳入其管制范围之内,以牢牢地控制住金融机构,而金融机构则千方百计规避金融监管机构对它们的管制,以实现其经营利润的最大化。面对金融机构规避监管的行为,金融监管机构不得不采取更加严厉的监管措施来实施对金融机构的监管,这样一个监管——规避——更加严厉的监管的恶性循环导致了监管成本的提高。例如,为禁止商业行庄的商业性放款,财政部和四联总处采取严厉措施管制商业行庄的放款业务,这使商业行庄的资金无法找到生利的机会。为规避管制,商业行庄采取了汇款的方式来进行信用放款,反过来加大了财政部和四联总处监管商业行庄放款业务的成本。再如对银行利率的管制,为遏止利率的提高,1943 年废除了比期利率代之以日拆利率,商业行庄的普通存贷款利率必须参照中央银行每日公布的日拆利率来适当调整,最高限度报中央银行核定。但金融市场上存在三种高低悬殊的利率:最低的是国家银行利率,居中的是商业行庄报经核定的法定利率,最高的为黑市利率,这使商业行庄只能以高于法定利率的黑市利率来兜揽存款,在放款时商业行庄也不得不执行黑市利率,否则亏本。为规避国家管制利率的规定,商业行庄采取了做两套账的办法,在"明账"上以法定利率开展业务,以应付检查,而其真实的存放款利率则做在"暗账"上,并且"暗账"只有各行高级职员才知道,这进一步加大了金融监管部门监管市场利率的难度。

　　成本与收益如影随形,它们是对立统一的。金融监管对经济发展的贡献主要体现在监管的效益上。由于金融监管产生的必要性在于消除金融体系的内在脆弱性,纠正市场失灵,最终达到维护金融安全和提高金融效率的目的,所以,金融监管的收益应该包括以下两个方面。

　　第一,安全型收益。金融监管通过规范金融市场参与主体的行为、设置金融市场准入的最低标准、风险监管和金融救助等措施保证金融机构的质量,增加社会公众的信心,消减可能引起金融动荡的因素,从而保证经济、金融的安全稳定。在战时经济状态下,金融领域存在巨大的系统风险,如资金外逃、商业银行囤积居奇、外汇市场汇率剧烈波动、黑市利率充斥市面等。处于战时经济状态的任何国家,都把稳定金融作为战时金融监管的第一目标,也是战时金融监管的最大收益。抗战时期,针对商业行庄囤积居奇和逃避资金管制的行为,四联总处采取严厉的措施监管商业行庄的资产业务,把其资金从直接经营商业引导到生产领域,不仅缓减了大后方通货膨胀压力,而且增加了物质供给。针对黑市利率充斥市面的状况,四联总处采取了提高存贷款利率、平抑黑市利率的措施,对于吸收游资、稳定物价起了一定的作用。针对外汇市场上诡秘多变的状况,四联总处积极介入外汇市场,采取了结汇、售汇管理和汇率管制等手段,起到了打击敌伪的套汇行为,维持法币价值稳定的作用等。本来,中国的金融体系是比较脆弱的,但在长达 8 年的时间里,中国金融体系却没有崩溃,最主要的原因就在于四联总处监管措施的得力。

第二,效率型收益。信息不对称在一般市场上普遍存在,在金融市场尤其突出,战时金融领域的信息不对称主要表现为信息不完全,即信息供给不充分、故意隐瞒真实信息甚至提供虚假信息等。由于信息对于金融交易来说是非常重要的,信息不完全就会导致金融市场交易的不公正和效率损失,对此,只有依靠金融监管才能解决。抗战时期,商业行庄为追逐高额利润,不顾战时经济大局,隐瞒财务状况,把大量资金引入商业领域,引导物价以更快速度上涨,这便是资金使用效率的损失,四联总处对商业行庄贷款趋向实施直接管制,提高了战时资金的利用效率。

总体而言,抗战时期四联总处的金融监管所带来的收益要大于成本,因为金融监管保证了战时金融体系的稳定。

六、管理战时侨汇

(一) 抗战前期四联总处的侨汇管理政策

1. 太平洋战争爆发前的侨汇管理

在抗战以前,无论是清政府、北京政府还是南京国民政府,都"对侨汇采取放任政策,不加管理,故侨汇的增长悉依自然趋势"。抗战爆发之后,我国出口贸易创汇因战事影响受到阻碍,外汇来源集聚减少,但战争对外汇的需求却骤增。在此背景下,侨汇成为外汇的一个主要来源,也是改善当时我国国际收支的一个重要手段。国民政府为"求国际收支上的平衡",开始"积极鼓励侨胞汇款回国"[1]。1939 年 1 月 28 日,国民政府颁布了《吸收侨汇合作办法》,规定各银行应该合作,给华侨汇款以种种便利,并明令由四联总处来直接管理战时侨汇。归纳起来,四联总处的侨汇管理措施主要有如下几个方面:

---

[1] 段文燕:《五十年来华侨汇款与贸易入超之研究》,《财政评论》1944 年第 11 卷第 1 期。

第一,筹设华侨建国银行。四联总处计划筹办银行,从事吸收侨汇侨资,开发国内生产建设事业。为了达到目的,四联总处做出五条规定:① 华侨建国银行的主要业务是吸收侨胞的存款汇款;② 该行资金(包括资本及存款公积金)的 50% 以上,应投资于国内生产建设事业;③ 该行所收外汇全部解缴国家银行,以便统筹支配,增进资金之效用;④ 该行投资经营各种事业,应得到政府特别奖助,使其能获得最大保障与最高成就,以巩固侨胞返国投资的信心;⑤ 该行所有筹备及办理手续,都应按照《银行法》及《公司法》的规定分别办理,以重法令,而免将来之纠纷。①

第二,疏通侨汇出入渠道。海外霹雳中华总商会认为,侨资投资祖国,原则上毫无问题,困难之关键,全在中国华侨及广东省三银行能否切实协助政府多予侨民便利。由于当地政府严厉统制外汇,惟有使上开银行设法运销建设金公债及节约建国储蓄券,方能使侨胞之游资源源流入国内。②针对霹雳中华总商会的上述顾虑与建议,以及分析了当时的国际国内形势后,四联总处拟具了四项办法:① 改善通信购买节约建国储蓄券办法;② 另订通信存款与购买建设金公债办法;③ 由外交方面与英美两国磋商属地开放外汇办法;④ 由中国、交通、广东省等银行及邮汇局设法将节约储蓄券及建设金公债等运交海外分支行或代理处经销,以适应侨胞需要。③ 另外,四联总处为保证侨资随时汇出国外,规定:① 凡以外币汇入国内,仍以外币储者,以后汇出国外时,准由经办银行核明照汇。惟各该行仍应按旬将汇入外币存储时日、存款种类、户名、币别、数额、由何处汇入及提取时日、数额、汇往地点等项,列表报部备查。② 以外币汇入国内,自愿按市价折合国币定为国币存款者,以后如要折兑外币汇出国外,应准由原存银行随时核明办理,仍照汇出时之市价折算。并按旬将详细内容如上列表报部备查。④

第三,增设海外分支机构,组织侨汇金融网,督促各地各行局努力吸收侨汇。由于侨胞汇款一向以华南各地为大宗,为便利侨汇,四联总处于是与福建省银行、广东省银行、广西省银行互订通汇契约。规定除该行能直接解交之处外,其余概托该省行等办理。在银行未设立的区域,亦设法转托信局派解,以资便利。四联总处多次督促中交两行及邮汇局应以吸收外

---

① 重庆市档案馆、重庆市人民银行金融研究所:《四联总处史料》,下册,档案出版社,1993年,第181—182页。
② 同上书,第182—183页。
③ 同上书,第184页。
④ 同上书,第186页。

汇为国策，积极揽做侨汇，并且增设海外机构，组织侨汇金融网：① 中国银行办理侨汇的海外分支行处有：新加坡分行、仰光、泗水、棉兰、巴达维亚、槟榔屿、腊戌、伦敦、纽约各经理处。② 交通银行办理侨汇的海外分支处有，西贡支行、仰光支行及菲律宾支行。③ 邮政储金汇业局在海外代理吸收侨汇的银行有，菲律宾及马来亚等处的华侨银行、越南东方汇理银行、马尼拉交通银行、纽约中国银行、香港信行金银公司、西贡东亚银行。

第四，克服战争困难，改善侨汇办法，动员鼓励侨资内移。四联总处除注意加强吸收华侨赡家汇款外，积极争取华侨汇款回国投资后方工业建设。如 1940 年，第二次世界大战的欧洲战区扩大，四联总处考虑荷属东印度群岛，英属马来亚、缅甸、法属印度支那和暹罗等地都有大批华侨，如日军占领这些地区，华侨资产可能被用于资敌，有必要鼓励这些地方的华侨早日将资金转往安全地点或转往内地。因此，四联总处先后提出许多办法和措施，出台了一系列的改善办法、鼓励文件。由于当时东南亚一带华侨所在地的政府都施行相当严格的外汇管制，准汇限额很低，华侨对投资内地的意愿不强，因而内移资金数量有限。另外，当时由各行承汇，是为了避免资金逃避，出现黑市汇费，影响外汇基金。四联总处规定不准昆明四行承汇，如确属侨胞汇回之款项，自应予以转汇及其他便利，以资鼓励。具体办法有：① 凡汇款人能证明其款项确由暹罗等地汇回昆明，并需转汇梅县等地接济家属者，应由昆明各行酌定汇款适当限额，核明照汇。② 如上项汇回款项数额过巨者，为免除梅县等处解款银行头寸调拨困难。并免游资充斥，影响币值起见，应由昆明各行或四联总处详细阐释有利的投资方式，以供汇款人之采择。(3) 凡不能证明款项来源及正当用途者，仍应限制承汇，以免资金逃避。[1]

第五，侨汇改由中央银行集中办理。1941 年 7 月，美英等国封存中、日资金以后，解封特权交由央行行使，四联总处规定华侨汇款由央行集中办理；在海外各地由央行委托中、交、农三行代理，每区以委托一代理行为限；原来经办侨汇的各银行在取得央行许可并征得上项代理行同意后方可照汇，所收汇款原币应拨交央行委托的代理行转收央行账。这样，侨汇便集中于政府指定的银行办理，不致发生流失。央行随即划分马来亚、缅甸、荷属东印度、欧洲、美洲、印度、华南（指香港）、菲律宾、越南、泰国共十区分别收集侨汇，指定了代收侨汇的各区代理行。十区中除菲律宾、越南两区委托交行，泰国区委托广东银行作为代理外，其余七区，均委托中行在当

---

① 王红曼：《战时四联总处侨汇经营管理政策分析》，《贵州工业大学学报》2004 年第 2 期。

地的分支机构办理。①从四联总处的五项侨汇管理措施可以看出,在抗日战争初期,四联总处的侨汇经营管理政策主要倾向于积极吸纳侨汇侨资,鼓励侨胞投资开发国内生产建设,为侨汇出入提供便利。

2. 太平洋战争爆发后的侨汇管理

四联总处在太平洋战争发生以后对侨汇经营管理政策做出了相应的调整,主要是为了侨胞的眷属生活,具体措施如下:第一,主要业务收归中国银行办理,中行成为经收侨汇的主力。其中,交通银行、邮汇局都在太平洋战争爆发后,由于交通阻隔,邮电中断,除了一小部分地区尚在办理外,其他各地已完全停顿,尤其是在华侨集中的南洋一带,因为被日敌控制汇兑断绝,所以侨汇业务一时云集中国银行。但由于该行人少事繁,业务常受延迟,加上当时国际邮递梗阻,国际电讯常出错误,国内收款人地址受战事影响,迁居无定,以至于侨汇常延期达数月之久。但该行以职责所在,多方设法改善,如设广东四邑(台山、新昌、赤石勘、金岗)附近各地行处设置无线电台,举办华侨电汇收款人登记办法,由中行海外处登记汇款人及收款人姓名地址,编制登记号及电报密码航寄国内解付侨汇的分支行凭密码电报付款。后者因涉及电讯管制,须得到所在国政府的正式许可,经中行海外处积极交涉,美、英、澳等国先后同意使用。经各项措施,侨汇数额复又增加。截至 1943 年 7 月,华侨办理此项电汇登记的户数计美国 10 万户、英国 7 000 户、澳大利亚 3 000 户。② 中行成为国际汇兑银行以后,对沟通侨汇给予很大的帮助,海内分支行处相互配合,加强服务。如新加坡中行在海外积极攒收侨汇,厦门、泉州两地中行则仿照民信局的做法,按址派送侨汇。由于中行派送侨汇一律付给现钞,不收任何酬金,侨信回方又能及时寄出,解付侨汇迅速安全,南洋各民信局纷纷委托中行代为解付,一时福建广东侨汇几乎全部集中到中行代解。华侨巨子陈嘉庚曾在《南洋回忆录》中评述道此事:

> 南洋侨胞逐月内汇寄家之款,总计不下千余万元,间接增厚国家经济力至大。数月前敌陷厦门,波及潮汕、闽粤海疆受制益甚。而各地原有银行或缩或停,一部分信局则乘机取利,抬高手续费,于是我侨胞寄汇信款颇感困难。幸中国银行负起责任,遍设办事处于闽粤内地各城市乡村而谋补救。款无论多寡,地无论远近,路无论通塞,皆乐予

①　卜明主:《中国银行行史(1912—1949 年)》,中国金融出版社,1995 年,第 558 页。
②　《中国银行办理华价汇款报告》,中行档案,1943 年。转引自:王红曼:《战时四联总处侨汇经营管理政策分析》,《贵州工业大学学报》2004 年第 2 期。

收汇，而汇水又甚低廉。近月来，我侨胞远处乡国之父母、兄弟、姊妹，得如涸鲋获苏于勺水者，泰半恃此。

第二，通融提取在港侨汇。随着香港、缅甸、南洋等地被日军占领，这些地区的中行分支机构以及原在上海、天津租界内坚持营业的机构都先后被迫停业，英、美系银行也被迫清理。中行为协助侨眷解决新的困难，积极争取在港侨汇。由于华侨在侨居地的外商银行或中行购买在港付款的法币汇票或港币汇票，寄给国内侨眷在市场出售取得现款，其中由外商银行付款的汇票不在少数。香港沦陷后，留在内地的侨眷手中的汇票均无法兑付，严重地影响了侨眷的生活。对此，中行做出规定，凡是港中行付款的汇票，无论是海外中行开出的还是代理行开出的，一律准予向内地中行任一分支行请求付款。1942 年一年，仅国外代理行开出的汇票的付款就近 5 600 笔，支付法币 516 万元，港币 60 万元，解决了部分侨眷的困难。[①] 对由外商银行香港分行付款的汇票，中行原拟商得外商银行同意后代为兑付，后经财政部决定，交由央行代收。华侨为方便家属用款，汇款存入港中行或由侨眷在港中行开户存储的为数不多。太平洋事变发生，港中行未及撤退，所有账册及存款印鉴都在香港，内地行无法掌握各存户余额，也无法核对印鉴，付款有困难。但为了照顾侨眷生活，中行于 1942 年 4 月拟具《华侨存款单据通融办理押款暂行办法》，报财政部核准实行。此项通融押款办法可在中行国内外任一分支行处办理。后来对上海、新加坡、南洋各地沦陷处的华侨存款也一并列入押款范围，尽量解决侨眷困难。

第三，改善侨汇办法，对沦陷区侨汇给予便利。自太平洋战争爆发后，海外侨民回国日益增多，侨资内移也随之增加，但在接近战区即沦陷区的各地银行对于侨胞汇款往往因为业务关系，数额受限，汇费亦高，影响巨额侨汇，四联总处秘书处对此提交了《秘书处关于归侨携款来内地应尽量予以便利的报告》，"接近战区及沦陷区之各该地银行，嗣后如遇持有侨民身份证之侨民汇款内地，不论数额多寡，概予优先汇兑，并酌减其汇费"[②]。随后，中国银行重庆分行也传达了四联总处改善侨汇之精神"事关便利侨胞汇款，各行局办理汇解手续，自应设法力求敏捷，以济急需"[③]。四联总处还督促各行局商议改善办法，具体有以下措施：一是沟通侨汇，尤其是对

---

① 《香港中行 1945 年第 31 号卷案》，中行档案，1945 年。转引自：王红曼：《战时四联总处侨汇经营管理政策分析》，《贵州工业大学学报》2004 年第 2 期。

② 重庆市档案馆、重庆市人民银行金融研究所：《四联总处史料》，下册，档案出版社，1993 年，第 199 页。

③ 卜明：《中国银行行史(1912—1949 年)》，中国金融出版社，1995 年，第 558 页。

沦陷区侨汇交付事项,除了广东省行积极办理外,并由中国银行在接近沦陷区设法委托商业行庄代解;二是改善侨汇支付及供应筹码;三是改善兑付手续,增设解款机构。通过上述措施,侨汇业务节节推进,获相当成效。在华侨汇款中,有部分收款人在沦陷区如中山、东莞等地。此项汇款,中行曾委托当地商业行庄(金岗永泰行和沙坪嘉南行)代解。该两行因承担较大风险,要求中行付给 10 % 的手续费,中行在贴赔 8% 的费用的情况下,仍将积压侨汇迅速结清。①

第四,沟通四邑侨汇,积极解付侨汇中的钞券供应问题。1944 年 7 月因广东省西江一带发生战争,中国银行在四邑等地的行处奉令撤退,四邑侨汇不得不暂告停顿。随着战局的变化,后方与四邑间陆上交通完全阻隔导致侨汇委托书、有关账本及电台机件等无法运往。经多方努力,由蒋介石批准允许中国银行派员搭乘航空委员会军用飞机,将钞券及有关文件,一并飞运长汀转广东省四邑解付。四联总处不惜空运给予便利,对沟通侨汇有重要的意义。中行也一直是本着"侨汇乃侨眷生命所系,且攸关国家外汇收入,四邑侨汇停滞,本行责无旁贷,无时不在设法沟通之中"②。当时因为战争关系,所需解付的钞券均由昆明拨交,对四邑侨汇收兑不便,中行也设法通过央行就近在桂林、衡阳或韶关等处拨付,以便就近转送广东四邑等地。除此之外,1944 年 6 月,因四邑局势紧张,钞券接济不上,肇庆中行为抓紧处理汇款,不得已搭付了银行本票。后来肇庆中行撤退,本票一时无从兑付,引起侨眷的批评和责难。中行随即通电韶关、梧州等行随时收兑解决。当时尽管如此努力,终因四邑大部陷于敌手,而无法进行。直到抗战胜利后,四邑侨汇才陆续解付。③

(二) 成效与评价

尽管抗战时期吸收侨汇的环境十分艰险,但在侨胞与四联总处的配合努力下,侨汇工作取得了十分显著的成效(见表 4-21)。结合表 4-21,我们可以归纳出抗战时期侨汇的若干特点:

第一,侨汇数量增幅巨大,这说明四联总处的侨汇管理是比较有效的。据当时学者段文燕统计,1890—1901 年的年平均侨汇数为 0. 91 亿元,

① 《侨汇问题》,中行档案,1944 年。转引自王红曼:《战时四联总处侨汇经营管理政策分析》,《贵州工业大学学报》2004 年第 2 期。

② 重庆市档案馆、重庆市人民银行金融研究所:《四联总处史料》,下册,档案出版社,1993 年,第 214 页。

③ 卜明:《中国银行行史(1912—1949)》,中国金融出版社,1995 年,第 558 页。

表 4-21　战时各行局吸收侨汇数额

地别	币别	总计	1938 年	1939 年	1940 年	1941 年	1942 年	1943 年	1944 年
伦敦	$	10 382 779.00	—	285 500.00	1 104 991.00	841 680.00	275 706.00	1 159 824.00	496 450.00
香港	H. K.	5 259 740.72	1 276 766.59	184 169.47	1 324 140.65	2 474 664.01	—	—	—
马来西亚	St.	43 481 659.98	2 184 785.23	3 734 337.29	26 580 567.82	10 981 969.64	—	—	—
缅甸	Rup	2 043 680.82	—	—	657 813.01	1 385 867.81	—	—	—
纽约	U. S $	10 855 833 950.77	—	—	3 885 943.85	3 154 041.80	10 824 759.53	3 868 002.87	20 166 909.25
菲律宾	Feso	7 836 851.27	—	605 772.69	3 230 086.26	4 000 992.32	—	—	—
荷属东印度	Fl	7 765 147.74	—	—	6 636 600.47	1 128 547.27	—	—	—
法属越南	IC	3 879 075.00	—	—	1 424 127.23	2 454 947.77	—	—	—
泰国	Ticl	5 146 826.00	—	—	1 807 796.21	3 339 029.79	—	—	—

注：表中侨汇由邮政储金汇业局、中国银行、交通银行及粤闽闽银行所吸收。

资料来源：重庆市档案馆、重庆市人民银行金融研究所：《四联总处处史料》，下册，档案出版社，1993 年，第 218—219 页。

1902—1913 年年平均侨汇数为 1.50 亿元,1914—1930 年年平均侨汇数为
2 亿元,1931 年为 4.21 亿元,1932 年为 3.23 亿元,1933 年为 3.05 亿元,
1934 年为 2.32 亿元,1935 年为 3.16 亿元,1936 年为 5.2 亿元。[1]抗战时
期的侨汇折合成法币,分别为 1937 年 4.50 亿元,1938 年为 6 亿元,1939
年为 12 亿元,1940 年为 18 亿元,1941 年为 2.44 亿元,1942 年为 8.62 亿
元,1943 年为 24 亿元,1944 年为 14.82 亿元,1945 年为 5.36 亿元。[2]在抗
战时期如此艰险的环境下,侨汇取得如此成效,实属不易。

　　第二,太平洋战争以前,侨汇的来源地主要是南洋地区。据当时较为
权威的估计,全世界大约有 800 万华侨,其中有 78% 的华侨分布在泰国、马
来西亚、印度尼西亚、越南、菲律宾、英属北婆罗洲等南洋各国,[3]这个人口
分布状态使得南洋地区成为侨汇的主要来源地。太平洋战争之后,"香港、
马来、菲律宾等侨汇集中之地先后陷敌,荷属东印度暨英属缅甸等处交通
阻隔,邮电中断,越南本国复被日敌控制,汇兑断绝,所以该局经办华侨汇
款业务,除美洲及荷属东印度之极小部分尚在继续办理外,其他各地业已
完全停顿"[4]。因此太平洋战争之后的侨汇来源地主要是美国和英国。从
表 4-21 我们清楚地看到,1942—1945 年,侨汇全部来源于纽约和伦敦,南
洋地区则没有一分钱侨汇。

　　第三,抗战时期的侨汇性质发生了变化。在全世界 800 万华侨中,其
中至少有 400 万每年要汇给其亲属生活费,以维持亲属的生活。所以,战
前的华侨汇款大部分是用于供给侨胞国内亲属维持生计的生活费,这项侨
汇,主要来源于华侨的利得收入。但抗战时期特别是太平洋战争以后,由
于东南亚各国相继被日本占领,华侨在南洋经营的产业遭到了洗劫,华侨
利得收入锐减,此时的侨汇就主要来源于华侨的内移资金,即华侨为了免
遭日本侵略者洗劫,将自有资金汇回国内。

　　侨汇对抗日战争做出了巨大的贡献,突出体现在以下三个方面:

　　首先,巨额侨汇弥补了抗战时期国际收支的逆差,这是侨汇对抗日战
争的最大贡献。一般而言,国际贸易可分为有形贸易和无形贸易两种,有
形贸易专指商品的进出口,无形贸易则包括 9 个方面:① 货币及生金银;
② 对外投资的利息或股息;③ 公私借款及债券;④ 运输及保险费;⑤ 信托

　　① 段文燕:《五十年来华侨汇款与贸易入超之研究》,《财政评论》1944 年第 11 卷第 1 期。
　　② 卜明:《中国银行行史(1912—1949 年)》,中国金融出版社,1995 年,第 560 页。
　　③ 《支那月刊》,1940 年 3 月号,第 136—138 页。
　　④ 重庆市档案馆、重庆市人民银行金融研究所:《四联总处史料》,下册,档案出版社,1993
年,第 194 页。

及银行事业费用;⑥ 外国人在本国的旅行费用;⑦ 留外侨民的汇款;⑧ 赔款;⑨ 外国使馆及驻军在本国的费用。抗战时期,有形贸易即商品的进出口总体上是严重入超,有形贸易的入超必须靠无形贸易的出超来弥补。在9项无形贸易中,第②、③、④、⑤各项,"由于我们的国家太弱及产业不发达,鲜能获得收余额",至于第⑥和⑨项,"虽有巨大的收入,但因我国出超值太大,仍无法使其平衡",至于第①项,由于"我国每年的金银出产量甚少,不能将入超值完全弥补",入超值的弥补就主要靠第⑦项留外侨民的汇款,在中国则表现为侨汇(见表4-22)。

表4-22　抗战时期侨汇与贸易入超比较　　　　　　　单位:法币元

年份	出超(+)或入超(-)	侨汇	侨汇对入超有余(+)或不足(-)	侨汇占入超的比例(%)
1937 年	(+)339 291 000	450 000 000	—	
1938 年	(-)63 521 000	600 000 000	(+)536 479	944.6
1939 年	(-)306 170 000	1 200 000 000	(+)893 830	391.79
1940 年	(-)14 302 000	1 800 000 000	(+)1 785 698	12 580
1941 年	(-)2 183 188 696	244 000 000	(-)1 939 000 000	11.17
1942 年	(-)188 340 000	862 000 000	(+)673 600 000	1 274.2
1943 年	(-)460 160 000	2 400 000 000	(+)1 939 800 000	521.5
1944 年	(+)19 880 000	1 482 000 000	—	
1945 年(1 至 8 月)	(+)35 200 000	536 000 000	—	

注:折合美元的折合率,1941 年度按平准会 1941 年 8 月 18 日公布汇率(法币 100 元合美金 5.3125 元折合),1942 年以后按 1942 年 7 月 10 日财政部公布汇率折算(法币 100 元折合美金 5 元)。

资料来源:1937—1940 年数据来源于《财政评论》1944 年第 11 卷第 1 期,第 143 页;1941 年出超与入超数是根据郑友揆:《中国的对外贸易与工业发展(1840—1949 年)》,上海社会科学院出版社,1984 年,第 166、194 页表换算(原表单位为美元);1941—1945 年侨汇数据来源于卜明:《中国银行行史(1912—1949 年)》,中国金融出版社,1995 年,第 560 页。

整个抗战时期,入超总额为 3 215 681 696 元,出超为 394 371 000 元,净入超 2 821 310 696 元,侨汇总额为 9 574 000 000 元,侨汇占净入超比例为339.34%。通过以上计量分析,我们进一步清楚地看到了侨汇对弥补抗战时期国际收支逆差的贡献。这诚如当时学者所言"中国每年入超数万万元之巨,尚未至于使国民经济达于枯竭的境者,惟有赖于华侨源源不断之巨额汇款,以资调剂而已"。

其次,侨汇对于维持抗战时期法币币值的稳定起了一定的作用。法币是一种金汇兑本位制度下的不兑现纸币,其价值由外汇汇率来表示,法币能否保持稳定,在其汇价是否稳定。抗战初期,为维持法币的对外价值,国民政府没有实行外汇管制,继续实行外汇自由买卖政策。在"七七事变"至"八一三事变"的 36 天中,售出外汇即达 750 万英磅,引起敌伪套汇风行。[①]为防止日伪套取外汇,国民政府于 1938 年 3 月 12 日决定实施外汇管制,实行外汇的限制供给。但外汇数量终究有限而需求却是无底洞,所以政府在 1938—1941 年曾三次维持汇率而又三次放弃维持汇率。外汇维持政策之所以时断时续,乃是因为外汇来源不足。解决外汇供给成为太平洋战争以前的一个重要的金融问题。巨额侨汇的涌入,无异于给国民政府雪中送炭,对维持法币对外价值的稳定起了不可忽视的作用。

最后,促进了后方生产的发展。根据表 4-22,抗战时期的侨汇总额在弥补贸易逆差后净余额达 6 752 689 304 元。抗战时期,资本是最稀缺的生产要素之一,这笔高达 67 亿元的巨额资本被国民政府引导投向生产领域,促进了后方生产的发展。

---

① 　中国人民银行金融研究所:《美国花旗银行在华史料》,中国金融出版社,1990 年,第 471 页。

第五章 四联总处在战时经济中的历史地位

对于四联总处的评价,褒贬不一。姜宏业认为,四联总处主要做了两件事:一是推行战时经济政策,开发内地经济,保障物资供给;二是扶植中央银行,建立以中央银行为主的四行二局一库官僚资本金融体系。它的前期顺应全国一致抗战的形势,起到过积极作用;而后期在恶性通货膨胀与四大家族趁机大发国难财的条件下,也起过消极作用。① 姜先生的评价坚持了一分为二的历史评价观,但这种按时段评价似乎难以令人信服。因为,在抗战后期,四联总处的贷款和金融监管,对稳定战时经济、开发大后方依然起了积极作用,也就是说,抗战后期的四联总处并非一无是处,抗战前期的四联总处也非完美。四联总处是战时经济的产物,魏宏运先生有一个贴切而形象的比喻,他把战时大后方经济比喻为一架庞大的经济机器,四联总处就是启动和调控这架机器的"钥匙"。② 讨论四联总处的功与过应置于战时经济的背景下来考察,离开了这个大背景,就会就事论事,很多问题便无法看清。基于此,本书从战时经济视角出发,试图对四联总处的历史地位进行评价。

一、战时国民经济建设的基本原则

在研究 20 世纪两次世界大战期间各主要参战国的经济历史时发现,尽管各主要参战国在平时经济状态下的经济制度(如英美等国是资本主义经济制度,而苏联则是社会主义经济制度)、资源禀赋结构(如日本资源极端贫乏,而中国则资源相对丰富)等方面存在巨大的差异,因而各国国民经济建设的指导原则也不同(如英美以自由主义为原则,而德日则奉统制主

---

① 姜宏业:《四联总处与金融管理》,《中国经济史研究》1989 年第 2 期。
② 魏宏运:《重视抗战时期金融史的研究——读〈四联总处史料〉》,《抗日战争研究》1994年第 3 期。

义为圭臬)。但一旦进入战时状态,各国国民经济建设却遵从着基本相同的原则。通过对 20 世纪发生的两次世界大战期间各主要参战国军事经济历史的透析,总结出战时国民经济建设的两个基本原则。

(一) 战时国民经济建设的军事化

20 世纪以前的战争,由于武器装备的质量相对较低,战争的规模和强度有限,战时物资消耗的主要部分是给养,战争所消耗的物资在参战国的国民生产总值中所占的比重不大,因而参战国没有必要把全国经济转轨为战时经济。如 1870—1871 年的普法战争,德国经济仍然在平时经济轨道上正常运转。19 世纪末期的南非战争,尽管持续了 4 年,但英国的国民经济几乎没有什么变化,所以,当时英国经济学家就认为战争与经济互不相干,"战争是战争,经济是经济""即使是在战争时,商业依然可以照常经营"[1]。进入 20 世纪以后,武器装备、弹药、油料以及相关生产资料的消耗成为战时物资消耗的主要部分。如在第一次世界大战中,单兵昼夜的物资消耗量为 6 千克,到第二次世界大战时为 20 千克,而 70 年代的某些局部战争达到 90 千克。[2]现代战争对物资的消耗不仅数量巨大、品种复杂,而且需求急,保障难,平时经济状态下的生产方式已经无法满足现代战争对物资的消耗。在第一次世界大战中,德国、美国等国在参战初期由于没有对经济进行适时的调整,引起了物资供应的严重不足。第一次世界大战中后期,各国相继调整国民经济结构,扩大军需品的生产以最大限度地满足战争的需要。在第二次世界大战爆发之后,各参战国有了第一次世界大战的教训,纷纷实行战时经济总动员,平时经济迅速转轨为战时经济,全面实施战时经济建设军事化。此时,国民经济必须服从和服务于战争需要,经济建设以"战争第一"为前提。

一般而言,战时国民经济军事化建设的手段主要有:第一,国家以强制手段集中社会资金,发展军事工业,以保证钢铁、燃料、油料等战备物资和枪支、弹药等作战物资充足供应。第二,国家减少民用工业的投资总额,但优先发展纺织、医药等与战争需要密切相关的民用工业,减少甚至禁止奢侈品等民用工业的发展。同时,国家对一部分民用企业进行改型转产,即改造成为军工企业并转产军需品的生产。如在第一次世界大战时期到大战结束前,法国和德国工业产品的 75%、英国工业产品的 40% 均被用于军

---

① 吴永铭:《持久抗战的经济条件》,《战时经济》1937 年第 1 卷第 1 期。
② 刘化绵:《军事经济学辞典》,中国经济出版社,1993 年,第 307 页。

事目的。[①]第三,国家对战时经济实行全面而严格的统制,加强对经济的直接干预和控制。正如日本军事经济学家矶部喜一所言:战时经济是一种改造过的国民经济,它以完成战争为目标,它较统制经济更加急激而狭小。[②]第四,国家大幅度提高军费在国民收入中所占的比重,降低积累和消费的比重。如在第二次世界大战中,英国的军费开支占国民收入的60%左右,美国也在40%以上。第五,国家为了筹措军费开支和弥补财政赤字,采取提高边际税率、增加税种、增加公债发行、强制储蓄、增发钞票等办法。如第二次世界大战时期,日本政府便采取了增征战时消费税、推行节约储蓄运动、增加日元发行来筹措巨额的战费和弥补财政赤字。第六,科学研究主要为军事需要服务,大量科研经费和科技人员为试制、生产武器服务。施行战时国民经济军事化建设之后,经济建设的目的不再是提高人民的福利和生活水平,而是满足战争的经济需求,而战争的经济需求是为了实现一定军事目的而产生的,需求的实现,直接表现为战场上的战果,最终表现为国家主权领土的完整,不能直接为社会再生产提供物资条件,所以,战争的经济需求属于消耗性的经济需求。

(二) 战时国民经济建设的现代化

战时国民经济建设现代化包括两方面的内容,首先是经济制度的现代化。在平时经济状态下,国民经济的运行主要依靠市场机制来实现资源的合理配置,以达到所谓资源配置的"帕累托最优"。而在战时经济状态下,不可能再通过市场机制来配置资金、劳动力等基本生产要素。这是因为,在战争时期,居民为了保值,一定会提取存款,或保在手中或移存国外,其结果是市场想配置资源也没有资源可供其配置。在战时经济状态下,资金短缺、利率高涨、物价上升是不可避免的现象,国家若对这些问题实施强力干预,势必引起战时经济的全盘崩溃。所以,要搞好战时经济建设,必须首先确立适合于现代战争需要的经济制度。这种战时经济制度应该能把国民经济各部门、行业及相应机构的活动纳入战争轨道,能统筹安排和集中运用经济力量,能适时调整国民经济布局和各部门的比例关系,能对国民经济实施高度集中的管理。

古代乃至近代战争需求以农业和手工业产品为主,种类不多,数量不大。而现当代战争需求的物资内容则以工业产品为主,结构复杂,数量巨

---

① 刘化绵:《军事经济学辞典》,中国经济出版社,1993 年,第 307 页。
② 〔日〕矶部喜一:《战时工业统制政策》,管怀宗译,《中国工业》1943 年第 1 卷第 5 期。

大。它主要分为四类：第一，军人生活消费需求，包括衣、食、住、行、用等各种生活用品的需求，这是维持军人生存和战斗力延续必不可少的需求，是军事需求的一项基本需求；第二，武器装备的消费需求，包括各种枪支、弹药、飞机、坦克、舰船等，这是军队从事战争的主要物资手段；第三，军事设施的消费需求，包括军队营房、军用港口、飞机场、导弹发射基地等；第四，军事劳务消费需求。据统计，20 世纪 70 年代以后的现代战争所需物资已达 400 余万种。很显然，落后的生产方式已经无法满足现代战争的物资需求，所以，战时国民经济建设必须坚持经济现代化原则。一般认为，经济现代化的核心是工业化，工业化是从手工劳动到使用机器的过程，从手工生产到使用机器的变化。不限于手工业，工业、农业、交通、商业等领域都有这个过程。工业化是设备技术现代化的代名词。①其中，工业领域特别是重工业和军事工业的现代化乃战时经济现代化的重中之重，国家应该大力改善工业生产设备、技术和厂房。农业为战争提供粮食、副食品及工业原料，国家应该增大农业的资金和技术投入，调整农业生产结构，加强水利建设以提高农业的抗灾害能力，在有条件的地区实行农业机械化生产。交通运输是战时国民经济的大动脉，也是保障军队机动作战、物资与人员前送后达的主要手段，因此国家必须在战时建立起现代化的立体交通体系，既包括海陆空运输也包括电信、电话、电报等通信工具。

战时国民经济建设的两个原则之间不是互相孤立的，而是相辅相成的。军事化要以现代化为前提，没有现代化的经济无法满足战争对物质的消耗；现代化要以军事化为目的，战时国民经济建设军事化是争取战争最后胜利的保证，战时国民经济建设现代化的主要目的不在于提高人们的福利水平而在于提供更多的战略物资。同时，现代化和军事化之间不能割裂，要同步进行。

二、四联总处在战时经济中的历史贡献

要争取抗战的胜利，战时国民经济建设必须遵循军事化与现代化两个基本原则。这两个基本原则既是抗战时期国民经济建设的指导思想也是最高准绳，任何经济机构所进行的活动都必须服从于这两个原则。如果经济机构的活动有利于推动战时国民经济建设的军事化与现代化，那么，这

---

① 赵德馨：《以经济现代化为主线》，载《赵德馨经济史学论文选》，中国财政经济出版社，2002 年。

些活动就是维护了民族和国家利益,是符合历史潮流的,应该予以充分的肯定,尽管这些活动可能在战时造成一些负面影响。本文以战时国民经济建设的两个原则为评价标准,探讨四联总处在战时经济中的历史地位。

(一) 四联总处对推进战时国民经济建设军事化的历史贡献

先看抗战时期四联总处在筹措战争经费上的贡献。战费对于战争的重要性,中外军事家和军事经济学家的认识几乎是完全一致的。拿破仑有句名言:"决定战争胜负的,第一是战费,第二是战费,第三还是战费。"近代美国著名军事经济学家波加特曾指出:"如果我们被迫到不得不出于一战,则战费的筹措,将立刻成为最重要问题之一。"[1]对于筹措战费的方法,被誉为"战争经济学的先师"的 A.C. 庇古认为,战争经费的来源有四种:一是增加生产和劳动总量;二是减少个人消费以将资源移供国家战争之用;三是将现有资本移作战争使用;四是减少非军事工业的新投资。筹措战费办法有三:增税、举债、创造银行信用即增加货币发行。其中增税有利于战费负担的"公平",因而最重要。[2] A.C. 庇古关于筹措战费的方法带有世界普遍适用性,但以哪一种方法为主则要视各国实际情况而定,近代中国,积贫积弱,通过增税和举债无法筹措到战争所需经费,在此情况下,只能依靠增加货币发行来保证战费的及时供应,舍此别无他途!请见表5-1和表5-2:

表5-1　抗战时期国民政府财政收支状况表　　　单位:法币百万元

年度	财政收入	财政支出	财政赤字	军费支出	银行垫款	公债收入	税收收入
1938	815	2 091	1 276	1 388	1 195	256	451
1939	740	2 797	2 057	1 601	2 310	25	483
1940	1 325	5 288	3 963	3 912	3 834	8	266
1941	1 310	10 003	8 693	6 617	9 443	127	666
1942	5 630	24 511	18 881	15 216	20 081	363	4 163
1943	20 403	58 816	38 413	42 939	40 857	3 886	15 326
1944	38 503	171 689	133 186	131 080	140 090	1 989	34 651
1945	1 241 389	2 348 085	1 106 696	2 049 878	1 043 257	62 820	102 253

注:1938年的各项数据包含1937年7月至1937年12月的数据。
资料来源:许涤新、吴新明:《中国资本主义发展史》,社会科学文献出版社,2007年,第477页。

---

[1] 〔英〕波加特:《战时捐税—序言》,吴克刚译,文化生活出版社初版,民国二十五年。
[2] 〔英〕A.C. 庇古:《战时经济学》,徐宗文译,商务印书馆,1935年。

表 5-2　抗战时期军费支出与财政赤字、公债收入与军费支出、
税收收入与军费支出、银行垫款与军费支出比例　　　　单位:%

年度	军费/赤字	公债/军费(1)	税收/军费(2)	银行垫款/军费	(1)+(2)
1938	108.77	18.44	32.49	86.09	50.93
1939	77.83	1.56	30.19	144.28	31.75
1940	98.71	0.20	6.79	98.01	6.99
1941	76.19	1.92	10.06	142.71	11.98
1942	80.59	2.38	27.36	131.97	29.74
1943	111.78	9.05	35.69	95.19	44.74
1944	98.42	1.51	26.43	106.87	27.94
1945	185.22	3.06	4.99	50.89	8.05

资料来源:根据表 5-1 计算。

　　表 5-1 揭示,抗战时期军费开支几乎以几何级数增加,1945 年的军费支出是 1938 年军费支出的 1 476 倍,而同期税收和公债收入仅增加了 226 倍和 245 倍。从表 5-2 我们可以清楚地看到,税收和公债之和占军费开支的比重在 1938 年最高,亦不到 51%;1940 年最低,仅 6.99%。整个抗战时期的平均比值为 26.52%。这些数据显示,财政手段(即征税和发行公债)只能解决军费开支的 1/4,另外 3/4 的军费就只能依靠金融手段,即通过银行来解决了。银行筹措军费的手段无外乎两条:一是通过发行钞票来提供财政垫款;二是吸收存款,变个人消费为政府消费,在贫穷落后的中国大后方,无疑前者是最主要的途径。根据表 5-1 和表 5-2,我们清楚地看到抗战时期货币发行量连年猛增(1945 年法币发行额是 1937 年的 282 倍),货币的过量发行引起了抗战时期的高通货膨胀率,严重损害了社会福利和人们的生活,但这却是为民族生存不得不付出的代价。所以,对于抗战时期四联总处过量发行钞票造成通货膨胀这个问题,四联总处在很大程度上也是在战时经济状态下无奈的选择。为集中社会资金支持,四联总处不遗余力地推进节约建国储蓄运动,并取得了一定的成绩。以上分析揭示,四联总处在筹措军费上所做的贡献是任何一个经济机构所无法比拟的。

　　再看四联总处在维护战时金融体系稳定上的贡献。第一,对战时金融进行严厉监管,确保了战时金融体系的正常运转。"七七事变"之后,战争引起了金融恐慌:储户出于资金的安全和保值考虑,纷纷向银行提现,导致银行存款骤减,市面筹码缺乏,工商业因之周转不灵。金融是经济的核心,金融业的混乱势必引起整个经济的混乱乃至崩溃(10 年之后国民政府在大陆经济之所以崩溃就是因为金融混乱引起的)。在此危急时刻,国民政府急需建立一个具有权威且事权高度集中的金融机构来统管战时金融,四

联总处就承担起了这个主要责任。①第二,积极开展对敌金融经济战,防止了敌伪对我国金融体系的破坏。② 第三,治理战时通货膨胀,避免了战时金融体系因之崩溃的结局。③ 蒋介石在抗战胜利后召开的四联总处第338次理事会上这样评价四联总处:"在八年抗战期中,我们中国金融经济之所以能免于崩溃,大部分是由于各行局能够同心一德,照四联总处之计划,努力推行的结果。"④蒋介石的评价有给自己贴金之嫌,但从蒋介石对四联总处给以这么高的满意度中,看到四联总处在稳定战时金融体系上的巨大作用。

(二) 四联总处对推进战时国民经济建设现代化的历史贡献

1938年10月之后,抗战进入相持阶段,此时,双方较量的重心转移到经济实力的较量上。日本在不可能再向西迁重庆的国民政府发动大规模军事进攻的情况下,采取严格交通封锁的办法,企图从物质上困死国民政府于贫瘠的大后方。国民政府也清醒地意识到,只有在经济上实现自己自足,人民的抗战意志才不至于丧失,如果军需不济,粮草不足,日久军心势必生变。如此,国民政府在大西南、大西北地区开展轰轰烈烈的抗战建国运动。开发大后方,无异于在战火硝烟中重新建国,其难度之大,势难想象。在亿万中国人民的浴血奋斗下,中国人民克服了常人不可想象的困难,硬是在崇山峻岭中修筑了道路,建造了现代厂房,开垦了肥田沃土,不仅基本上保证了抗战物质的供给,而且把中国经济向现代化目标推进了一大步。对于抗战时期经济的现代化,大到大后方经济现代化建设方案的宏观设计,小到具体计划的推行,四联总处都功不可没。

先看四联总处对经济制度现代化的贡献。四联总处是一个金融机构,它对经济制度现代化的贡献集中体现在中央银行制度的确立上。确立真正的现代意义上的中央银行制度是20世纪上半叶历届政府的追求目标。晚清政府、北京政府、南京国民政府都为之付出了努力,特别是南京国民政府上台后在金融领域进行了一系列改革,实现了对金融的垄断。至20世纪30年代中期,中央银行制度确立的前提条件已经具备,财政部本拟于法币改革2年后使中央银行独占发行,改组为中央储备银行,抗战前夕,业已

① 四联总处在稳定战时金融体系上的贡献在第四章第五节已经详细论述,在此不再赘述。
② 详情参阅本文第四章第四节。
③ 详情参阅本文第四章第二节。
④ 重庆市档案馆、重庆市人民银行金融研究所:《四联总处史料》,上册,档案出版社,1993年,第41页。

完成了中央储备银行法的立法手续,最终因抗战爆发而搁浅。抗战爆发后
出现的金融恐慌与混乱,危及社会与经济的稳定,安定金融、稳定经济成为
首要问题,而要解决这个问题,必须要有一个事权高度集中、具有权威的战
时金融中枢机构。但是,中国在战前并未形成能"统一意志""集中资力"
的权威金融机构,这种状况无法适应战时金融的需要,以至于出现了各国
家银行"各持立场,步调分歧"的局面。为了使各国家银行"认清目标,自
动履行其任务,不敷衍,不推托,联合意志,整齐步伐",蒋介石在"七七事
变"后的几天中,就以"战时金融措施关系重要,不容稍有疏忽错误"为由,
饬令徐堪迅速组织以宋子文为首的金融委员会以统制全国金融,统筹各行
资金,避免各行只顾自身利益而使其力量分散。但由于国民党内部派系倾
轧,使"明令发表后而阻碍重重",以至于该委员会迟迟不能建立。① 为了
使战时经济、金融不至于瘫痪,1937 年 7 月 27 日,财政部授权中、中、交、农
四行在上海组织联合贴放委员会,联合办理战时贴现和放款事宜,以"活泼
金融,安定市面",救济银钱工商各业。"八一三事变"爆发后,设立金融总
枢机构刻不容缓,徐堪建议设立中、中、交、农四行联合办事总处,集中全国
金融力量以应付危局。1939 年 9 月,南京国民政府颁布《战时健全中央金
融机构办法》,对四联总处进行改组:① 四行总行必须移设政府所在地。
② 有关财政金融重大问题,四行必须遵照四联总处规定办理;四联总处有
权派人随时对四行总分支行执行政策及办理业务情况进行调查并分别奖
惩。③ 财政部授权四联总处理事会主席,"在非常时期内对四行可为便宜
之措施,并代行其职权"②。改组以后的四联总处是战时金融的最高决策中
枢,成为事实上的中央银行。不过,把 1928 年设立的中央银行建成真正的
中央银行一直是南京政府的夙愿,所以,四联总处在充当央行角色的同时,
也担负着培植中央银行实力,使其早日"亲政"的使命。在四联总处这位"摄
政王"的扶植下,中央银行得以超常规发展(见表 5-3)。

表 5-3 1937—1942 年四行业务比重变化　　　　单位:%

		中央银行	中国银行	交通银行	中国农民银行
发行	1937 年	26.3	37.0	22.6	14.1
	1942 年*	33.9	27.5	16.9	21.7
存款	1937 年	33.0	46.0	14.0	7.0
	1942 年	56.8	27.3	7.0	8.9

————————

① 重庆市档案馆、重庆市人民银行金融研究所:《四联总处史料》,上册,档案出版社,1993
年,第 66 页。

② 卜明:《中国银行行史》,中国金融出版社,1995 年,第 574 页。

（续表）

		中央银行	中国银行	交通银行	中国农民银行
贷款	1937 年	34.2	39.5	19.1	7.2
	1942 年	85.8	8.9	2.6	2.7

注:按 1942 年 6 月底三行结束发行时数字比较。

资料来源:卜明:《中国银行行史》,中国金融出版社,1995 年,第 573 页。

　　表 5-3 清楚地显示,至 1942 年,中央银行的羽翼已丰,1942 年 5 月 28日,四联总处拟订了《统一发行实施办法草案》;6 月 14 日会同财政部公布了《统一发行办法》,明确规定自 1942 年 7 月 1 日起,所有法币之发行统由中央银行集中办理,中国银行、交通银行、中国农民银行不再享受发行权。这样,中央银行已经完全具备了发行银行的职能。1942 年 5 月 28 日,四联总处同时还拟订了《中、中、交、农四行业务划分及考核办法》,对四行业务进行了明确的分工。其中,明确规定中国银行、交通银行和中国农民银行不再代理国库而由中央银行独自代理,三行不再吸纳商业行庄的存款准备金,并且三行所收存的准备金也必须在 1942 年 6 月 21 日起一律转存于中央银行。这样,中央银行已经完全具备了政府的银行和银行的银行两大职能。在战火纷飞的年代,本不具备建立中央银行制度的社会经济环境,但在四联总处的扶植下,中国中央银行制度得以确立起来。

　　其次,四联总处在西南西北地区大力敷设金融网络,推动了中国西部金融、经济的现代化。金融机构集中之处必须是工商业发达之地。近代以来,东南沿海一直是我国经济相对发达、交通相对便利的地区,金融机构"亦因而偏重沿海沿江各地",至于西南、西北各省,"除少数之重要城市设有分支行处外,其较偏僻之地尚少设置"[1]。战前设立在经济发达的江浙地区的银行总行达 90 家,约占全国总行数的 55%,分支行 572 处,约占全国分支行总数的 35%;西南地区所设立的银行总行为 17 家,约占全国总行数的 10%,分支行 162 处,约占全国分支行总数的 9%;在西北地区所设立的银行总行仅 5 家,约占全国总行数的 3%,分支行 75 处,约占全国分支行总数的 4%;在青海、宁夏则没有设立新式银行。抗战爆发后不久,国民政府西迁重庆,政治中心移至西南西北地区,需要银行为各级政府代理金库。沿海各省工厂随政府内迁,在西南西北地区重新择址设厂,也需要银行为其提供融通资金等服务,战时经济形势要求四联总处在西南西北地区广泛敷设金融网络。1939 年 10 月至 1940 年 6 月间,四联总处多次召开专门会

---

[1]　重庆市档案馆、重庆市人民银行金融研究所:《四联总处史料》,上册,档案出版社,1993年,第 194 页。

议,先后通过了《理事会关于加速完成西南西北金融网计划》《理事会关于四行筹设金融网遭遇困难的决议》《完成西南西北金融网方案》《四联总处关于完成西南西北金融网案的审查意见》《秘书处核议筹设金融网的报告》等议案,着手在大后方广泛设立金融机构。随着四联总处敷设金融网的三期计划的相继完成,大后方金融机构数量剧增,金融市场逐渐活跃。抗战以前,川、康、滇、黔、陕、甘、宁、青、桂及重庆九省一市所有银行之总分支行仅254所,占全国的14.8%。截至1941年6月,九省一市陆续增设的总分支行计543所,除旧有者裁并33所外,新旧合计总分支行共有764所,为战前的三倍。又如战时陪都重庆一地,战前银行钱庄合计不过20余家。截至1945年8月底,除四行两局及小四行共10家外,省市县地方银行26家,商业银行57家,合计达93家。① 四联总处积极推进西南西北金融网建设,在一定程度上改变了近代以来金融机构布局严重失衡的状况,推动了西南西北地区金融的现代化,四行在西南西北地区设立的分支行处,积极地发放工贷、农贷,促进了大后方的经济建设,推动了大后方经济现代化。

最后,四联总处的诸项贴放政策与金融管理措施有力地促进了后方经济现代化。经济现代化是中国近现代经济史的主线。②经济现代化的核心是工业化,根据张培刚先生的解释,工业化不仅包括工业本身的机械化和现代化,而且也包括农业的机械化和现代化。③发展经济学家在总结近现代发展中国家经济发展史的基础上,系统地提出了阻碍经济现代化的限制因素和推动经济现代化的发动因素。限制因素(长期制约或影响工业化过程的最本原的因素)主要包括:第一,资源因素,主要指自然资源,包括土地、森林、水等天然禀赋。第二,地理环境因素。指一国所处地理位置、气候和水文条件等对工业化的影响与制约。第三,人口因素。包括人口数量、增量及文化素质等。第四,文化传统因素。包括文明开化程度与社会价值观念。第五,制度因素。阻碍经济现代化的传统制度。发动因素(对工业化的发动起着根本性决定作用的因素)主要包括:第一,企业家及其创新精神。第二,技术变迁或创新。第三,制度变迁或制度创新。④西南西北地区是中国近代史上现代化的遗忘角落,"川、黔、滇、桂、湘、陕、甘7省的

---

① 谭熙鸿:《十年来之中国经济(1938—1947年)》,上册,F,中华书局,1948年,第46页。
② 按笔者管见,赵德馨先生最先明确提出此观点,后赵先生对此观点进行了系统论述,详情参阅赵德馨先生的《以经济现代化为主线》《市场化与工业化:经济现代化的两个主要层次》,分别载于《经济学动态》2001年第5期、《中国经济史研究》2002年第1期。
③ 张培刚:《发展经济学教程》,经济科学出版社,2001年,第30页。
④ 同上书,第125—150页。

近代工业战前占全国工厂数的 6.02%,资本只占全国工业资本总额的 4.21%,工人只占全国产业工人的 0.79%"①。而西康、青海、宁夏则没有近代工业,一些少数民族地区甚至停留在刀耕火种的原始生产方式阶段。西南地区山高路险,西北地区气候干燥、戈壁连埂、沙化严重,这些都是阻碍现代化的主要限制因素。抗战时期,国民政府把西南西北地区作为坚持抗战的大本营,大规模开发西南西北地区,加快了该地区现代化的步伐。四联总处奉命制订《经济三年计划》《金融三年计划》,负责设计、实施西南西北地区现代化方案。具体而言,四联总处对西南西北地区现代化的贡献体现在三个方面:

第一,代表国家发挥私人企业家的作用。发展经济学家认为,在发展中国家,特别缺乏企业家,创新活动不得不由政府来代替。政府必须在某些方面取代私人企业家,例如动员储蓄、提高投资率、压缩消费、计划安排投资,建立一些工业部门。在发展中国家,既然私人缺乏能力或动力开办企业,国家就得出面代替私人企业家发挥作用。② 抗战时期,物价飞涨,黑市利率一路攀升,使私人企业的生产成本提高,利润却下降,更不愿意投资工农业。可以想象,在"工不如商,商不如囤"的经济环境下,依靠私人力量,是不可能推进战时大后方经济现代化的。这个任务只有依靠国家力量才能实现,四联总处集中国家银行资金和社会游资,投资于工矿业,推动了战时后方经济的现代化。

四联总处巨资的注入,使得西部地区工矿业得到快速发展。据统计,战前西部地区仅有工厂 504 家,到抗战中期发展到 3 738 家,增长了 6.5 倍左右。以 1938 年西部工业生产指数为 100,至抗战胜利前夕,已达到 338;1946 年西部地区工业资本额较 1936 年增长了 151%。③

第二,四联总处促进了技术创新。中国的农业文明历史悠久,但进入近代以后,中国农业生产技术停滞不前,农业生产技术的落后制约了农业生产力的提高。抗战时期,四联总处积极开展农业推广贷款,用于推广优质品种、改良土壤,起到了提高农业科技含量的作用。四川省的内江、资阳、简县、资中四县盛产甘蔗,但蔗农因极其贫困而无力投资改进甘蔗品质和制糖技术。1938 年,四联总处要求中国银行在四县发动蔗农组织产销

---

① 陈真等:《中国近代工业史资料》,第一辑,三联书店,1957 年,第 102 页。

② B. Levy,1998,The Station-owned Enterprises as An Enterpreneurial Substitute in Developing Countries:the case of Nitrogen Fertilizer,*Word Development*,16(10):1199—1211.

③ 姚会元:《中国货币银行(1840—1952)》,武汉测绘科技大学出版社,1993 年,第 166—167 页。

合作社,向合作社发放甘蔗生产和制糖加工贷款。1938 年,甘蔗贷款总额
60 万元,此后逐年增加,1942 年达到 6 000 余万元,与此同时,四联总处还
向蔗农推广优良甘蔗品种,经过两年多的努力,甘蔗的品质和制糖技术都
有显著的改进。四联总处在广西等后方省份也广泛地开展了蔗贷,成效明
显。① 1938—1942 年,四联总处举办农业推广贷款,在大后方推广"斯字"
"德字""脱字"优良棉种 6 041 007 亩;1941—1942 年,改良稻种 3 610 296
亩,改良麦种 1 695 525 亩。这些优良品种毫无疑问促进了大后方棉、麦、
粮产量的增长。②在工业领域,四联总处通过直接投资工矿企业,助推工矿
业企业的技术改良,如中国银行所投资的豫丰纱厂,在抗战初期遭到战火
的严重毁坏,1938 年由郑州迁重庆后几乎失去生产能力。四联总处注入
巨额资金用于购买先进机器和纺纱技术革新,于 1938 年开纺机 2.5 万锭,
后在合川开分厂,开机 1.5 万锭,至 1943 年,共开纱机达 6 万锭,年产纱 6
万件,有力地支持了开展军需民用。③

　　第三,四联总处推动了制度创新。制度创新从根本上保证了社会和经
济的制度环境,从而发挥着其内在地推动现代化进程的作用。美国经济学
家拉坦指出:制度供给的决定因素是一个社会所拥有的社会知识的存量大
小,社会成员的文化水平越高,社会的文明越先进,这个社会中的制度创新
就越容易。反之,在一个蒙昧的社会中,制度创新的难度会非常大。④林毅
夫认为,只有强化国家作为一种制度供给力量在制度变迁中的作用,就可
解决拉坦问题。林毅夫所论的强制性制度变迁实际上就是由政府以法令
等强制手段推行的变迁。西南西北地区在中国古代被称为"化外之域",
到清初实施"改土归流"改革之后,中央势力才真正进入西南西北地区,但
先进文明由于其自身的特殊性,不可能伴随行政权力的进入而同步进入,
至于近代先进的工业文明,在西南西北许多地区完全是真空地带。例如,
西南西北地区很多人不知银行为何物,更不知储蓄、抵押贷款、担保贷款是
怎么一回事。在储蓄——投资——产出(指现代工业产出)链条上,储蓄
是基础,没有储蓄就形成不了大规模投资(投资以信用为基础),没有大规
模的投资就没有大规模的产出,这就是西南西北地区经济落后的直接原

　　①　中国银行行史编委会:《中国银行行史(1912—1949)》,中国金融出版社,1995 年,第 513
页。

　　②　董长芝、李帆:《中国现代经济史》,东北师范大学出版社,1988 年,第 165 页。

　　③　中国银行行史编委会:《中国银行行史(1912—1949)》,中国金融出版社,1995 年,第 504
页。

　　④　Ruttan,V. W. ,1978,*Induced Institutional Change*,*Induced Innovation*;*Technology*,*Institions*,
and Development,edit by H. P. Binswanger and Ruttan, V. W. Johns Hopkins University Press.

因。四联总处在西南西北地区广泛敷设金融网络,举办农贷、工贷业务,对于打击传统的高利贷放款,确立现代抵押贷款制度和担保贷款制度起了促进作用。同时,四联总处大力宣传、推进节约建国储蓄运动,推广现代储蓄,起到了教育人们养成储蓄习惯的作用。四联总处的所有这些活动,有力地推进了西南西北地区金融制度的创新。

四联总处直接促成了现代中央银行制度的形成。19世纪中叶以后,各主要资本主义国家纷纷确立中央银行制度以稳健发展金融业。1912年中华民国成立伊始,北京政府就试图建立中央银行制度,但因中央政府孱弱,无法掌控全国经济资源,中央银行制度未能确立。南京国民政府上台以后,于1928年设立中央银行并让其行使央行职能。不过,新设立的中央银行无论是资力还是市场认可度,都无法与中国银行和交通银行比肩,因此,直到抗战爆发时,中央银行仍然没有垄断全国纸币发行权,也不集中保管银行准备金,中央银行不具备发行的银行和银行的银行职能。抗战时期,四联总处不遗余力地帮助中央银行完善央行制度,特别是1942年,四联总处先后颁行《统一发行实施办法草案》和《统一发行实施办法》,规定法币由中央银行统一发行,中国银行、交通银行和中国农民银行不但不再发行法币,而且必须按比例向中央银行缴存存款准备金。至此,中央银行具备了央行必须具备的职能,中国的中央银行制度正式形成。中央银行制度的确立,是中国金融现代化的一大标志性成果。

三、四联总处在战时经济中的过失

四联总处的设立与运作,标志着政府垄断型金融体制的最终确立。北京政府时期,因政府弱势,金融业走的是一条市场主导型道路,只要经营得法,商业性金融机构就可获得自由发展,所以,北京政府时期的金融业充满活力。南京国民政府上台以后,致力于建立政府主导型金融体系,南京政府通过增设中央银行和中国农民银行、改组中国银行和交通银行、控制主要民营银行,在抗战以前就基本确立了政府主导型金融体制。平心而论,北京政府时期大发展与大混乱并存的金融格局并不能使中国金融业走上持续健康发展道路,中国金融业的健康发展,需要发挥政府的规制作用。因此,抗战以前,国民政府在金融领域的一系列改革既符合国际金融业的发展趋势,也有利于中国金融业的健康发展,得到了金融界的支持。抗战爆发以后,国民政府迅速建立起以四联总处为核心的政府垄断型金融体系。在战时经济背景下,只有建立起政府垄断型金融体系,才能集中资金发展生产,满足战时财政的需要,稳定战时金融,但如果这一切走过了头,就可能带来负面影响。抗战时期,四联总处在某些方面确实走过了头。

首先,四联总处所建立起来的政府垄断型金融体系遏制了中国金融业的活力,也遏制了战时经济的活力。1936 年,国家银行占全国银行业资本总额的42%,存款额的59%,钞票发行额的78%,纯收益的44%。[①] 抗战时期,四行的市场集中度急剧提高。因发行已经集中到中央银行,无须比较钞票发行额,因战时恶性通货膨胀,资本额的比较实无意义,通过比较存贷款比例可以窥见国家银行在金融体系中的垄断地位。1937 年,国家银行的存款和工商业贷款占整个银行体系的存款和贷款的比重均为66.3%,到 1945 年,存款比重上升至 98%,工商业贷款比重上升至90.3%,详情见表5-4:

表 5-4　1937—1945 年国家银行在银行存放款中的比重

年份	各项存款				工商业贷款			
	国家银行		省银行、商业银行		国家银行		省银行、商业银行	
	百万元	%	百万元	%	百万元	%	百万元	%
1937	2 191	66.3	1 115	33.7	1 471	66.3	749	33.7
1938	2 987	71.9	1 166	28.1	1 696	66.6	851	33.4
1939	4 626	76.3	1 433	23.7	2 678	71.8	1 014	28.2
1940	6 002	76.1	1 884	23.9	2 801	71.8	1 102	28.2
1941	10 932	79.1	2 883	20.9	3 095	60.4	2 029	39.6
1942	19 797	86.2	3 164	13.8	7 606	71.0	3 111	29.0
1943	31 089	87.0	4 656	13.0	15 950	75.6	5 140	24.4
1944	95 556	90.7	9 803	9.3	29 481	78.2	8 227	21.8
1945	527 172	98.0	10 740	2.0	151 142	90.3	16 201	9.7

注:(1) 各项存款包括活期存款、定期存款、储蓄存款;(2) 贷款为年底余额,不包括农业贷款和政府的垫款。

资料来源:张公权:《中国通货膨胀史(1937—1949 年)》,杨志信译,文史资料出版社,1986 年,第 116、122 页。

从存款、贷款这两个最能反映银行业市场集中度的数据看出,至抗战结束时,银行业的市场结构是一个国家银行完全垄断型市场结构,在这个高度垄断的市场结构中,民营银行被挤出市场,整个银行业毫无活力,金融是经济的核心,银行是金融的核心,所以,银行就是经济的核心,作为经济

---

① 许涤新、吴承明:《中国资本主义发展史》,第三卷,下册,人民出版社,2003 年,第 500 页。

核心的银行失去了活力，经济也就失去了活力。

其次，国民政府利用四联总处实现了对全国金融、经济资源的完全垄断，这种完全垄断在动员战时资源支持抗战的同时，也为统治集团的贪污和投机提供了制度便利，扰乱了金融体系，加重了人民的生活负担。具体表现在如下几个方面：

第一，国民政府通过四联总处扶持中央银行，最终确立起中央银行制度，但是如果没有建立配套的现代财政制度如政府预算、决算制度，中央银行制度的确立可能为政府统治集团实施通货膨胀政策甚至为私人谋取利益提供便利。抗战时期，中央银行成为政府和政府领袖予取予求的外库，无限制地为财政垫款，滥发钞票。抗战后期，大后方物价飞涨，主要因于纸币过量发行，虽说适当超量发行纸币确因战时形势不得以而为之，但过量发行特别是依赖发行来弥补财政赤字，则为失当之举。更有甚者，1939年四联总处改组之后，蒋介石亲任主席，并在四联总处开列了一个"特别支出"项目。这个项目由蒋介石下达手谕，从中央银行直接拨出。1939—1945年，"特别支出"数额逐年上升，其在国民政府财政总支出中所占的比例亦是逐年提高，各年的比例分别为2.29%、2.62%、2.60%、3.02%、13.21%、18.94%、38.33%。[①] 1945年一年之内，蒋介石手令央行的特别支出，仅军费就达46笔，平均每月4笔左右。这些军费特别支出，本应由军政部统一拨付，由蒋介石手令"特别支出"就属不该，这样频繁地支出，已经不是"特别支出"，而是一般性支出，很多"特别支出"是各地长官向蒋介石打报告，蒋介石则出于笼络下属的需要，照单手令中央银行支出。蒋介石本人在中央银行每月支取特别费3万元。由专人专领，除每月3万元的特别费之外，蒋介石还可支取临时费，1938年，蒋介石就从央行支取70万元临时费。除蒋介石本人之外，孔祥熙、孙科、宋子良、盛世才、阎锡山、李宗仁等人都有数额巨大的特别支出，如1939年，孔祥熙赴美，支取所谓"机密费用"20万元，这些巨款的用途，既没有明确的规定，亦无事后审计。[②] 这些预算外的随意性支出，直接从央行拨出，不仅扩大了政府的财政赤字，助长了通货膨胀，而且舞弊百出。

第二，国民政府通过金融垄断掌握了国统区的经济命脉。战争时期，政府对国民经济实行管制，以便于集中力量生产战时军民必需品，这本是战时经济所必需，无可厚非，但由于国民政府本身的腐败，以致大后方经济

---

① 吴岗：《旧中国通货膨胀史料》，上海人民出版社，1958年，第158页。
② 洪葭管：《中央银行史料（1928.11—1949.5）》，下册，中国金融出版社，2005年，第732—733页。

随着国民政府垄断权的不断扩大而渐趋衰退。以工业生产为例,随着统治集团经济垄断权的扩大,中小民营企业的发展空间受到严重的挤压。表面上,在四联总处核放的贷款中,民营企业得到的贷款甚至一度高于国营企业,而事实上,国营厂矿除了得到四联总处贷款外,还有国库的巨额拨款和国家行局的大量投资,以及其他在税收、原材料、销售、交通运输等方面的优惠。抗战时期,后方民营企业的数量多于国营企业,但绝大多数民营企业设备简陋、资力薄弱。受战时恶性通货膨胀的冲击,大部分民营企业破产倒闭,据估计,1944年国统区工厂倒闭率是82%①,或者被官僚资本企业兼并。据不完全统计,战时西南诸省民营厂矿被官僚资本无偿接办和没收的有:云南的云南锡业公司、滇水矿务公司、易门铁矿;贵州的汞矿、贵阳电厂;四川的聂江铁矿、彭县铜矿、沪县电厂;西康的天宝山锌矿。收买和吞并的有:云南的明良煤矿、中国电力制钢厂、昆明自来水公司;贵州的中国机械厂;四川的资鑫、资蜀钢铁厂、威远铁厂、江北铁厂、重庆中国汽车制造公司、龙章造纸厂;广西的合山煤矿、纺织机器厂。政府以资金或以拆迁机器投资入股的有:四川天府煤矿、嘉阳煤矿、威远煤矿、建川煤矿、四川丝业公司、成都自来水公司、万县电厂、宜宾电厂;贵州的筑东煤矿;云南的华新水泥厂;广西的广西化工厂;等等。② 民营企业的大批破产倒闭或被吞并,不仅严重损害了中小资产阶级的利益,而且使国统区生产能力大幅下降,生产效率降低,对战时国统区经济也是一个不小的损失,大后方物资因此更加供不应求,由此带来的是物价的节节上升、囤积之风的盛行等一系列社会经济问题。

　　第三,四联总处的高度集权体制为政府权贵以权谋私大开方便之门。1940年年初,马寅初曾指责把控四联总处实权的孔祥熙、宋子文两大巨头大发国难财,马寅初说"乘国家之危急,挟其政治上之势力,勾结一家或几家大银行,大做其生意,或大买其外汇。……以统制贸易为名,以大发其财为实""吾人以数百万同胞之死伤,数百万财产损失,希冀获得胜利以求民族之快快复兴,决不愿以如是巨大牺牲来交换几个大财神,一个握财政之枢纽,一个执金融之牛耳,将吾人之经济命脉,操在手中"。③ 金融事权的高度集中,加以国民党官员的贪污腐败、朋比为奸,经济情报的走漏常有发生。战时发生的几起黄金舞弊案,都是因掌控金融大权的政府官员故意泄露情报所致。以1945年黄金案为例,1945年3月28日上午,行政院代院

---

① 费正清:《剑桥中华民国史》中译本(第二部),上海人民出版社,1992年,第648、151页。
② 转引自杨菁:《四联总处与战时金融》,《浙江大学学报》2000年第3期。
③ 同上。

长宋子文召集四联总处、财政部和中央银行有关人员开会,研究黄金涨价问题。会议决定,从 3 月 29 日起,黄金售价由每两 2 万元调整为每两 3.5 万元,涨幅达 70% 以上。会议结束以后,与会人员、中央银行业务局局长郭景琨立即将黄金涨价的消息泄露给大业印刷公司总经理李祖永。李祖永于 3 月 28 日下午立即支取 6 600 万元抢购黄金,共购得 3 300 两。另一与会人员、财政部总务司长王绍斋,利用职权之便,于 3 月 28 日下午四时,擅提公款 40 万元,化名张志明,购存黄金 20 两。交通银行重庆分行副经理沈笑春,擅自签发交通银行支票 50 万元,以沈老太太名义购存黄金 25 两。汇源公司总经理杨管北,获得黄金调价消息后,先向中央银行借得本票 600 万元,转向金城银行调换转账申请书,此时金城银行已过办公时间,杨管北于是勾结交通银行襄理沈慰之,利用职权之便,化名六户,购存黄金 300 两。中央信托局主任胡仁山,利用真名购存黄金 1 两,以其妻徐瑞祥名义购存黄金 27 两。①从这个案例看到,在高度集权的金融体制下,如果权力得不到有效的监控,掌控权力的官员从中可以谋取巨额利益,而官员所谋取的私利,就是国家所损失的公利。

抗日战争,这段特殊的历史选择了四联总处这个特殊的机构,四联总处是特殊历史时期的特殊机构。正因为一切都很特殊,所以,四联总处的历史评价不能以现时的眼光,同时也不能以平时经济时期的眼光看待。四联总处对于贫穷落后的中国赢得这场旷日持久的战争做出了卓越的历史贡献,但因完全受控于政府,政府的某些利益集团利用四联总处谋取了私利,损害了公利。总体而言,四联总处之功远大于其过。

---

① 洪葭管:《中央银行史料(1928.11—1949.5)》,下册,中国金融出版社,2005 年,第 846—847 页。

参 考 文 献

一、史料部分

[1]《中华民国史档案资料汇编》,第五辑,第三编(三、四),江苏古籍出版社,1997年。

[2]《资源委员会公报》第2卷,第1期。

[3] 陈真等:《中国近代工业史资料》,第一辑,三联书店,1957年。

[4] 财政部科研所、中国第二历史档案馆:《国民政府财政金融税收档案史料(1927—1937年)》,中国财政经济出版社,1997年。

[5] 交通部:《抗战以来之交通概况》,《中华民国史档案资料汇编》,第五辑,第二编,财政经济(十),江苏古籍出版社,1994年。

[6] 交通银行总行、中国第二历史档案馆:《交通银行史料》,第1卷(1907—1949年),中国金融出版社,1995年。

[7] 荣孟源:《中国国民党历次代表大会及中央全会资料》,光明日报出版社,1985年。

[8] 四联总处秘书处所:《四联总处重要文献汇编》,文海出版社,1970年。

[9] 谭熙鸿:《十年来之中国经济(1938—1947年)》,上册、中册、下册,中华书局,1948年。

[10] 吴冈:《旧中国通货膨胀史料》,上海人民出版社,1958年。

[11] 许道夫:《中国近代农业生产及贸易统计资料》,上海人民出版社,1983年。

[12] 严中平等:《中国近代经济史统计资料选辑》,科学出版社,1955年。

[13] 中国第二历史档案馆:《四联总处会议录》,第1—44册,广西师范大学出版社,2003年。

[14] 中国人民银行金融研究所:《美国花旗银行在华史料》,中国金融出版社,1990年。

[15] 中国人民银行金融研究所:《中华民国史资料丛稿——中国农民银行》,中国财政经济出版社,1980年。

[16] 中国人民银行上海分行金融研究所:《金城银行史料》,上海人民出版社,1983年。

[17] 中国人民银行上海分行金融研究所:《上海商业储蓄银行史料》,上海人民出版社,1990年。

[18] 中国人民银行总行参事室:《中华民国货币史资料》第二辑,上海人民出版社,1991 年。

[19] 中国第二历史档案馆、中国人民银行江苏省分行、江苏省金融志编委会:《中华民国金融法规档案资料选编》,档案出版社,1989 年。

[20] 中国银行总行、中国第二历史档案馆:《中国银行行史资料汇编(1912—1949年)》上(一、二、三),档案出版社,1991 年。

[21] 中央银行经济研究处:《金融法规大全》,商务印书馆,1947 年。

[22] 中央银行经济研究处:《十年来中国金融史略》,1943 年内部版。

[23] 重庆市档案馆、中国人民银行重庆市分行金融研究所:《四联总处史料》,上册、中册、下册,档案出版社,1993 年。

[24] 重庆市档案馆:《抗战时期国民政府经济法规》,档案出版社,1992 年。

二、报纸杂志

[25] 《申报》1941 年 4 月 29 日。

[26] 《解放日报》1941 年 6 月 24 日。

[27] 《人民日报》1953 年 5 月 21 日。

[28] 《财政评论》(1937 年第 1 卷第 4 期,1940 年第 3 卷第 4 期,1940 年第 3 卷第 5 期,1941 年第 5 卷第 1 期,1941 年第 5 卷第 2 期,1941 年第 5 卷第 3 期,1942 年第 6 卷第 2 期,1942 年第 6 卷第 4 期,1943 年第 7 卷第 3 期,1943 年第 9 卷第 1 期,1943 年第 9 卷第 6 期,1944 年第 10 卷第 5 期,1944 年第 11 卷第 1 期)。

[29] 《经济汇报》(1940 年第 1 卷第 5、6 期,1940 年第 2 卷第 1、2 期,1942 年第 5 卷第 11 期,1942 年第 5 卷第 12 期)。

[30] 《战时经济》(1937 年第 1 卷第 1 期,1937 年第 1 卷第 2 期,1941 年第 1 卷第 5 期)。

[31] 《金融知识》(1942 年第 1 卷第 5 期)。

[32] 《中央银行月报》(1947 年第 2 卷第 6 期)。

[33] 《贸易半月刊》(1940 年第 1 卷第 4 期)。

[34] 《银行周报》(1947 年第 31 卷第 2、3、9 期)。

[35] 《中农月刊》(1943 年第 4 卷第 4 期,1944 年第 5 卷第 4 期)。

[36] 《中国工业》(1943 年第 1 卷第 5 期)。

[37] 《四川经济季刊》(1944 年第 1 卷第 3 期)。

[38] 《钱业月报》(1948 年第 19 卷第 6 期)。

[39] 《半月文萃》(1943 年第 1 卷第 5、6 期)。

[40] 《中国农村》(1937 年第 3 卷第 5 期)。

[41] 《中国农民月刊》(1942 年第 1 卷第 6 期)。

[42] 《新经济》(1943 年第 10 期)。

[43] 《中央周刊》(1940 年第 1 卷第 2 期)。

［44］《经济建设季刊》(1941 年第 2 卷第 4 期)。

［45］《金融周刊》(1943 年第 4 卷第 47 期,1943 年第 4 卷第 48 期,1944 年第 6 卷第 12
期)。

三、学术著作

［46］〔英〕A. C. 庇古:《战时经济学》,徐宗文译,商务印书馆,1935 年。

［47］〔英〕M. M. 波斯坦:《剑桥欧洲经济史》第六卷,王春法主译,经济科学出版社,
2002 年。

［48］白寿彝:《中国通史》第十二卷,上海人民出版社,2000 年。

［49］〔美〕波加特:《战时捐税—序言》,吴克刚译,文化生活出版社初版,民国二十
五年。

［50］卜明:《中国银行行史(1912—1949 年)》,中国金融出版社,1995 年。

［51］曹贯一:《中国战时经济政策》,商务印书馆,1939 年。

［52］陈禾章、沈雷春、张韶华:《中国战时经济志》,世界书局 1941 年 5 月初版,文海出
版社 1973 年再版。

［53］戴建兵:《金钱与战争——抗战时期的货币》,广西师范大学出版社,1995 年。

［54］丁长清:《民国盐务史稿》,人民出版社,1990 年。

［55］董长芝、李帆:《中国现代经济史》,东北师范大学出版社,1988 年。

［56］杜恂诚:《上海金融的制度、功能与变迁》,上海人民出版社,2002 年。

［57］高德步:《世界经济史》,中国人民大学出版社,2002 年。

［58］高汉秋:《战时财政与统制经济》,商务印书馆,1937 年。

［59］高鸿业:《西方经济学》上册、下册,中国人民大学出版社,2000 年。

［60］古扎拉缔:《计量经济学》第三版,上册,中国人民大学出版社,2002 年。

［61］韩汉君等:《金融监管》,上海财经大学出版社,2003 年。

［62］何炳贤、侯厚吉:《世界经济统制问题》,商务印书馆,1946 年。

［63］洪葭管、张继凤:《近代上海金融市场》,上海人民出版社,1989 年。

［64］黄达、刘鸿儒、张肖:《中国金融百科全书》,经济管理出版社,1993 年。

［65］黄达:《金融学》,中国人民大学出版社,2003 年。

［66］黄鉴晖:《中国银行业史》,山西经济出版社,1994 年。

［67］黄立人:《抗战时期大后方经济史研究》,中国档案出版社,1998 年。

［68］黄美真:《日伪对华中沦陷区经济的掠夺与统制》,社会科学文献出版社,
2004 年。

［69］姜宏业:《中国地方银行史》,湖南出版社,1991 年。

［70］姜庆湘:《中国战时经济教程》,科学书店,1943 年。

［71］经盛鸿:《民国大案纪实》,上海人民出版社,1997 年。

［72］居之芬、张利民:《日本在华北经济统制掠夺史》,天津古籍出版社,1997 年。

［73］孔祥毅:《百年金融制度变迁与金融协调》,中国社会科学出版社,2002 年。

[74] 库桂生、姜鲁鸣:《中国国防经济史》,军事科学出版社,1991 年。

[75] 雷麦:《外人在华投资》,商务印书馆,1959 年。

[76] 李平生:《烽火映方舟——抗战时期大后方经济》,广西师范大学出版社,
1996 年。

[77] 刘光第:《中国的银行》,北京出版社,1984 年。

[78] 刘化绵:《军事经济学辞典》,中国经济出版社,1993 年。

[79] 卢现祥:《西方新制度经济学》(修订本),中国发展出版社,2003 年。

[80] 陆仰渊:《民国社会经济史》,中国经济出版社,1991 年。

[81] 马克·布劳格:《经济学方法论》,北京大学出版社,1990 年。

[82] 马克思:《资本论》,载《马克思恩格斯全集》,第 23 卷,人民出版社,1972 年。

[83] 诺思:《经济史中的结构与变迁》,上海三联书店、上海人民出版社,1994 年。

[84] 〔美〕帕克斯·M. 小科布尔:《江浙财阀与国民政府(1927—1937 年)》,蔡静仪
译,南开大学出版社,1987 年。

[85] 清庆瑞:《抗战时期的经济》,北京出版社,1995 年。

[86] 邱涛:《中华民国反贪史——其制度变迁与运行的衍异》,兰州大学出版社,
2004 年。

[87] 上海银行学会:《民国经济史》(《银行周报》30 周年纪念刊),1947 年印行。

[88] 盛慕杰、于滔等:《中国近代金融史》,中国金融出版社,1985 年。

[89] 石毓符:《中国货币金融史略》,天津人民出版社,1984 年。

[90] 时事问题研究会:《抗战中的中国经济》,抗战书店,1940 年。

[91] 史全生:《中华民国经济史》,江苏人民出版社,1989 年。

[92] 寿进文:《抗日战争时期国民党统治区的物价问题》,上海人民出版社,1957 年。

[93] 粟寄沧:《中国战时经济建设论》,青年书店印行,1938 年。

[94] 粟寄沧:《中国战时经济问题研究》,中新印务有限公司,1942 年。

[95] 孙果达:《民族工业大迁徙——抗日战争时期民营工厂的内迁》,中国文史出版
社,1991 年。

[96] 孙健:《中国经济通史》,下册,中国人民大学出版社,2003 年。

[97] 〔美〕唐·帕尔伯格:《通货膨胀的历史与分析》,孙忠译,中国发展出版社,
1998 年。

[98] 唐旭等:《金融理论前沿课题》,中国金融出版社,2002 年。

[99] 王红曼:《四联总处与战时西南地区经济》,复旦大学出版社,2011 年。

[100] 王玉茹:《近代中国价格结构研究》,陕西人民出版社,1997 年。

[101] 吴承明:《帝国主义在旧中国的投资》,人民出版社,1955 年。

[102] 吴承明:《吴承明集》,中国社会科学出版社,2002 年。

[103] 吴承明:《中国资本主义与国内市场》,中国社会科学出版社,1985 年。

[104] 许涤新、吴承明:《中国资本主义发展史》,第三卷,人民出版社,2003 年。

[105] 严中平:《严中平集》,中国社会科学出版社,1996 年。

[106] 杨培新:《旧中国的通货膨胀》(增订本),人民出版社,1985 年。

[107] 姚会元:《江浙金融财团研究》,中国财政经济出版社,1998 年。

[108] 姚会元:《中国货币银行(1840—1952 年)》,武汉测绘科技大学出版社,1993 年。

[109] 叶世昌、潘连贵:《中国古近代金融史》,复旦大学出版社,2001 年。

[110] 虞宝棠:《国民政府与民国经济》,华东师范大学出版社,1998 年。

[111] 詹玉荣:《中国农村金融史》,北京农业大学出版社,1991 年。

[112] 张培刚:《发展经济学教程》,经济科学出版社,2001 年。

[113] 张锡昌等:《战时的中国经济》,科学书店,1943 年。

[114] 赵德馨:《赵德馨经济史学论文选》,中国财政经济出版社,2002 年。

[115] 赵德馨:《中国近代国民经济史》,高等教育出版社,1988 年。

[116] 赵德馨:《中国近现代经济史》,上册、下册,河南人民出版社,2002 年。

[117] 赵德馨主编、王方中著:《中国经济通史》,第九卷,湖南人民出版社,2002 年。

[118] 赵津:《中国近代经济史》,南开大学出版社,2006 年。

[119] 郑友揆:《1840—1948 年中国的对外贸易与工业发展》,上海社会科学出版社, 1984 年。

[120] 郑有揆等:《旧中国的资源委员会——史实与评价》,上海社科院出版社, 1991 年。

[121] 中国人民银行总行金融研究所金融历史研究室:《近代中国金融市场》,中国金 融出版社,1989 年。

[122] 中国人民银行总行金融研究所金融历史研究室:《近代中国金融业管理》,人民 出版社,1990 年。

[123] 周建明:《19 世纪中叶至 20 世纪中叶的中德贸易》,中国文史出版社,2005 年。

[124] 周骏、张中华、刘惠好:《资本市场与实体经济》,中国金融出版社,2003 年。

[125] 朱斯煌:《民国经济史》,上册、下册,文海出版社,1985 年。

四、学术论文

[126]《国民党五届六中全会财政部财政报告》,《民国档案》1986 年第 4 期。

[127]《抢购沦陷区花纱布内运情形》,《金融周刊》1943 年第 4 卷第 47 期。

[128]《日伪收回华中华南军用票原因之分析》,《金融周刊》1943 年第 4 卷第 38 期。

[129]《最近伪中储券价值大跌之原因》,《金融周刊》1943 年第 4 卷第 48 期。

[130] 陈建智:《抗日战争时期国民政府对日伪的货币金融战》,《近代史研究》1987 年 第 2 期。

[131] 陈友三:《论战时我国之储蓄事业》,《财政评论》1941 年第 5 卷第 2 期。

[132] 陈璋:《再论实证研究方法》,载陈璋:《西方经济学方法论研究》,中国统计出版 社,2003 年。

[133] 丁日初、沈祖炜:《论抗日战争时期的国家资本》,《民国档案》1986 年第 4 期。

[134] 董长芝:《论国民政府抗战时期的金融体制》,《抗日战争研究》1997 年第 4 期。

[135] 杜恂诚:《近代中国两种金融制度的比较》,《中国社会科学》2000 年第 2 期。

[136] 顾翊群:《十年来之中国农民银行》,《中农月刊》1943 年第 4 卷第 4 期。

[137] 侯哲歆:《农贷纲要在中国农业金融史上之地位》,《财政评论》1939 年第 3 卷第 5 期。

[138] 黄立人:《论抗战时期国统区的农贷》,《近代史研究》1997 年第 6 期。

[139] 黄立人:《四联总处的产生、发展和衰亡》,《中国经济史研究》1991 年第 2 期。

[140] 〔日〕矶部喜一:《战时工业统制政策》,管怀宗译,《中国工业》1943 年第 1 卷第 5 期。

[141] 蹇光平:《抗战时期经济、金融史研究的史料基础,当代中国经济、金融改革的历史借鉴——简评〈四联总处史料〉》,《重庆社会科学》1994 年第 2 期。

[142] 姜宏业:《四联总处与金融管理》,《中国经济史研究》1989 年第 2 期。

[143] 康永仁:《论银行授信业务的事前审核》,《新经济》1943 年第 10 期。

[144] 康永仁:《重庆的银行》,《四川经济季刊》1944 年第 1 卷第 3 期。

[145] 李泰初:《华侨汇款的研究》,《财政评论》1937 年第 1 卷第 3 期。

[146] 李紫翔:《我国银行与工业》,《四川经济季刊》1944 年第 1 卷第 3 期。

[147] 厉德寅:《三年来之农业金融及今后改进之途径》,《经济汇报》1940 年第 2 卷第 1、2 期合刊。

[148] 林和成:《民元来我国之农业金融》,《银行周报》1947 年第 31 卷第 9 期。

[149] 刘佛丁:《新时期中国经济史学理论的探索》,《经济研究》1997 年第 5 期。

[150] 刘攻芸:《战时节储运动》,《经济汇报》1941 年第 5 卷第 12 期。

[151] 刘祯贵:《对抗日战争时期四联总处农贷政策的几点思考》,《四川师范大学学报》1998 年第 2 期。

[152] 刘祯贵:《试论抗日战争时期四联总处的工矿贴放政策》,《四川师范大学学报》1997 年第 2 期。

[153] 刘祯贵:《浅论抗战时期四联总处的盐贷政策》,《盐业史研究》2012 年第 4 期。

[154] 罗敦伟:《物价统制的总检讨》,《财政评论》1941 年第 5 卷第 1 期。

[155] 缪明杨:《抗战时期四联总处对法币流通的调控》,《档案史料与研究》1994 年第 2 期。

[156] 钱大章:《回忆四联总处的十年》,载寿充一、寿乐英《中央银行史话》,文史出版社,1987 年。

[157] 秦柳方:《工业贷款的新趋势》,《半月文萃》1943 年第 1 卷第 5、6 期合刊。

[158] 邱正伦:《二年来节约运动之检讨》,《财政评论》1941 年第 5 卷第 3 期。

[159] 阮有秋:《论今日我国农贷的任务及其工作精神》,《中国农民月刊》1942 年第 1 卷第 6 期。

[160] 四联总处秘书处:《四联总处 1944 年度办理购料业务概况》,《金融周刊》1944 年第 6 卷第 12 期。

[161] 宋汉章:《五十年来中国金融之演进》,《国际金融》1989 年第 3 期。

[162] 万树源:《略论强制储蓄与强制储蓄政策之实施》,《财政评论》1943 年第 9 卷第 6 期。

[163] 王红曼:《四联总处与西南区域金融网络》,《中国社会经济史研究》2004年第4期。

[164] 王红曼:《四联总处与战时西南地区的金融业》,《贵州社会科学》2005年第3期。

[165] 王红曼:《战时四联总处侨汇经营管理政策分析》,《贵州工业大学学报》2004年第1期。

[166] 王红曼:《抗战时期四联总处在西南地区的工农业经济投资》,《贵州民族学院学报》2007年第1期。

[167] 王红曼:《四联总处与战时西南地区的农业》,《贵州社会科学》2008年第8期。

[168] 王红曼:《四联总处对战时银行内汇业务的法律监管》,《兰州学刊》2012年第4期。

[169] 王世颖:《我国农业金融之新献》,《财政评论》1940年第3卷第5期。

[170] 魏宏运:《重视抗战时期金融史的研究——读〈四联总处史料〉》,《抗日战争研究》1994年第3期。

[171] 翁文灏:《一年来之经济建设》,《中央周刊》1940年第1卷第2期。

[172] 吴承明:《关于研究中国近代经济史的意见》,《晋阳学刊》1982年第1期。

[173] 吴承明:《中国经济史研究的方法论问题》,《中国经济史研究》1992年第1期。

[174] 吴秀霞:《抗战时期国民政府中央银行体制的确立》,《山东师范大学学报》2000年第4期。

[175] 吴永光:《二十年来的四联总处研究综述》,《广西右江师专学报》2005年第3期。

[176] 吴永铭:《持久抗战的经济条件》,《战时经济》1937年第1卷第1期。

[177] 伍野春、阮荣:《蒋介石与四联总处》,《民国档案》2001年第4期。

[178] 武梦佐:《论强制储蓄与利率政策》,《财政评论》1943年第9卷第6期。

[179] 秀峰:《中国战时国民经济建设计划》,《战时经济》1937年第1卷第2期。

[180] 秀峰:《中国战时经济之特点》,《战时经济》1937年第1卷第1期。

[181] 徐堪:《四联总处推进全国农贷意义及今后展望》,《财政评论》1940年第3卷第4期。

[182] 徐堪:《中中交农四银行联合办事处之组织及其工作》,《经济汇报》1939年第1卷第5、6期合刊。

[183] 徐世雄:《高利贷压制了工业界》,《钱业月报》1948年第19卷第6期。

[184] 薛暮桥:《农业建设问题》,《中国农村》1937年第3卷第5期。

[185] 杨斌、张士杰:《试论抗战时期西部地区金融业的发展》,《民国档案》2003年第4期。

[186] 杨斌:《抗战时期国民政府储蓄政策述评》,《江西社会科学》1995年第12期。

[187] 杨菁:《四联总处与战时金融》,《浙江大学学报》2000年第3期。

[188] 杨泽:《四川金融业之今昔》,《四川经济季刊》1944年第1卷第3期。

［189］姚会元：《"江浙金融财团"形成的标志及其经济、社会基础》，《中国经济史研究》1997 年第 3 期。

［190］易棉阳、姚会元：《1980 年以来的中国近代银行史研究综述》，《近代史研究》2005 年第 3 期。

［191］易棉阳：《抗战时期中国经济的三个特点》，《江西财经大学学报》2009 年第 3 期。

［192］易棉阳：《抗战时期的金融监管》，《中国经济史研究》2009 年第 4 期。

［193］易棉阳：《抗战时期四联总处农贷研究》，《中国农史》2010 年第 4 期。

［194］易棉阳：《抗战时期通货膨胀的计量研究》，《贵州财经学院学报》2012 年第 5 期。

［195］俞容志：《四行联合办事总处概述》，载《抗战时期西南的金融》，西南师范大学出版社，1994 年。

［196］张锡昌：《民元来我国之农村经济》，《银行周报》1947 年第 31 卷第 2、3 期。

［197］赵兰坪：《节储运动与货币政策》，《财政评论》1941 年第 5 卷第 3 期。

［198］赵之敏：《论我国今后农贷政策》，《经济汇报》1942 年第 5 卷第 11 期。

［199］中国银行行史编写组编：《抗战时期的中国银行（三）》，《国际金融》1989 年第 1 期。

五、外文资料

［200］B. Levy, 1998, The Station-owned Enterprises as An Enterpreneurial Substitute in Developing Countries: the Case of Nitrogen Fertilizer, *Word Development*, 16 (10): 1199—1211.

［201］Chang, kia-Ngau, 1958, *The Inflationary Spiral: The Experience of China, 1939—1959*. Cambridge: Technology Press of Massachusetts Institute of Technology; NewYork: John Wiley.

［202］Choh-Ming Li, 1959, *Economic Development in Communist China*. Berkeley: University of California Press.

［203］Chou, Shun-Hsin, 1963, *The Chinese Inflation, 1937—1949*. New York Columbia University Press.

［204］Eckstein Alexander, 1977, *China's Economic Revolution*. London/NewYork: Cambridge University Press.

［205］Ruttan, V. W. , 1978, *InducedInstitutional Change, InducedInnovation; Technology, Institutions, and Development*. edit by H. P. Binswanger and Ruttan, V. W. Johns Hopkins University Press.

后　记

　　本书稿的原形是我2004—2007年在中南财经政法大学攻读博士学位期间撰写的博士学位论文。博士毕业以后,我一直在搜集资料对博士论文进行补充,2013年书稿获得国家社科基金后期资助。

　　姚会元教授是我的博士生导师,在求学期间,我们经常讨论。讨论主题除论文外,还广泛地涉及经济史动态、经济史研究方法等,而且先生还抽出时间逐字逐句地修改了我提交的若干篇万字论文,所写的修改意见布满了每一页纸的页边空白。在这种严谨而又愉快的氛围中,我学会了经济史论文的写作方法和表达方式。毕业以后,姚先生依然关心、指导我的学业,本书稿自始至终凝聚了先生的智慧。赵凌云教授,学识渊博,思想深邃,视野宽阔,听他的一堂课或者一席话,使我们受益匪浅。苏少之教授,治学严谨,温文尔雅,性情中人,处处为学生着想,使我们领悟到了什么是真学问,什么是淡泊名利。著名经济史学家赵德馨教授,与我是同乡,先生对家乡晚辈关爱有加,在财大求学期间的很多个傍晚,与先生一起在校园漫步,听先生讲经济史学理论和经济史方法,鼓励我献身经济史研究。在与先生的多次交流中,常有茅塞顿开之感。毕业以后,赵先生更是关心我的学业,时常点醒我,这些年来我学业的进步,在很多时候得益于赵先生的鞭策、鼓励和指导。我的硕士导师、广西师范大学的周建明教授,在我硕士学习期间和博士学习期间,在学业上和生活上给予了我很大的帮助。中国社会科学院魏明孔教授、南开大学王玉茹教授、武汉大学张建民教授、中南财经政法大学邹进文教授和瞿商教授、聊城大学宋士云教授、贵州财经大学常明明教授都给予了我无私的帮助与指导。

　　我的师兄、中南财经政法大学金融学院颜嘉川博士,在我博士求学的艰苦时期,不仅筹资帮我交纳学费,还为我提供工作机会,既锻炼了我的能力又让我获得了一个稳定的生活来源,使我三年得以安心安意静坐书斋。没有他的帮助,我的博士求学生活不知将有多艰难。尽管已经毕业多年,遥想当年师兄雪中送炭之恩,依然铭感五内。博士求学期间,我的父母、岳父母、哥哥易登阳先生、内兄曾恩源先生、姨妹曾鸿燕女士、堂兄易济民教授、好友吴智慧先生、彭仁绍先生、李香宝博士、吴世韶博士、吴永光先生、段艳博士、廖志升先生、李昭亮博士、鲁克亮博士、老师邱展雄教授、谌焕义教授、熊伟民教授、唐凌教授、宾长初教授、李业文先生、颜小平先生，同窗好友王斌博士、康金莉博士、张治觉博士、潘志强博士、邹小涓博士、贺爱忠博士、王治博士、张连辉博士、郭立珍博士等给予了我生活上的关怀和精神上的鼓励。中南财经政法大学图书馆的牛陶三副教授、广西师范大学历史文化与旅游学院资料室的黄崎副教授在我查阅资料时，不厌其烦，提供方便。

本书稿修改之时，我已供职于湖南工业大学。湖南工业大学商学院欧绍华教授与我研究趣旨相近，交流中互相启发，他还给我创造了较为宽松的研究环境。刘中艳教授无私地承担了本该由我完成的工作任务，鼓励我潜心治学，保证了我充足的研究时间。本书出版时，我已调往中南财经政法大学。

我的贤妻曾鹃女士，长期以来克服重重困难，坚定地支持我的学业和工作，在完成繁重的教学任务的同时，既要照顾孩子，又要操持家务，还要帮我录入文字。儿子近之与我的学业一起茁壮成长，我倍感欣慰。我的母亲，尽管没有读过书，但她却把读书看得十分重要，坚定地支持我求学，默默地克服经济上的艰难，在我的孩子出世后，又全心全意照看孩子、料理家务，使我倍感轻松、安心学习。

得到了导师、亲人、同学、朋友们这么多无私的帮助，足矣！祝所有我爱的人和爱我的人一生幸福！在此，道一声诚挚的"谢谢"！也感谢全国哲学社会科学规划办公室的立项资助。

以此后记，作为过去十年研究的总结，作为今后生活的起点，未来铭记师友教诲、同学恩情，勤学而笃思，追远而审近，厚积而薄发。

易棉阳

2016 年 4 月 22 日于长沙